Serveurs

d'applications

CHEZ LE MÊME ÉDITEUR

Développement d'applications Web/intranet

J.-M. Chauvet. – **Composants et transactions**.
Corba/OTS, EJB/JTS, COM/MTS : comprendre l'architecture des serveurs d'applications.
N°G09075, 1999, 282 pages.

L. Letourmy, T. Papiernik, A. Helaïli, X. Martzel. – **Contruire une application Wap**.
N°9174, 2000, 360 pages.

A. Patzer *et al.* – **Programmation Java côté serveur**.
Servlets, JSP et EJB. N°9109, 2000, 984 pages.

A. Homer, D. Sussman, B. Francis. – **ASP 3.0 professionnel**.
N°9151, 2000, 1 150 pages.

C. Ullman, D. Buser. – **Initiation à ASP 3.0**.
N°9236, 2000, 1100 pages.

A. Homer, D. Sussman. – **Programmation MTS et MSMQ avec Visual Basic et ASP**.
N°9047, 1999, 560 pages.

J.-C. Bernadac, F. Knab. – **Construire une application XML**.
N°G09081, 1999, 512 pages.

N. McFarlane. – **JavaScript professionnel**.
N°9141, 2000, 950 pages.

P. Chaléat, D. Charnay. – **Programmation HTML et JavaScript**.
N°9182, 1998, 480 pages.

P. Wainwright – **Apache professionnel**.
N°9150, 2000, 650 pages.

H. Holz, B. Schmitt, A. Tikart. – **Internet et intranet sous Linux**.
N°9101, 1999, 474 pages + CD-Rom.

M. Rizcallah. – **Contruire un annuaire d'entreprise avec LDAP**.
N°9154, 2000, 360 pages.

J.-F. Susbielle. – **L'Internet multimédia et temps réel**.
Réseaux haut débit – Terminaux fixes et mobiles – routage et QoS – voix et audio-vidéo sur IP.
N°9118, 2000, 750 pages.

R. Kimball, R. Merz. – **Le data webhouse**.
Analyser les comportements client sur le Web.
N°9164, 2000, 320 pages.

G. Gardarin. – **Internet/intranet et bases de données**.
N°9069, 1999, 264 pages.

G. Briard. – **Oracle8*i* sous Linux**.
N°9135, 2000, 660 pages + CD-Rom.

M. Israel. – **SQL Server 7**.
N°9086, 2000, 900 pages + CD-Rom PC.

Collection « Solutions d'entreprise » dirigée par Guy Hervier

Thierry Brethes • François Hisquin • Pierre Pezziardi

Serveurs d'applications

Deuxième tirage 2000

Eyrolles

ÉDITIONS EYROLLES
61, Bld Saint-Germain
75240 Paris Cedex 05
www.editions-eyrolles.com

Table des matières

Avant-propos

Les technologies Internet bouleversent la hiérarchie des entreprises en offrant une myriade d'opportunités. A titre d'exemple, la capitalisation boursière d'E*Trade a dépassé, en trois ans, celle que Meryll Lynch a mis cent cinquante ans à bâtir. Dans la course au développement, seules survivront les entreprises capables de mettre rapidement en place les outils indispensables à la fourniture de nouveaux services.

Ces nouveaux services, à destination des clients, des partenaires ou de l'entreprise elle-même, doivent être disponibles par des canaux de distribution de plus en plus divers : le Web bien sûr, mais aussi le poste de travail, les téléphones, les serveurs vocaux, les bornes interactives, la télévision... Cette variété, couplée à l'exigence de rapidité, a imposé une solution d'architecture constituée d'un serveur et de briques réutilisables qui permettent d'ouvrir de nouvelles fenêtres sur le système d'information. C'est le défi qu'essaient de relever les serveurs d'applications. Spécialiste des bases de données, du middleware ou des outils de développement, tout éditeur de solutions technologiques tente de se faire une place au soleil sur ce nouveau marché.

Le serveur d'applications se définit comme un environnement d'exécution de composants réutilisables indépendamment du « client » du système. Pour offrir une solution intégrée aux bâtisseurs d'applications, il doit pouvoir gérer intégralement le cycle de construction d'une application, depuis la conception jusqu'au déploiement. Il doit aussi - et surtout - permettre de séparer les services techniques nécessaires à la logique métier. Les serveurs d'applications doivent arriver à une maturité proche de celle des AGL de développement d'applications client-serveur par le biais d'une programmation visuelle des services transactionnels, de la sécurité, de passerelles vers l'existant...

Cet ouvrage présente cette révolution, en termes d'architecture, de produits et de mise en œuvre d'applications.

Objet de l'ouvrage

Nous nous proposons, tout d'abord, d'expliquer l'adoption massive par les éditeurs des principes inhérents aux serveurs d'applications. Nous dresserons ensuite l'état de l'offre en apportant notre vision du marché, tout en fournissant au lecteur des éléments lui permettant de se forger sa propre opinion. Enfin, les développeurs d'applications trouveront dans ce livre des conseils pratiques tirés de notre expérience concrète.

Cet ensemble d'informations doit permettre de juger de l'opportunité d'introduire ces technologies dans l'évolution des systèmes d'information.

La compréhension de certains concepts passe par l'explication de caractéristiques techniques. Si ces dernières sont parfois nécessaires pour mesurer l'apport des serveurs d'applications dans la dissimulation de cette complexité, elles ne sont pas indispensables pour avoir une vision générale du sujet. Elles pourront ainsi être abandonnées par certains lecteurs.

A qui s'adresse-t-il ?

Cet ouvrage s'adresse aux responsables de l'intégration des nouvelles technologies dans les systèmes d'information et plus particulièrement aux acteurs du développement d'applications, notamment Internet ou intranet. Il intéressera tout observateur des évolutions des technologies de l'information. Pour les parties plus techniques, une certaine maîtrise de la problématique du développement d'applications est souhaitable.

Structure de l'ouvrage

L'ouvrage est composé de trois parties :

Première partie

Etat de l'art : comprendre les serveurs d'applications (chapitres 1 à 5)

Le chapitre 1 expose les principes des architectures multiniveaux et retrace l'évolution des architectures informatiques en présentant les modèles client-serveur et les limites des architectures à base de composants distribués.

Le chapitre 2 analyse les principes des architectures transactionnelles avant l'apparition des serveurs d'applications.

Le chapitre 3 présente les différentes architectures envisageables pour un type de client particulier : le poste de travail.

Le chapitre 4 présente les principes des composants et les deux normes du marché, COM et EJB.

Le chapitre 5 montre les services rendus par les serveurs d'applications, en reprenant les principes énoncés dans les chapitres précédents.

Deuxième partie

Etat de l'offre : connaître les produits et les stratégies des principaux éditeurs de serveurs d'applications (chapitres 6 à 17)

Cette deuxième partie recense et décrit les solutions proposées par les acteurs majeurs sur ce marché. Pour chacune de ces offres, le lecteur pourra consulter un historique du produit et de la société si celle-ci est récente, une présentation technique du produit et de notre vision de l'évolution de l'offre, ainsi que ses points forts et ses points faibles.

Le chapitre 6 examine les critères qui doivent guider le choix d'un serveur d'applications.

Les chapitres 7 à 15 présentent les produits des principaux éditeurs du marché : BEA M3 et WebLogic, IBM WebSphere, Inprise Application Server, Iona iPortal Suite, Microsoft DNA, Netscape Enterprise Server (ex-Kiva), Oracle Application Server, Sun NetDynamics, Sybase Enterprise Application Server (ex-Jaguar).

Le chapitre 16 résume les offres des autres acteurs.

Le chapitre 17 propose une conclusion sur les évolutions du marché et des offres.

Troisième partie

Mise en œuvre de deux serveurs d'applications : Microsoft Transaction Server (MTS) et WebSphere (chapitres 18 à 22)

Plus technique, cette partie suppose de bonnes connaissances sur le développement d'applications, et plus particulièrement sur les langages et technologies utilisées (Java, Visual Basic, HTML, SQL...).

Le chapitre 18 explique comment passer de la conception à la mise en œuvre. Il fait un point sur l'état de l'offre en termes d'outillage et de pont entre l'environnement de conception et le serveur d'applications.

Le chapitre 19 propose une solution pour gérer la persistance des données dans ce type d'architecture.

Le chapitre 20 fait le point sur la gestion des états au sein des composants, en particulier sur les contraintes d'un développement reposant sur des composants sans état.

Le chapitre 21 met en lumière l'importance des outils et des assistants pour un développement d'applications rapide et fiable.

Enfin, le chapitre 22 propose une structuration des équipes de développement, d'exploitation et de maintenance.

Guide de lecture

Vous souhaitez	Chapitres à consulter		
Une première vue générale sur les serveurs d'applications	1, 2, 3, 4, 5, 6 et les conclusions des chapitres 7 à 15, 16		
Choisir un serveur d'applications	Idem	6 à 17	
Mettre en œuvre un serveur d'applications	Idem		18 à 22

Questions/Réponses

Quelles différences y a-t-il entre objets métiers, classes et composants ?

Il s'agit, pour résumer, de trois états différents d'une même entité.

L'objet métier est issu de la phase de modélisation. Il ne présume rien du langage d'implémentation.

La classe est l'implémentation dans un langage de programmation (Java, Visual Basic, C++, etc.) d'un objet.

Le composant adhère à un modèle, COM ou EJB. C'est un binaire qui peut intégrer plusieurs classes et services techniques.

Au final, seul le composant a une réalité physique puisque c'est lui qui s'exécute dans l'application.

Les serveurs d'applications constituent-ils une réelle innovation ou un concept marketing ?

Les deux ! Les serveurs d'applications sont issus de l'expérience d'éditeurs et de SSII (souvent américaines) qui ont dû développer des applications massivement transactionnelles dans un contexte Internet.

Ils ont mis en place une approche visant à réduire la part de code technique (communication, sécurité, transactionnel, persistance, accès à l'existant, etc.) dans les applications développées. C'est le cas de sociétés pionnières comme Kiva (rachetée par Netscape), NetDynamics (rachetée par Sun), Persistance Software ou Microsoft avec MTS.

Ces éditeurs ont ensuite transposé leur architecture vers la norme *de facto* de l'environnement Java : les EJB. Microsoft poursuit quant à lui sa trajectoire COM.

Quelles différences entre serveurs d'applications, moniteurs transactionnels objets (OTM) et moniteurs transactionnels classiques (Moniteur TP) ?

Les moniteurs TP assurent des fonctions de gestion des transactions et de montée en charge. Ils s'inscrivent dans un mode « service ». Les OTM en sont les successeurs dans un paradigme objet.

Les serveurs d'applications se démarquent des OTM par leur capacité à gérer de façon évoluée et intégrée certaines problématiques telles que la sécurité ou la persistance. L'OTM est souvent une des composantes du serveur d'applications utilisée de manière transparente.

Y a-t-il une différence entre serveurs Web et serveurs d'application ?

De base, un serveur Web est un serveur de pages HTML statiques.

Il a été étendu (tordu ?) au support de scripts côté serveur lui permettant de générer des pages dynamiquement : CGI, puis ASP, NSAPI, ISAPI, ServerSide JavaScript selon les éditeurs. Au final, un serveur Web est aujourd'hui capable de fournir des services applicatifs. Le serveur d'applications est un conteneur pour applications fonctionnant sur un modèle d'architecture à trois niveaux (présentation, logique métier et données) mais ne présuppose rien de la technologie utilisée pour le client.

Si les serveurs Web et les serveurs d'applications n'ont, à la base, que peu de points communs, il s'avère néanmoins qu'ils fonctionnent très bien ensemble. En effet, une interface homme-machine en HTML servie par un serveur Web est le point d'entrée idéal vers un serveur d'application.

En outre, il y a fort a parier que HTTP devienne un standard pour les échanges inter-applicatifs entre serveurs d'applications. On peut dès lors prédire une fusion entre les deux technologies serveurs Web et serveurs d'applications.

Comment se situent les serveurs d'applications par rapport aux modèles EJB, COM/DNA et Corba ?

Les serveurs d'applications offrent une solution globale de développement, de mise au point et de mise en production d'applications à base de composants.

En ce sens, seuls les serveurs COM ou EJB peuvent être qualifiés aujourd'hui de serveurs d'applications. Corba se situe technologiquement une couche en dessous. Il constitue le socle technique d'EJB mais de façon transparente.

EJB, Corba ou DNA : quel standard va s'imposer ?

Corba n'est pas un modèle de composant mais une spécification de communication d'objets distribués et de quelques services dits de « plomberie » : nommage, évènements, etc.

Quant aux deux autres modèles, on peut d'ores et déjà prédire qu'aucun ne s'imposera. La dynamique dans ces deux environnements est telle que l'on retrouvera chacune de ces technologies sur les applications Internet.

Corba 3 tente d'introduire un modèle de composants indépendant du langage, mais l'OMG - l'organisme qui édicte les normes de ce modèle - de précurseur se retrouve désormais suiveur...

L'intégration de serveurs d'applications nécessite-t-elle de changer toute l'infrastructure existante ?

Précisément non. La plupart des serveurs d'applications ont été mis en œuvre pour offrir une vision externe d'un existant hétérogène : ERP, développements client/serveur, mainframe, etc.

Dès lors qu'il offre un bon niveau de réutilisation, l'existant pourra être encapsulé dans des composants utilisant les connecteurs spécifiques (CICS, IMS, Tuxedo, SAP, etc.) fournis par le serveur d'applications.

Le serveur d'applications implique-t-il une architecture à trois niveaux ?

En effet, du moins pour ce qui est de l'architecture logique : client, serveur de composants et données.

L'architecture physique ne reflète cependant pas nécessairement l'architecture logique. On pourra ainsi regrouper sur une même machine le serveur Web et le serveur d'applications ou à l'inverse multiplier le nombre de serveurs d'applications entre le client et la base de données pour des questions de montée en charge par exemple.

La mise en œuvre d'un serveur d'applications nécessite-t-elle l'utilisation d'une méthodologie particulière ?

De fait, la mise en œuvre de serveurs d'applications rend plus cruciale l'importance d'une méthodologie de conception, de développement, et même d'administration. Travailler en visant une capacité de réutilisation à long terme a toujours eu un coût, y compris dans ces nouveaux environnements si ce n'est que la nécessité de le faire apparaît ici plus pressante.

Il faudra donc trouver un compromis entre l'urgence de déploiement de nouveaux services en ligne, et le fait qu'ils puissent constituer des fondations durables pour le système d'information de l'entreprise.

Remarques

Avertissement

Si les aspects techniques mentionnés dans cet ouvrage peuvent devenir obsolètes, les concepts fondamentaux abordés restent valides. Le lecteur pourra actualiser son information en consultant les sites Internet des éditeurs des différents produits répertoriés.

Conformément aux usages, nous avons laissé en anglais un certain nombre de termes du langage technique.

Remerciements

Ce livre est le fruit d'un long travail d'équipe réalisé avec les consultants d'OCTO Technology. Qu'ils soient remerciés de leurs précieuses contributions, du souci constant qu'ils ont d'enrichir leur savoir… et donc le nôtre.

Nous remercions également les clients qui ont fait confiance à notre jeune entreprise pour mener à bien l'intégration des nouvelles technologies dans leur système d'information, en pleine tourmente euro et an 2000. Ils se reconnaîtront.

PARTIE 1

Etat de l'art : comprendre les serveurs d'applications

Du modèle client-serveur aux systèmes d'objets distribués, différentes architectures informatiques ont connu leur heure de gloire. Leurs limitations ont favorisé l'émergence des architectures multiniveaux, dont le serveur d'applications constitue l'élément central. Son rôle est d'assurer la logique métiers des applications en découplant celle-ci des aspects présentation et accès aux données.

Cette première partie présente de façon détaillée les fonctionnalités des serveurs d'applications - gestion transactionnelle, administration et exploitation, sécurité , capacité à monter en charge, etc.- et les technologies sous-jacentes, notamment les modèles de composants COM *et* EJB.

Chapitre 1

L'évolution des architectures

A l'origine, le concept d'architecture **à trois niveaux**[1] décrivait une architecture composée de trois niveaux physiques. Ce concept, marqué au coin du bon sens, fait l'unanimité. Ses avantages sont apparus de plus en plus nombreux au fil de l'évolution des technologies et des applications.

1 Cette dénomination est issue de la traduction de l'anglais *Three-tier*, où le mot *tier* signifie niveau.

2 Certains modèles, plus détaillés, insèrent un niveau entre la présentation et les traitements, dont l'objet est de naviguer entre les applications tout en gardant un contexte entre elles.

Le modèle d'architecture à trois niveaux

Le modèle d'architecture à trois niveaux avait comme objectif principal d'optimiser la répartition de charges entre le poste de travail et le serveur par l'insertion d'un niveau intermédiaire, le serveur frontal, agissant comme une sorte de « passe-plat ». Nous le verrons, l'importance de ce rôle de « passe-plat » ira grandissant avec l'évolution des systèmes d'information.

Par extension, une architecture multiniveau désigne un modèle d'architecture d'applications qui sépare la présentation, les traitements et les données[2].

Figure 1–1. Architecture à trois niveaux.

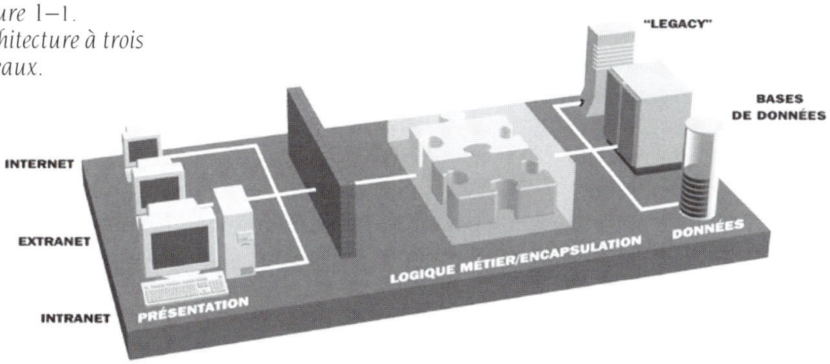

Néanmoins, l'association d'un concept logique et d'un concept physique crée le flou dans les esprits. Nous en voulons pour preuve l'application de ces concepts dans une architecture propriétaire VMS. Comme à son habitude, Digital a joué un rôle de précurseur avec son architecture **DNA**[1] : architecture « propre », quoique monolithique en termes de plate-forme.

Figure 1–2. L'*architecture* DNA *de* Digital.

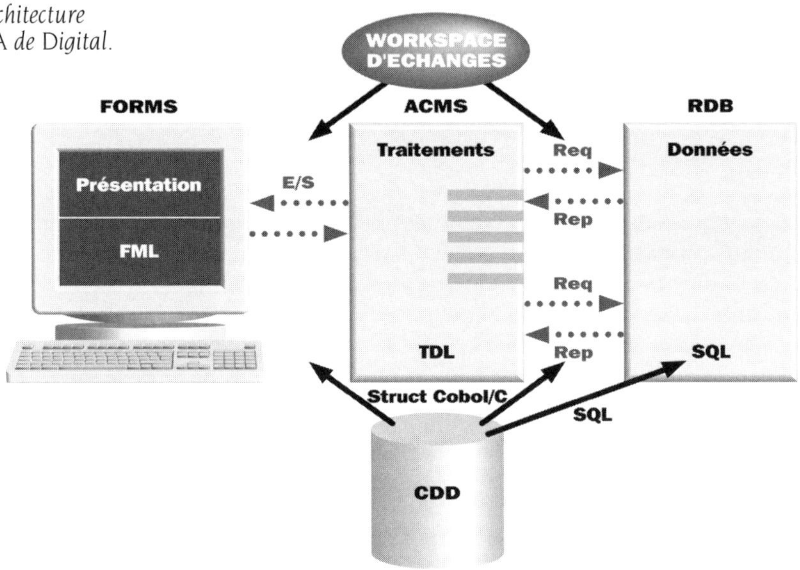

[1] **DNA :** *Digital Network Architecture,* à ne pas confondre évidemment avec le DNA de Microsoft.

[2] Depuis le Common Data Dictionary, on pouvait générer les schémas de base, structure COBOL ou C, pour l'accès aux données et la définition des *workspaces* d'échange (flux d'E-S ou flux de requête-réponse).

Même si la présentation est horizontale, le lecteur retrouvera facilement les concepts énoncés précédemment. La présentation est développée avec l'outil DECForms. Les échanges entre la couche présentation et les traitements s'effectuent par l'intermédiaire de structures appelées *workspaces*. Les échanges entre la logique métier, développée en TDL (*Task Description Language*), et les services d'accès aux données, développés en SQL, s'effectuent selon un protocole de type requête-réponse via des *workspaces*.

Complétée par un référentiel permettant la génération de code dans tous les environnements et langages mis en œuvre[2], cette solution présentait tous les avantages d'une architecture multiniveau, sans les inconvénients du multi-plate-forme. Elle aurait pu évoluer vers les technologies Web le plus simplement du monde. Le marché n'en a pas voulu.

Mais revenons sur les objectifs et les enjeux de cette séparation logique :

- améliorer la disponiblité des applications par la réutilisation de « briques » existantes ;
- autoriser l'accès au système par des canaux aussi variés que l'Internet, les *device mobiles* (terminaux mobiles), le poste de travail ;

- capitaliser sur l'existant ;
- permettre une évolution de l'un de ces trois niveaux de façon « relativement » indépendante des deux autres (sachant que l'évolution métier a le plus souvent un impact sur l'ensemble des niveaux).

Toutefois, ces architectures logiques ont été mises en œuvre au fil du temps de façons fort variées, le client y tenant un rôle plus ou moins important au gré de l'évolution des technologies et des besoins.

Enfin, leur mise en œuvre physique est souvent tributaire de l'existant, avec des plates-formes et des systèmes d'exploitation différents, ce qui complique la conception, la mise au point et l'exploitation.

Les modèles de répartition

La figure page suivante présente une version simplifiée des principaux modèles de répartition des couches (présentation, traitements, données) au niveau du **client** et du **serveur**[1].

Cette figure illustre la structure d'une application sous forme simplifiée, c'est-à-dire constituée d'un client et d'un serveur logique. Dans la réalité, toutefois, les modèles présentent souvent un degré de complexité bien supérieur, le serveur devenant à son tour client d'un autre serveur. On parle alors d'architecture multiniveau.

Par ailleurs, les modèles eux-mêmes ont été simplifiés, quitte à heurter la sensibilité des puristes...

[1] D'une façon générale, on désigne par **client**, le processus émetteur d'une **requête**, et par **serveur**, le processus traitant cette requête et retournant le cas échéant une **réponse** au **client**.

Figure 1–3. Modèles de répartition.

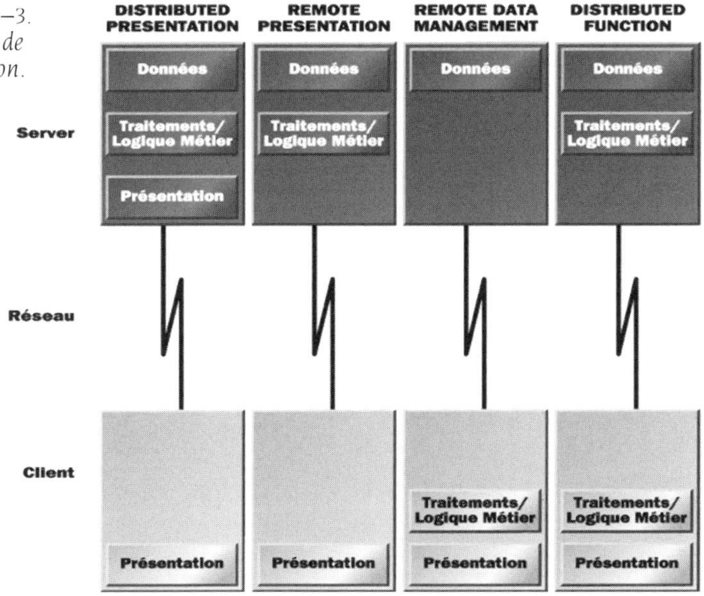

Ces modèles sont dits coopératifs, car le client et le serveur coopèrent afin d'offrir la totalité des services : le client est en charge des requêtes ; le serveur, de leur traitement.

Dans le modèle dit *Remote Data Management* (pour reprendre la terminologie utilisée par le Gartner Group) ou client-serveur de données, le serveur n'assure que la manipulation des données. Le client prend en charge la présentation et la logique applicative. Certains ouvrages parlent également de client-serveur de première génération.

Dans le modèle dit Remote Presentation ou client-serveur de traitements, la logique de présentation située sur le client est séparée de la logique métier. Uniquement responsable de l'interface utilisateur, le client effectue le traitement des entrées utilisateur, l'envoi des requêtes vers le serveur et l'affichage de la réponse. Le serveur assure le reste des fonctions.

Nous reviendrons, plus loin, sur ces deux architectures pour en souligner les limites.

Dans le modèle *Distributed Presentation*, la responsabilité de la présentation est partagée entre le client et le serveur. Les exemples en sont variés, des terminaux 3270, au Web ou aux Emulations Windows, en passant par les architectures X Window.

Dans le modèle *Distributed Function*, les fonctions applicatives sont réparties sur différentes machines physiques. Les objectifs sont de fournir des services au plus près des utilisateurs et de dédier certaines plates-formes afin d'optimiser l'utilisation des ressources physiques en termes de performance et de disponibilité. Ce modèle, quoique satisfaisant en théorie, a évidemment souffert de sa complexité.

Les férus de complexité feront remarquer que la gestion des données peut également être distribuée dans des bases de données distinctes, elles-mêmes situées sur différentes machines physiques. Nous examinerons les inconvénients de cette distribution au cours de cette première partie.

Nous attirons l'attention du lecteur sur le fait que ces modèles présentent des architectures d'applications. Ils ne préjugent pas des architectures de communication mises en place afin d'échanger des informations. On s'orientera, pour ce faire, vers une solution de communication reposant sur des mécanismes asynchrones et permettant à chaque application d'évoluer indépendamment des autres. Ces concepts ont vu poindre, sous la bannière de l'**EAI**[1], bon nombre de solutions logicielles permettant d'interconnecter des systèmes, distribués ou non, en externalisant la logique de communication inter-applicatif du code métier, la plupart d'entre elles supportant XML (*Extensible Markup Language*). Ces architectures mériteraient à elles seules un ouvrage !

[1] **EAI :** *Enterprise Application Integration* ou *Business Integration* chez IBM.

Les limites du client-serveur

Le client-serveur a connu son heure de gloire à la fin des années 80, grâce à la simplicité de mise en œuvre des AGL (ateliers de génie logiciel) et à la richesse graphique de l'interface utilisateur des applications Windows. Il s'agissait principalement de mettre en place des architectures de type client-serveur de données. Le serveur ne traite alors que la gestion de la persistance des données, le client accédant à ces données par l'intermédiaire de requêtes SQL, par le biais du **middleware**[1] de manipulation de données propriétaire fourni par l'éditeur du SGBD/R. Dans la pratique, la norme SQL permet de développer ou de maintenir une application indépendamment du SGBD utilisé. Elle ne permet pas d'en optimiser l'utilisation ou l'administration.

Figure 1–4.
Client-serveur de données.

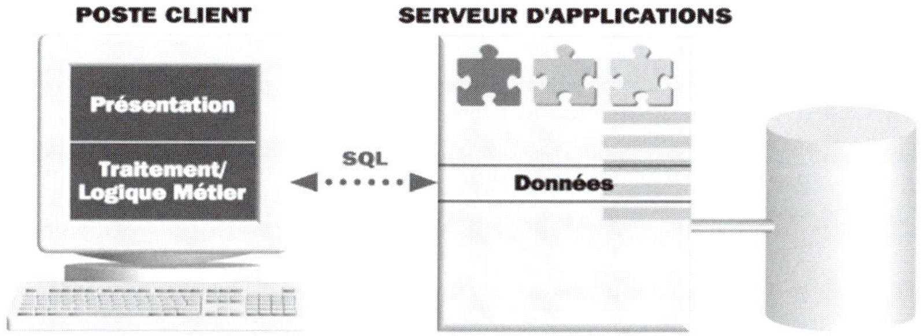

Malgré une tentative de normalisation de l'API (*Application Programming Interface*) d'accès à ces middleware propriétaires[2], la normalisation du middleware d'accès aux bases de données ne s'est pas faite.

Ces middleware aux protocoles verbeux n'étaient pas adaptés à des utilisateurs nombreux. De ce fait, ces applications se sont, le plus souvent, cantonnées à des utilisations ponctuelles... ou bien ont nécessité pléthore d'efforts pour optimiser les requêtes et les flux !

La généralisation de ces architectures passait par l'utilisation d'un moniteur de traitement (voir le Chapitre 2). USL puis BEA ont essayé de prendre ce marché avec Tuxedo. Mais l'utilisation des moniteurs transactionnels sous Unix ne se généralisera pas, faute d'avoir su intégrer l'exigence de simplicité. Cette catégorie d'outil, à l'instar des procédures stockées dans les SGBD/R, proposait un nouveau type d'architectures : le client-serveur de traitements.

Dans ce véritable modèle à trois niveaux, les traitements sont proposés au client sous forme de services procédures stockées – auxquels on accède toujours de façon propriétaire – ou services au sens « Tuxedo » du terme

[1] On désigne par **middleware** le logiciel en charge de la communication entre le processus client et le processus serveur. Les middleware se classent en trois catégories : middleware de manipulation de données, middleware transactionnels, middleware objet.

[2] **ODBC** (*Open DataBase Connectivity*) est le standard proposé par Microsoft pour normaliser l'accès aux sources de données. Microsoft fournit une API afin d'offrir un accès générique aux différents drivers des éditeurs de SGBD/R qui utilisent leurs protocoles propriétaires (SQL*Net, TDS...).

Figure 1–5.
Client-serveur de traitements.

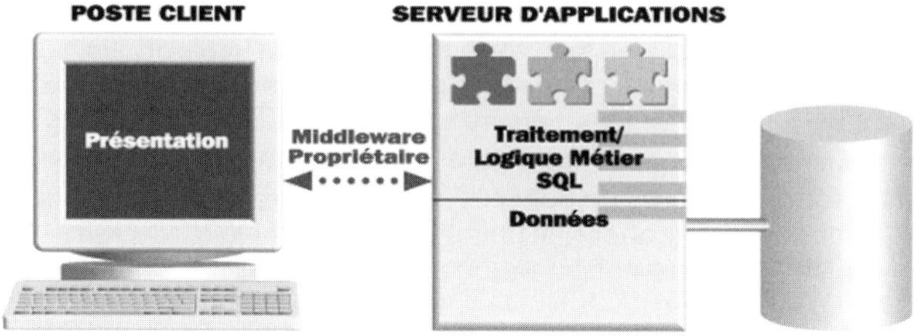

1 Le plus souvent sous plates-formes Unix ou OS/2, puis sous NT.

2 Le Gartner Group a mis en évidence le concept du TCO (*Total Cost of Ownership*) précisant la notion de coût global du poste de travail, fatal à ces modes d'administration peu industrialisés.

(les principaux moniteurs TP sous UNIX étaient Tuxedo de BEA, CICS d'IBM, Encina de Transarc, TopEnd de NCR).

Dans la pratique, l'absence d'outillage a empêché la réutilisation de ces services.

La tendance client-serveur a vu fleurir tant et plus d'AGL et de SGBD/R[1], chacun ayant ses adeptes - et ses détracteurs - au sein des entreprises. Cette floraison d'outils a entraîné le déploiement de runtimes nécessaires au bon fonctionnement de l'AGL sur nos pauvres PC, le plus souvent incapables de gérer les conflits de versions des DLL (*Dynamic Link Library*) système mises à jour lors de chaque installation. Sans parler des configurations matérielles de plus en plus puissantes requises pour exécuter les nouvelles applications. Chaque nouveau déploiement ou chaque nouvelle mise à jour d'applications entraînait une intervention manuelle sur les postes de travail. Face aux coûts démesurés liés à cette problématique[2], bon nombre d'éditeurs ont mis au point des outils de déploiement d'applications et de gestion des parcs de PC. Les plus connus étant actuellement Unicenter TNG de Computer Associates et Tivoli d'IBM.

Mais la maîtrise des compétences et des outils qui permettent de gérer correctement nos parcs de PC arrive trop tard. La performance de ces applications et leur banalisation ne passera pas par ces architectures. Nous allons comprendre pourquoi par la suite.

Il est amusant de noter, au passage, que les faibles débits des réseaux des années 80 ont été en partie responsables de solutions d'architectures palliatives. La tendance à l'augmentation des débits et à baisse des coûts aurait pu conforter une distribution des traitements et des données. Il n'en sera rien.

L'échec de la distribution

La prise en compte d'un existant informatique centralisé, ainsi que les limites des réseaux, ont contraint les architectes à mettre en œuvre des systèmes distribués. Cette solution était un mal nécessaire, et non une fin en soi, tant la difficulté engendrée compliquait le système, de la conception à l'exploitation.

De ce fait, les traitements et les données se sont distribués sur différentes plates-formes et bases de données. Cette distribution a permis un accès synchrone aux applications, le plus souvent au travers d'un réseau étendu. Qu'elle soit en mode traitement ou en mode objet, cette distribution est - et sera - lourde de conséquences. Voici un aperçu des problèmes rencontrés.

La distribution des données a mis en avant la complexité de la gestion de la donnée de référence dans le système d'information. Lorsque la donnée est distribuée, la mise à jour et la synchronisation par le biais du système d'information appellent des mécanismes de réplication. Qu'elle s'appuie sur des outils de transfert de fichiers, de réplication de base, ou de développements spécifiques, l'administration applicative des rejets est très complexe. Une solution a consisté à utiliser une mise à jour transactionnelle de données distribuées (voir le Chapitre 2 pour les considérations techniques). A l'heure des relations *business to business* et des interconnexions de systèmes, cette voie est définitivement enterrée, car la disponibilité de tous les acteurs n'est plus envisageable à cette échelle.

D'autre part, dans ce contexte non standardisé, une telle distribution des données tendait à diffuser les middleware d'accès aux données propres aux SGBD utilisés, chaque entreprise n'ayant pas un moteur unique, par choix, à cause de l'utilisation de progiciels. La distribution des traitements repose sur un principe simple : réutiliser des données, c'est bien ; réutiliser les traitements associés, c'est mieux. Là encore, cette distribution a souffert de l'absence de standard dans les middleware. La validité des chaînes de liaison utilisées (version d'OS, protocoles réseaux...) était un véritable casse-tête chinois.

Les protocoles orientés objets sont alors apparus. La belle affaire ! Voilà le moyen astucieux de distribuer des données et des traitements et d'y accéder de façon normalisée. Deux standards émergent : COM et Corba. Mais, au-delà du choix middleware, l'utilisation distribuée de ces technologies a souffert de la complexité de ces protocoles, de l'interdépendance créée entre les objets (par le biais de ses interfaces) et, d'une façon plus générale, de la complexité entraînée par la distribution des annuaires contenant les descriptions des composants, leur localisation et la définition des interfaces[1].

On le voit, une telle complexité doit être prise en compte par un outillage de haut niveau. Malheureusement, la mise en œuvre de ces outils de haut niveau, tels que Forté ou Natstar, n'a pas eu le succès escompté, tant leur

1 L'objet propose un accès à son « utilisateur » par le biais d'une interface décrivant ses propriétés et ses méthodes. Afin de s'affranchir du langage utilisé, celle-ci est décrite dans un langage universel, l'IDL (*Interface Definition Language*).

utilisation était complexe et leur maturité insuffisante. La gestion de cette complexité est l'une des difficultés que vont tenter de résoudre les serveurs d'applications.

Finalement, l'application même du concept de distribution des données et des traitements viendra de là où on ne l'attendait pas, c'est-à-dire du Web. En effet, l'arrivée massive des technologies Web - et des standards associés - détournera l'intérêt des architectes et des décideurs. Les technologies utilisées sur nos postes de travail seront issues du Web.

L'arrivée des technologies Web

Le Web visait, à l'origine, la diffusion d'informations et de documents, en les rendant accessibles depuis n'importe quel navigateur intégrant les protocoles définis par le W3C[1]. La simplicité et l'efficacité de ce concept lui vaudront le succès que l'on sait. En revanche, l'ajout d'une intelligence applicative ne se fera pas sans mal, en ce qui concerne notamment la génération dynamique de contenu. On verra alors l'arrivée des technologies CGI (*Common Gateway Interface*), puis celle des extensions propriétaires aux différents serveurs Web (par le biais d'ISAPI[2] et de NSAPI[3]). Enfin, les technologies ASP (*Active Server Pages*) et JSP (*Java Server Pages*) permettront encore d'améliorer les possibilités de génération dynamique de pages HTML. La mise à jour du navigateur devient alors plus compliquée à maîtriser que celle d'un runtime d'AGL.

Le succès croissant des technologies Web conduira certains éditeurs à remplacer le poste de travail par un super navigateur, le Network Computer. On entrevoyait là un moyen de contrer l'hégémonie de Microsoft sur le poste de travail.

1 Il s'agit du consortium créé en 1994 par le CERN, l'INRIA et le MIT pour prendre en charge le développement des normes liées au World Wide Web, avec, entre autres, les diverses évolutions du langage de description de pages HTML (http://www.w3.org).

2 **ISAPI :** API permettant d'ajouter des fonctions au serveur Internet de Microsoft (*Internet Information Server*).

3 **NSAPI :** API permettant d'ajouter des fonctions au logiciel serveur Internet de Netscape (Netscape Enterprise Server).

L'échec du Network Computer

Au-delà des enjeux techniques liés à l'adoption d'un vrai poste de travail léger ne disposant pas de logiciels installés (et surtout "réinstallables" !) et ne nécessitant pas une administration conséquente, l'enjeu est évidemment stratégique pour SUN, IBM et Oracle. Ces majors annonçaient ainsi la fin du monopole de Windows sur le poste de travail. Mais il ne faut pas confondre vitesse et précipitation.

Trop d'erreurs ont été commises. La première, et peut être la plus sérieuse, fut de ramer sans concertation dans des directions variées, chacun pour imposer sa solution, comme au bon vieux temps des premiers Unix. La seconde erreur est de n'avoir pas su apporter une solution à l'existant, de la bureautique aux applications client/serveur. Enfin, la lenteur de téléchargement et d'exécution des applications Java sur ces *pizza box*[1] empêchera toute utilisation professionnelle de ces solutions.

Java est mort ! Vive Java ! A grand renfort de marketing, la réutilisation de la vague Java se fera sur le serveur.

Du mainframe en mode texte au mainframe en mode graphique : retour à la case départ

Finalement, après le déploiement laborieux d'intelligence applicative sur le poste de travail, le retour au pragmatisme est de rigueur. La « serveurisation » des applications, associée à la **consolidation**[2] des serveurs, nous ramène à la logique centralisée qui prévalait dans les années mainframe. L'arrivée massive du Web a lancé le mouvement. Les offres de services sur des canaux de distribution hétérogènes (des serveurs vocaux à la téléphonie mobile) l'ont définitivement fait adopter.

1 Terme consacré pour désigner un terminal "plat" ressemblant à une boîte à pizza, tant par la forme du contenant que par l'intelligence contenue.

2 Se dit de la stratégie visant à réduire le nombre de plates-formes utilisées au profit de l'utilisation de plates-formes plus puissantes.

Figure 1– 6
Evolution des architectures.

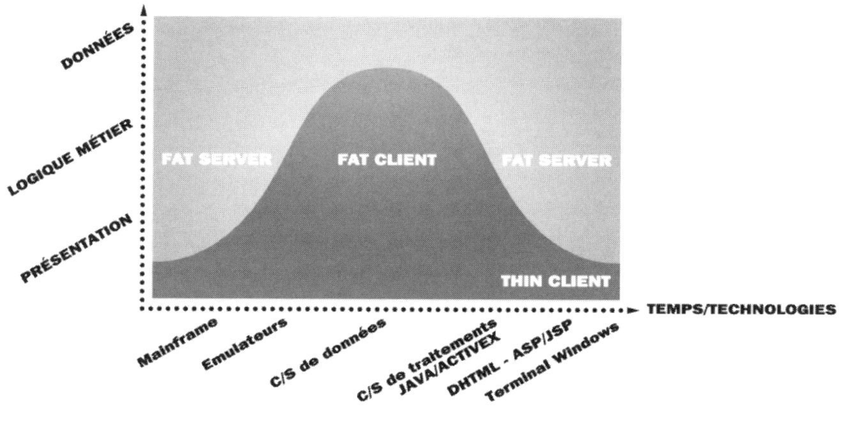

Le triomphe de la simplicité ?

Réduction du nombre de protocoles utilisés, simplification des modèles de répartition utilisés au profit d'une architecture multiniveau séparant la présentation, la logique métier et la persistance des données : la simplicité triomphe.

Restait à mettre en œuvre ce modèle d'architecture. C'est le rôle dévolu aux serveurs d'applications, et ceci indépendamment du modèle de composant qu'il met en œuvre. A ce stade, le lecteur pourrait croire que tout le monde s'est mis d'accord. C'est presque vrai ! Malheureusement, les concepts ne sont pas triviaux, et les outils n'ont pas encore atteint la maturité.

La troisième partie de l'ouvrage vous permettra d'évaluer le niveau d'expertise requis pour appréhender ces environnements et la complexité résiduelle dans la mise en œuvre d'un serveur d'application tout au long du cycle de construction de l'application. Certes, la simplicité gagne du terrain, mais surtout, la qualité des applications s'améliore. Les progrès liés à l'adoption de ces technologies seront réellement perceptibles à moyen terme. Ce discours rabâché appelle quelques mises en garde. Nous allons nous employer à formuler les réserves nécessaires.

Figure 1–7
Complexité/facilité de réutilisation.

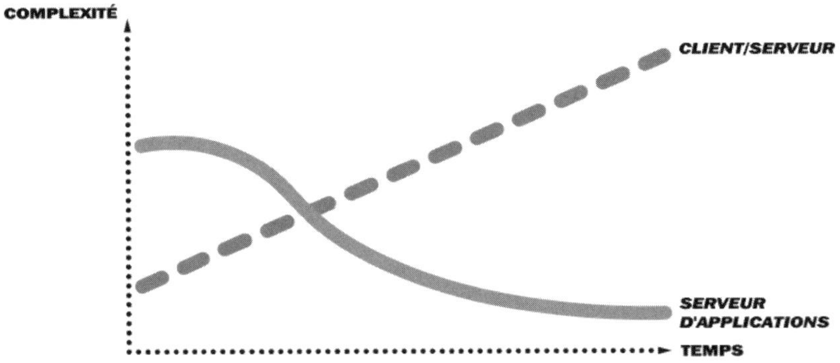

Les architectures multiniveaux à base de composants sont aujourd'hui le meilleur choix pour réaliser des applications de qualité, car elles obligent à adopter une démarche de conception séparant dans la réalisation, les différents éléments IHM (interface homme-machine), logique et données.

Il s'agit d'une tendance lourde du marché et aucune alternative ne semble se présenter. C'est également la réponse à une forte demande des équipes de développement, démotivées par les travaux d'Hercule qu'auront nécessité les passages à l'an 2000 et à l'euro.

Les architectures transactionnelles

Le transactionnel est issu des technologies mainframe d'IBM des années 70. Il s'agissait alors de mettre massivement à disposition de terminaux des applications en mode texte. Le terme « transaction » vient du fait que plusieurs écrans peuvent s'enchaîner avant qu'une réelle modification dans le système soit réalisée. Ces transactions s'entendent, en revanche, mono-moniteur (CICS ou IMS) et mono-base. Le terme de transactionnel s'est étendu par la suite, les systèmes dits « ouverts » étant passés par là !

Le modèle DTP

Un modèle transactionnel a été proposé par l'X/Open le modèle **DTP**[1]. L'architecture propose deux interfaces :

- TX est l'interface entre le Transaction Manager (TM) et l'applicatif. Il s'agit en fait d'une API permettant d'invoquer le moniteur transactionnel.
- XA est l'interface du Resource Manager (RM), celle-ci est utilisée par le moniteur transactionnel lui même.

Ces interfaces, et plus généralement le modèle DTP, permettent de mettre en œuvre le **protocole de validation à deux phases** (*Two-Phase Commit*)[2]. Le Transaction Manager pilote des sources de données ou de traitements distribués, les Resource Manager. Le TM garantit l'unité d'œuvre (l'ACIDité pour les puristes) de la transaction.

ACID

L'acronyme ACID résume les propriétés que doit vérifier chaque transaction :

Atomicité : une transaction doit effectuer toutes les mises à jour ou aucune.

Cohérence : une transaction doit faire passer d'un état cohérent vers un autre état cohérent.

1 **DTP :** (*Distributed Transaction Processing*), processus de transaction partagé par des ordinateurs sur un réseau.

2 Ce protocole vise à coordonner l'exécution de la commande *commit* entre toutes les ressources participant à une transaction. La phase 1 prépare l'écriture des résultats. En cas de succès de la phase 1, la phase 2 intègre effectivement les résultats. Le TM est le coordinateur de la transaction, les RM sont des participants.

Isolation : les résultats de la transaction ne doivent être visibles aux autres transactions qu'une fois la transaction validée.

Durabilité : une fois la transaction validée, le système garantit que les modifications sont durables, y compris en cas de panne du système.

Mise en œuvre

Les TM sont mis en œuvre dans des moniteurs transactionnels, comme Tuxedo (qui utilise le standard XATMI comme interface entre l'application et le TM), Encina ou, plus récemment, dans certains serveurs d'applications (Microsoft Transaction Server, Oracle Application Server, etc.). Les RM se retrouvent dans les principaux SGBD/R (Sybase, Oracle, DB2), et dans certains MOM (Middleware orienté messages) (MQSeries[1] par exemple, utilisable via son API MQI). L'interopérabilité des TM et des RM est assurée au travers du support de XA.

1 A noter que MQSeries dans sa version 5 peut être utilisé comme un TM.

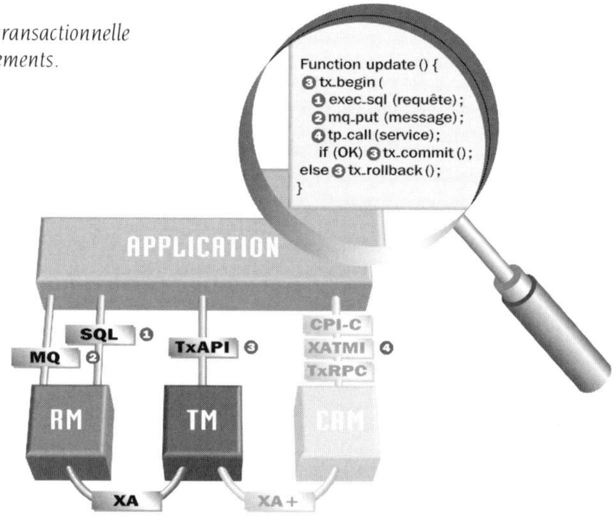

Figure 2–1.
Architecture transactionnelle orientée traitements.

La figure ci-dessus illustre sous forme schématique ce type d'architecture et présente le code nécessaire.

Deux constats importants se dégagent :

- La gestion du transactionnel nécessite l'écriture de code spécifique utilisant des implémentations de TxAPI dépendantes du moniteur utilisé (aucune norme ne s'est imposée en pratique).
- Bien que l'X/Open ait défini une norme d'interopérabilité entre les TM (XA+), celle-ci est très rarement présente dans les moniteurs transactionnels, parce quelle ne répondait pas à un besoin réel. Les communications entre moniteurs TP s'effectuent par l'intermédiaire de passerelles.

De plus, comme leur nom l'indique, les moniteurs transactionnels assurent une fonction de moniteur qui représente l'aspect concentrateur et optimisateur de requêtes clients. Cette fonction permet de décharger les SGBD/R (par une optimisation des connexions ouvertes), et donc d'autoriser une montée en charge importante.

Les limites de la transaction distribuée

Le modèle DTP repose sur une hypothèse très contraignante : la transaction doit être courte. En effet, le protocole de validation à deux phases peut présenter des anomalies de fonctionnement en cas de panne du Transaction Manager après le début de la phase 1, bloquant le Resource Manager. La durée de la transaction peut être prolongée par les verrous associés à d'autres transactions distribuées. Mais cette problématique, non encore réglée, renvoie à la conception d'objets dits « sans état ».

Objets et transactions

Outre le problème de l'interopérabilité entre objets, **l'OMG**[1] a dû intégrer à son modèle les concepts transactionnels et de moniteur présentés plus haut. On parle alors d'objet transactionnel. Le service transactionnel, tel qu'il est défini par l'OMG, fait partie des services objet communs. Il est décrit dans les spécifications Corba Services.

Le service transactionnel (Object Transaction Service) assure l'exécution de transactions impliquant plusieurs objets et sources de données réparties, tout en conservant aux transactions leurs propriétés ACID.

Les composants du service Transactions sont les suivants :

- OTS (*Object Transaction Service*), qui assure la compatibilité avec le modèle X/Open DTP.
- Le serveur transactionnel, qui gère l'ensemble des objets pouvant être modifiés au cours d'une transaction.
- Le serveur de restauration, qui gère l'ensemble des objets pouvant être modifiés au cours de la phase de validation d'une transaction (*commit/rollback*).
- Le client transactionnel, qui réalise les modifications sur les objets et active la validation des transactions.

1 **OMG :** *Object Management Group*. Equivalent de l'X/Open pour les systèmes orientés objet.

Figure 2-2. Architecture transactionnelle de l'OMG.

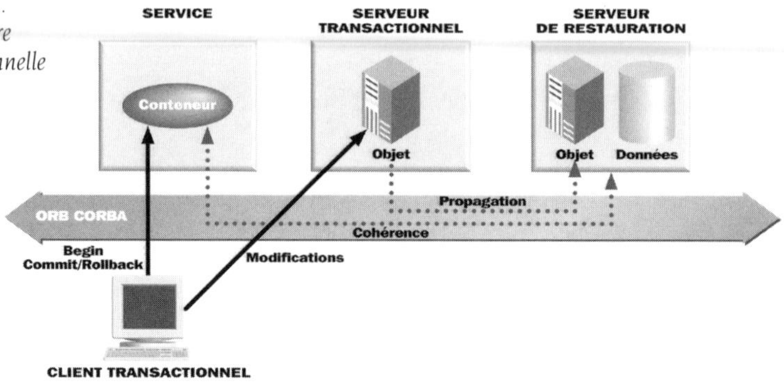

Cette architecture se traduit par un module IDL défini dans les spécifications Corba Services de l'OMG : le module CosTransactions. On y trouve notamment les interfaces suivantes :

- Interface *TransactionFactory*, qui permet de générer des objets transactions.
- Interface *TransactionalObject*, dont doivent hériter tous les objets transactionnels.
- Interface *Current*, qui permet de manipuler la transaction courante.
- Interface *Coordinator*, qui permet de coordonner les objets au sein d'un serveur de restauration (enregistrement d'objet pour une transaction, création de sous-transactions…).
- Interface *Resource*, qui permet de gérer la phase de validation (*commit, rollback*) dans un serveur de restauration.

Les applications fondées sur le service transactionnel sont compatibles avec les standards X/Open et intègrent des gestionnaires de ressources XA. On trouve aujourd'hui de nombreuses implémentations de ce service, dont Orbix OTM d'Iona et VisiBroker ITS d'Inprise. L'OMG continue néanmoins d'en faire évoluer les spécifications, notamment avec la révision Extented Transaction Service, qui introduit le concept de parallélisme dans les transactions imbriquées.

Certes, les concepts de transactions sont relativement simples à comprendre sur le plan fonctionnel. Mais il est toujours compliqué de les mettre en œuvre. Les fonctions doivent être intégralement prises en compte par les serveurs d'applications. Elles font partie des services de base attendus. Leur mise en œuvre en est facilitée. En effet, les composants ActiveX ou EJB offrent une gestion de la transaction transparente pour le développement. Celle-ci est assurée par le serveur d'applications et peut être externalisée du code.

Une architecture multiniveau (*multi-tier*) doit, en outre, anticiper les problématiques liées à la gestion de la performance. Un moniteur transactionnel est alors indispensable pour garantir la montée en puissance de l'application et l'intégrité transactionnelle lorsque celle-ci utilise plusieurs sources de données ou de messages.

Chapitre 3

Le poste de travail

Les architectures multiniveaux offrent une grande souplesse quant à la partie cliente (voir le Chapitre 20 pour un exemple d'application ayant pour client un téléphone mobile). Ce chapitre présente le client le plus traditionnel, le poste de travail. Les serveurs d'applications permettent la mise en œuvre de différents types d'architectures :

- les applications client-serveur (C/S) traditionnelles (**Win32**[1]) ;
- les applications Java ;
- les applications émulées ;
- les applications Web.

Chaque type d'architecture a ses propres caractéristiques, souvent complémentaires. On peut ainsi imaginer, par exemple, une application cliente Windows ou Java pour des postes intranet, la même application en mode émulé pour des agences distantes à l'étranger et une application Web pour des fournisseurs via l'Internet. Toutes ces applications clientes, de technologies et d'usages divers, utilisent les mêmes composants applicatifs serveurs. Et donc, la même source de données.

L'application client-serveur Windows

Le client traditionnel est constitué d'une application Windows (.EXE) s'exécutant sur le poste client et se trouvant généralement sur le poste client. Cette application est développée avec un outil visuel et son L4G (langage de quatrième génération tel que Power Builder, NSDK, Visual Basic, Delphi…). Elle utilise les composants traitements *via* le réseau avec le middleware du serveur d'applications : **DCOM**[2] (pour MTS) ou Corba/IIOP/RMI (pour les serveurs d'applications conformes à la norme Corba 2.0). Ceci nécessite la présence de proxies. Dans le cas de DCOM, ces proxies sont des composants **ActiveX**[3] et s'intègrent dans les outils de développement existants (pour une liste exhaustive des services offerts

1 **Win32** désigne les API Windows 32 bits utilisées directement ou *via* un L4G pour programmer des applications Windows 95 ou NT.

2 **COM** *(Component Object Model)* : standard binaire d'interopérabilité orienté objet, défini par Microsoft, qui spécifie comment des composants logiciels doivent s'interconnecter et communiquer à l'exécution. Ces composants peuvent être écrits et utilisés indépendamment du L4G servant à développer l'application client-serveur. **DCOM** *(Distributed Component Object Model)* : il s'agit de la version distribuée de COM permettant d'instancier à distance des composants.

3 **ActiveX :** désignation générique des composants s'appuyant sur COM (composants graphiques – on parle alors de contrôles ActiveX ou composants s'exécutant dans MTS).

par les composants, voir le chapitre 11 consacré au modèle COM/ActiveX).

Dans le cas des serveurs d'applications basés sur Corba, la situation est plus délicate. Il n'existe pas de proxies directement utilisables, spécifiés dans la norme pour les L4G. On a généralement recours à une passerelle Corba/ActiveX, fournie par l'éditeur du serveur d'applications ou une société tierce.

Figure 3-1.
Architecture client-serveur Windows.

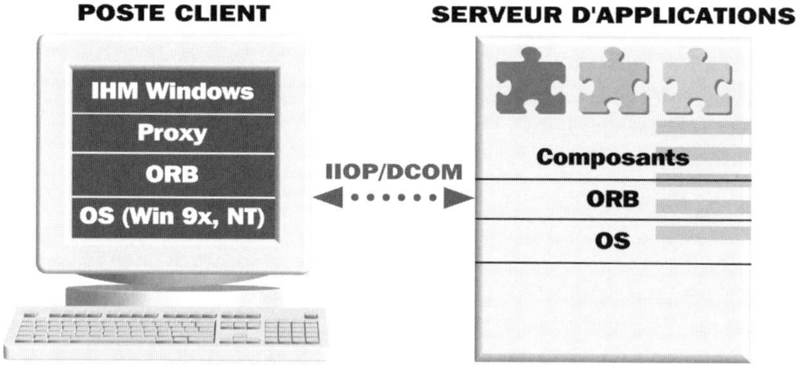

Avantages

Les L4G sont des produits matures et stabilisés, simples d'emploi et qui ne demandent pas de compétences nouvelles. Ils permettent de développer rapidement des interfaces graphiques, riches en termes de fonctionnalités (glisser-déposer, contrôles graphiques évolués, menus contextuels, etc.) dont les utilisateurs sont aujourd'hui familiers. Ils offrent également des fonctionnalités évoluées d'intégration avec les outils bureautiques *via* le support d'OLE Automation, pour exporter des données vers Excel, générer un document Word, envoyer des messages électroniques, ou encore générer des rapports d'impression complexes.

OLE

OLE (*Object Linking and Embedding*) est un ensemble de services fondés sur COM - bien plus large que la notion de documents composites évoquée par le terme OLE. Il a été renommé **ActiveX**. Les concepts sont identiques. Des services transactionnels ont été ajoutés afin de l'adapter à MTS.

Parmi ces services, les **OCX** sont des contrôles graphiques reposant sur OLE. On parle maintenant de contrôles ActiveX.

Le support d'**OLE Automation** permet à un composant serveur d'être manipulé de façon programmatique par un programme client OLE Automation. Par exemple, Word et Excel peuvent être utilisés sous la forme de serveurs OLE Automation depuis un programme client écrit en Visual Basic.

Inconvénients

Les applications Windows n'en présentent pas moins des inconvénients, tant techniques que fonctionnels.

L'instanciation à distance des composants serveurs depuis le poste client nécessite la présence, sur le poste client, de librairies implémentant le protocole DCOM ou IIOP (DCOM est fourni en standard avec les plates-formes Windows 9.*x* et NT, sous réserve de quelques Service Packs...).

Les serveurs proxy doivent être générés de nouveau et redéployés sur chaque poste client lorsque l'interface des composants serveurs est modifiée.

Enfin, la configuration de ces proxies n'est pas d'une simplicité d'installation et de maintenance à toute épreuve. En effet, le protocole DCOM nécessite d'enregistrer le proxy dans la base de registre du poste client, ainsi que le nom de la machine serveur où se trouve le composant distant correspondant. Si le composant serveur est déplacé vers un autre serveur, le Registre de chaque poste client doit être mis à jour.

L'utilisation du protocole DCOM ou IIOP peut poser problème s'il existe un firewall entre le poste client et le serveur d'applications. Peu de firewalls, en effet, prennent en charge ces protocoles. La solution, dans ce cas, consiste à encapsuler DCOM ou IIOP dans des requêtes **HTTP**[1] (HTTP *tunneling*).

Tous ces problèmes - surmontables, il est vrai - s'ajoutent à la complexité des applications Windows mêmes, ainsi qu'à leurs coûts élevés de déploiement et de maintenance (voir les rapports du Gartner Group sur *le Total Cost of Ownership*). Cette complexité peut être gérée par un outil d'administration global ayant acquis une maturité suffisante (TNG de Computer Associates, Tivoli d'IBM).

Bien évidemment, ce type de client n'a de sens que dans un intranet, dans lequel la configuration des postes clients est maîtrisée par l'entreprise.

1 **HTTP** *(HyperText Transfer Protocol)* : protocole de communication utilisé pour transférer des pages au format HTML entre un serveur et un poste client.

2 **RMI** *(Remote Method Invocation)* : standard Sun définissant la communication entre objets distribués (notamment les EJB). RMI utilise un protocole spécifique (RMCP). La plate-forme Java 2 utilise IIOP pour les communications RMI.

Applications ou applets Java

Les applications ou applets Java ont un fonctionnement semblable à celui des applications Windows traditionnelles. La communication est fondée sur le middleware fourni par le serveur d'applications, ou plus simplement sur **RMI**[2] inclus dans la plate-forme Java en standard.

Figure-3-2.
Applications ou applets Java.

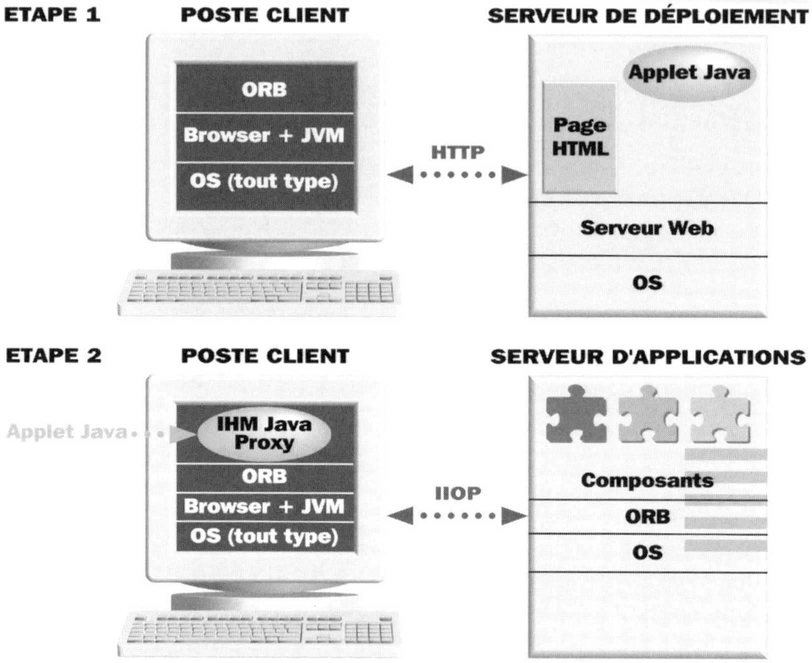

1 JAR : ensemble de classes Java réunies et compressées en un seul fichier d'archives. Le fichier *manifest* contenu dans le JAR en décrit le contenu. En pratique, il peut contenir autre chose que des classes JAVA.

2 CAB : abréviation de *Cabinet*, fichier compressé servant au déploiement d'applications dans le monde Microsoft.

Avantages

L'utilisation des serveurs proxy représentant les composants applicatifs distants est simplifiée, puisque la norme Corba a spécifié des proxies (ou *stub*) en Java. L'utilisation de Java garantit « en théorie » la portabilité de l'application cliente sur toute plate-forme.

Un autre avantage important réside dans « l'auto-déploiement » de l'application Java à travers un navigateur. Ce mécanisme est maintenant stable et performant, avec l'utilisation des fichiers compressés **JAR**[1] ou **CAB**[2] permettant de transférer sur le poste client l'ensemble des classes Java (bytecode) nécessaires à l'application.

Les outils de développement Java convergent de plus en plus vers les outils L4G traditionnels et facilitent grandement les développements d'applications graphiques à la mode Windows (exemple : JBuilder, Visual Café, Visual Age for Java...).

Inconvénients

L'utilisation d'applications ou d'applets Java, riches en terme d'interface homme-machine, nécessite la bonne version du runtime Java et de ses bibliothèques associées (en pratique Java 2 qui inclut les composants graphiques Swing). Ceci implique la maîtrise des postes clients sur lesquels s'exécute l'application, et limite la portabilité de l'application sur toute plate-forme dans le cadre d'un extranet ou d'Internet. En effet, ces « runtime Java » que sont les JVM (*Java Virtual Machine*) sont, certes, réalisés à partir d'une spécification commune, mais les quelques différences de mise en œuvre selon les éditeurs entraînent des coûts d'intégration très importants.

L'intégration bureautique (vers Microsoft Office ou pour générer des rapports d'impression complexes) ne va pas de soi, Java et les technologies OLE Automation ne proposant pas d'interfaçage simple et natif.

Enfin, les applications et applets Java restent plus lentes au démarrage et pour l'affichage graphique que les applications Windows natives.

Emulation Windows

Un nouveau type de client prometteur est le client Windows émulé. MetaFrame de Citrix, couplé avec la version Windows Terminal Server (WTS) pour Windows NT, permet d'exécuter des applications Windows sur un serveur NT et de n'envoyer au poste que le flux vidéo (plus précisément le différentiel des écrans pour plus d'efficacité). Le client envoie simplement au serveur les entrées clavier et le mouvement de la souris. C'est un mécanisme identique à l'émulation X dans le monde Unix.

Le seul pré-requis est l'installation d'un client WTS ou Citrix sur le poste client. Les clients WTS ne sont disponibles que pour Windows 95, 98, NT et Windows CE. Mais des clients Citrix existent pour les plates-formes Windows, comme pour le Macintosh et les principaux Unix.

Les protocoles utilisés (ICA*Voir* Citrix pour Citrix et RDP pour Microsoft) fonctionnent au-dessus de TCP/IP et sont très peu gourmands en bande passante (de l'ordre de 20 à 30 kilobits par seconde par client).

Figure 3-3.
Emulation Windows.

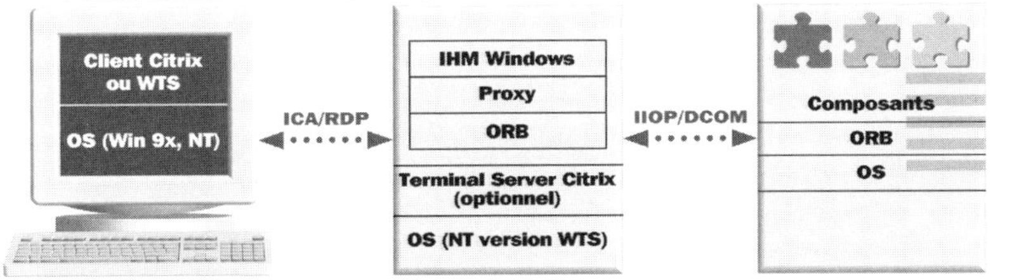

Aujourd'hui, seule la solution Citrix MetaFrame sur un socle WTS permet de mettre en place une solution performante et outillée dans un environnement complexe.

Avantages

Tout l'intérêt est de bénéficier des applications Windows, sans en supporter les coûts élevés de déploiement et de maintenance.

La consommation réduite de bande passante permet des accès distants en utilisant des lignes à faibles débits, notamment pour les centres ne possédant pas une équipe informatique sur place.

Inconvénients

Les applications peuvent nécessiter des modifications pour fonctionner en mode multi-utilisateur (ne plus écrire dans un fichier fixe, faire une copie du *normal.dot*, estampiller des DLL pour les rendre multi-utilisateur, gérer les profils d'utilisateurs, etc.).

Le protocole RDP ne gère pas le support du son. Mais cela n'est généralement pas un inconvénient majeur pour des applications professionnelles.

Applications Web

Les applications Web se distinguent des applications Windows et Java par l'utilisation du protocole HTTP entre le client (un navigateur), et le serveur applicatif. Il convient alors d'installer un serveur Web qui reçoit les requêtes HTTP, ainsi qu'une « passerelle » vers les composants serveurs. Cette passerelle peut être une extension classique (DLL ISAPI, NSAPI ou encore Servlet Java) ou bien du script se trouvant dans les pages HTML et s'exécutant côté serveur (ASP ou JSP).

Vis-à-vis du composant du niveau traitement, le client n'est pas le navigateur ou le poste client, mais l'extension Web ou le script serveur dans la page HTML. Le client "logique" du composant applicatif se trouve derrière le serveur Web, généralement sur la même machine que l'application serveur. Les problèmes de configuration, de déploiement et de firewall ne se posent donc plus.

Avantages

Les applications Web sont particulièrement bien adaptées à la résolution de problèmes de déploiement et de configuration des postes de travail : l'application est centralisée sur un serveur Web (au sens serveur applicatif + serveur HTTP).

Figure 3-4
Applications Web.

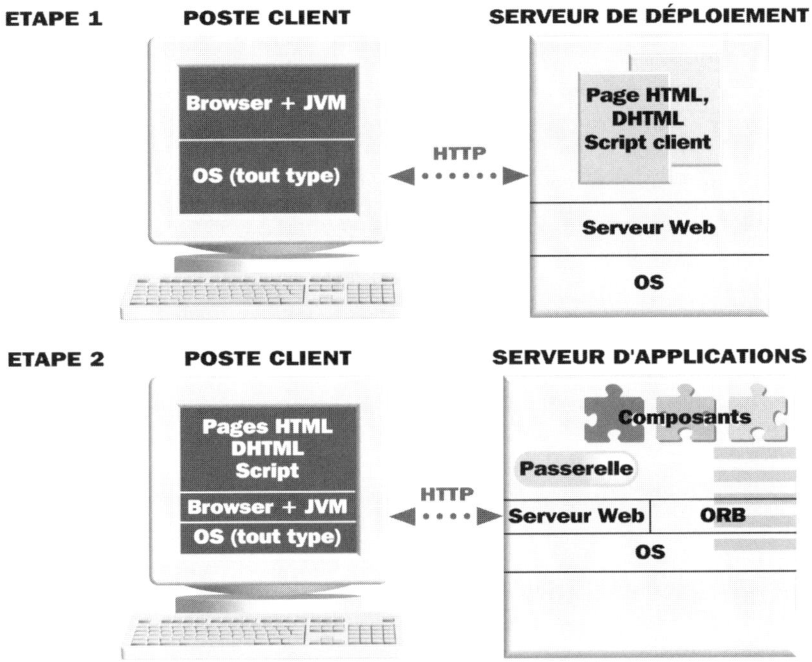

De plus, elles véhiculent un nouveau paradigme en termes d'interfaces utilisateur : la page HTML et le lien hypertexte. La navigation en est grandement simplifiée. Le fait de pouvoir associer, de manière native, des applications Web et des documents statiques est également très intéressant pour l'utilisateur.

La généralisation des technologies Web en entreprise en fait un standard incontournable. Les compétences dans ce domaine commencent à se banaliser. La simplicité intrinsèque des technologies (protocole HTTP et langage HTML) représente un avantage indéniable.

Enfin, la technologie Web est actuellement la seule qui permette de réaliser des applications « universelles » (indépendantes du poste client), moyennant quelques contraintes[1]. C'est particulièrement vrai lorsqu'il s'agit de proposer des services au grand public, *via* l'Internet : commerce électronique ou services personnalisés (banque en ligne, indication de consommation téléphonique...).

1 Seul le support de HTML 3.2 est assuré à l'identique chez Netscape et Microsoft... non sans un important travail d'intégration. Les dernières extensions des navigateurs, et notamment le DHTML, sont aujourd'hui totalement incompatibles et nécessitent une prise en compte spécifique.

Inconvénients

La richesse et l'ergonomie de l'interface homme-machine laissent à désirer. Le Web simplifie l'interface utilisateur (en apportant de nouveaux paradigmes comme la notion de navigation par liens hypertextes et les *frames* au lieu du multifenêtrage), mais n'offre pas toute la richesse nécessaire à bon nombre d'applications, telles les grilles de données, les contrôles graphiques évolués (activation et désactivation, liens entre champs, calendrier, *charts*...).

Ces limites inhérentes au langage HTML peuvent être partiellement compensées par des utilisations astucieuses des *frames*, des images et du *scripting* côté client. Ces « astuces » augmentent sensiblement le temps et le coût du développement des interfaces Web, et elles ne sont pas industrialisables.

C'est pourquoi l'utilisation des améliorations et des extensions du langage HTML proposé par le Dynamic HTML (DHTML) permet, entre autres, de définir des composants HTML réutilisables et apporte toute la richesse souhaitée en termes d'interface homme-machine. La relative jeunesse de cette technologie explique aujourd'hui le manque d'outils de type L4G pour construire des pages DHTML. Cette lacune devrait être comblée rapidement.

Figure 3-5.
Critères de choix.

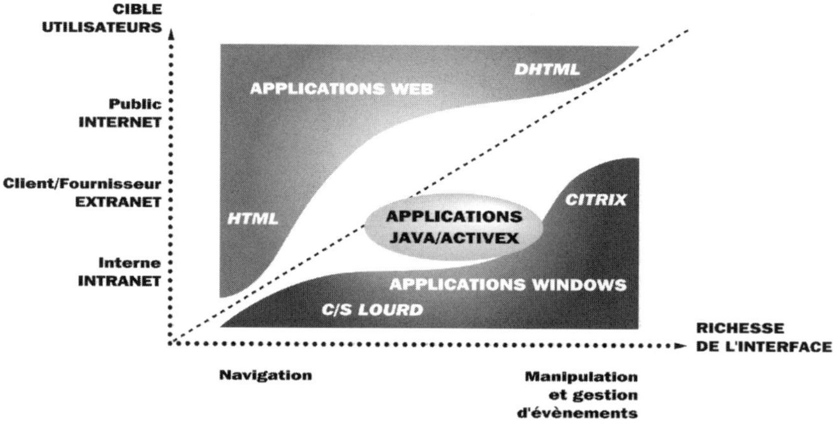

Le schéma ci-dessus montre que les applications Web tendent à devenir aussi riches que les applications classiques Windows, notamment grâce au DHTML. On voit également la possibilité d'augmenter efficacement la capacité de déploiement d'applications existantes au moyen de techniques d'émulation Windows.

Enfin, les applications Java ou ActiveX, déployées sur un poste de travail, ne trouveront de débouchés que si elles s'inscrivent dans une réelle alternative avec les options évoquées plus haut. Ce n'est pas le cas aujourd'hui. D'une part, le paradigme Java « *write once, run everywhere* » se révèle un mythe pour qui a tenté un développement multi-plate-forme[1].

[1] Le lecteur pourra, pour s'en convaincre, essayer de développer une application Java « normale », c'est-à-dire de plusieurs dizaines d'écrans, avec menus, boîtes de dialogues, etc., et se lancer dans une intégration sous Netscape, Internet Explorer, JRE sous Solaris, Linux, Mac ! Certaines surprises sont au rendez-vous : gestion différente de la modalité, des polices, des alignements, des rafraichissements, des raccourcis, etc.

D'autre part, malgré les fonctionnalités avancées du navigateur Internet Explorer, déployer du COM demeure un casse-tête : gestion des versions, des clés de Registre, des versions de DCOM...

En conclusion, miser sur les technologies Web est un bon pari, au vu des initiatives de tous les éditeurs dans ce domaine. Quant à Java sur le poste de travail, il est difficile d'en percevoir l'intérêt sans une adoption massive de terminaux dédiés à cette technologie. Mais, à l'heure actuelle, cette voie a tout d'une impasse.

Chapitre 4

Le composant

Les moniteurs transactionnels et les serveurs d'applications se différencient par les paradigmes qu'ils mettent en œuvre, respectivement serveur de traitements et serveur de composants. Dans les deux cas, le concept est orienté service, au sens boîte noire.

Qu'est-ce qu'un composant ?

Le composant est un objet qui adhère à un modèle, c'est-à-dire qu'il supporte un ensemble de méthodes normées qui lui permettent :

- d'être exécuté dans un serveur d'applications conforme au modèle en supportant le mode transactionnel, la sécurité, la concurrence d'accès, l'indépendance à la localisation, etc. et ce, sans ajout de code particulier ;
- d'être facilement intégré à un AGL en phase de développement, grâce aux méthodes auto-descriptives d'introspection.

Ces méthodes normées se regroupent logiquement sous des interfaces. La vision offerte par le composant à ses utilisateurs – l'interface – se veut indépendante de son implémentation.

Cette structure permet un réel assemblage de composants avec des outils de haut niveau, sans se soucier du détail de l'implémentation. Les modèles de composant apportent en particulier un ensemble d'objets et de méthodes, utilisables dans le code du composant et qui permettent de gérer plus finement les aspects transactionnels et de sécurité (voir chapitre 5).

La prise en compte de ces deux aspects diminue considérablement la complexité de mise en œuvre d'une architecture à trois niveaux robuste, principal inconvénient des moniteurs TP.

L'évolution du paradigme traitement, relativement bas niveau, vers le paradigme objet-composant paraît inéluctable, au regard des tendances du marché :

- émergence de puissants outils de conception UML (Rational Rose en particulier), maturité des formations destinées aux développeurs ;
- AGL de plus en plus orientés objet : PowerBuilder, Delphi, Forté, Visual Studio, etc. ;
- offres de moniteurs TP classiques s'orientant vers le composant, notamment BEA avec Weblogic et IBM avec WebSphere ;
- framework d'objets métiers (IBM San Francisco, Microsoft DNAfs, etc.), accès aux ERP *via* l'objet, etc[1].

Les modèles

Deux modèles (architectures) de composants se partagent aujourd'hui le marché :

- Le modèle COM (*Component Object Model*) issu de Microsoft et du monde OLE, désormais appelé ActiveX, dont la première implémentation côté serveur date de 1996 (MTS 1.0)[2].
- Le modèle EJB (*Enterprise JavaBean*), spécification multi-éditeurs dont Sun et IBM sont à l'origine, et dont les premières implémentations apparaissent actuellement sur le marché.

Le premier se veut indépendant du langage (les composants peuvent être écrits et utilisés au moyen de langages différents), le second repose sur le langage Java.

Le schéma suivant propose une analogie avec les architectures transactionnelles.

Figure 4-1.
Architecture transactionnelle orientée composants.

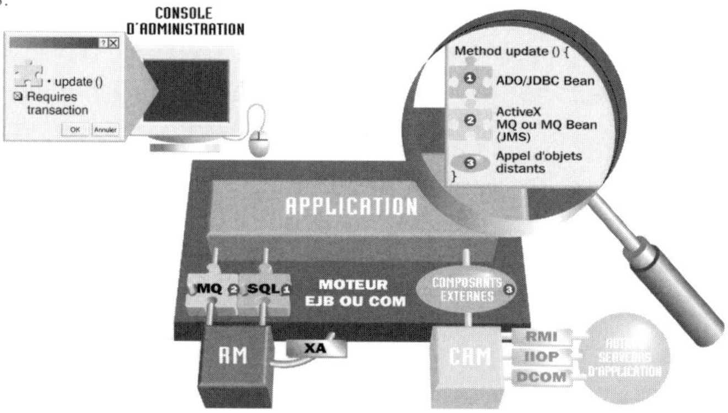

1. Ne pas en conclure hâtivement que cela nous paraît une bonne architecture.

2. A propos des acronymes utilisés pour présenter leur modèle de composant, on notera l'aptitude des équipes marketing de Microsoft à brouiller les pistes.

Les principales caractéristiques sont les suivantes :

- Le développeur est dégagé de la problématique bas niveau de gestion du transactionnel, car cette gestion déclarative se fait depuis les outils d'administration.
- L'accès au RM ne se fait plus par API bas niveau mais par utilisation de **composants d'accès** dans l'outil de développement[1].
- L'appel à des composants distants peut se faire au travers d'interfaces RMI, Corba (via IIOP) ou DCOM suivant la technologie du serveur. C'est une voie à déconseiller, notamment à cause des adhérences qu'elle génère et des problèmes d'interopérabilité multiéditeur.

Le modèle COM

Le modèle COM définit un standard binaire d'interopérabilité pour la communication des objets. L'objectif est de concevoir des applications comme l'assemblage de composants construits ou fournis par des éditeurs.

La couche COM fonde l'ensemble des technologies objet de Microsoft. Celles-ci ont souffert de campagnes marketing très confuses quant aux termes et aux technologies sous-jacentes.

Le terme COM désigne les services de base du *broker* d'objet.

Le terme OLE (*Object Linking and Embedding*) désignait les technologies bâties sur COM et utilisées autour des documents composites (activation en place de documents, glisser-déplacer...). Il a été étendu aux technologies de pilotage d'application (OLE Automation) par le biais d'une interface particulière (IDispatch) et aux techniques de contrôles graphiques reposant sur COM[2], les OCX.

Le terme ActiveX fut introduit en 1996 pour désigner les composants COM destinés à Internet. Il englobe les concepts OLE. On parle alors de « contrôle ActiveX » ou « d'Active Document ».

Dans la suite de l'ouvrage, on utilisera le terme de « composant COM » ou, par abus de langage, « composant ActiveX ». Nous n'aborderons pas les contrôles graphiques. Nous essayerons de bannir le terme OLE.

Enfin, la prochaine version de COM disponible dans Windows 2000 portera le nom de COM+ (ajout de la gestion d'événements en mode *publish* and *subscribe* et communications asynchrones entre composants reposant sur MSMQ) incluant COM et MTS.

Les composants COM peuvent être développés en C++, en Visual Basic, voire en Java ou à l'aide d'AGL : Delphi, PowerBuilder, etc. Le modèle COM n'impose pas de langage pour sa mise en œuvre. Toutefois, Microsoft étant le seul dépositaire de la "norme", l'utilisateur est tenté de préférer

1 Le schéma décrit respectivement les composants du monde COM (ADO, ActiveX MQ, DCOM) et les composants du monde EJB (JDBC, JMS, RMI ou Corba).

2 Les premiers contrôles graphiques 16 bits connus sous le terme VBX communiquaient en mode Message Windows.

les outils de l'éditeur (Visual C++ ou Visual Basic) pour sécuriser son choix dans la durée (COM+).

Malgré quelques velléités de portage sous Unix (l'initiative de SoftwareAG en particulier), le choix de COM impose *de facto* la plate-forme Windows NT sur le serveur intermédiaire.

Côté architecture de déploiement[1], les composants métiers sous MTS peuvent être sollicités par les clients au moyen de DCOM (client lourd) ou de HTTP, au moyen d'IIS et de pages HTML via les ASP (client léger).

Figure 4-2.
Architecture dans le monde COM.

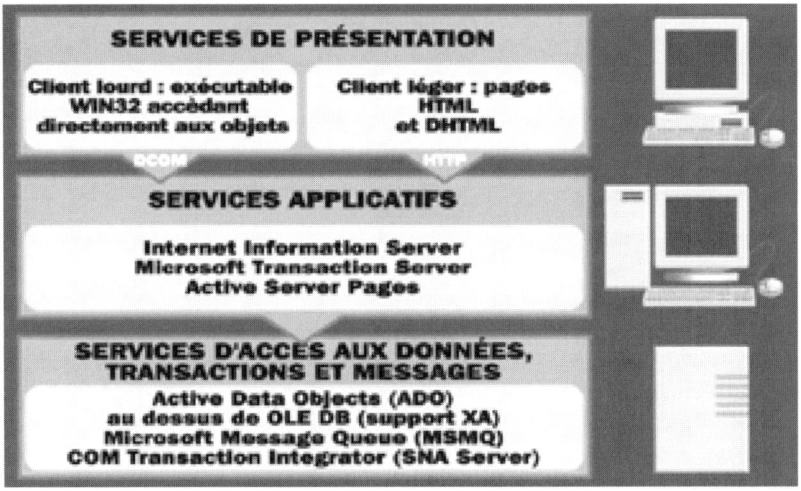

1 Voir le chapitre 3 consacré au poste de travail pour la compréhension des différentes architectures.

2 La version 2 de la spécification devrait faire une proposition d'interface.

Le modèle EJB

Java fut imaginé à partir du concept du *Write Once, Run Everywhere*. Dès lors que la vague Java a atteint le serveur, un environnement d'exécution adapté à des objets écrits en Java s'imposait. Sun et IBM ont alors travaillé de concert à l'édition d'une spécification appelée Enterprise Java Beans.

Le modèle EJB repose sur l'architecture en couches suivante :

L'EJB Server contient l'EJB Container. Il lui fournit les services bas niveau. A l'heure actuelle, la norme ne définit pas l'interface entre conteneur et serveur. Le choix de l'interface entre les deux couches dépend de l'éditeur[2].

L'EJB Container est l'environnement dans lequel s'exécute l'Enterprise JavaBeans. Il sert d'interface entre le *Bean* et le monde extérieur. Les

Figure 4-3.
Architecture EJB.

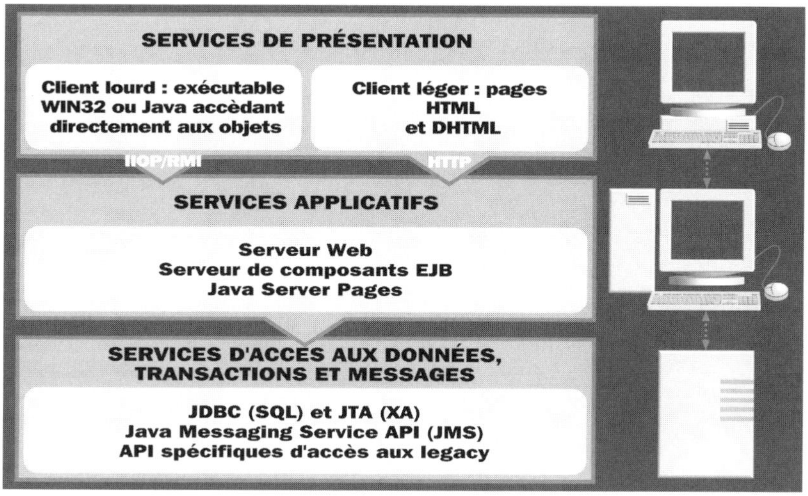

clients ne se connectent pas directement à ce *Bean*, mais à une représentation du *Bean* fournie par le conteneur, qui route les requêtes vers le *Bean*.

L'EJB Container est responsable de la fourniture de services aux *Beans*, et de ceci bien sûr indépendamment de la façon dont ces services sont implémentés. Ces services sont les suivants :

- Le support du mode transactionnel : le mode de gestion déclaratif de la transaction permet au développeur du Bean de spécifier le type de transaction supporté. Les composants peuvent être estampillés lors de la déclaration comme transactionnels, sans code spécifique. Dans ce modèle, la granularité peut descendre jusqu'au au niveau de la méthode[1].
- La gestion des multiples instances : les classes EJB sont écrites comme si elles s'exécutaient dans un contexte mono-client (en particulier pour les *session Beans* sans état), l'EJB Container assure que chaque requête client est servie de façon adaptée grâce au support des mécanismes classiques de gestion de pool d'instance, de cache, d'optimisation d'accès aux données, etc.
- La persistance[2].
- La sécurité se fait par l'intermédiaire d'ACL (*Access Control List*) au niveau du *Bean* ou au niveau de la méthode d'un *Bean*.

De plus, le conteneur fournit généralement une administration des EJB et la gestion des versions.

Après cet aperçu des fonctionnalités de l'EJB Server et de l'EJB Container[3], il convient de présenter l'EJB *Bean* (souvent appelé EJB ou *Bean* par abus

1 Il est possible de gérer plus finement encore ce modèle en utilisant l'API JTA dans les composants. Cette API utilise les services de l'OTM sous-jacent. Il est théoriquement envisageable de délimiter des transactions mettant en jeu des SGBDR, des serveurs IIOP compatibles OTS1.1, des MOM. La réalité est toute autre : seul Oracle dispose d'un driver JTS pour son SGBDR, mais utilisable uniquement avec son serveur d'applications.

2 Le support de la persistance des Beans n'est obligatoire que dans la version 2.0 de la spécification. Voir l'état de l'offre pour savoir quels éditeurs l'ont mise en œuvre.

3 Il s'agit ici de présenter les différentes notions nécessaires à la compréhension de l'ouvrage, le passionné se réfèrera à la spécification complète de la norme, si ce n'est déjà fait.

de langage). En plus de l'implémentation de l'objet lui-même, le fournisseur d'un EJB *Bean* doit fournir une *home interface* et une *remote interface*. L'interface EJBHome sert de point d'entrée initial du client. En particulier, lorsqu'un client utilise un service de nommage, tel que JNDI (*Java Naming and Directory Interface*), pour retrouver un EJB, il obtient en réponse une référence vers un objet implémentant l'interface EJBHome. Le client appelle alors une méthode de cette interface pour obtenir une référence sur l'interface *remote*. Celle ci dérive de l'interface EJBObject.

Figure 4-4. Différents types d'EJB Beans.

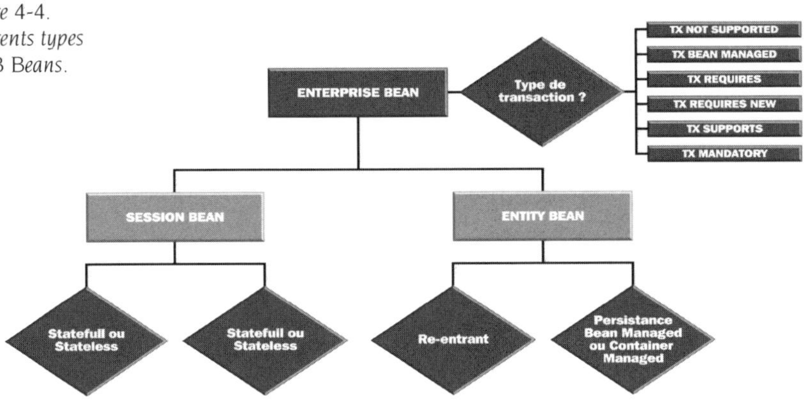

Dans l'illustration ci-dessus, les boîtes rectangulaires représentent les classes (*Session Bean* et *Entity Bean* dérivent de l'Enterprise Bean). Les boîtes en losange illustrent les options pour chacune des classes.

Comme leur nom l'indique, les *Session Beans* sont créés en réponse à une requête d'un seul client (ils dépendent de la session). Ils peuvent être avec ou sans état, c'est-à-dire qu'ils peuvent garder ou non trace, d'un appel à l'autre, du contexte dans leurs variables membres.

En revanche, les *Entity Beans* ont vocation à vivre longtemps pour être partagés par différents clients. Il est à noter que la spécification 1.0 ne requiert pas le support des *Entity Beans*. La persistance des données de l'*Entity Bean* peut être gérée selon deux approches :

- Bean Managed persistence : le développeur du *Bean* doit écrire les accès à la base de données en charge de la persistance.
- Container Managed persistence : le conteneur prend en charge la persistance à partir d'une description.

L'*Entity Bean* peut être réentrant ou non réentrant (par défaut).

Côté architecture de déploiement, un serveur EJB s'appuie généralement sur un moteur Corba qui lui fournit les services bas niveau nécessaires à la localisation des objets, à la gestion des événements, à l'appel de méthodes, etc. Mais il ne l'impose pas. En corollaire, on peut accéder aux

Figure 4-5.
Architecture dans le monde EJB.

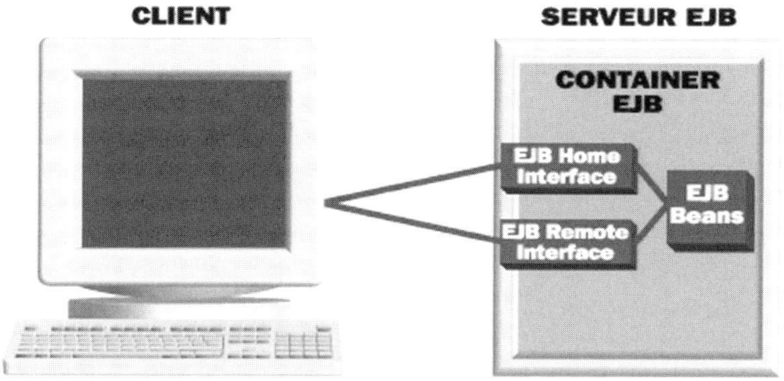

composants EJB au travers des protocoles RMI, IIOP, voire COM, au travers d'un proxy RMI ActiveX (client lourd). A l'instar des technologies ASP de Microsoft, il est possible de piloter ces composants dans des pages HTML par l'utilisation de la spécification JSP de Sun. On retrouve peu ou prou cette technologie dans la plupart des serveurs d'applications.

En ce sens, EJB encapsule totalement les aspects Corba bas niveau : IDL, BOA, etc., simplifiant d'autant la tâche du développeur. Ceci, ajouté aux faibles chances d'interopérabilité directe entre les moteurs EJB[1], place Corba en situation délicate... On aurait pu penser que seul COM/DCOM pouvait concurrencer Corba. Il n'en est rien. C'est EJB qui s'est chargé d'enterrer le modèle !

[1] La seule interopérabilité viable se fonde sur une même souche logicielle, et malheureusement pas sur des spécifications générales... C'est pourquoi de nombreux éditeurs intègrent une version de l'ORB Visibroker dans leur serveur.

Afin de rattraper son retard, l'OMG travaille sur une spécification de composant indépendante du langage d'implémentation. Elle arrivera après la bataille : les éditeurs ont déjà fait leur choix.

Le modèle n'est pas tout. S'y lancer nécessite au minimum :

- une évolution dans la manière de concevoir les applications (idéalement on devrait se placer dans une logique horizontale séparant la réalisation et les tests des composants de leur intégration) ;
- le développement d'un framework technique pour assister les développeurs. Ce type de framework est d'autant plus nécessaire que le niveau de maturité des outils est assez faible. Un tel framework automatise la gestion des locks applicatifs, des aspects sécurité non pris en compte par le serveur d'applications, des portions d'IHM standard, etc.

Alors, COM ou EJB ? Quel choix pour les grandes entreprises ? La question n'est pas là, et ce pour plusieurs raisons :

- Les différences entre les deux technologies sont minimes.
- Le fait que Microsoft édite des produits, puis ouvre ensuite l'API, n'est pas en soi rédhibitoire face à la stratégie de Sun qui spécifie l'API, puis

encourage les éditeurs à l'implémenter . Dans les deux cas, l'interopérabilité inter-éditeur reste un mythe.

- La montée en puissance des serveurs NT sur le "middle-tiers" se fait indifféremment autour des deux technologies.
- Les deux « standards » (respectivement COM+ et EJB2.0) évoluent dans les mêmes directions : développement plus aisé, administration facilitée, gestion de la sécurité simplifiée, etc.

La problématique se pose moins dans le choix de l'une ou l'autre des technologies – les deux apparaissent aussi pérennes – que dans la négociation du culturel avec les équipes de conception, de développement et de production.

Chez la plupart de nos clients, un choix unique ne semble pas se dégager : les architectes que nous sommes travaillent autant à la mise en œuvre de l'une ou l'autre des technologies qu'à la mise au point d'un mode « d'interopérabilité ».

Chapitre 5

Le serveur d'applications

Après cet exposé des concepts (architecture multiniveau, architecture transactionnelle, technologies sur le poste de travail et, bien sûr, modèles de composants), il convient de présenter le serveur d'applications[1], cadre d'exécution de composants obéissant à un modèle (COM ou EJB). Nous entendons par « cadre d'exécution », l'ensemble des services nécessaires à la bonne exécution des composants, à savoir :

- les services de base : accès aux composants, optmisation des ressources, transactionnel, répartition de charge ;
- l'administration, l'exploitation ;
- la sécurité ;
- les passerelles vers l'existant ;
- la persistance ;
- les impressions.

Afin d'optimiser les phases de développement, les services du serveur d'applications doivent être intégrés dans l'outil de développement, voire dans l'outil de conception. On verra dans la troisième partie l'importance pratique de cette intégration.

[1] Certains cabinets d'analystes l'élargissent, en particulier, en intégrant des moniteurs transactionnels classiques comme des serveurs d'applications.

Les services de base du moteur de composants

Les quatre services de base (ou services d'exécution) que fournissent les serveurs d'application sont l'accès aux composants, l'optimisation de l'accès aux ressources locales et distantes, la gestion transactionnelle et la répartition de charge.

L'accès aux composants

Service de base s'il en est, l'accès au composant consiste à permettre aux clients de localiser, d'instancier et d'utiliser des composants, éventuellement à distance. Pour cela, le serveur de composants intègre un service de nommage qui va permettre de localiser les composants.

Dans le cas des EJB, les clients utilisent JNDI (*Java Naming and Directory Interface*) pour accéder à l'annuaire. JNDI est une interface générique d'accès aux annuaires. Le serveur peut l'implémenter par le biais d'un annuaire LDAP (*Lightweight Directory Access Protocol*), bien sûr, mais aussi bien avec des fichiers, une base de données, un DNS, etc. Une fois l'interface du composant localisée via l'annuaire, le client peut l'instancier et l'utiliser au travers de son interface EJBObject en utilisant le protocole RMI. Certains serveurs EJB permettent également d'utiliser IIOP et les API Corba pour réaliser ces opérations.

Dans le cas de COM, l'annuaire n'est pas centralisé mais distribué dans la base de Registre des clients. C'est un frein considérable à l'utilisation de DCOM. En revanche, cela ne pose pas de problème particulier pour une application Web/COM, où cette configuration demeure sur quelques serveurs.

L'optimisation de l'accès aux ressources locales

Les composants sont de gros consommateurs de ressources physiques en raison de la complexité des protocoles sous-jacents utilisés COM/DCOM, IIOP, RMI, SQL, XA... Le serveur d'applications reprend donc les fonctions de moniteur présentes dans les moniteurs transactionnels classiques. Cette optimisation des ressources machines se retrouve à plusieurs niveaux :

- local : gestion des threads et de la mémoire ;
- intercomposants : sémaphores, IPC, etc. ;
- vers l'extérieur : connexion aux sources de données et de traitements.

Au niveau local, pour réduire les temps de chargement des objets, le serveur peut mettre en œuvre des mécanismes de pré-instanciation et d'affectation de composants aux process client au travers d'un « pool » (regroupement d'objets prêts à être utilisés). Le serveur gère le cycle de vie du composant : création, exécution de méthodes, activation-désactivation, destruction. Il peut ainsi affecter des composants du pool à un client ou remettre dans le pool un composant libéré par un autre client.

Vers l'extérieur, tous les serveurs de composants gèrent également un pool de connexion vers les Resource Managers. Par exemple, que ce soit sous COM ou EJB, les appels respectifs aux couches d'accès aux données ADO (*ActiveX Data Objects*) ou JDBC (*Java Database Connectivity*) sont interceptés par le serveur qui affecte la requête à une session base de données préétablie. Cela évite les ouvertures-fermetures de session SGBDR, très pénalisantes pour les temps de réponse et très gourmandes de ressources.

Ce qui est fait pour les bases de données vaut pour tout autre gestionnaire de ressources : non (*Message Oriented Middleware*), fichiers, etc.

La gestion transactionnelle

Le serveur d'application assume la fonction de Transaction Manager vis-à-vis des différents Resource Managers intervenant dans le système. Cette fonction est dépendante du modèle. Sun spécifie l'utilisation de JTS (*Java Transaction Service*), fondé sur l'*Object Transaction Service* de Corba, qui permet de gérer le transactionnel en environnement hétérogène et distribué.

De son côté, Microsoft a défini son propre modèle transactionnel sur plate-forme Windows : MSDTC (*Microsoft Distributed Transaction Coordinator*). Comme nous le verrons dans le détail de l'offre, ce pilote permet de gérer depuis NT n'importe quel Resource Manager compatible XA.

Il faut savoir que cette gestion peut être programmatique (*via* l'utilisation d'API dans le code) ou déclarative. En déclaratif, le composant est déployé avec le modèle de transaction qu'il souhaite implémenter[1]. Le serveur se charge du reste : début des transactions (*start*), validation (*commit*) et annulation (*rollback*).

[1] Peu ou prou identiques pour les modèles COM et EJB : « No support for transaction », « Support transaction », « Requires transaction », « Requires new transaction ».

La répartition dynamique de charge ou *fail over*

Toujours de manière transparente pour le développeur, un composant peut être déployé sur plusieurs serveurs afin d'augmenter la scalabilité (capacité à monter en charge) et la robustesse du système. Microsoft ne supportera ce type de fonctionnalité qu'avec COM+ et Windows 2000, le successeur de COM sur NT4.

En ce qui concerne les serveurs EJB, les produits les plus performants disposent de services de routage des requêtes vers les machines de la grappe les plus disponibles. Les algorithmes utilisés peuvent aller du simple *round-robbin* (un serveur après l'autre et ainsi de suite), à des algorithmes plus complexes faisant intervenir des poids ou des informations de charge en temps réel.

Ce fonctionnement est relativement simple dans le cas d'objets sans état puisque le client peut utiliser un serveur pour une requête, puis un autre pour la suivante, sans mécanisme de synchronisation particulier. On est alors dans une approche plutôt « service » qu'« objet », mais qui demeure la plus performante.

En revanche, dans le cas de *Session Bean* avec état, ce fonctionnement est plus complexe. Le composant, dont l'état est dédié à un utilisateur particulier, devra être échangé entre serveurs si les requêtes n'aboutissent pas au même endroit. Le coût de cette opération est généralement supérieur au bénéfice attendu. On optera alors pour un algorithme de routage prenant en compte une identification utilisateur, comme l'adresse IP, par exemple, de sorte que celui-ci retrouve systématiquement le même serveur.

Bien entendu, ces mécanismes de répartition de charge s'étendent au fail-over. Il suffit à l'algorithme de routage de détecter qu'un serveur n'est plus disponible pour ne plus lui envoyer de requêtes.

L'administration et l'exploitation

Abordons maintenant « l'aval », c'est-à-dire la capacité de mettre en production de telles applications. Comme pour toute nouvelle technique, « l'administrabilité » et « l'exploitabilité » des produits ne sont pas toujours au rendez-vous... A titre d'exemple, citons les bases de données à leurs débuts, les moniteurs TP (ici c'est pire, puisque plusieurs années après sa sortie, le leader Tuxedo demeure impossible à administrer !), les solutions d'EAI (*Enterprise Application Integration*), etc.

Administration

La liste suivante répertorie les services nécessaires à l'administration d'une application à base de composants :

- Packaging et distribution des applications à trois niveaux : présentation (pages, classes Java, etc.), composants et troisième niveau de données ou de traitements (*legacy*).

L'objectif est de pouvoir, à partir d'une console centrale, mettre en production la version *n* de l'application, constituée d'un ensemble de codes qui va de la présentation aux données et traitements.

En règle générale, les outils ne prennent en charge que leur partie, c'est-à-dire les premier et deuxième niveaux. A charge pour l'exploitation de prévoir la mise à jour des tables relationnelles, des traitements existants, ou de tout autre système lié à la version mise en production.

Concernant les composants eux-mêmes, quelle que soit la technologie, ils sont déployés sous forme de *packages*, c'est à dire de « valises » contenant le code compilé ainsi que les paramètres d'exécution : transactionnel, sécurité, cycle de vie, etc.

La définition de ces packages est intégrée dans l'outil d'administration du serveur d'application. Leur constitution est simplifiée par les environnements visuels.

- Inventaire et gestion de versions : la programmation par composants est censée faciliter la réutilisation du produit. Encore faut-il que les composants soient disponibles dans un référentiel accessible depuis les outils de développement.

Aucun serveur d'applications ne propose une fonction de ce type. L'utilisateur un tant soit peu avisé est donc obligé d'utiliser des produits de gestion de version du marché, tels PVCS, SourceSafe ou Continuus, et de les intégrer aux outils de distribution du serveur d'applications.

L'exploitation

Côté exploitation, outre les tâches classiques orientées système de surveillance, d'ordonnancement, ou de sauvegardes, l'ajout d'un serveur de composants ne doit pas perturber la maîtrise de bout en bout du système.

Une application à trois niveaux fonctionne à condition que chaque niveau fonctionne. Le besoin de l'administrateur est donc de disposer d'une surveillance de bout en bout.

Cette surveillance devra prendre en compte les aspects relatifs à chacun des tiers : postes de travail et serveurs Web, moteurs de composants, serveurs de données, et autres acteurs de l'application (MOM, **ERP**[1], legacy, etc.).

Comme pour l'administration, aucun outil ne couvre le spectre total. Ce que l'on est en droit d'attendre, en revanche, c'est une compatibilité active avec les principaux frameworks d'administration du marché que sont TNG de Computer Associates et Tivoli d'IBM, dans une logique Manager-Agent. Grâce à une consolidation des remontées d'événements, ces progiciels se chargent de la surveillance globale du système, de l'intégration dans le système de gestion d'incidents ou dans le *capacity planning*. Une information de charge excessive pourra générer un incident visible par un centre de support, la montée en charge d'une application pourra être planifiée dans un outil dédié, etc.

Comme le montre la deuxième partie sur l'état de l'offre, la maturité technologique des solutions actuelles n'offre qu'une intégration faible (au travers de **SNMP**[2]), voire nulle avec ces outils.

Les besoins sont clairement identifiés par les éditeurs, qui savent que « l'administrabilité » de leur solution est l'une des clés du succès.

Force est de constater, cependant, que certains points restent à améliorer :

- Les outils manquent de maturité, ce qui est assez compréhensif compte tenu de la nouveauté des produits. Mais des fonctionnalités telles que la présence d'un référentiel de gestion de configuration laissent penser que le chemin est encore long avant de disposer d'outils de qualité globalement intégrés.
- L'intégration avec les frameworks du marché est faible, voire nulle, même pour la partie exploitation-surveillance.

L'administration et l'exploitation sont les points faibles des offres actuelles. Certains éditeurs s'efforcent d'améliorer la qualité des services dans les futures versions de leurs produits.

1 **ERP :** *Enterprise Resource Planning* ou "progiciel de gestion intégré".

2 **SNMP :** *Simple Network Management Protocol.*

Sécurité

La sécurité apparaît souvent comme le « parent pauvre » des architectures techniques. La complexité de ses mécanismes et les difficultés d'administration la rendent difficile à maîtriser dans les environnements de production. Que les utilisateurs Unix qui n'ont jamais été *root* sans en avoir la nécessité, les administrateurs NT qui n'ont pas fini par accorder des autorisations abusives « Tout le monde/Contrôle total »[1], ou les administrateurs de bases de données qui maîtrisent totalement le niveau de privilèges de leurs utilisateurs jettent la première pierre à Pierre !

Or les serveurs d'applications apparaissent de plus en plus comme le point d'entrée unique du système d'information au moyen des composants : accès aux données (SGBDR, fichiers, etc.) et aux traitements (legacy, ERP, etc.). La sécurisation de l'architecture est donc un aspect vital de la mise en œuvre de ces techniques.

Quels mécanismes et outils apportent les serveurs d'applications dans ce domaine ?

1 Essayez vous-même : dans l'Explorateur, sur un répertoire quelconque, cliquez du bouton droit sur Propriétés, puis sur l'onglet Sécurité...

2 Processus standardisé d'authentification d'utilisateur sur un réseau numérique.

3 NT 2000 devrait permettre une interopérabilité entre les deux solutions.

L'authentification

Tout commence par la capacité du système à déterminer de manière sûre l'identité de l'utilisateur. Pour cela, tous les mécanismes sont bons, du mot de passe en clair, au certificat X.509[2], en passant par les calculettes à mot de passe unique, etc.

Dans un système à trois niveaux, c'est généralement le serveur de composants qui authentifie l'utilisateur, le plus souvent à l'aide de mécanismes propriétaires internes. Ces procédures présentent pourtant l'inconvénient majeur d'ajouter un nouveau référentiel utilisateurs à administrer. C'est pourquoi certaines offres marquent des points en proposant une intégration avec les deux standards (respectivement *de facto* et *de jure*...) que sont l'annuaire des domaines NT et l'annuaire LDAP[3].

On privilégiera donc ces serveurs, capables d'exploiter des données d'authentification externes, qu'elles soient sous forme *username-password*, identifiants SecurID, ou certificats X.509.

Le contrôle d'accès

Ici, le problème se corse... car la gestion des droits d'accès relève généralement du SGBDR dans le cas d'accès aux données (contrôle d'accès sur les tables), ou des systèmes transactionnels (CICS, Tuxedo, ERP, etc.) lorsqu'il s'agit de traitements. Or, lorsqu'un moniteur est placé entre ces sources de données ou de traitements, deux cas de figure se présentent :

- Le moniteur propage l'information de login, et la sécurité est gérée par le serveur de composants, au niveau du troisième niveau.

- Le moniteur ne propage pas l'information de login[1], et la sécurité doit être gérée au niveau du moniteur.

D'expérience, nous savons que sécurité rime avec simplicité. Témoins, certains succès planétaires comme celui de DCE...

Il est donc déconseillé de gérer la sécurité à deux endroits différents. Compte tenu des contraintes évoquées plus haut, l'unique solution consiste à gérer la sécurité d'accès au niveau des composants, en veillant à ce que les données ne soient accessibles que par ceux-ci, grâce à des mécanismes de firewall ou de gestion avancée des connexions au niveau du SGBDR.

Les outils du marché dans ce domaine proposent :

- Une gestion déclarative (hors du code), dont la granularité est généralement le composant (et pas chacune de ses méthodes).

Cette gestion est généralement insuffisante, dans la mesure où elle ne permet pas, par exemple, d'autoriser le groupe A à utiliser toutes les méthodes et le groupe B uniquement les méthodes de type *read*(). La norme EJB impose une granularité de niveau méthode, mais n'est pas toujours implémentée. MTS ne gère le contrôle d'accès qu'au niveau du composant.

1 C'est le cas des accès SGBDR : pour des questions de performances, les connexions sont partagées entre tous les utilisateurs.

- une gestion programmatique (par utilisation d'API dans le code), dont la granularité sera plus fine : la méthode, voire sur ses paramètres.

Exemple : j'autorise le groupe A à invoquer Operation.valider() pour des opérations d'un montant inférieur à XX par exemple.

De tels mécanismes permettent de gérer finement la sécurité d'accès, non sans « polluer » le code applicatif de code de sécurité utilisant les API propriétaires ou en cours de standardisation (EJB) des moteurs. Une alternative consiste à encapsuler ces appels dans un service technique de sécurité spécifique. Mieux vaut ne pas s'aventurer dans la création, trop ambitieuse, d'un serveur d'habilitation à l'échelle de l'entreprise. C'est l'écueil dans lequel sont tombées bon nombre de grandes entreprises françaises, avec ou sans l'aide de progiciels dédiés comme Access Master (Bull), Access Manager (ICL), Computer Associates SSO option, etc.

Intégrité et confidentialité

On en rêvait, il est enfin possible de sécuriser totalement et simplement le trafic entre client et serveur. En effet, le marché a globalement adopté le standard de l'Internet SSL (*Secure Sockets Layer*), que ce soit dans les dialogues HTTP ou IIOP. Il est donc possible de mettre en œuvre ce mécanisme, soit en utilisant uniquement un certificat pour le serveur, soit en le généralisant à chaque utilisateur.

Le protocole SSL ne nécessite qu'un certificat serveur pour sécuriser (crypter et signer) une communication.

L'emploi des mécanismes cryptographiques, autrefois strictement régulé, est aujourd'hui libéralisé. Il est désormais possible d'utiliser des clés DES ou RC4 de 128 bits[1], ce qui correspond à une très haute protection (utilisable sur Internet).

La sécurité est globalement prise en compte dans l'offre du marché. Les produits se différencient sur les points suivants :

- Capacité de centralisation des informations de sécurité dans un référentiel externe : interfaçage avec l'annuaire NT, l'annuaire LDAP Netscape, etc.
- Capacité d'administration de la sécurité des accès, au travers d'outils visuels : positionnement des droits d'accès, capacité d'audit de ces droits.
- Support des protocoles de sécurité de l'Internet, les seuls pérennes : SSL, X.509, LDAP, etc.

Il est important de noter que la sécurité a été intégrée dès le départ dans ces produits, ce qui permet de bénéficier des dernières avancées, sans nécessiter d'intégration particulière avec des produits tiers, comme c'est le cas dans la plupart des offres moins récentes (SGBDR, MOM, etc.).

1 40 bits avant la loi, soit 2^{88} fois plus vulnérables.

2 Bientôt renommé, projet en cours sous le nom de code Babylon.

L'intégration de l'existant

Tous les serveurs d'applications proposent des interfaces permettant de se connecter aux systèmes existants : systèmes transactionnels, MOM, etc. Cette intégration s'effectue via des API propriétaires, à embarquer dans le code du composant. Citons, à titre d'exemple : Microsoft SNA Server[2], BEA /HOST, Oracle Gateways, IBM e-Business Connectors, Netscape Kiva extensions. Certaines offres proposent également des assistants graphiques pour développer plus simplement au-dessus de ces interfaces.

Les principaux ERP (SAP, PeopleSoft) offrent ou annoncent, quant à eux, des interfaces dans les deux mondes, COM et Java. Il convient d'en réserver l'utilisation aux besoins d'interopérabilité synchrone.

Ces passerelles sont un élément capital de l'offre. En effet, le succès du serveur de composants dépend de sa capacité à devenir le portail du système d'information. En effet, l'un des grands objectifs de ce type d'architecture est de capitaliser à long terme sur des composants, dont le code peut être dans le composant même, bien sûr, mais aussi – et surtout – dans des systèmes existants.

La gestion de la persistance

Comme mentionné au chapitre 4, la persistance des composants en base de données pose de vrais problèmes. Les composants sont avant tout des objets, tandis que les moyens actuels pour conserver de la donnée reposent essentiellement sur un modèle relationnel.

Les serveurs d'applications EJB tentent de résoudre cette problématique en introduisant la notion de *Container Managed Persistence* où le développeur est totalement déchargé de la gestion de la persistance : les composants persistent automatiquement s'il les déclare comme tels. Ces techniques ne sont utiles que dans le cas de nouvelles applications. Dans les faits, la complexité est plutôt au rendez-vous.

Deux grandes catégories de solutions se dégagent néanmoins :

- les techniques de *mapping* relationnel/objets automatiques ;
- la persistance en base Objet.

Toutefois, ces solutions ne résolvent pas la question, pourtant essentielle, des performances. En effet, sans optimisation particulière (cache, algorithme de parcours d'objet, requêteur, etc.) une simple instanciation d'objet peut générer une activité infernale en base. Exemples : quand un objet *facture* est chargé, doit-on charger tous ses objets fils, les *lignes de factures*, ainsi que leurs éventuels descendants, ou se contente-t-on de références vers ceux-ci ? Comment s'assurer qu'une recherche lancée sur un critère donné (findObjectByXXX) va bien être optimisée par le moteur (mise en œuvre d'index, minimisation des jointures, etc.), comme on peut le faire avec des SGBDR classiques ?

Tous les éditeurs (hormis Microsoft pour l'instant) s'engagent dans cette voie, à grand renfort de nouveaux outils, d'améliorations, ou de partenariats avec des SGBDO (voir BEA et ObjectDesign ou IBM et Versant). C'est également un domaine où excellent certains petits éditeurs de niche (nous y reviendrons en traitant l'état de l'offre).

Les impressions

En moyenne, une application classique compte autant d'états d'impressions que d'écrans interactifs.

Notre attention se portera ici, non pas sur la question des soumissions de travaux, mais sur l'édition de rapports, c'est-à-dire la mise en forme d'une édition à partir de données issues de composants. La problématique est donc centrée sur le moteur d'édition, programme qui lie ces données avec un modèle de rapport.

En termes d'architectures, deux options s'offrent à nous :

Figure 5-1.
Architectures d'impression.

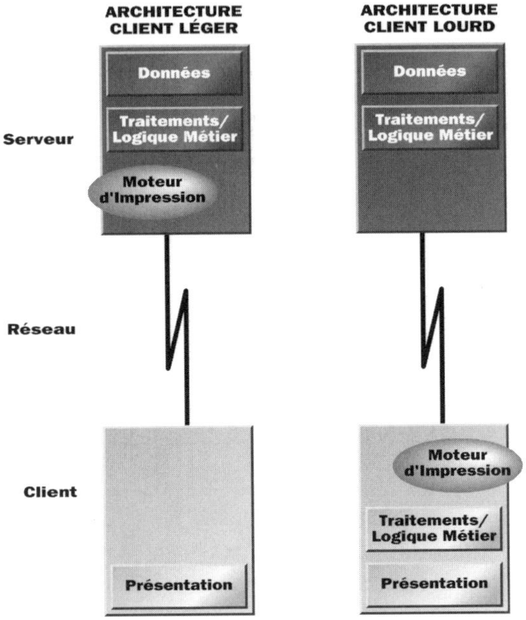

Dans une architecture client léger de type Web, il est préférable que le moteur d'impression reste sur le serveur, celui-ci renvoyant au client des états qu'il pourra imprimer : pages HTML, fichiers Acrobat PDF (*Portable Document Format*), voire PostScript ou PCL, etc.

Des quatre formats cités, PDF apparaît le plus adapté à l'environnement Internet : tous les navigateurs en sont équipés par défaut et ce, sur quasiment toutes les plates-formes. De plus, PDF est relativement peu gourmand en bande passante, à la différence de PostScript par exemple.

En ce qui concerne le HTML, bien que la spécification des feuilles de style d'impression suive son cours (voir CSS2 et « *support for page media* » sur le site du W3C), aucun navigateur ne l'implémente réellement. Cette option reste donc inaccessible. Dommage !

Enfin, certains éditeurs, comme Seagate (Crystal Report), proposent une architecture intermédiaire dans laquelle le moteur est sur le serveur, mais où le client requiert un programme spécifique (plug-in, applet ou contrôle ActiveX) pour interpréter le format propriétaire renvoyé. Question de licences...

L'architecture client lourd est la plus développée, notamment au travers des outils client-serveur classiques : Oracle Report Builder, PowerBuilder, Crystal Report, etc. Très évolués, ces outils permettent de dessiner des états à la souris et de lier ces modèles à des données situées dans des bases de données. Ils poursuivent leur évolution pour supporter les composants. En effet, dans une approche à trois niveaux, l'idée n'est pas de lier les éditions aux données, mais bien aux composants. Un virage majeur est donc à accomplir : remplacer le SQL par des appels aux objets. Exemple : un champ d'un rapport anciennement issu d'une requête SQL `select NOM from CLIENT where NOM= 'martin'` sera remplacé par un appel de type client.`findByName('martin')` et `client.getName()`. Tout un programme !

Dans tous les cas, la préférence va au client léger. Du reste, cette architecture a l'avantage de pouvoir traiter indifféremment les impressions utilisateurs (rapports, états, etc.) et les impressions lourdes (factures, relevés de compte, etc.).

Aucun serveur d'applications ne propose actuellement de solution intégrée permettant de gérer correctement les impressions. L'utilisateur devra se tourner vers des solutions tierces dont la maturité dans ces environnements reste à prouver.

On invite donc les éditeurs à prévoir de telles fonctionnalités dans leurs environnements de développement et d'exécution. Sur un marché où chacun cherche à se différencier, malgré des spécifications « standards », proposer une solution d'impression performante peut devenir un atout décisif.

PARTIE 2

Etat de l'offre

*Comme leurs prédécesseurs, les standards qui sortent du rang ne sont pas synonymes de portabilité, mais ils orientent le marché de l'offre. Il suffit de garder en mémoire les succès d'*Unix*, de* SQL*, ou plus récemment du* HTML*… L'histoire pourrait bien se répéter. Quand une spécification émerge, elle est mise en œuvre par plusieurs éditeurs qui se démarquent en y insérant des spécificités de leur cru.*

C'est l'orientation du marché qui est fondamentale pour les entreprises. Non pas la capacité de remplacer un serveur X *par celui de son concurrent pour la beauté du geste, mais la possibilité d'engager des investissements (formations, développements, administration, etc.) dans une direction suivie par plusieurs éditeurs.*

Pour le développement de nouvelles applications, capables de gérer quelques dizaines d'utilisateurs sur un intranet, comme des dizaines de millions sur l'Internet, la direction prise aujourd'hui est clairement celle des serveurs de composants.

Chapitre 6

Critères de choix

Les chapitres 7 à 16 présentent les offres des acteurs majeurs du marché, soit, par ordre alphabétique :

- BEA : M3 et WebLogic,
- IBM : WebSphere,
- Inprise : Inprise Application Server,
- Iona : Iona iPortal Suite,
- Microsoft :Distributed Internet Architecture (DNA),
- Netscape : Netscape Application Server,
- Oracle : Oracle Application Server,
- Sun : NetDynamics,
- Sybase : Enterprise Application Server,
- Les offres d'éditeurs moins « institutionnels » : PowerTier, Gemstone, Secant.

Les offres sont présentées indépendamment des systèmes d'exploitation, leur portabilité variant considérablement d'un éditeur à l'autre, de Windows NT pour Microsoft, à l'ensemble des plates-formes de la gamme pour IBM. Le choix d'un serveur d'applications pouvant être lié à la stratégie de l'entreprise en termes de système d'exploitation, libre au lecteur de piocher l'information qui l'intéresse....

Les forces et les faiblesses de chaque offre sont présentées au travers de diagrammes récapitulatifs reprenant les critères suivants :

- Moteur : qualité du moteur d'exécution, services offerts (transactionnel, sécurité, persistance, etc.), scalabilité, support multi-plates-formes.
- Passerelles : support de connecteurs base de données, legacy, ERP, etc.
- Développement : qualité et intégration des outils de développement.
- Administration, sécurité : qualité des outils et/ou des interfaces proposés pour l'administration, l'exploitation et la sécurisation du serveur et de ses composants.

- Positionnement et stratégie : clarté du positionnement, accords stratégiques, investissements dans la gamme, pérennité.

Si les intéressés ne manqueront pas de comparer le diagramme de leur offre avec celui de leurs concurrents, les lecteurs pourront visualiser un résumé des forces et faiblesses des offres, produit par produit.

Seuls sont envisagés, dans notre démarche, les critères « rationnels » d'évaluation. Le décideur sera, quant à lui, probablement confronté à d'autres facteurs, plus politiques, culturels, voire affectifs...

Chapitre 7

BEA M3 et WebLogic

BEA Systems (B pour Bill, E pour Edward, et A pour Alfred, prénoms des fondateurs), créée en 1995, a toujours eu l'ambition de devenir le leader du middleware. Après le rachat du moniteur transactionnel Tuxedo à Novell (produit leader dans le petit monde des moniteurs TP sous Unix), BEA a saisi l'opportunité d'achat d'Objectbroker de DEC. Cette acquisition visait à combiner ORB et technologies transactionnelles. Le projet, connu sous le nom de code Iceberg, vit le jour sous le nom de M3 (pour « Middleware Troisième Génération »).

1998 verra ensuite le rachat de Weblogic (l'éditeur de Tengah), qui complète l'offre de l'éditeur… à défaut de la clarifier.

1 L'intégration et le positionnement étant un peu plus complexes.

Figure 7–1.
Offre marketing[1] BEA.

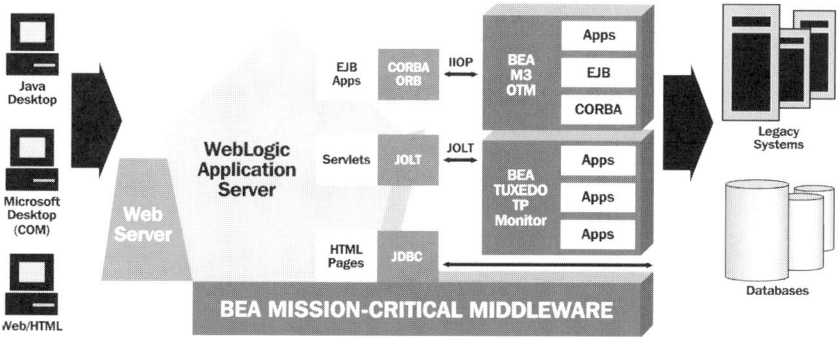

Bien que BEA Tuxedo, complété par BEA Jolt, permette de concevoir une sorte de serveur d'applications, nous nous intéresserons ici uniquement aux serveurs d'applications orientés composants. Nous limiterons donc la présentation aux offres M3 et Weblogic Application Server.

Caractéristiques techniques

Figure 7–2.
Architecture des produits BEA.

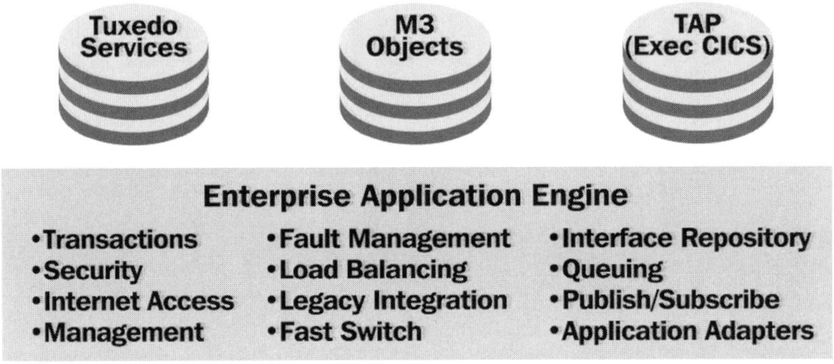

L'architecture proposée par BEA se décompose en deux parties :

- Une partie commune à l'ensemble des offres de l'éditeur, BEA Enterprise Application Engine, formant le socle de services communs à l'offre, intégrant les fonctions transactionnelles, de sécurité, d'administration, d'équilibrage de charge... et les passerelles. Ce socle commun assure la portabilité et l'interopérabilité de l'offre.
- La partie M3 (Services Tuxedo, Objets M3 et TAP) à proprement parler.

BEA M3

Grâce à cette architecture, les applications M3 peuvent appeler des services Tuxedo. Dans la pratique, la migration d'applications Tuxedo vers M3 sous forme binaire est possible sans modifications de code[1]. De nouvelles applications M3 Corba ont la possibilité d'inclure des appels natifs Tuxedo pour s'intégrer à des applications Tuxedo existantes. A l'inverse, les applications Tuxedo existantes peuvent invoquer les services d'objets M3 à travers les interfaces Corba IDL.

Les applications M3 peuvent également, sous couvert de la présence de Tuxedo, appeler des transactions CICS ou IMS *via* la passerelle BEA Connect, et envoyer des messages par l'intermédiaire de BEA **MessageQ**[2].

M3 assure les fonctionnalités attendues d'un OTM, à savoir la gestion de l'instanciation des objets et des ressources consommées, ainsi que l'optimisation de la gestion des connexions aux différents « resource managers » utilisés (via le support de XA).

Plusieurs types de clients peuvent se connecter à BEA M3 :

- les clients Corba Java ou C++,

1 On ne change pas de paradigme pour autant.

2 MessageQ est l'offre asynchrone de BEA, concurrente du leader MQSeries (80% de parts de marché) et Microsoft MSMQ.

Figure 7–3.
Architecture M3.

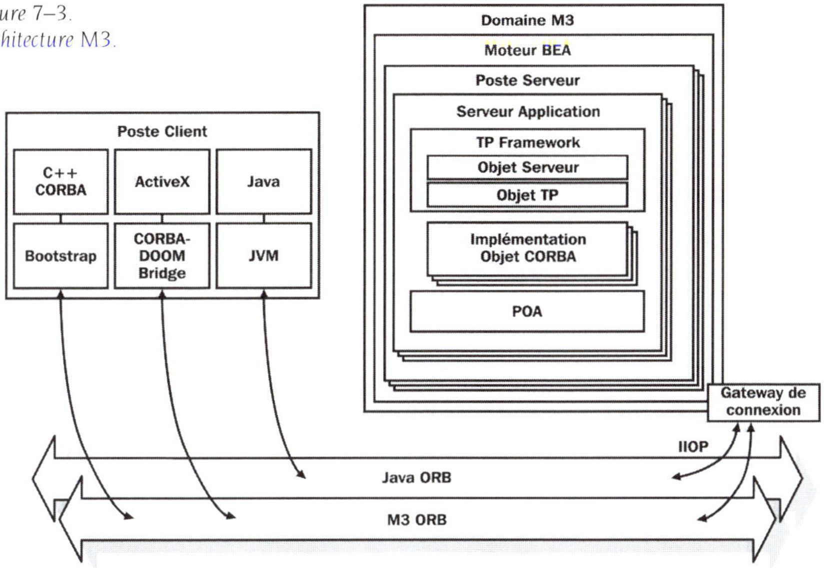

- les clients ActiveX via BEA Desktop Connection for ActiveX client.

BEA M3 apporte également un ensemble d'objets permettant de faciliter le développement des clients vers des objets BEA M3. On trouve ainsi l'objet *Bootstrap*, qui renvoie au client des références vers l'objet BEA M3 principal, ainsi que vers les objets de gestion des transactions, de la sécurité, ou vers le *FactoryFinder*.

Les objets s'exécutent dans des processus serveur BEA M3. La gestion de leur cycle de vie est assurée par le TP Framework et le POA (*Portable Object Adapter*) de BEA M3.

- Le TP Framework de M3 est un acteur primordial dans la vie d'un objet M3. Il permet d'activer et de désactiver les objets, de gérer les opérations de validation (*commit*) lors des transactions, de notifier aux objets les événements système et enfin de lancer les objets. Pour ce faire le TP Monitor s'appuie sur le POA.
- Le POA (*Portable Objet Adapter*) : il s'agit de l'évolution du BOA (*Basic Object Adapter*) que l'on trouvait dans les spécifications de Corba 2. Les objets Corba utilisent son interface pour créer ou détruire des instances, leur transmettre des requêtes, et récupérer les résultats. Au sein de BEA M3, c'est le TP framework qui utilise ses fonctionnalités pour gérer le cycle de vie des objets M3.

Les serveurs M3 sont disponibles sur Windows NT et la plupart des environnements Unix. Les composants sont écrits en C++ dans la version actuelle du produit (version 2.2), en Java dans la prochaine version (3.0) annoncée pour l'été 99.

Le support des EJB ne devrait pas être disponible avant fin 1999.

Développement

Le développement d'une application M3 consiste, d'une part, à développer un ensemble d'objets Corba en utilisant l'IDL et un outil de développement non fourni par l'éditeur, et, d'autre part, à développer une interface utilisateur avec l'outil de votre choix. Le seul langage supporté à ce jour pour ces composants est malheureusement le C++. Comme avec Tuxedo, l'intégration de M3 et des environnements de développement constitue indéniablement un point faible lié à la stratégie de ce spécialiste du middleware. En particulier au regard des services apportés par les environnements de développement visuels intégrés fournis maintenant par la concurrence.

A partir d'un IDL (qui peut être généré par un outil de conception), M3 peut générer le *stub* et le squelette du composant serveur. Suite à des accords récents, Rational Rose permet la génération directe de code pour M3.

Il faut soit utiliser M3 comme un ORB standard, soit intégrer les fonctionnalités du TP Framework.

Administration et exploitation

M3 propose des mécanismes de tolérance de pannes et de récupération permettant de protéger les applications de défaillances éventuelles du client, du réseau et du serveur. M3 dispose d'une MIB SNMP mettant à disposition des outils d'administration les informations concernant l'état des objets et des applications.

L'administration des objets se fait *via* une console d'administration écrite en Java, permettant d'administrer les objets, de surveiller et de régler les performances des applications dynamiquement.

Sécurité

M3 implémente les services de sécurité de Corba (niveau 2 des services de sécurité Corba) pour l'authentification et le cryptage des mots de passe. De plus, M3 supporte le cryptage RSA des messages inter-serveurs. Pour le moment, il n'y a pas de cryptage des messages en provenance des clients (il faudra attendre que la spécification OMG IIOP sur la sécurité soit disponible).

BEA WebLogic Application Server

WebLogic Application Server (WLAS, ex-Tengah) a acquis ses galons en devenant le premier serveur d'applications 100 % Java supportant complètement les EJB. En effet, depuis la version 3.1, il implémente la spécification 1.0 des EJB, et notamment les extensions optionnelles suivantes :

- L'*Entity Bean*, dont la persistance est gérée soit par le *Bean*, soit automatiquement par le container (sauvegarde du *Bean* dans des fichiers ou des SGBD/R),
- Les transactions distribuées (implémentation de JTA et JTS) gérées par le container ou par le *Bean*.

WLAS supporte pratiquement toutes les API Sun JPE (*Java Platform for the Enterprise*) : EJB, JNDI, RMI, Java IDL, Servlets et JSP, JTA, JTS, JDBC et bientôt JMS. (WebLogic utilise son propre système d'événements, qui permet à des clients de s'abonner à des événements qui seront envoyés par le serveur.)

En outre, WLAS gère l'intégration de composants Microsoft COM dans son framework en générant automatiquement des classes Java d'interface (ce qui permet, par exemple, à des utilisateurs sous Solaris d'exécuter des applications Windows sur leur station de travail).

WLAS intègre des drivers JDBC de type 2, 3 et 4 :

- Type 2 : drivers (écrits en partie en Java et en C++) utilisant les API natives des SGBD. Utilisés pour des connexions 2-tiers à la base de données. Les drivers sont fournis pour Oracle, Sybase et SQL Server.
- Type 3 : drivers (écrits en Java) qui convertissent les appels JDBC en un format indépendant des SGBD. Ce format est converti à son tour par le serveur en un format spécifique SGBD propriétaire WebLogic. Ce type de drivers se trouve sur la machine cliente, dans une architecture 3 niveaux.
- Type 4 : drivers (écrits en Java) qui convertissent les appels JDBC au format des protocoles réseaux natifs des SGBD. Cela permet, comme le type 3, des appels directs aux bases de données de la part des applications clientes. Les drivers fournis sont pour Informix et SQL Server.

WLAS est écrit en Java et, à ce titre, est un peu moins rapide que ses homologues écrits en C, C++, etc. Cependant, de nombreuses fonctionnalités ont été mises en œuvre pour accélérer les traitements et la montée en charge :

- Les requêtes en provenance des clients utilisent une seule connexion au serveur. WLAS utilise un système de queues pour gérer les paquets d'informations (une queue d'entrée et une queue de sortie). Cela lui confère des avantages des MOM : persistance des messages (un client peut se déconnecter; en se connectant de nouveau, il retrouvera son état antérieur).
- Des drivers en mode natif (voir ci-dessus).
- La gestion de « pools » de connexions aux bases de données.
- WLAS peut mettre en cache les requêtes SGBD les plus fréquemment utilisées (à condition que la base de données ne soit pas partagée), ce qui évite un accès à la base de données.

- Des connexions clients-serveur persistantes : chaque client a un « espace » réservé sur le serveur. Un client, en se reconnectant, retrouve donc son état précédent (il retrouve aussi ses connexions en cache au SGBD). De plus, cet « espace » peut être utilisé pour stocker des objets (comme des DataSets) en vue d'utilisations ultérieures.
- Une répartition automatique de la charge (en utilisant un mécanisme dynamique de déplacement des composants applicatifs) et mise en « cluster » de serveurs (répartition de la charge au niveau des requêtes par réplication des états des sessions sur les différents serveurs).

WLAS est disponible sur les plates-formes NT, Unix et AS/400.

Développement

Pour le programmeur, WLAS se présente comme un ensemble de classes Java et de JavaBeans. WLAS n'a pas d'outil de développement propre, mais il est conçu pour fonctionner avec tous les environnements de développement standards du marché : Visual Café, JBuilder, PowerJ, VisualAge for Java, Supercede et VisualJ++.

Dans ces environnements, le programmeur utilise les beans WebLogic pour construire une application WLAS. L'intégration avec le serveur y est évidemment très faible, notamment en ce qui concerne le debogage.

Administration et exploitation

WLAS intègre une console graphique d'administration sous la forme d'une applet ou d'une application Java. Toute l'administration se fait à partir de cette console très riche en fonctionnalités.

Depuis la version 3.1, WLAS supporte la distribution automatique d'applets et d'applications vers les clients au travers de l'outil ZAC (Zero Administration Client).

Sécurité

WLAS gère l'authentification à travers des certificats X.509 et le cryptage à travers SSL, HTTPS et des listes de contrôle d'accès (ACL). De plus, des pools de connexions DBMS masquent, pour les applications clientes, les logins et les mots de passe qui permettent de se connecter à ces bases.

Positionnement et stratégie

Sa spécialisation sur le créneau exclusif du middleware fait de BEA l'un des acteurs majeurs sur ce créneau. Les produits qu'il a acquis sont parmi les meilleurs. Leur réputation de performance et de stabilité n'est plus à faire.

Il lui reste à clarifier son offre et les recouvrements des différents produits de la gamme : M3 et WebLogic.

BEA s'est acquis la confiance d'une clientèle considérable. De confortables revenus devraient lui permettre d'améliorer son offre ou de procéder à d'autres acquisitions.

Néanmoins, le marché penche en faveur de solutions intégrant middleware et environnement de développement qui permettent la mise en place rapide de nouvelles applications.

On se prend alors à rêver ! Et si BEA proposait une solution globale, qui l'affranchirait du bon vouloir des autres éditeurs à intégrer ses solutions[1]...

Qu'à cela ne tienne, BEA et l'éditeur Prolifics, spécialisé dans les outils de développement, ont conclu un accord qui permettra à BEA de livrer Panther, l'AGL phare de Prolifics, avec la prochaine édition de WebLogic Enterprise.

1 Dernière minute : BEA annonce le rachat de la division Outils de développement de Symantec. Cette alliance permettra à l'éditeur de proposer une offre intégrée WebLogic/VisualCafé.

Références et évaluation

M3

En raison de sa position de leader sur le marché du moniteur transactionnel Unix, beaucoup de grands comptes évaluent M3 dans sa version actuelle. Et ce, bien que le produit soit amené à évoluer de l'ORB au serveur de composant.

Figure 7–4.
Evaluation de M3.

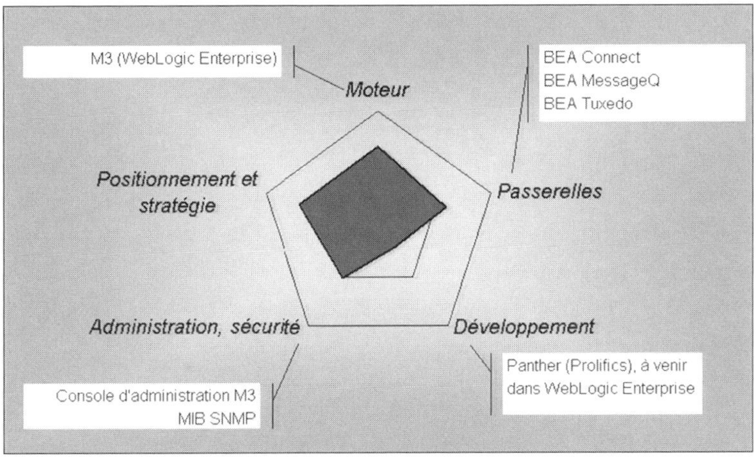

Le Tableau 7-1 présente les principaux avantages et inconvénients de M3.

Tableau 7-1. Avantages et inconvénients de M3

Avantages	Inconvénients
Performances.	Développement non intégré, M3 n'est "qu'un" ORB.
Robustesse.	Support récent de Java (juin 1999) et retard sur la mise en place des EJB.
Intégration avec l'offre BEA (passerelles).	Solution d'administration un peu "jeune", absence d'ouverture vers LDAP, pas de sécurisation simple et intégrée.

WebLogic

WebLogic compte plus de 800 clients dans le monde, parmi lesquels une minorité utilise WLAS (la majorité utilise les produits jdbcKona). On peut citer, entre autres : AT&T Labs, Cloudscape, Xerox, Extensity, Moai Technologies, Net Explorer, ZenaComp, American President Lines, Corporate Express...

Consultez le tableau 7-2 pour plus d'informations sur les principaux avantages et inconvénients de WebLogic Application Server.

Figure 7–5. Evaluation de WebLogic Application Server.

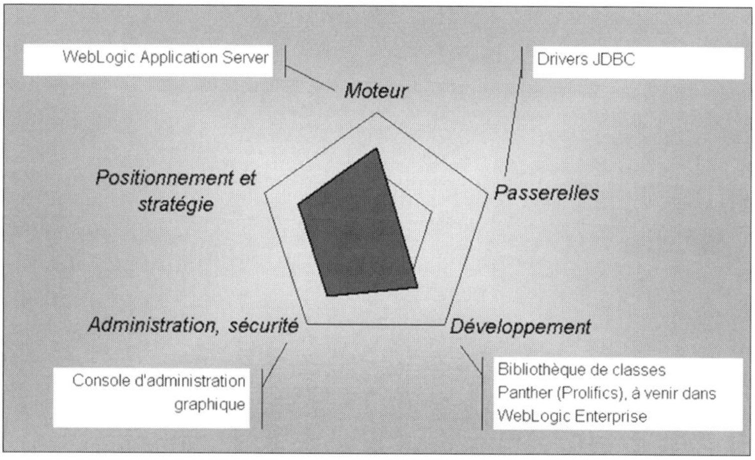

Tableau 7-2. Avantages et inconvénients de WLAS

Avantages	Inconvénients
Support 100 % des EJB 1.0 et des API JPE.	WLAS étant écrit en Java, ses performances dépendent de la qualité de la JVM (d'autres peuvent être utilisées : Sun, IBM).
Drivers JDBC natifs.	La solution de persistance automatique dans des bases relationnelles reste très limitée.
Déjà utilisé en production.	Pas d'outil de développement intégré au moteur (donc pas de fonctions de débogage de bout en bout, de référentiel, etc.).

Chapitre 8

IBM WebSphere

En mars 1997, IBM renforce ses outils de création de sites Web en prenant une part majoritaire dans la société NetObjects. Au début de l'année 1998, IBM, NetObjects et Apache Group[1] s'associent autour du projet WebSphere d'IBM : Apache Group fournit son serveur Web, qu'IBM intègre dans son offre WebSphere, et NetObjects adapte ses outils de création de sites Web à WebSphere. La concrétisation de ce projet est effective en juin 1998 avec la sortie de la version *Standard* 1.0 de WebSphere Application Server (WAS). La version *Advanced* (à partir de la version 2.0), supportant le modèle de composants EJB est sortie en janvier 1999. En date d'écriture, WebSphere existe en version 3.2, et fournit un support avancé du transactionnel (JDBC 2.0 partiel), de l'équilibrage de charge, du support des normes Java J2E, et une intégration plus fine des outils (développement et debugging dans VisualAge, administration et supervision graphique).

1 Groupement de développeurs autour de serveur Web Apache du domaine public.

2 Une **servlet** est l'équivalent serveur d'une applet, c'est donc avant tout un programme Java. Il s'agit en quelque sorte du successeur des scripts CGI. Une servlet s'exécute derrière un serveur Web, mais dans un environnement beaucoup plus performant qu'un programme CGI (notamment grâce à la pré-instanciation et à la rémanence en mémoire).

Caractéristiques techniques

WAS existe en trois versions (Standard, Advanced et Enterprise) qui correspondent à des besoins différents, de la publication de pages Web à la gestion de sites de commerce électronique :

Les différents composants de l'architecture WebSphere sont les suivants :

- Serveur HTTP : WAS est livré en standard avec le serveur Web Apache, mais il supporte aussi les serveurs Web suivants : Domino Go Webserver, Microsoft IIS et Netscape Webserver.
- Moteur de **servlets**[2] : WAS implémente la version 2.0 de Sun Java Servlet Devlopment Kit (JSDK) et supporte la spécification 0.91 des Java Server Pages (JSP).
- Data Access Beans : ce sont des classes Java qui facilitent l'accès aux bases de données et en améliorent les performances (gestion de pools de connexions). Ces beans utilisent JDBC.

Figure 8–1.
Gamme WebSphere.

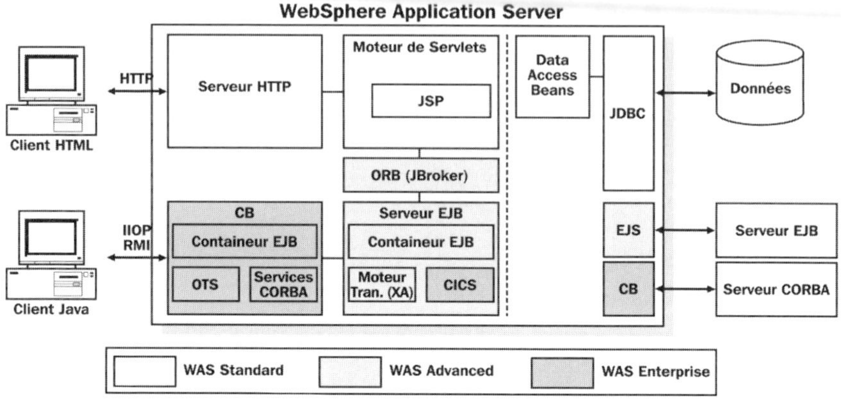

- Serveur EJB : WAS est un serveur d'applications Java qui supporte les spécifications EJB 1.0 (dans la version Advanced) y compris les caractéristiques optionnelles suivantes :
  - Gestion de la persistance des beans Entités par le bean lui-même ou par le container : IBM dispose d'une technologie de mapping objet/-relationnelle intégrée à Visual Age for Java. Il vient, par ailleurs, de signer des accords stratégiques avec l'éditeur de SGBDO Versant.
  - Gestion du mode transactionnel (implémentation des API JTS/JTA). Le moteur transactionnel TRAN d'Encina a été récrit en Java pour la version Advanced de WAS. Ce moteur supporte le protocole XA. A partir de la version Enterprise, l'EJS pourra utiliser CICS comme moteur transactionnel. D'autre part, il sera bientôt possible de déployer des EJB dans des containers utilisant TxSeries comme moteur transactionnel.
  - Intégration de Component Broker (CB) dans la version Enterprise. Un container EJB sera aussi intégré à CB, cela permettra aux EJB déployés dans ce container d'utiliser les services Corba de CB ainsi que l'OTS de CB. En pratique, l'intérêt de CB dans WAS est faible : les utilisateurs actuels de CB (peu nombreux) peuvent continuer à utiliser leurs applications Corba sous WAS.
- Bases de données : WAS utilise les drivers JDBC fournis par les éditeurs des bases de données (aucun driver n'est fourni avec WAS).
- WAS existe sous NT, AIX, Solaris, OS/400, OS/2 et OS/390.

Connecteurs et modules externes

WAS offre des connecteurs qui permettent aux applications WebSphere de communiquer avec les applications existantes IBM (*legacy applications*) : CICS, Encina et Lotus Domino 5.0.

Figure 8–2.
Connecteurs et modules WebSphere.

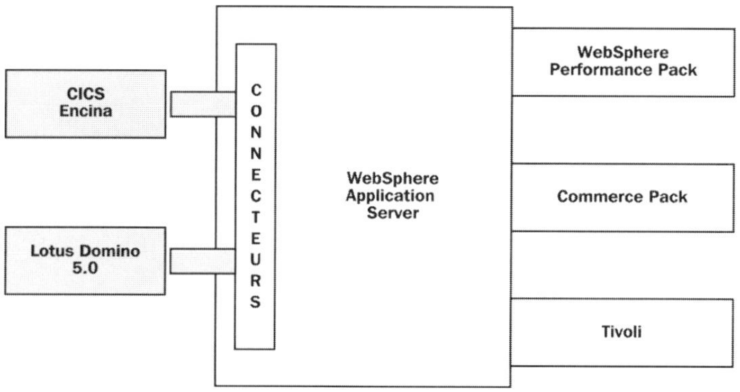

De plus, trois modules complètent l'offre WebSphere :

- WebSphere Performance Pack permet une répartition dynamique de la charge et la mise en clusters.
- Commerce Pack gère un catalogue de produits, paiement sécurisé, « suggestion » d'un produit et les promotions.
- Intégration avec Tivoli : IBM dispose de modules Tivoli pour WebSphere qui permettent de surveiller des serveurs WAS (surveillance de la charge, des objets EJB, des thrcads...), d'effectuer des opérations simples (arrêt, redémarrage). Cependant, il manque encore la gestion du déploiement d'applications WebSphere (seul le déploiement d'EJB est prévu).

Développement

WebSphere fournit une suite complète d'outils de développement (à l'exception d'un outil de conception), de la création de pages Web à la création d'EJB :

- NetObjects Fusion, NetObjects BeanBuilder et NetObjects ScriptBuilder : création et gestion de sites Web.
- WebSphere Studio : gestion de projets WebSphere et assistants de création de pages JSP/Beans d'accès aux données.
- VisualAge for Java : création de servlet et de (Enterprise) JavaBeans. Assistants pour la création et déploiement des EJB.
- WAS : classes java pour gérer les profils utilisateurs, l'accès aux données (pools de connexions...).

IBM recommande le modèle conceptuel de programmation MVC (Model/View/Controller). Dans le modèle WebSphere, cela se traduit de la manière suivante (voir schéma ci-dessous) :

- Le modèle (*Model*) qui correspond aux objets métier est implémenté en utilisant les EJB.
- La vue (*View*), qui correspond aux pages HTML retournées aux clients, est implémentée en utilisant les pages JSP. Ces pages JSP utilisent les EJB pour récupérer les données métier.
- Le contrôleur (*Controller*) qui correspond à la logique applicative nécessaire pour naviguer de page en page sur un site Web, par exemple, est implémenté en utilisant les servlets. Ainsi le servlet choisira, en fonction de critères applicatifs, la page JSP à renvoyer à l'utilisateur.

Figure 8–3.
Cinématique d'une transaction WebSphere.

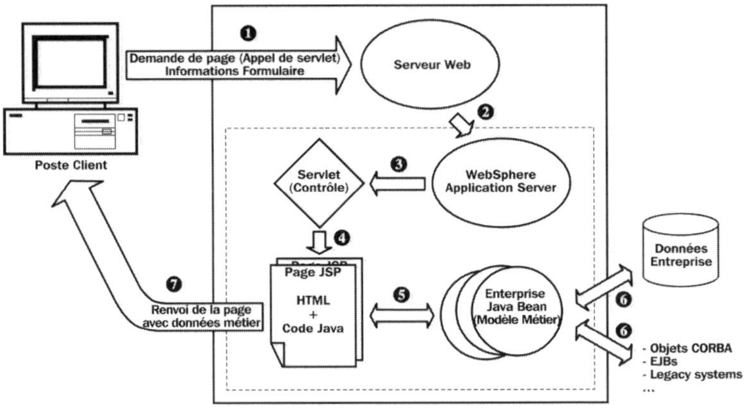

La cinématique est la suivante :

1. L'utilisateur saisit des champs dans un formulaire et clique sur le bouton de soumission. Cette requête est envoyée au serveur Web (Apache).

2. Le serveur Web transmet la requête au serveur d'applications WebSphere.

3. et 4. WebSphere appelle la servlet correspondant à la requête, celle-ci va jouer le rôle d'aiguilleur en sélectionnant la page qu'il faut créer en fonction des données entrées par l'utilisateur, et de la page sur laquelle il se trouvait. Elle joue le rôle de contrôleur. Les pages créées sont des pages JSP, elles contiennent à la fois du code HTML, du code Java et des balises spéciales pour appeler des JavaBeans.

5. Les pages JSP appellent des JavaBeans lorsqu'elles ont besoin de récupérer des informations métier. Ces informations métier proviennent de la base de données.

6. Les JavaBeans sont des composants Java. Leur rôle est de récupérer des informations de la base de données et de les traiter. Ces informations for-

matées sont alors disponibles pour les pages JSP pour être incluses dans les pages générées.

7. Les pages finales, au format HTML, sont renvoyées à l'utilisateur.

Administration et exploitation

WAS dispose d'une console d'administration sous forme d'applet Java. Elle permet de fixer les paramètres du serveur d'applications, de surveiller et de paramétrer les objets EJB fonctionnant sur le serveur, de surveiller la charge du système, notamment d'établir les paramètres de sécurité.

WAS n'intègre par de fonctions de répartition de charge et de mise en clusters en standard, il faut lui adjoindre le produit WebSphere Performance Pack, en option.

L'administration d'un parc de serveurs WAS s'effectue avec les modules Tivoli pour WebSphere.

Sécurité

WebSphere gère plusieurs niveaux de sécurité :

- Sécurité au niveau des utilisateurs pour l'accès aux pages Web et aux servlets.
- Rassemblement des utilisateurs en groupes d'utilisateurs partageant les mêmes droits d'accès.
- Définition des droits d'accès pour les utilisateurs et les groupes en utilisant des listes de contrôle d'accès (ACL).
- Restriction de l'accès aux ressources en spécifiant par exemple des droits d'accès sur des fichiers et répertoires.

Positionnement et stratégie

WebSphere Application Server se démarque des autres serveurs d'applications par deux points principaux :

- En offrant une gamme importante d'outils de développement, dont l'AGL VisualAge for Java qui est intégré.
- En proposant une offre multi-plates-formes, notamment disponible sur mainframe et mini (OS/390, AS/400). La scalabilité de l'offre se résume donc en deux points : scalabilité matérielle de NT à OS/390 et scalabilité en répartissant la charge sur plusieurs serveurs (WebSphere Performance Pack).

IBM poursuit deux stratégies :

- Offrir une suite d'outils de développement intégrés. Cette stratégie s'est concrétisée par la prise de participation dans la société NetObjects qui a permis à IBM d'offrir une panoplie presque complète d'outils. Cette intégration, déjà effective pour les aspects servlets et composants, devra encore s'améliorer pour offrir au développeur une vision unifiée, y compris sur les aspects HTML/JSP voire DHTML*Voir* Dynamic HTML.

- Une implication active pour le langage Java et les technologies associées : participation à l'élaboration des spécifications et implémentations. Ainsi, IBM revoit ses produits afin qu'ils supportent les API Java. Pour l'utilisateur, cela pérennise la solution qu'il met en œuvre.

Perspectives de l'offre

La version Enterprise (à partir de la version 3.0) de WAS, disponible depuis fin septembre 1999, renforce le support du mode transactionnel en incluant TXSeries dans WebSphere. Enfin, la version 4.0 complète de WebSphere est prévue pour le début de l'année 2000. Elle n'offrira pas de nouvelles fonctionnalités essentielles, mais apportera un meilleur « packaging » des outils, une meilleure intégration des technologies utilisées et l'apparition de CICS comme moteur transactionnel pour les EJB (sous mainframe uniquement).

Afin de compléter son offre d'outils de développement autour de WebSphere, IBM a racheté, en octobre 1998, le produit Build-IT de Wallop Software. Ce produit d'intégration d'outils de développement tiers sera intégré aux outils de développement de WebSphere.

En parallèle, IBM a annoncé en septembre 1998, le support par WebSphere de *San Francisco*, un ensemble de composants métier génériques, basés sur les EJB.

Références et évaluation

Sur WebSphere proprement dit (associé à VisualAge for Java), on trouve les références américaines Career.com, COMDATA, Charles Schwab, American Century.

En France plus d'une quinzaine de grands projets sont actuellement ouverts sur WebSphere.

Le tableau 8-1 présente de façon synthétique les avantages et les inconvénients de WebSphere.

Figure 8–4.
Evaluation de la gamme WebSphere.

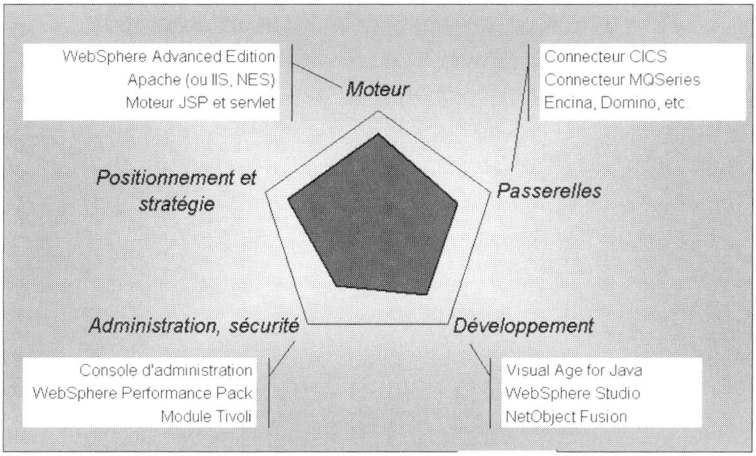

Tableau 8-1. Avantages et inconvénients de WebSphere

Avantages	Inconvénients
Support des EJB 1.0 dans la version 2.0 Advanced et de services *container-managed.*	Pas encore d'intégration des outils de développement HTML et Java.
Intégration avec l'offre d'IBM (passerelles).	Produit jeune : pas ou très peu de sites en production.
Nombreux outils de développement (création de sites, gestion des ressources d'un projet, environnement de programmation Java/EJB/Servlet).	La gestion robuste et complète du transactionnel ne sera disponible que dans la version Enterprise (TxSeries, CICS).
Multi-plate-forme disponible notamment sur mini et mainframe (AS/400 et OS/390).	Les outils d'administration ne gèrent qu'un serveur à la fois (pas d'administration de clusters).

Chapitre 9

Inprise Application Server

A la fin de février 1998, Borland International et Visigenic Software Inc. fusionnent pour former Inprise Corporation. Avec Visigenic, Borland venait d'acquérir un des produits leader sur le (petit) marché des ORB (*Object Request Broker*) : Corba.

La stratégie d'Inprise s'oriente résolument vers la création d'un environnement de développement, de déploiement et d'administration d'applications réparties pour les systèmes d'informations d'entreprise. Le 2 septembre 1998, Inprise annonce la sortie de Inprise Application Server (IAS) et présente l'ensemble des composants de sa suite logicielle. Cette offre, en version 4 aujourd'hui, est aujourd'hui renommée WebCore.

Caractéristiques techniques

Le serveur d'applications Inprise Application Server (IAS) est le résultat de la fusion réussie entre Borland et Visigenic. On y retrouve le savoir-faire de Borland comme éditeur d'environnements de développement, et les nouveaux outils de la gamme Visibroker :

- JBuilder for Application Server pour le développement.
- Application Server Console et AppCenter pour l'administration et le déploiement.

D'autre part, l'ancienne offre de Visigenic devient le socle de ce serveur d'applications puisque celui-ci repose sur VisiBroker, implémentant le standard de l'OMG, Corba. Notons que VisiBroker est également présent dans l'offre d'un certain nombre d'autres éditeurs : Oracle, Netscape, Sun.

Plusieurs standards constituent la base de l'architecture d'Application Server :

- Corba : l'ORB VisiBroker figure aujourd'hui parmi les leaders du marché aussi bien dans sa version C++ que dans sa version Java. Il possède un niveau de performances élevé, gère la tolérance aux pannes et assure

Figure 9–1.
Architecture d'Inprise Application Server.

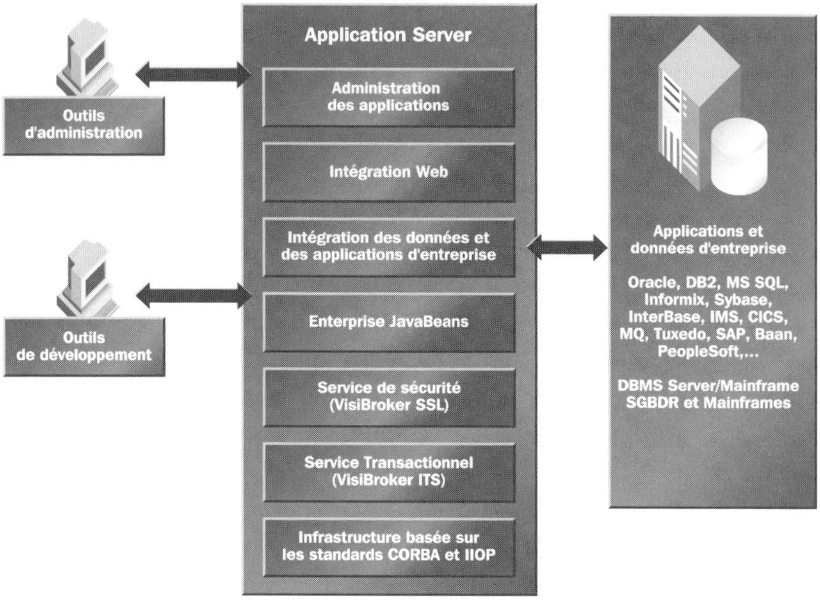

une gestion relativement fine des connexions et des threads. VisiBroker s'accompagne de deux passerelles : *GateKeeper* utilisée pour les communications entre objets via un serveur Web? et *Object Bridge* pour relier les mondes Corba et COM.

- IIOP : l'implémentation d'IIOP d'Application Server lui permet de ne pas se restreindre au monde encore jeune des applications Java/RMI. On retrouve d'ailleurs l'implémentation IIOP d'Inprise dans les offres d'autres éditeurs du marché tels Oracle ou Netscape.
- EJB : le modèle de composant EJB est supporté par Inprise Application Server. JBuilder permet, *via* un assistant, de créer des Enterprise JavaBeans.
- Au-dessus de cette base robuste, se trouvent d'autres technologies qui avaient fait leurs preuves avant leur intégration dans IAS :
  - Les services d'annuaire et d'événements de VisiBroker, respectivement *Naming Service* et *Event Service*.
  - La gestion des transactions : VisiBroker Integrated Transaction Service (ITS) est conforme aux spécifications du service transactionnel de l'OMG : OTS. C'est également une implémentation du JTS (*Java Transaction Service*).

Le schéma suivant illustre l'architecture de ce composant essentiel d'Application Server :

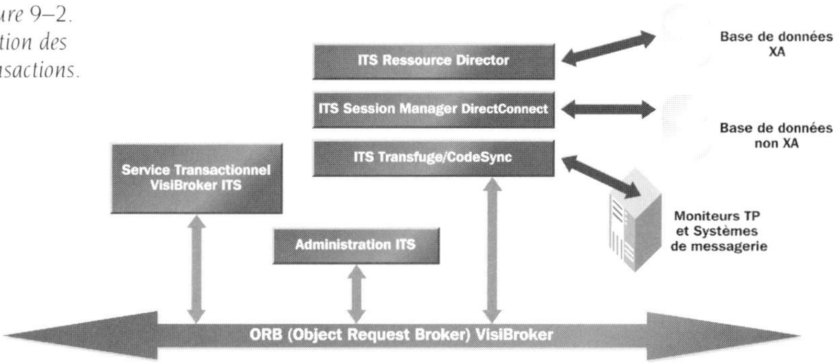

Figure 9–2. Gestion des transactions.

- Le service transactionnel d'ITS est souple d'utilisation. Il peut être déployé comme une instance partagée par plusieurs applications ou bien s'intégrer dans une application. Il est ainsi possible de trouver plusieurs instances du service transactionnel sur le réseau. ITS possède une console d'administration qui permet de piloter les transactions entre différentes sources de données.
- L'ITS Session Manager permet à une application d'obtenir une connexion ITS vers des sources de données XA ou non XA. Il offre la possibilité de multiplexer les connexions de manière à optimiser la consommation en ressources système.

Pour les bases de données en environnement XA, ITS Session Manager s'appuie sur ITS Resource Director.

Le module DirectConnect d'ITS Session Manager permet d'obtenir des connexions à des bases de données en environnement non XA.

Enfin, l'accès aux moniteurs TP et systèmes de messagerie est assuré par deux modules :

- ITS Transfuse est une interface qui permet d'établir une connexion vers Tuxedo, CICS , IMS, et MQSeries.
- ITS CodeSync permet de générer le code IDL d'objets Corba à partir de données extraites de sources COBOL ou Tuxedo.

IAS permet de développer de nouvelles applications transactionnelles utilisant des nouvelles sources de données, bien sûr, mais surtout des applications existantes, grâce à une offre de connecteurs complète.

Toutes ces briques techniques sont entièrement intégrées dans l'outil de développement JBuilder for Inprise Application Server.

Développement

Les nombreux assistants de JBuiler for Application Server accélèrent la création de clients variés :

- applications Java autonomes ;
- applets Java pour navigateurs ;
- clients HTML et DHTML*Voir* Dynamic HTML.

Côté serveur, JBuilder for Application Server offre également des assistants pour la création des EJB ou de composants Corba. Si Java est le seul langage utilisé à l'heure actuelle dans Application Server, d'autres le rejoindront prochainement : DELPHI et C++. Cependant, les serveurs développés avec JBuilder peuvent dialoguer avec des applications C++, Delphi ou Visual Basic, notamment grâce à la passerelle Object Bridge.

Inprise Application Server est livré avec un serveur Web propriétaire, et JBuilder permet de créer des extensions offrant une portabilité accrue par rapport aux scripts CGI, les servlets. Il faut cependant noter qu'Application Server peut fonctionner avec d'autres serveurs Web : Apache, Netscape Enterprise Server et IIS.

Enfin, en réponse au problème de mise au point des applications distribuées qui représente une des attentes majeures des développeurs, Inprise a doté JBuilder d'un déboguer graphique assez sophistiqué, et surtout intégré au moteur IAS.

Administration

Même si le déploiement et la configuration des applications distribuées s'effectuent dans un environnement graphique très visuel, le temps d'adaptation à la console d'IAS n'est pas négligeable. En revanche, une fois l'environnement maîtrisé, il s'avère efficace.

Trois vues principales sont disponibles :

- Models : permet de définir dans un premier temps les composants d'une application indépendamment les uns des autres (catalogues), puis d'assembler ces composants, et de leur attribuer des machines cibles pour le déploiement (applications distribuées). Enfin, il est possible de packager l'application et de lancer le déploiement.
- Applications server apporte une visualisation globale de l'ensemble des instances d'Application Server sur le réseau, et les applications qui s'y exécutent en temps réel, les services standards Corba de bas niveau (Objet Activation Daemon, Location Service, ITS, agent AppCenter).

- Services permet de gérer les services de haut niveau de l'environnement distribué, service de localisation, l'annuaire, le répertoire d'interfaces et d'implémentation des composants disponibles sur le réseau.

Le déploiement de certains composants avec des fonctionnalités spécifiques (transactionnel, sécurité) n'est pas trivial. Certaines recommandations doivent être rigoureusement suivies : présence d'une instance des services nécessaires sur les machines cibles ou le réseau.... A noter : la présence d'un runtime IAS sur chaque machine administrée est nécessaire.

Le déploiement en environnement de test ou d'exploitation suit les mêmes règles et se fait avec les mêmes outils, ce qui permet une collaboration efficace entre développeurs et administrateurs.

L'administration des applications distribuées se fait avec le Viewer d'AppCenter. En utilisant cette console, l'administrateur suit les étapes suivantes :

- modélisation des composants de l'application,
- définition des règles de dépendance entre ces composants,
- définition des règles de fonctionnement de l'application,
- définition des comportements à adopter pour faire face à un problème (reprise sur erreur, etc.).

La modélisation terminée, l'administrateur peut piloter l'application, à savoir :

- lancer et arrêter chaque composant,
- modifier la configuration des composants à distance,
- créer des "cockpits" sur l'application afin d'observer certains critères comme la montée en charge, la communication entre composants, le nombre d'instances d'un composant...

Le Viewer n'est que l'interface graphique d'AppCenter qui contient également :

- un Agent qui doit être présent sur chaque machine hôte d'un composant de l'application distribuée.
- un Moniteur pour chaque application administrée avec AppCenter.
- un Repository central (format propriétaire) contenant les informations de configuration de chaque application.
- un Broker qui correspond au service d'annuaire propre à AppCenter et qui lui permet de localiser chacun de ses composants.

Dans le domaine de la gestion de la sécurité, Inprise utilise un modèle fondé sur SSL (*Secure Socket Layer*) qui permet d'authentifier et de protéger le dialogue entre composants d'une application répartie. Le relais Gatekeeper prend en charge ces fonctionnalités.

Positionnement et stratégie

Comme certains de ses concurrents, Inprise Application Server s'appuie sur les standards de l'industrie (Corba, IIOP, EJB, JTS, SSL) et intègre des technologies déjà éprouvées indépendamment, ce qui lui confère robustesse et flexibilité.

Le seul outil de développement intégré pour les composants serveur est JBuilder, ce qui limite les développements au langage Java. Cependant Delphi et C++ for Application Server devraient rapidement combler cette lacune.

Face à des mastodontes comme BEA, IBM ou Microsoft, la taille d'Inprise sur le marché des serveurs d'applications est un handicap pour Inprise Application Server. Le produit demeure malgré tout l'un des plus complets, couvrant le développement et l'administration dans des environnements graphiques homogènes.

Références et évaluation

IAS possède quelques références aux Etats-Unis :

- Bank of America : gestion des fusions acquisitions ; intégration de systèmes disparates (COM / Corba).
- Département d'Etat des transports : gestion d'applications distribuées orientées transport.

Plusieurs grandes entreprises françaises évaluent le produit.

Le tableau 9-1 présente de façon synthétique les avantages et les inconvénients de Inprise Application Server.

Tableau 9-1. Avantages et inconvénients de Inprise Application Server

Avantages	Inconvénients
Offre complète, homogénéité des environnements de développement, de déploiement et d'administration. Intégration de nombreuses sources de données et de traitements *via* le composant transactionnel VisiBroker ITS et ses modules Transfuse et CodeSync.	Inprise pourra-t-il s'imposer face à des éditeurs aux reins plus solides, déjà bien en place sur le marché ?
Nombreux outils de développement (création de sites, gestion des ressources d'un projet, environnement de programmation Java/EJB/Servlet, nombreux assistants, débogueur graphique évolué.	Les récents accords de partenariat avec Microsoft devraient sceller le destin d'Inprise comme fournisseur de briques de base à destination des éditeurs.

Figure 9–3.
Evaluation de Inprise Application Server.

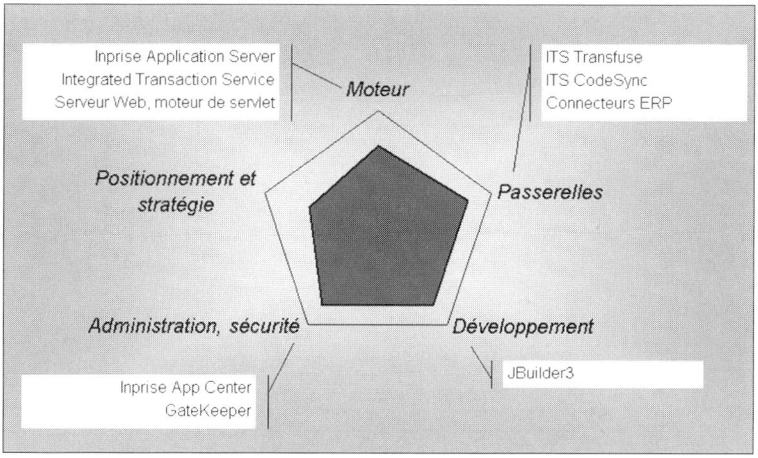

Chapitre 10

Iona iPortal Suite

Fondée en 1991, la société Iona lance, en 1993, l'une des premières implémentations d'ORB compatibles Corba. La technologie a évolué, du simple support du C++ à la prise en compte de plates-formes (dont OS/390), de Java, du transactionnel, de services à valeur ajoutée (services de messageries, de localisation évolué, etc.). Ces produits, destinés aux grandes entreprises, voire à des éditeurs, sont regroupés sous la gamme OTM3.

Iona, qui a pris un peu de retard dans la course au serveur d'applications, a annoncé, au milieu de l'année 1999, son entrée sur le marché du composant. La nouvelle stratégie C3 (Containers, Components, Connectors) s'inscrit donc dans la logique de la concurrence. Elle s'affranchit de la complexité de Corba, a ceci près que le support du modèle de composant sera ouvert : EJB et COM aujourd'hui, d'autres, sans doute, dans le futur...

Caractéristiques techniques

Au moment où nous écrivons ces lignes, les produits sous-tendant la stratégie C3 ne sont pas encore disponibles. Ils sont attendus pour le début 2000 (Generation 5, ou plutôt iPortal Application Server selon le récent plan marketing). Nous avons toutefois choisi de centrer nos propos sur ces produits, et non sur les outils actuels qui concernent la mise en œuvre d'objets Corba et non de composants.

En l'absence d'un test poussé des produits, les informations ici rassemblées reposent sur le projet affiché par l'éditeur.

Qu'est-ce donc que C3 ? Trois C pour :

- *Containers*: les services d'exécution offrent des fonctions intégrées de gestion de la persistance, de la sécurité et du transactionnel.
- *Components*: les composants s'appuient sur les containers et sur un framework indépendant que l'on retrouve dans le monde Corba, COM et EJB.

- *Connectors*: capacité de tirer parti de l'existant et des évolutions à venir, avec des connecteurs vers les SGBDR bien sûr, mais aussi les legacy CICS/IMS, les ERP, MTS (COMet), etc.

Cette stratégie est mise en œuvre à l'aide des modules suivants, qui déclinent la métaphore ARTistique[1] :

- Matisse : l'outil de développement,
- ART : le framework de container, indépendant du modèle de composant,
- OTM : l'OTM d'Orbix3,
- Warhol : l'équivalent d'un Message Broker, regroupant les trois services asynchrones existant aujourd'hui : OrbixEvents, OrbixTalk et OrbixNotification.

[1] *Abstract Run Time* (ART).

Du point de vue technologique, cette offre se fondera sur les briques existantes : Orbix pour l'ORB, OTS et l'ensemble des connecteurs base de données et legacy pour les aspects transactionnels. Ces deux briques disposent aujourd'hui d'une bonne maturité, notamment dans :

- les services de base de l'ORB : support des normes les plus récentes de l'OMG, naming (et plus *via* Orbix Trader), events (et plus *via* OrbixTalk et OrbixNotification), sécurité.
- les services de l'OTS : transactionnel, optimisation des accès en base.
- le load balancing et le *fail over*.
- l'intégration des centraux : CICS et IMS connectors (transactionnels), mapping IDL Cobol et PL/1, générateur Corba de Microfocus, convertisseur d'écrans 3270, utilitaires COBOL, etc.

Développement

A ce jour, l'offre repose sur l'intégration de l'atelier racheté à EJBHome qui, sous le nouveau nom d'OrbixHome, permet de produire des composants EJB tournant dans le moteur Corba d'Orbix.

Ce produit sera complété (ou remplacé ?) par Matisse. Vendu comme « le Visual Basic du composant serveur », cet outil, prometteur mais encore absent du catalogue, devrait simplifier la tâche du développeur...

Administration et exploitation

Les services d'administration et d'exploitation devraient peu évoluer par rapport à l'existant (OrbixManager). Ils permettent de gérer les composants déployés sur les serveurs *via* une interface graphique.

L'outil peut être piloté par un jeu d'API que le développeur utilisera à loisir pour :

- mesurer l'activité d'une application,
- notifier des exceptions,
- embarquer des sondes, etc.

Sécurité

En matière de sécurité, l'offre d'Iona a toujours été de bonne facture. Elle se décline suivant deux axes :

- OrbixSecurity, le gestionnaire de sécurité Corba Niveau 1, qui prend en compte l'authentification et le contrôle d'accès aux objets ;
- Wonderwall, pour la partie firewall-réseau, qui supporte de surcroît SSL3, simplifiant la mise en œuvre de clients sécurisés.

Positionnement et stratégie

Le slogan « *The World Leader in Making Software Work Together* » résume assez bien la philosophie. Autrement dit : « Nos technologies vous permettront de faire communiquer les différentes briques de votre système d'information ».

Mais le costume semble un peu grand pour l'éditeur irlandais qui devra, pour assumer son marketing, se positionner sur tous les modèles de composants (EJB, COM, et autres) tout en proposant une offre concurrente avec les Messages Brokers. Vaste programme !

Références et évaluation

Les références d'Iona ne concernent donc que les outils de la gamme Orbix actuelle, l'ORB et l'OTM. Matisse n'existe pas encore, et ART est en phase expérimentale chez quelques *early adopters* aux Etats-Unis.

Pour la gamme existante, on trouve des références dans le domaine de la gestion, ce qui tendrait à prouver que l'approche objet a pu séduire d'autres clients que l'informatique scientifique ou les opérateurs de télécommunication...

Deutch Bahn AG, par exemple, a mis en œuvre un système distribué connectant plus de 300 clients. Apparaissent également Nike, CNN, et la référence phare : Boeing (2 000 clients).

Le tableau 10-1 répertorie les principaux avantages et inconvénients de C3.

Tableau 10-1. Avantages et inconvénients de C3

Avantages	Inconvénients
Solides bases technologiques : ORB et connecteurs. Solution d'administration et de sécurité cohérente.	Capacité incertaine de l'éditeur à mettre sa stratégie en oeuvre.

Figure 10–1.
Evaluation de la gamme C3 (en italique, les produits à venir).

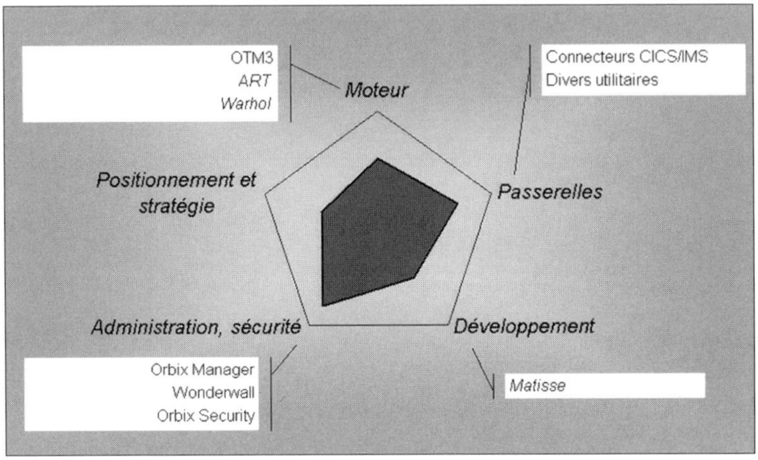

L'axe de développement au travers d'ART est intéressant : c'est un ORB dans l'ORB. La philosophie de micro noyau s'applique dans le noyau même de l'ORB. Cela permet de conserver un noyau simple, donc extensible.

Reste à savoir si cette technologie dépassera le stade des intentions avant d'être rattrapée par la concurrence. L'avenir de Iona se jouera dans sa capacité à sortir les produits qu'il annonce (dont certains, comme l'AGL ou le Message Broker, ne sont pas dans son métier historique), dans le délai imparti... par la concurrence.

D'autre part, à vouloir supporter tout type de modèle, on se retrouve avec le plus petit dénominateur commun des technologies. Difficile de tenir la rampe face à des spécialistes dédiés à COM ou EJB.

Microsoft DNA

L'offre de Microsoft repose historiquement sur deux piliers technologiques : le modèle de composants COM (*Component Object Model*), introduit en 1995 comme support de la technologie OLE, et MTS (*Microsoft Transaction Server*) qui fut, en 1997, le premier support du transactionnel pour des composants COM. DNA (*Distributed iNternet Architecture*) regroupe à présent l'ensemble des technologies COM, MTS, Web, ainsi que les outils de développement et d'administration permettant de réaliser des architectures à trois niveaux.

[1] NT4, par un *add-on* gratuit, l'OptionPack. NT2000, par intégration native des dernières versions de MTS, IIS, MSMQ, c'est-à-dire COM+.

Caractéristiques techniques

L'offre de Microsoft se fonde sur Microsoft Transaction Server (MTS), un serveur d'applications intégré à Windows NT[1].

MTS offre des services techniques ajoutés à des composants applicatifs conformes au modèle COM/ActiveX :

- Le support du transactionnel, *via* MS DTC, le Transaction Manager de MTS (validation à deux phases – *2-phase commit* – avec le protocole XA ou OLETX).
- Une optimisation de la gestion des ressources systèmes (connexions réseaux, connexions SGBD, threads...).
- Une gestion fine de la sécurité et des contrôles d'accès à chaque composant, s'appuyant sur la sécurité NT.
- Une interface universelle d'accès aux données (OLEDB) et aux systèmes transactionnels existants (COMTI).
- Une configuration déclarative des composants, qui permet de découpler les problématiques techniques du code applicatif (en ce qui concerne leur modèle de threading, leurs caractéristiques transactionnelles, leur sécurité...).

- Une intégration poussée avec le serveur Web IIS 4.0, *via* ASP.

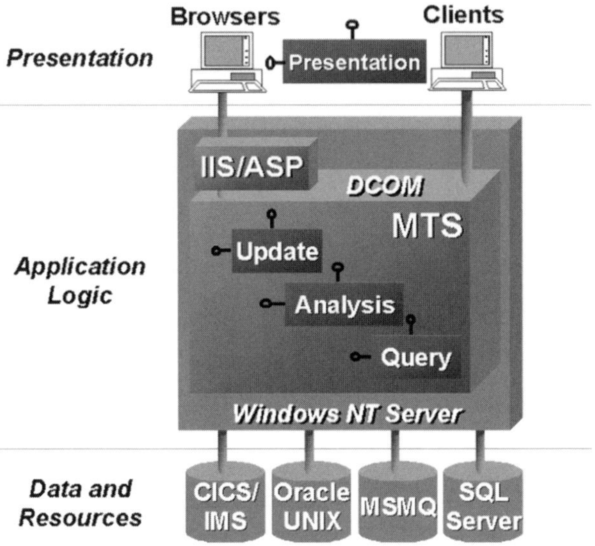

Figure 11–1.
Le modèle de composants COM/MTS.

Le modèle de composants utilisé par MTS est COM/ActiveX. Plus précisément, les composants MTS sont des ActiveX Automation Server. MTS apporte quelques restrictions et spécificités à ce modèle :

- Les composants MTS doivent être des ActiveX *in-process* (se trouvant dans des DLL). En effet, la gestion des process dans lesquels s'exécutent les composants est prise en charge par MTS lui-même. Les composants *out-process* (.EXE) ne sont donc pas utilisés.
- MTS associe automatiquement, à chaque instance de composant applicatif, un contexte, IObjectContext, renfermant toutes ses caractéristiques techniques. IObjectContext contient également des méthodes permettant au composant applicatif d'interagir avec MTS. En particulier, les méthodes SetAbort et SetComplete permettent d'indiquer à MTS si le travail du composant s'est correctement effectué ou s'il y a eu des erreurs. MTS utilise ces informations pour valider ou abandonner la transaction en cours[1].
- Les composants participant à une transaction sont recyclés lorsque celle-ci se termine. Leur état doit donc être sauvé par le SGBD, ou grâce à un composant fourni avec MTS, le SPM (*Shared Properties Manager*).

MTS introduit un nouveau concept par rapport aux systèmes transactionnels classiques comme Tuxedo : la notion de transaction automatique. Le serveur d'applications gère automatiquement la transaction en

1 Dans le cas où le composant s'exécute dans une transaction.

Figure 11–2.
Gestion des transactions.

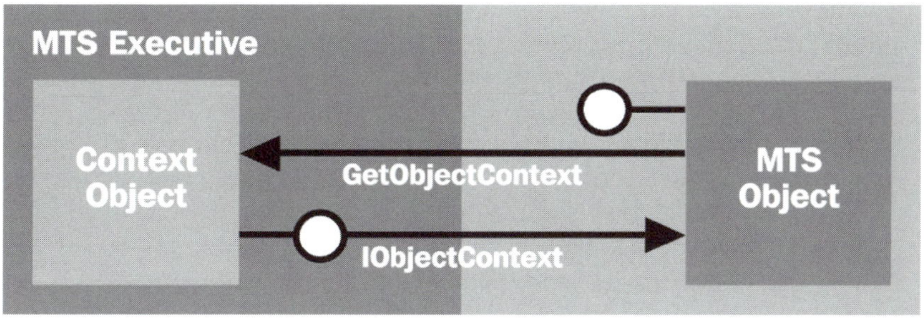

s'appuyant sur les propriétés transactionnelles du composant applicatif. Ces propriétés sont spécifiées de manière déclarative, lors de la configuration de l'application. Les différentes valeurs que peuvent prendre ces propriétés sont détaillées dans la troisième partie.

Gestion de la sécurité

Toujours afin de découpler au maximum les caractéristiques techniques du code applicatif, MTS introduit la notion de « rôle pour gérer la sécurité ». Un rôle est un groupe logique d'utilisateurs défini de manière déclarative. Les rôles sont affectés dans la console d'administration de MTS aux composants. Le runtime MTS vérifie lors de l'appel des composants que le client a des droits suffisants.

Lors du déploiement des composants sur un serveur de production, les rôles sont mappés (notion logique indépendante du déploiement) à des utilisateurs ou à des groupes d'utilisateurs NT (dépendant du serveur de déploiement). La gestion des utilisateurs est donc celle de NT.

La granularité de ce contrôle est cependant peu fine, puisqu'elle s'applique au niveau du composant et non à ses méthodes.

Si l'on souhaite affiner ce comportement en termes de gestion de la sécurité, on peut également utiliser l'objet Context pour implémenter des règles de sécurité.

Connexion aux sources de données

La connectivité aux bases de données est assurée *via* des drivers ODBC supportant le transactionnel. Microsoft fournit ces drivers pour SQL-Server, Oracle et DB2. Ces bases de données sont vues par MTS comme des Resource Managers (RM). Les connexions ODBC sont recyclées par MTS, qui garde un pool de connexions pour les composants MTS. Ce pooling de connexions est totalement transparent pour le développeur de composants applicatifs. La seule contrainte est qu'il ne doit pas essayer de maintenir lui-même des connexions SGBD : il doit ouvrir, puis refermer une connexion ODBC à chaque appel de requête SQL ou de procédures stockées. En fait, ces connexions sont recyclées par MTS.

Le développeur de composants MTS peut, soit utiliser l'interface ODBC pour optimiser les performances, soit utiliser un composant de plus haut niveau, masquant la complexité de l'interface ODBC. Il s'agit du composant technique ADO (*Advanced Data Object*), généralement utilisé avec des composants MTS écrits en Visual Basic. Il est recommandé d'utiliser ADO, car ADO encapsule non seulement l'API ODBC, mais également l'interface OLEDB, nouvelle interface d'accès aux données de Microsoft, et qui devrait, à terme, remplacer ODBC.

Microsoft fournit de nouveaux drivers OLEDB pour les principaux SGBD du marché.

A ce jour, les drivers OLEDB ne supportent pas le transactionnel, ni le pooling des connexions. Il faut donc passer par un driver générique OLEDB-ODBC et utiliser les drivers ODBC transactionnels fournis par Microsoft.

Enfin, MTS ne prend en charge aucun service de type *container-managed persistence* que l'on retrouve sur certains serveurs EJB. La persistance des composants doit être traitée à la main ou à l'aide d'outils tiers.

Connexion à l'existant

MTS fournit une passerelle d'accès aux moniteurs transactionnels IBM CICS et IMS, *via* SNA Server et COMTI (COM *Transaction Integrator*), permettant de propager le contexte transactionnel. COMTI comprend également un outil qui génère automatiquement des composants MTS représentant les transactions CICS ou IMS Cobol, afin de faciliter leur intégration dans les outils de développement.

D'autre part, MTS permet de se connecter à un MOM : avec MSMQ (*Microsoft Message Queueing*), de manière native, et avec MQSeries *via* une passerelle livrée dans SNA Server (ex-produit Level8). Au même titre que les bases de données, ces MOM sont considérés comme des Resource Managers et peuvent donc participer à une transaction.

Enfin, il est intéressant de constater que au-delà de l'offre Microsoft, des éditeurs développent de nombreux connecteurs compatibles MTS vers MQSeries, Tuxedo, des ERP, etc.

Développement

Tout outil permettant de construire des composants ActiveX est susceptible d'être utilisé pour fabriquer des composants MTS. En effet, un composant MTS n'est qu'un composant ActiveX soumis à quelques restrictions en termes de programmation et de gestion du contexte. Deux outils sont particulièrement adaptés à MTS :

- Visual Basic permet de manière très simple de créer des composants ActiveX/MTS orientés métier. Ces composants métiers utilisent un composant d'accès aux données ADODB, fourni par Microsoft et optimisé pour MTS/IIS 4.0.
- Visual C++ permet d'écrire des composants ActiveX/MTS très performants et très légers à l'aide du framework ATL. Cet outil est utilisé pour des composants ActiveX techniques supplémentaires. Il requiert une bonne maîtrise du très technique framework ATL.

Visual Basic et Visual C++ offrent tous deux des fonctions puissantes de débogage permettant de déboguer des composants s'exécutant sous MTS localement, voire à distance.

L'outil Visual Database Tools, livré avec la suite de développement Visual Studio, fournit un environnement graphique permettant de créer des requêtes SQL et des procédures stockées. Il est spécialement adapté aux bases SQLServer et Oracle. Intégré avec les composants ADO, il simplifie le développement de la persistance des composants MTS et s'intègre parfaitement avec les outils Visual Basic et Visual C++.

Visual Modeler, également fourni avec Visual Studio, est un outil de conception UML, version simplifiée de Rational Rose développée par Rational pour Microsoft. Cet outil offre d'intéressantes fonctions de génération de squelette de code pour Visual Basic et Visual C++. Une fonction de re-engineering est disponible pour Visual Basic. Cela permet de mettre à jour automatiquement, dans l'outil de modélisation, les modifications effectuées dans Visual Basic.

Un nouvel outil d'analyse, Visual Analyser, permet d'intercepter de manière transparente tous les événements importants lors de l'exécution d'une application MTS (appel de méthodes, connexion base de données...). Il donne une vue globale de l'application. Il permet d'analyser, de filtrer et de fournir des statistiques et des indicateurs de performances, afin de comprendre et de résoudre d'éventuels problèmes de performances. Un intérêt majeur de ce produit est qu'il n'entraîne aucune adhérence avec les applications. L'outil n'interagit directement qu'avec MTS et le système d'exploitation.

Administration

MTS offre une console d'administration permettant d'effectuer les tâches suivantes :

- définir des packages ou lots, pour découper de manière logique l'application. Ces packages contiennent les composants MTS, ainsi que l'ensemble de leurs caractéristiques.
- modifier de manière graphique la configuration de chaque package et de chaque lot.
- déployer à distance les packages sur des serveurs de production.
- visualiser l'état des packages et des composants (transactions validées, composants activés...). Les indicateurs fournis sont cependant assez limités.

Une interface COM permet d'automatiser le déploiement sur des serveurs multiples.

Enfin, la console d'administration de MTS est intégrée à MMC (Microsoft Management Console).

Stratégie de l'éditeur

L'offre DNA est aujourd'hui disponible avec NT4 Option Pack (fourni gratuitement) qui est une surcouche de NT. La stratégie de Microsoft est d'intégrer complètement son offre de serveur d'applications dans son futur système d'exploitation Windows 2000 :

- le modèle COM/ActiveX ainsi que les extensions transactionnelles et de sécurité de MTS sont fusionnées dans le modèle COM+, partie intégrante de Windows 2000.
- MSMQ, le middleware asynchrone de Microsoft, fera partie du modèle COM+, dans lequel on pourra appeler de manière asynchrone des composants distants en lieu et place du protocole DCOM.
- le *load balancing* dynamique entre composants sera intégré à COM+.
- la sécurité sera gérée dans COM+ en s'appuyant sur l'Active Directory de Windows 2000.

Avec l'intégration de son modèle de composants COM+ et de ses middleware dans le système d'exploitation, les clients de Microsoft peuvent s'interroger sur l'opportunité d'acquérir un serveur d'applications qu'ils possèdent déjà. L'issue du procès qui l'accuse de situation de monopole sur le poste client verra peut être poindre une stratégie adaptée au verdict... côté serveur !

Références et évaluation

Quelques clients, en particulier dans le monde de la finance, ont choisi de refondre leur système d'information sur la base d'une architecture DNA. Merryll Lynch, par exemple, a bâti l'architecture de son réseau d'agences (35 000 postes de travail) sur une architecture de trois niveaux physiques, intégrant l'ensemble des technologies Microsoft sur les deux premiers niveaux, y compris la passerelle COMTI pour l'intégration des transactions des mainframes.

D'autre part, de nombreux clients utilisent certaines des briques DNA en back-office pour leurs activités de commerce électronique : GAP (`www.gap.com`), Levi's (`www.levi.com`)...

Le Tableau 11-1 présente les principaux avantages et inconvénients de la gamme DNA.

Figure 11-3.
Evaluation de la gamme DNA.

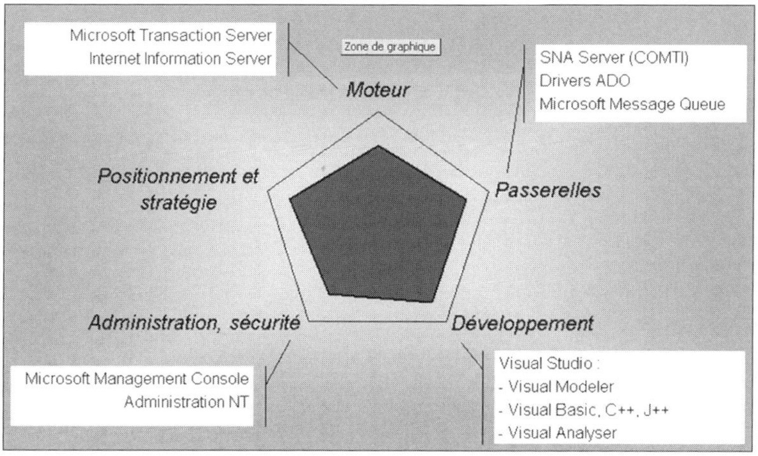

Tableau 11-1. Avantages et inconvénients de DNA

Avantages	Inconvénients
L'offre est complète et intégrée à Windows NT (sécurité, administration...).	La solution ne tourne que sous Windows NT.
Le modèle de composant COM/ActiveX, robuste et stable, actuellement le plus utilisé dans le monde, est gage de pérennité (ce qui n'est pas à négliger pour une approche orientée composants). Il permet de bénéficier d'outils de développement existants, connus, et de haut niveau (L4G comme Visual Basic ou Delphi), ainsi que d'une gamme complète de produits de conception et d'analyse.	Des fonctionnalités avancées, essentielles pour des déploiements à grande échelle (Load Balancing, support intégré de l'asynchrone...), ne seront disponibles qu'avec COM+ et Windows 2000.

Microsoft change la donne du marché en livrant toutes les briques de son architecture dans l'OS : contrairement à ses concurrents, il propose, de fait, une solution intégrée. Face à ce constat, le procès qui l'oppose à Netscape apparaît bien anodin et fait plutôt office de hors-d'œuvre avant la vraie bataille... La grande inconnue reste l'issue de la confrontation. Plusieurs scénarios sont possibles : pas de conséquences, obligation de vente séparée de l'OS, éclatement en baby-MS, ou portage des outils sur Unix... Au lecteur de décider si ces éléments doivent figurer au chapitre des avantages ou des inconvénients...

Chapitre 12

Netscape Enterprise Server (ex-Kiva)

Netscape est né en avril 1994, fondé par Jim Clark, fondateur de Silicon Graphics, et Marc Andreessen, concepteur, en 1992, du navigateur Internet NCSA Mosaic. Spécialiste du navigateur Web, l'entreprise étendra son offre à une gamme complète de serveurs implémentant les normes de l'Internet : Web, messagerie, news, calendrier, etc.

En novembre 1997, Netscape rachète la société Kiva pour son serveur d'applications, Kiva Enterprise Server (KES). KES 2.0, qui décroche le prix « Best Internet Software » au COMDEX 97, devient Netscape Enterprise Server 2.0 en février 1998.

Figure 12-1.
Architecture des produits Netscape, NAS y figure comme brique d'architecture.

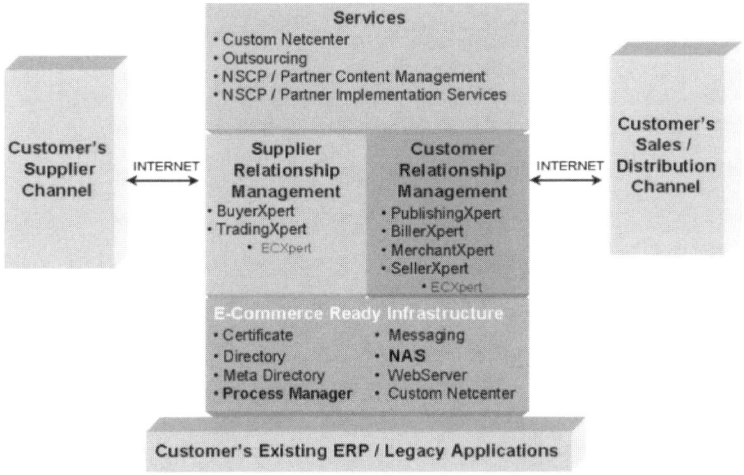

Stratégie

La stratégie de Netscape est centrée sur le commerce électronique, suivant deux axes :

- Un axe client pour tout ce qui met l'entreprise en relation avec ses clients finals : publication d'informations, gestion de catalogues de produits, tenue d'annuaires, opérations de paiement sécurisé, et bien sûr vente.
- Un axe fournisseur pour externaliser une partie de la gestion directement chez les fournisseurs.

Netscape Application Server en constitue la pierre angulaire destinée à supporter toute la logique métier de l'entreprise.

Il permet de construire de nouvelles applications fondées sur l'architecture multiniveau et d'intégrer les applicatifs existants au moyen d'extensions.

Caractéristiques techniques

L'offre serveurs d'applications de Netscape se compose des éléments suivants :

- Netscape Application Server : le serveur d'applications et ses outils d'administration.
- Netscape Extensions : les interfaces (IDL) qui permettent l'accès à quelques systèmes *backend*.
- Netscape Application Builder, l'environnement de développement et de test d'applications.
- Netscape Extension Builder, le générateur d'interfaces (IDL) qui permet d'étendre l'accès aux systèmes *backend*.

C'est un serveur d'applications orienté Web. Il est supporté sur la plupart des plates-formes UNIX et sous NT.

Le serveur applicatif

Netscape Application Server est disponible en version 3.0. La prochaine version, issue de l'alliance avec Sun, sera renommée sous le label iPlanet.

C'est un serveur de modules applicatifs appelés applogics, répartis individuellement ou au travers d'un groupe de modules applicatifs. Ils sont gérés par l'Application Logic Processing System (ALPS) qui sollicite les services d'accès aux données, de gestion de transactions et de présentation. Il supporte la plupart des bases de données du marché, via JDBC et ODBC.

Figure12-2.
Architecture Netscape Application Server.

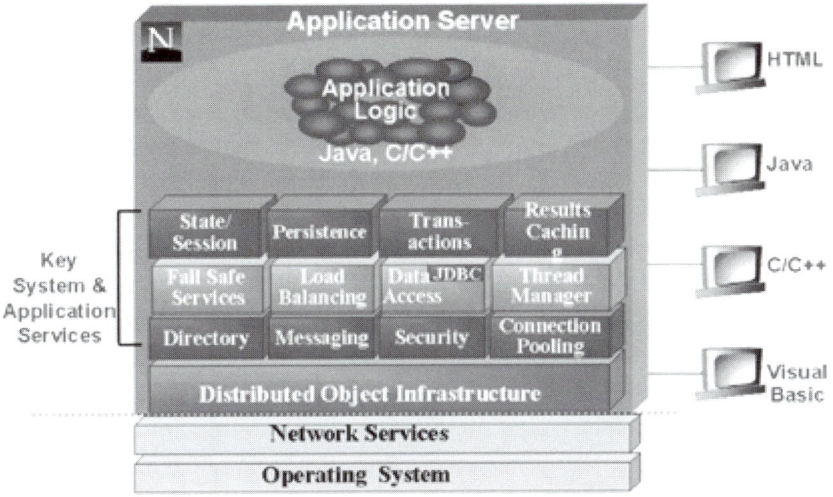

Une architecture orientée performances maximales et haute disponibilité

Multiserveur

En environnement multiserveur, les requêtes sont d'abord traitées par le serveur de *load balancing*. Celui-ci les bascule vers le serveur reconnu comme étant le plus « apte » à traiter la requête. La communication entre les serveurs d'un *cluster* NAS est assurée par le protocole de communication optimisé (KCP) utilisant des interfaces *stream* (les données sont transférées sans attendre la fin d'exécution des requêtes).

Multithread

Le RMS (*Request Management System*) se charge de l'attribution des threads en fonction de paramètres modifiables depuis l'interface d'administration.

Caches distribués

Le développeur peut demander à NAS de conserver les résultats d'exécution des applogics. Il définit également des critères de conservation : temps de rafraîchissement, valeurs des paramètres fournis à l'applogic...

Ces résultats sont distribués, et donc disponibles pour l'ensemble des serveurs.

Load balancing

Le service de *load balancing* maintient en permanence une base d'informations sur l'activité et la disponibilité de chaque serveur et des services d'exécution. Chaque serveur diffuse régulièrement ses statistiques aux autres serveurs du *cluster*.

A l'aide de l'outil d'administration graphique, les responsables d'exploitation déterminent le partitionnement applicatif. Cette répartition est transparente pour les utilisateurs comme pour les développeurs d'applogics. Ces partitions sont ensuite réparties sur l'ensemble des serveurs du *cluster* NAS.

Certains serveurs peuvent être « spécialisés » afin d'y envoyer systématiquement certaines requêtes. Les motivations peuvent être l'optimisation de l'effet de cache, le serveur implémentant seul (ou mieux que les autres) des interfaces d'accès à d'autres produits ou sources de données.

Disponibilité

Tous les composants sont redondants. Une requête peut être traitée indifféremment par n'importe quel serveur disponible et disposant de l'applogic concerné.

Il n'existe aucun point de passage obligé entre le client et le serveur, *single point of failure* pour reprendre la terminologie usitée, et ce, à l'aide de serveurs en *hot backup*, de serveurs secondaires, et de contextes distribués.

La mise à jour de l'application peut se faire sans interruption de service :

- Mise à jour à la volée : le nouveau composant remplace progressivement l'ancien.
- Mise à jour par dégradation de service, en cas d'incompatibilité entre des versions : les anciens composants sont désactivés sur une partie des serveurs, et les nouveaux sont installés. Les anciennes versions sont ensuite désactivées là où elles sont encore disponibles, et les nouvelles sont activées là où elles viennent d'être déployées... Le *load balancing* se charge du reste.

Outil d'administration

La console d'administration offre de multiples fonctions de configuration et de surveillance :

Configuration

- Configuration des serveurs NAS, de leurs process et des serveurs Web frontaux.
- Marche-arrêt des groupes de serveurs ou des groupes de process.
- Configuration des serveurs d'états et de sessions qui auront à conserver toutes les informations de sessions applicatives et utilisateurs, de manière protégée et distribuée.

- Applications : déploiement d'application ou de modules, activation ou désactivation d'un module sur une machine, passage en mode local-distribué.
- *Load balancing* : définition des critères de répartition de charge, des périodes de rafraîchissement des statistiques et de *broadcast* avec les autres serveurs participant à la répartition.

Surveillance

- Surveillance en temps réel de l'activité du serveur.
- Positionnement des alertes et actions sur des événements définis.
- La journalisation s'effectue par fichiers, en rotation ou directement en base de données.
- Sécurité : définition des contrôles d'accès, des utilisateurs, groupes et profils par application, serveur ou module.

Développement

Netscape Application Builder (NAB) est l'environnement de développement et de test d'applications destinées à être déployées sur un serveur d'applications NAS. Il supporte le C++ ou Java (JDK 1.1) avec le même niveau de fonctionnalité.

Il s'intègre dans Visual Studio, Powersoft Tools, Symantec Visual Cafe, Sun Java Workshop, Wallop Build-It.

NAB utilise un modèle de développement, Client Independant Programming Model, qui isole les règles de gestion et les objets applicatifs de leur mode de présentation grâce à un moteur de génération de pages HTML fonctionnant à partir de modèles. Ce modèle permet à une application NAS de s'adresser à des clients HTML (navigateur), à des clients légers (application Java, C++...) ou à des applications externes.

Il comprend :

- un ensemble de classes Java/C++ pour le développement de programmes serveurs (NAS) et clients (OCL) ;
- des interfaces natives vers les bases de données Oracle, Informix, Sybase, MS SQLServer, DB2 et le support d'ODBC et JDBC ;
- une version développeur de NAS et un outil de déploiement pour tester les applications.

On y manipule trois types d'éléments :

- des requêtes de bases de données,
- des modules applicatifs (applogics),
- des modèles HTML.

Le Project Manager permet de grouper et gérer les composants de l'application. Il permet également de tester et de déployer localement ou sur un ou plusieurs serveurs NAS.

Le HTML Designer permet de construire les modèles HTML. Il génère les *tags* utiles au service de fusion de données, et fournit des assistants permettant d'associer les traitements aux pages.

Le Query Designer permet de construire graphiquement des requêtes, et de générer le code associé (inséré directement dans le source, ou sous forme de référence).

L'Applogic Designer est l'outil de développement des modules applicatifs (applogic). Il comporte de multiples assistants capables de générer les codes nécessaires à l'accès base de données, au maintien de session, aux interfaces de gestion des modèles HTML...

Extensions

Plusieurs extensions NAS sont disponibles ; elles permettent l'accès aux API externes sous forme de fonctionnalités au standard NAB.

Ces extensions jouent donc un rôle d'encapsulation du service externe et utilisent la solution la plus performante possible du produit externe. Par exemple, pour SAP, l'interface Web, bien que décrétée officielle, a été abandonnée au profit d'une autre API pour des raisons de performances.

Extension pour CICS/IMS

L'extension pour CICS permet d'intégrer des appels à des transactions CICS ou IMS à partir de l'environnement standard de développement NAS, en Java ou C++. Un outil génère automatiquement les clients Java ou C++ à partir des programmes COBOL. La connexion avec les systèmes hôtes se fait directement en LU6.2 ou TCP/IP et ne nécessite pas d'installation de logiciel supplémentaire.

Extension pour Tuxedo

L'extension pour Tuxedo s'appuie sur l'environnement client de /WS. L'ensemble des appels ATMI sont supportés et permettent l'appel de services Tuxedo locaux ou distants.

Extension pour MQSeries d'IBM

L'extension pour MQSeries encapsule le client MQSeries sans nécessiter l'installation d'un serveur MQSeries sur la machine supportant l'extension. Toutes les fonctions du client sont supportées. L'extension permet aux développeurs NAS d'envoyer des messages applicatifs synchrones ou asynchrones, avec garantie de transmission, en utilisant la technologie de *message queuing* (MQI).

L'Extension Builder autorise le développement de nouvelles extensions s'intégrant parfaitement à NAB (encapsulation d'API).

Un outil graphique, également disponible, permet de générer les interfaces (IDL) et les hiérarchies, ainsi que le *makefile* chargé de compiler le code.

Références et évaluation

La meilleure référence NAS est probablement E*Trade (Palo Alto, Californie , Etats-Unis) : 500 000 utilisateurs (plus de mille nouveaux abonnés par jour), un million de visiteurs par jour.

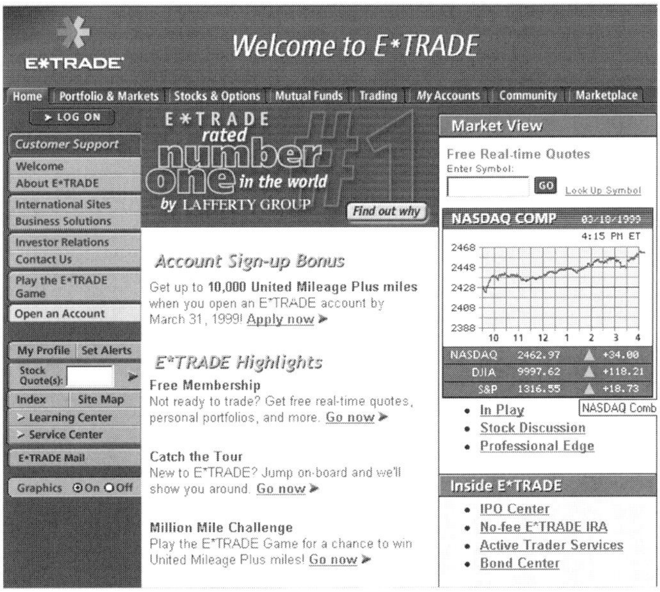

Figure 12-3.
*Le site E*Trade, gestion de portefeuilles boursiers, suivi des cours en temps réel.*
SGBDR *Sybase ;*
extension utilisée :
Tuxedo.

Citons également Axa SUNLIFE, un service de transaction d'assurances. Cette société est devenue en quelques mois leader au Royaume-Uni (Extension utilisée : CICS).

Le Tableau 12-1 présente de façon synthétique les principaux avantages et inconvénients de NAS. NAS se distingue de ses concurrents par son aptitude à supporter de très grosses montées en charge. L'argument *think big* est clairement mis en avant par Netscape. Son positionnement par rapport au serveur NetDynamics de Sun repose sur cette caractéristique, ainsi que sur la forte intégration des autres solutions de Netscape (annuaire, serveur Web...). L'alliance Sun-Netscape-AOL apparaît comme la seule alternative en mesure de concurrencer les autres grands éditeurs.

Les annonces consécutives à la fusion des deux entreprises confortent cette analyse. La technologie issue de NAS a été retenue pour constituer le socle du nouveau serveur d'applications de Sun/Netscape (sortie début 2000).

Figure 12-4.
Evaluation de Netscape Application Server.

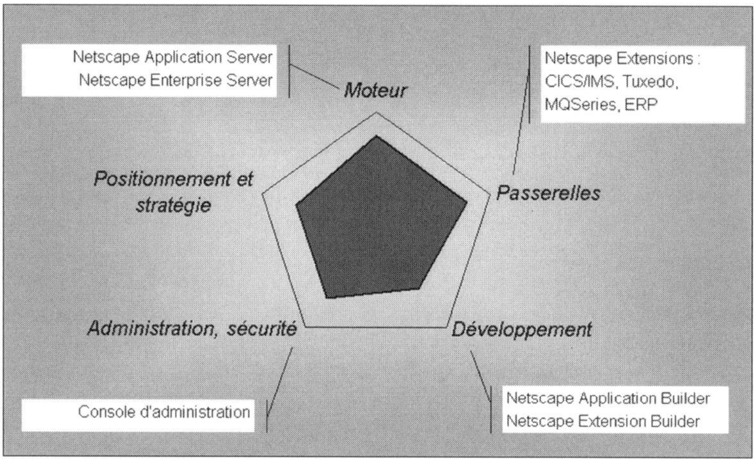

Tableau 12-1. Avantages et inconvénients de NAS

Avantages	Inconvénients
Aptitude à supporter une montée en charge importante. Effort significatif porté sur les extensions pour permettre la réutilisation de systèmes existants, sans altération de performance ni de robustesse.	Développement peu intégré et virage important à prévoir car les outils vont changer entre *applogic* et *Java Server Pages*.
Développements réalisables indifféremment en Java ou C++.	Support des EJB non encore disponible, mais support réel de services identiques : gestion déclarative du transactionnel et de la sécurité, du load-balancing, etc.
Socle de l'offre globale de commerce électronique, la gamme Xpert.	Que restera-t-il de NAS dans iPlanet, la nouvelle gamme de l'alliance ?

Chapitre 13

Oracle Application Server

En juin 1997, Oracle édite la première version de Web Application Server. Cette version 3.0, dont le développement est indépendant des équipes Oracle 8, prend position sur le marché du Web dynamique. Deux caractéristiques principales le distinguent des offres concurrentes. Tout d'abord, il laisse le choix du langage pour la création de pages HTML dynamiques. Ensuite, il présente une réelle intégration au SGBDR Oracle grâce à la technologie des cartouches (PL/SQL, Java, C, Perl).

Le succès n'est cependant pas au rendez-vous, alors que Netscape et Microsoft (voire Apache) suscitent un engouement impressionnant sur le même créneau.

Le successeur de WAS 3.0 sera donc plus ambitieux. Il se positionnera sur le marché émergent des serveurs d'applications sous le nom d'Oracle Application Server 4.0 (OAS).

Caractéristiques techniques

OAS est un serveur d'applications, c'est-à-dire qu'il supporte une architecture multiniveau à base de composants. La technologie des cartouches a été reconduite ici pour offrir le choix des langages.

Comme illustré sur le schéma suivant, le moteur supporte donc :

- les composants Corba écrits en Java (cartouche JCorba) et EJB 1.0 (cartouche EJB) ;
- les composants Perl (cartouche Perl) ;
- les composants PL/SQL (cartouche PL/SQL) ;
- les composants natifs écrits en C.

La cartouche JCorba et la cartouche EJB sont en fait très proches. JCorba implémente déjà un certain nombre de services EJB. La première mouture des EJB a été livrée avec la version 4.0.8 de l'Application Server (la version de production date de juin 99). Il est à noter que JCorba est indépendant du langage, on peut invoquer un composant JCorba depuis une application C++ par exemple, alors qu'EJB est uniquement destiné au monde Java. A terme, les deux technologies pourraient donc cohabiter.

Figure 13-1.
Oracle Application Server.

Toutes ces technologies bénéficient d'une connectivité optimisée vers le SGBDR Oracle. Le transactionnel est assuré au travers du support de XA. OAS est un Transaction Manager, mais seul Oracle est actuellement supporté comme Resource Manager.

Pour le développement d'applications utilisant ces composants, deux solutions existent, selon la complexité de l'interface homme-machine à réaliser et le public visé, respectivement Internet et intranet :

Client léger HTML : pages HTML dynamiques (Server Side Scripting) au travers soit :

- de la cartouche JWeb[1], qui permet d'invoquer des composants Java à partir de tags interprétés par le serveur ;
- de la cartouche LiveHTML et l'utilisation de scripts Perl, C classiques ;
- de la cartouche PL/SQL : un ensemble de fonctions et procédures PL permettent de manipuler et de générer du HTML.

On constate que le choix du serveur Web est neutre (Oracle, Netscape ou Microsoft, mais aussi Apache).

Client léger Java : application Java dialoguant en IIOP avec le serveur (la technologie ORB utilisée est celle de VisiBroker).

Oracle Application Server est livré en version 4.0.8. Le développement du serveur est réalisé sur plates-formes NT et Solaris. Un portage vers les autres systèmes Unix est annoncé.

Développement

Le développement d'applications OAS est facilité par l'utilisation de l'AGL Oracle JDeveloper2 (à ne pas confondre avec Developer tout court).

[1] JWeb évoluera vers le standard Java Server Page (JSP) de Sun dont la spécification finale est en cours d'élaboration.

Stratégie quelque peu surprenante, JDeveloper est issu du rachat du code source de JBuilder 2 (Inprise) qui a été adapté. Les deux produits divergent définitivement.

L'outil permet néanmoins de simplifier le développement de composants JCorba ou de pages JWeb. Par exemple, pour créer un composant Corba dans JDeveloper, il suffit d'étendre les classes oas.jco; aucun code supplémentaire, visible ou à écrire, n'est nécessaire pour préparer un package directement utilisable par OAS.

En revanche, il est toujours difficile de lier de manière simple la présentation Java/IIOP aux composants, comme c'est le cas dans les outils client-serveur classiques : liste de valeurs associés à un champ, appel de méthode sur déclenchement d'un *trigger* de l'interface homme-machine, etc. Des évolutions dans ce sens apparaîtront dans JDeveloper3, qui inclura également le support des EJB.

En ce qui concerne les applications Web, le développement sera également amélioré par le support des JSP et la programmation par modèle XSL. XSL permet de décrire de manière indépendante le rendu et la dynamique HTML d'une donnée sous XML. Ce concept permet de séparer plus nettement la présentation des traitements, et également de faire du *binding* XML côté client.

Enfin, OAS gère le transactionnel en XA vers une base Oracle dans les environnements Java et PL/SQL, et ce de manière programmatique (dans le code) ou déclarative (dans l'interface d'administration ou dans la description externe des composants). Comme dans les autres serveurs de composants, la granularité est le composant. Donc, si l'on ne sépare pas les accès en lecture des accès en écriture lors de la conception, les appels de type *monComposant.rechercherParNom*() déclencheront systématiquement une transaction... D'où un impact sur les performances.

Concernant le support d'autres SGBDR, il est nécessaire de passer par le SGBDR Oracle pour atteindre un autre système : on utilise les passerelles existantes (Oracle Open Gateways) vers Sybase, DB2, Informix, etc. Cette contrainte disparaîtra lorsque ces éditeurs livreront leurs propres *drivers* JTS.

De même pour s'interfacer avec le reste du système d'information, la règle est d'utiliser ces passerelles : MQSeries, CICS, ERP, etc.

Administration et exploitation

Depuis les versions initiales, OAS supporte une gestion applicative du *clustering* pour assurer à la fois la robustesse et l'équilibrage de charge. Ces fonctionnalités sont présentes en standard dans l'offre et ne nécessitent aucun codage particulier. Les composants sont simplement déployés à plusieurs endroits.

Un outil d'administration Web permet la gestion des composants (déploiement, activation, suppression, etc.), et leur surveillance. Une MIB

SNMP est disponible pour s'interfacer avec les outils d'administration du marché.

A terme, cet outil sera intégré à Enterprise Manager, la console très complète d'administration et d'exploitation d'Oracle 7 et 8.

L'architecture suivra alors le principe Manager-Agent, à l'instar des principaux frameworks d'administration du marché (Tivoli, TNG, etc.). Cette application utilise elle-même l'architecture OAS :

Figure 13-2.
Administration d'Oracle Application Server.

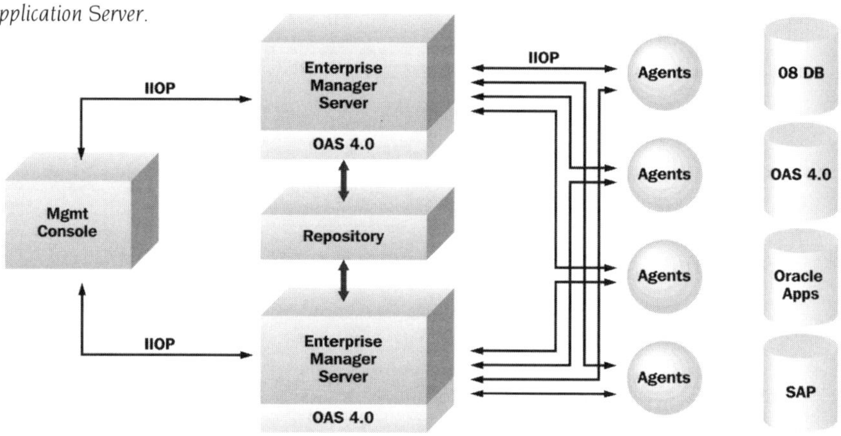

L'idée est ambitieuse. En effet, outre la gamme d'agents Oracle insérables à terme dans cette architecture (DB, OAS, Forms, Express, etc.), Oracle souhaite que d'autres éditeurs développent des agents EM pour leurs produits (ici SAP).

Aujourd'hui la seule brique existante de cette architecture est l'agent d'instrumentation Dynamic Monitoring Service (DMS), utilisé en interne pour le *load balancing*, mais qui peut servir des besoins d'exploitation ou de *benchmark*.

Sécurité

OAS s'interface avec un annuaire LDAP (Netscape). Il est ainsi possible d'utiliser l'annuaire pour réaliser des tâches d'authentification et de contrôle d'accès, de manière déclarative ou programmatique.

Par ailleurs, notons le support de SSL sous HTTP et IIOP, garantissant un niveau de sécurité supplémentaire entre client et serveur : authentification forte, intégrité et confidentialité. Le serveur est capable d'utiliser des certificats X.509, stockés ensuite dans l'annuaire, pour les utilisateurs. Un outil de gestion de ces certificats est fourni (Wallet Manager).

Positionnement et stratégie

Malgré les qualités de son moteur, Oracle souffre d'un positionnement flou entre OAS et Oracle8i. En effet, les deux assureront le support des EJB et d'IIOP... Oracle annonce par ailleurs une future interopérabilité au niveau Corba et EJB entre les deux produits.

Aujourd'hui, OAS est la plate-forme indiquée pour les applications Internet (serveur en DMZ et données à l'intérieur du SI, support de pages Web dynamiques), et 8i la plate-forme intranet... Mais il est permis de douter d'une telle segmentation à moyen terme.

JDeveloper est un axe stratégique pour les développements objet. Il ne s'appuiera pas sur **ObjectType**[1] d'Oracle8 mais générera lui-même le code SQL de persistance[2]... Developper/6 évoluera quant à lui (avec le support d'ObjectType par exemple), mais demeurera un outil dans la continuité de Forms 4.5, c'est-à-dire orienté données. Designer supportera l'UML.

Enfin, Oracle se positionne également sur la technologie XML en offrant un *parser* côté serveur. XML est vu comme une brique d'interopérabilité pour les échanges inter-applicatifs, c'est-à-dire qu'un objet doit pouvoir être représenté en XML pour être utilisé par d'autres applications. XML sera également utilisé comme outil de description, notamment dans le Repository des composants (MetaData).

1 ObjectType est une option d'Oracle8 permettant de stocker simplement des objets non-hérités dans la base relationnelle.

2 Aspect primordial, puisqu'il conditionne également le futur support de la persistance des Entity Beans par le moteur lui-même (*container-based persistence*), c'est-à-dire un mécanisme de mapping objet/relationnel permettant de faire persister des composants de manière transparente. Ce support ne sera assuré que lorsque la technologie aura suffisamment mûri (ObjectType est finalement dans sa version 1.0...).

Références et évaluation

Quelques références françaises en production :

- Lafarge : extranet avec 200 points de vente pour la commande de peintures en temps réel.

Technologies employées : HTML, cartouche PL/SQL

- Hoescht-Marion-Roussel : consultation de catalogue et achats.

Technologies employées : HTML, cartouche PL/SQL, Java et C.

- Debitel : extranet avec 200 points de vente, souscription d'abonnements GSM.

Technologies employées : HTML, cartouche PL/SQL, interfaces avec d'autres systèmes existants.

Le tableau 13-1 répertorie les principaux avantages et inconvénients de Oracle Application Server.

Figure 13-3.
Evaluation d'Oracle Application Server.

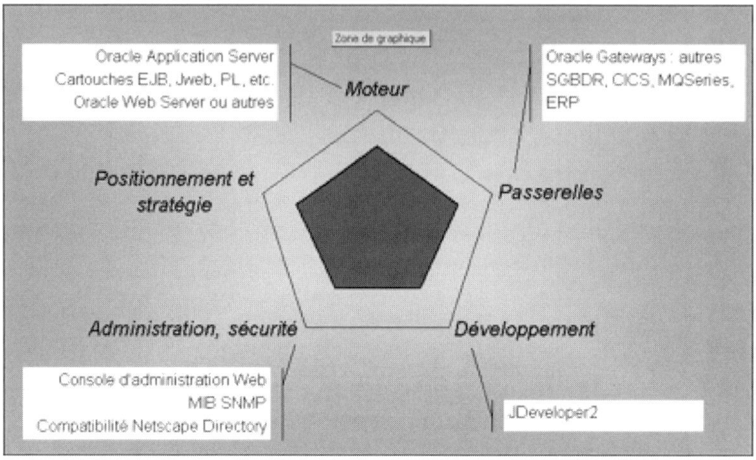

Tableau 13-1. Avantages et inconvénients de Oracle Application Server

Avantages	Inconvénients
Capacité à offrir une solution intégrée entre les deuxième et troisième niveaux, y compris en termes d'outils de développement, d'administration et de sécurité.	Deux technologies de serveur d'applications évoluent parallèlement : OAS et 8i. Par ailleurs, la solution d'administration reste à créer et les possibilités d'ouverture vers les systèmes externes nécessitent la mise en œuvre supplémentaire d'Oracle Gateways.
Java et les technologies client léger apparaissent clairement comme un axe stratégique pour Oracle : OAS, 8i, Oracle Applications, Forms Server, Express, Internet Commerce Server… Toute la gamme des produits migre, ou a déjà migré, vers cette architecture.	L'outil de développement JDeveloper2 vient d'être intégré à l'offre, il gagnerait à être mieux intégré au moteur (déboguage, modèles, EJB, etc.).

Les perspectives de l'offre Oracle nous semblent néanmoins très bonnes, aussi bien sur le terrain de l'Internet que sur celui de l'Intranet. Avec les premières adoptions d'Oracle 8i, le positionnement des offres devrait se clarifier, sécurisant le choix d'Oracle…

Sans conteste, les briques technologiques présentées ici placent Oracle sur le marché des Application Service Provider (ASP), pour l'hébergement complet d'applications stratégiques (ERP, offres verticales, etc.). Selon toute probabilité, c'est cette offre orienté métier qui « tirera » la technologie plutôt que l'inverse.

Chapitre 14

Sun NetDynamics

En rachetant NetDynamics et sa plate-forme de serveurs d'applications (NetDynamics 4.0) en juillet 1998, Sun entend compléter sa gamme d'outils serveurs qui, hormis les outils dédiés à l'administration de Solaris, ne contient que la brique de base Java Development Kit.

A travers cette acquisition, Sun veut faire passer Java d'un centre de coût dédié au marketing de son image, à un centre de profit se fondant sur la vente de logiciels d'infrastructure.

Caractéristiques techniques

L'offre App Server de NetDynamics, en version 5 aujourd'hui, est constituée de :

- NetDynamics Application Server, le runtime contrôlant l'exécution des composants applicatifs et fournissant des services techniques ;
- NetDynamics Platform Adapter Components (PAC), des connecteurs extensibles permettant d'intégrer des applications existantes ;
- NetDynamics Command Center, l'outil d'administration associé ;
- NetDynamics Studio ; l'outil de développement intégré pour développer et déboguer des applications tournant sous NetDynamics Application Server.

NetDynamics Application Server est un serveur d'applications multithreads écrit en Java et fondé sur Corba (il utilise l'ORB d'Inprise, Visibroker for Java). Disponible sous NT et les principaux Unix, il fournit en standard un modèle de composants applicatifs compatibles EJB (depuis la version 5), ainsi que des services techniques de haut niveau. Les composants applications peuvent être écrits en Java ou en C++.

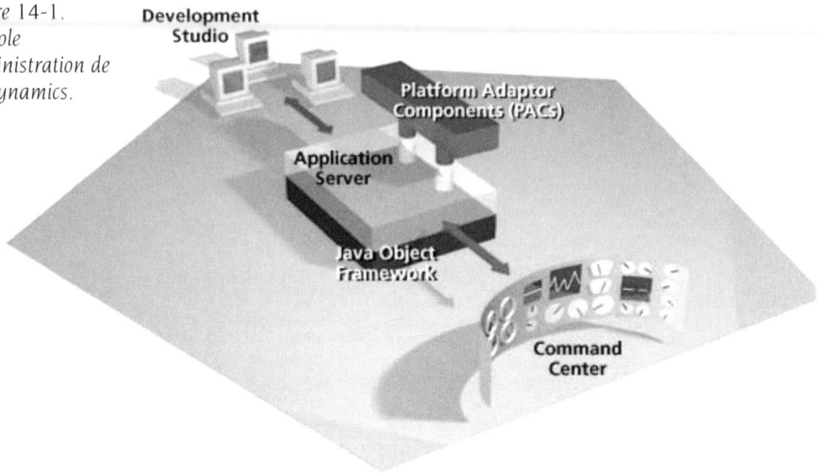

Figure 14-1. Console Administration de Netdynamics.

Le modèle de composants

NetDynamics incluait, au départ, un ensemble d'objets techniques propriétaires destinés à simplifier la tâche du développeur : gestion de session, du cycle de vie, des transactions, etc. Ces objets ont été adaptés et intégrés dans la version 5 pour en faire un serveur offrant un premier niveau de compatibilité avec les EJB.

Répartition de charges

La répartition de charge est prise en compte par le Service Locator. Le rôle de ce composant est de déterminer le service, et les composants les moins chargés. Si aucun composant n'est disponible, la requête est stockée dans la file d'attente du composant Service Locator.

Sécurité

La sécurité est implémentée au niveau des services applicatifs. L'accès en est sécurisé par la gestion d'utilisateurs ou de groupes d'utilisateurs à l'aide de trois fonctions distinctes : l'authentification (vérification de l'identité d'un utilisateur), l'autorisation (détermination du niveau d'accès par la gestion d'ACL) et le cryptage de la connexion (codage des paquets HTTP par SSL). Chaque utilisateur est validé au cours d'une session par une clé (Client Ticket).

Connexion aux bases de données

Relational Database Service constitue le point d'entrée indispensable à la connexion aux bases de données. Ce service offre des connectivités natives pour l'ensemble des SGBD du marché. A l'heure actuelle, il n'utilise pas JDBC.

Certains PAC, les Query PAC, permettent d'accéder à des moteurs OLAP ou à des bases objets au travers de langages de requêtes structurés.

Connexion à l'existant

Un kit de développement est fourni pour créer d'autres PAC vers des systèmes non couverts en standard. Les connecteurs ainsi développés bénéficient automatiquement des fonctions de *load balancing*, de *failover* et de sécurité fournies par le serveur d'applications.

De nombreux PAC, développés par des partenaires, existent pour les ERP : SAP R/3, PeopleSoft et des middleware : MQSeries, IMS, CICS, Tuxedo, etc.

Le PAC s'intègre bien à l'environnement de développement, notamment grâce à l'utilisation de l'introspection et éventuellement d'un référentiel. Le développeur pourra graphiquement utiliser un PAC, sélectionner la méthode qu'il souhaite invoquer (par exemple, une API SAP) ainsi que ses paramètres.

Développement

NetDynamics livre les outils de développement avec sa plate-forme dans le but de faciliter au maximum l'intégration de son offre.

NetDynamics Studio est un atelier de développement Java complet. Il gère à la fois le développement des composants applicatifs en Java et des applications clientes en Java et en HTML.

Un débogueur est intégré à la plate-forme de développement pour tracer les applications Java locales et distantes. Le débogage des applications distantes autorise le développeur à attacher une machine virtuelle Java située aussi bien du côté client que du côté serveur, voire en dehors du système.

NetDynamics Studio est compatible avec la plupart des outils de développement et de gestion de projets en groupe, comme Clearcase, PVCS, et Visual Source Safe.

Administration

NetDynamics fournit une console d'administration de composants constituée d'une applet Java, ce qui autorise une administration en temps réel, locale ou distante des serveurs d'applications.

NetDynamics Command Center permet de gérer plusieurs configurations systèmes sur des serveurs différents, de dupliquer ou de déplacer des composants d'une machine vers une autre. Il permet de dupliquer facilement un composant critique, d'un serveur vers un autre ou au sein d'un même serveur, les clients accédant alors au composant critique sont automatiquement dirigés vers sa copie ou vers lui-même, si celui-ci a été relancé.

Stratégie de l'éditeur

Sun n'a pas d'autre choix que de faire évoluer son produit vers les standards qu'ils promeut, notamment EJB1.1, JDBC, JTS, Java Server Pages (JSP) et servlets.

Le successeur de NetDynamics supportera donc ces standards dans ses prochaines versions.

NetDynamics Application Server, aujourd'hui positionné comme serveur d'intégration de systèmes existants, se veut une réelle plate-forme pour les nouvelles applications Web de l'entreprise.

Les accords passés entre Netscape et Sun laissent penser qu'une plateforme est de trop, Netscape Application Server et NetDynamics étant concurrents. Aux dernières nouvelles, le successeur unique des deux serveurs, iPlanet, serait constitué du moteur de Netscape et des outils de Sun, y compris les PAC.

A suivre donc, à l'horizon 2000...

Evaluation

Le point fort de l'offre NetDynamics est indéniablement sa robustesse : le grand nombre de ses clients en témoigne,signe de la maturité du produit.

Un autre point fort est l'abondance de connecteurs PAC qui facilitent l'intégration avec des systèmes existants.

Cependant, outre le recouvrement de l'offre avec celle de Netscape, on notera quelques faiblesses techniques :

- Le support du transactionnel n'existe pas : il n'y a pas d'implémentation d'OTM pour garantir un accès transactionnel à des Resource Manager.
- Le support du modèle de composant EJB et des conteneurs EJB n'est que partiel.

L'alliance Sun-Netscape-AOL tente de contrer l'offensive de Microsoft sur le marché de l'Internet. A vouloir maîtriser un pan entier du marché, depuis la fourniture de matériel jusqu'à la desserte de millions

Figure 14–2.
Evaluation de l'offre NetD*ynamics.*

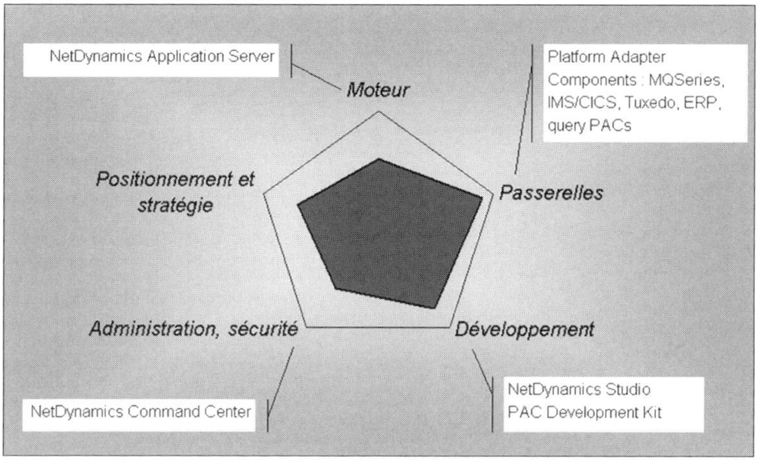

d'abonnés, en passant par les logiciels clients et serveurs, les trois compères se positionnent sur la fourniture de contenu à forte valeur ajoutée.

Ces services existent aujourd'hui sous la forme de portails. Ils ont déjà révolutionné notre manière de recevoir de l'information, de l'extérieur comme à l'intérieur des entreprises.

Peut-on vraiment affirmer que les nouvelles générations de ces portails seront fondés sur des technologies Sun/Netscape/AOL ? Tout dépendra du processus de fusion des équipes, et donc de la qualité du produit unique qu'elles sont censées élaborer.

Chapitre 15

Sybase Enterprise Application Server (ex-Jaguar)

Sybase est connu sur le marché pour son SGBDR et ses outils de développement qui génèrent l'essentiel de ses revenus. En revanche, son offre middleware est moins connue. Fondée autour d'un serveur générique de traitement de requêtes, Open Server, la nouvelle gamme de Sybase se propose, à partir de ce moteur, d'offrir un serveur de composants ouvert aux normes du marché.

La première mouture de Jaguar CTS est sortie en 1997. La version 3.0, dernière en date, a été baptisée Enterprise Application Server (EAS).

Caractéristiques techniques

EAS a donc été développé au-dessus de l'Open Server, produit robuste et performant, utilisé dans de nombreuses salles de marché, mais offrant des interfaces un peu frustes (API C).

L'idée consistait à « enrober » ce middleware maison pour qu'il supporte des normes de composants. Aujourd'hui, trois modèles sont pris en charge :

- PowerBuilder (NVO : *Non Visual Object*) ;
- Enterprise JavaBean (version 0.4) ;
- COM, sur NT uniquement.

En couche basse, le serveur supporte des accès propriétaires TDS grâce à l'Open Server, mais aussi HTTP et IIOP par l'utilisation du moteur Visibroker.

Développement

Sybase a choisi... de ne pas choisir : l'offre permet de développer des composants PowerBuilder dans la version 7 de l'outil, des EJB dans PowerJ 3.0 et des composants COM en Visual Basic, par exemple.

En revanche, l'offre dispose d'une large couverture, de la conception à la mise en production :

- PowerAMC 7, l'ex atelier Merise, permet désormais de concevoir en UML.
- PowerBuilder offre les possibilités connues du L4G pour le développement de composants NVO.
- PowerJ permet de créer des composants EJB dans une approche plus orientée L3G, bien que des outils de type DataWindow, issus de PowerBuilder, se retrouvent dans l'AGL.

En progrès, l'offre affiche une bonne intégration avec les outils de développement. A partir de PowerBuilder, par exemple, il est possible de récupérer dynamiquement la définition de composants installés sur un serveur, puis de générer automatiquement des proxies, que l'on pourra ensuite intégrer à son application au travers d'une programmation PBScript simple : createObject() et obj.method(). Le lien IHM-composant enfin à portée de souris !

De plus, la puissance de **DataWindow**[1] est exploitable au travers des technologies composants. Ce point mérite d'être souligné, car les outils disponibles présentent des lacunes quant à leur capacité de lier une interface homme-machine à des composants. Ici, on crée un composant métier implémentant la notion de DataStore. Ce composant métier, s'exécutant sur le serveur, alimentera une DataWindow PowerBuilder en HTTP ou en IIOP.

1 DataWindow est un composant de haut niveau qui permet dans PowerBuidler de développer des fenêtres de tout type (fiche, maître-détail, graphiques, etc liées aux données d'un SGBDR, et ici à des composants.

Les DataWindows développées avec PowerBuilder peuvent être transformées en pages HTML et JavaScript au moyen du moteur PowerDynamo (extension DLL ISAPI ou NSAPI). La génération peut être compatible tous navigateurs (utilisation en Internet) ou utiliser les spécificités incompatibles des browsers dans le cas d'une utilisation Intranet : feuille de style, etc.

Bien entendu, qui dit génération de code dit limitation des possibilités : toutes les applications Web ne s'inscrivent pas forcément dans le cadre d'une DataWindow... Il est donc possible de développer directement des pages HTML dynamiques en JavaScript avec PowerDynamo. Un peu à l'image des ASP de Microsoft, le lien entre ces pages et le serveur d'applications se fait en recourant à des verbes simples comme createObject() et createComponent().

PowerJ supporte également cette notion de DataWindow étendue, que l'on pourrait renommer ObjectWindow en raison de sa capacité à présenter des objets, mais ne sera, quant à lui, complètement intégré qu'avec la version 3.5 du serveur et le support des EJB. En attendant, on utilise un proxy Java pour invoquer les composants PB implémentant la DataWindow.

La version 3.5, prévue pour la fin 99, devrait inclure le support de la norme EJB 1.0, avec notamment un moteur de persistance sur du relationnel et le support par Jaguar du transactionnel via JTS. Sont également prévus des connecteurs vers MQSeries d'IBM, Tibco et Tuxedo. Un connecteur se présentera sous la forme d'un composant dans Jaguar. De même, SAP et People-Soft exposeront leur API respectives sous forme de composants.

Dans le cas d'une architecture Web, le moteur d'impression peut être déporté sur le serveur de composant, celui-ci étant capable de générer du PDF (Adobe) et de l'envoyer au navigateur. Cette solution permet de réaliser des impressions de qualité, impossibles en HTML, tout en conservant un client léger, l'Acrobat Reader étant devenu un composant standard du poste de travail.

L'intégration de l'existant et le transactionnel

L'intégration avec l'existant IBM est possible au travers de la gamme existante d'outils Enterprise Connect, qui encapsule les transactions sur mainframe dans des traitements OpenServer (via TDS donc). Ces composants techniques sont directement utilisables depuis l'environnement EAS.

De même, d'autres types de connecteurs, comme les Application Integrator for Stored Procedure permettent de se connecter à différentes bases de données. Ces connecteurs devront être remplacés par des versions supportant les standards respectifs des modèles EJB et COM : JDBC et ADO.

Le transactionnel n'est actuellement disponible que sur plate-forme NT, *via* le *Distributed Transaction Coordinator* de Microsoft (MSDTC).

La version 3.5, prévue pour la fin 99, devrait inclure le support de la norme EJB 1.0, avec notamment un moteur de persistance sur du relationnel, et le support par Jaguar du transactionnel via JTS. Seront également prévus des connecteurs vers MQSeries d'IBM, Tibco et Tuxedo. Un connecteur se présentera sous la forme d'un composant dans Jaguar. De même, SAP et PeopleSoft exposeront leurs API respectives sous forme de composants.

Sybase se lance également dans l'intégration de ces ERP, et plus généralement de l'Enterprise Application Integration (EAI), au travers d'une nouvelle offre Enterprise Event Broker dont on ne connaît que les contours.

La version 4.0, prévue quant à elle début 2000 sera dotée d'un référentiel des objets, qu'ils soient en conception, en développement ou en production. Ce référentiel, dont la technologie est licenciée chez Unisys (UREP) laisse espérer l'arrivée d'un référentiel unique couvrant toutes les étapes du cycle de vie d'une application. Seul PowerAMC dans sa plus récente version est aujourd'hui intégré à ce référentiel.

Administration et exploitation

L'administration du serveur est assurée par une console graphique (Jaguar Manager), d'où l'on peut déployer des paquets de composants et surveiller leur utilisation. Il est possible de configurer un cluster de serveurs, ceux-ci pouvant synchroniser leurs composants installés à partir d'un serveur « maître ». La totalité des lots installés sur un serveur peuvent s'exporter ou s'importer, ce qui est particulièrement intéressant pour passer d'une plate-forme de développement à une plate-forme de production.

Des API sont disponibles pour l'intégration de fonctions plus évoluées comme la gestion de statistiques ou l'intégration dans un framework d'administration global.

Sécurité

Comme mentionné dans la présentation globale, le serveur supporte trois types de protocoles : HTTP, IIOP et TDS.

Pour les deux premiers uniquement, il sera possible d'utiliser SSL comme transport, c'est-à-dire de bénéficier de services d'authentification du serveur, puis d'intégrité et de confidentialité du trafic.

La gestion des certificats serveur se fait au travers de la console d'administration.

L'authentification des utilisateurs peut utiliser le référentiel Jaguar ou celui du système sur lequel il tourne :

- l'annuaire NT sur Windows NT ;
- l'authentification Unix (NIS, /etc/password, etc.) sur Unix.

Le contrôle d'accès déclaratif est identique à celui proposé par d'autres serveurs, à savoir la possibilité d'affecter des droits par composant. La granularité, plus fine au niveau de la méthode, devrait être disponible avec le support des EJB, qui le requièrent.

Notons enfin que la console d'EAS est intégrée aux autres outils d'administration de Sybase : Sybase central.

Positionnement et stratégie

Le positionnement de Sybase s'apparente à celui de Iona puisqu'un des objectifs affichés est le support de plusieurs normes de composants : EJB, COM, NVO. La concurrence s'en tient généralement au support d'un seul modèle de composant, avec, en option, des passerelles vers les autres.

Bien que le périmètre de l'offre ne soit pas clairement fixé, on y retrouve des velléités de positionnement sur le marché émergent des Messages Brokers.

Evaluation

Le tableau 15-1 répertorie les principaux avantages et inconvénients de Sybase Enterprise Application Server.

Figure 15-1.
Evaluation de Sybase Enterprise Application Server
(en italique, les produits à venir).

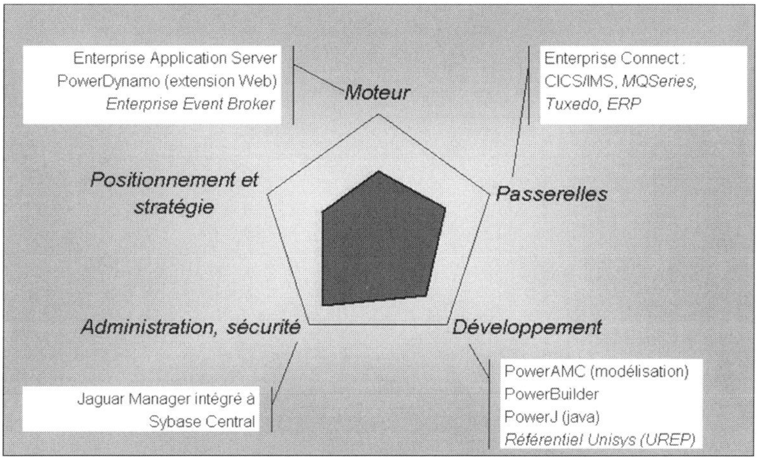

Tableau 10-1. Avantages et inconvénients de Sybase Enterprise Application Server.

Avantages	Inconvénients
Intégration dans le monde PowerBuilder, puis sur toute la chaîne, avec notamment le support de DataWindow et le référentiel, à venir, d'Unisys.	Support multicomposant. Le support d'une seule technologie nécessite la mobilisation d'une puissante équipe. Sybase sera-t-il en mesure d'offrir une dynamique identique autour de trois modèles de composants ?
Support d'une solution complète de sécurité.	Le support du transactionnel et des connecteurs aux bases de données ou aux autres sources (MQSeries, Tuxedo, etc.) reste à élaborer dans les environnements des différents modèles de composants supportés (COM et EJB).

Chapitre 16

Autres acteurs

Outre les produits phares, plusieurs offres d'éditeurs moins connus se distinguent par leur grande qualité :

PowerTier for Enterprise JavaBean de Persistance Software, Secant Extreme Server et Gemstone/J 3.0 de Gemstone.

Ces produits ont une longueur d'avance sur ceux des grands éditeurs. PowerTier, par exemple, est un serveur EJB complet, supportant ce qu'aucun autre éditeur ne propose encore aujourd'hui :

- EJB 1.0 ;
- persistance *container managed*, c'est-à-dire automatique, sans code de persistance SQL à écrire, et avec une intégration réelle à l'outil de conception Rational Rose;
- cache d'objets[1] ;
- gestion déclarative du transactionnel jusqu'au niveau de la méthode.

Leurs faiblesses ? Partis en avance, comme le lièvre de la célèbre fable, ils sont déjà en mesure de proposer des solutions très performantes pour de nouvelles applications orientées SGBDR. Il leur sera sans doute difficile de tenir la distance sans se faire rattraper par les sauriens Oracle, BEA, MS... notamment sur les aspects partenariats et intégration de l'offre : intégration des legacy (ponts MOM, CICS, legacy), outils de développement, outils d'administration, etc.

Il n'est donc pas impossible de retrouver une partie de ces technologies... intégrées dans certaines des offres majeures.

Enfin, signalons que Computer Associates, un des premiers éditeurs mondiaux, fourbit ses armes avec son projet Jasmine TND. Ce serveur d'applications, complété de la base objet Jasmine, présente un nouveau concept, le « méta référentiel » de données et de flux. Le développeur n'utilise plus directement les sources de données finales, mais le référentiel. Cela permet, par exemple, de « voir » de la même manière des données en provenance de CICS, Oracle ou XML. A suivre...

1 Ces deux points se fondent sur une technologie Object/Relational Mapping & Caching qui évolue depuis 1993.

Chapitre 17

Conclusions

Dans un contexte de compétition accrue, le choix des technologies pour le développement d'applications est stratégique. Il s'agit de parier sans se tromper sur l'avenir de la solution retenue. Mais il faut surtout se jeter à l'eau.

Quoi qu'il arrive, les applications de demain reposeront sur deux standards, COM ou EJB. Alors, Coca ou Pepsi ? Le parallèle est tentant. En effet, pour les consommateurs occasionnels, il s'agit là de deux colas parfaitement identiques. Pour les *aficionados*, pas question d'en changer, même si leur préférence repose sur des critères irrationnels (mode, marketing...).

Aujourd'hui, force est de constater que la disponibilité des technologies COM est en avance sur celle des EJB. Ce retard va se combler rapidement, tant les concurrents de Microsoft mettent les bouchées doubles pour implémenter la norme EJB. L'interrogation porte sur l'interopérabilité ou la compatibilité de ces EJB au sein de différents serveurs d'applications, voire de systèmes d'exploitation différents. L'informatique n'en serait pas à son premier leurre en matière de standards. COM ou EJB, la « tuyauterie » sera bientôt partie intégrante de l'OS. La normalisation de demain devra prendre de la hauteur et porter sur un framework d'objets métiers qui sera - il faut l'espérer - indépendant de ces standards.

Microsoft, dont la suprématie fait peur au marché, n'a pas d'autre choix que d'être le meilleur pour imposer ses technologies. Il a fixé les règles du jeu : sortir, à un rythme insensé, des produits perfectibles, aussitôt suivis de Service Packs corrigeant d'inévitables défauts. Même IBM se plie à cette loi, sortant des versions successives de WebSphere n'offrant pas le niveau de stabilité auquel Big Blue nous avait habitué.

Parallèlement, certains éditeurs devront clarifier le recouvrement de leur offre (BEA avec M3 et WebLogic, Oracle avec OAS et 8i, SUN et Netscape).

S'imposeront les serveurs d'applications qui permettront aussi bien de développer de petites applications répondant à un besoin urgent que de refondre le système d'information. Et ce, avec une gestion transparente de la performance, de la scalabilité et de la complexité. Ces serveurs seront intégrés avec un environnement de développement et d'administration performant.

Au final, les architectures à trois niveaux permettent (et permettront de mieux en mieux) une encapsulation des accès aux systèmes hétérogènes constitutifs du système d'informations, et imposent un modèle de développement séparant les interfaces des traitements et des données. Ces deux facteurs conditionnent la flexibilité attendue dans l'évolution des systèmes d'information.

Même si le coût du ticket d'entrée est important, en termes d'acquisition de compétences, et le retour sous forme de gains de productivité non immédiat, les architectures à base de composants accroîtront, à moyen terme, la productivité et la qualité.

PARTIE 3

Etude de cas

Cette troisième partie illustre les concepts abordés jusqu'ici, à partir d'un cas concret, la mise en œuvre d'une application bancaire de gestion de comptes et le cycle de vie d'une application.

Ce cas pratique montre la réutilisation des composants métiers par l'intégration de différents canaux de distribution : un client Internet, un client backoffice traditionnel et un client téléphone mobile. Nous aborderons successivement les points suivants:

- *la conception du projet, en mettant en avant les spécificités et les contraintes des serveurs d'applications ;*
- *le développement des composants applicatifs ;*
- *l'interface graphique, et trois types de technologies sur le poste client :* Web, Java *et téléphonie mobile ;*
- *la mise en œuvre de l'application choisie avec les outils de développement* Visual Basic et Visual Age for Java ;
- *l'administration de l'application : déploiement, configuration, suivi.*

Notre *application sera développée dans les deux technologies qui se partagent le marché : le modèle* EJB *et le modèle* COM+. Les *deux serveurs d'applications ont donc été retenus :*

- IBM WebSphere v2 (Visual Age for Java)
- Microsoft Transaction Server 2.0 (MTS)

Figure III-1.
L'architecture de l'application avec COM/MTS.

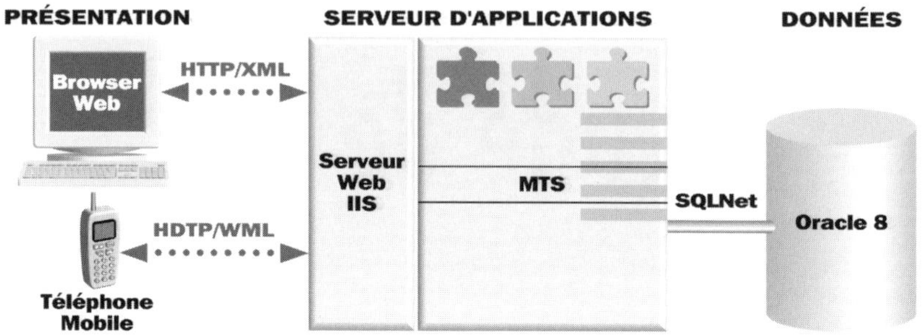

Figure III-2.
L'architecture de l'application avec WebSphere.

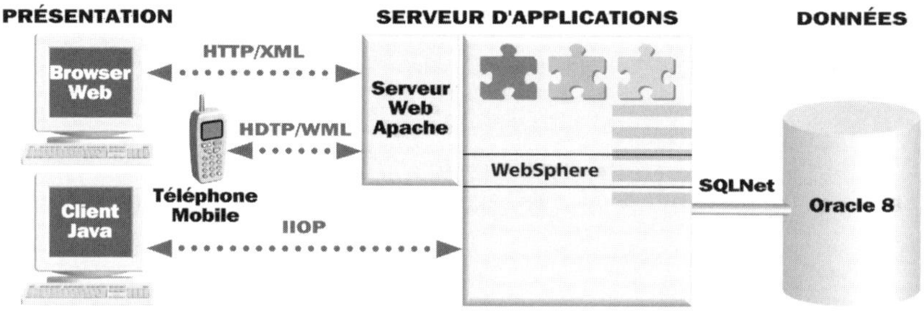

La phase de modélisation consiste à modéliser le système sous trois angles complémentaires :

- le modèle statique,
- les *Use Cases*,
- le modèle dynamique.

Le modèle statique décrit les objets du système de manière statique, en expliquant les relations des différents objets entre eux (**héritage**[1] ou **composition**[2]). La figure suivante détaille un des objets (simples) de notre application, l'objet Virement, ainsi que l'objet Lot.

Figure 18-2. Détail de deux classes du modèle statique, Virement et Lot, extraits de l'application. Chaque objet possède des propriétés qui le caractérisent, ainsi que des méthodes L'outil de conception utilisé est Rational Rose.

1 L'héritage consiste à spécialiser le comportement et les propriétés d'une classe de base dans des classes "filles". L'héritage est une notion très naturelle en phase de conception, qui devient plus délicate en phase d'implémentation.

2 La composition est le second grand type de relations entre objets : par exemple, un objet voiture se compose de quatre sous-objets roues.

Les *Use Cases* décrivent les scénarios d'utilisation des éléments du système. Ils décrivent une fonctionnalité sous forme de diagrammes séquences et de diagrammes de collaboration. Quelle relation ont-ils avec les classes du modèle statique précédent ? Ils mettent en œuvre ces objets statiques en les « perfectionnant ». Ils peuvent également faire apparaître de nouveaux objets.

Le modèle dynamique consiste en une description comportementale des objets. Il est primordial, car il concrétise l'ensemble des traitements fonctionnels du système.

Il se fonde sur les use cases, qui énumèrent les événements du système. Il s'agira ensuite de déterminer les transitions déclenchées pas ces événements.

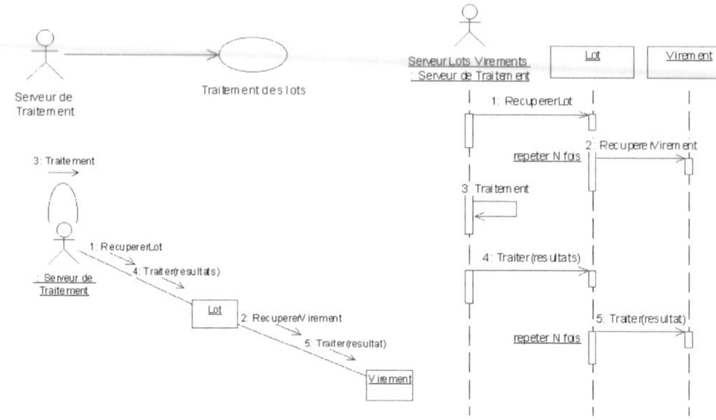

Figure 18-3. Exemple de Use Case pour la demande d'exécution d'un lot de virements effectués par un client de l'application.

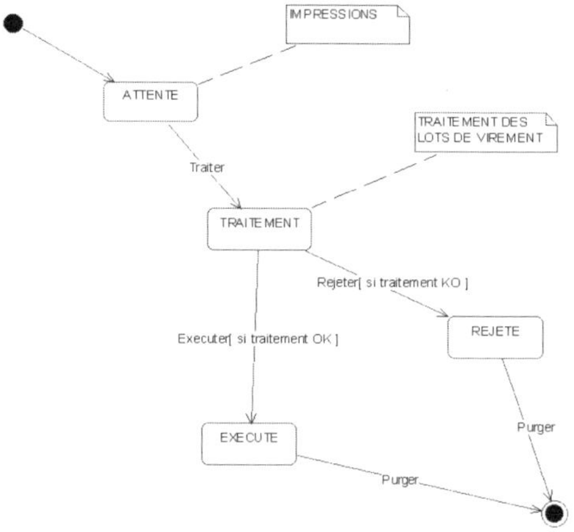

Figure 18-4. Exemple de modèle dynamique pour le traitement des virements bancaires.

Une fois cette première phase de modélisation effectuée, une seconde phase, dite « de découpage fonctionnel » consiste à regrouper en *packages* les classes définies dans le modèle statique et qui ont une fonction similaire.

Le modèle organisationnel

Une fois le modèle logique élaboré, le modèle organisationnel va permettre au concepteur de répondre à la question : « Comment implémenter l'application ? » Il s'agit de transformer une conception purement orientée objet, indépendante de la technologie sous-jacente, en un modèle plus pragmatique prenant en compte les spécificités des serveurs d'applications à base de composants. En effet, c'est ici qu'apparaissent

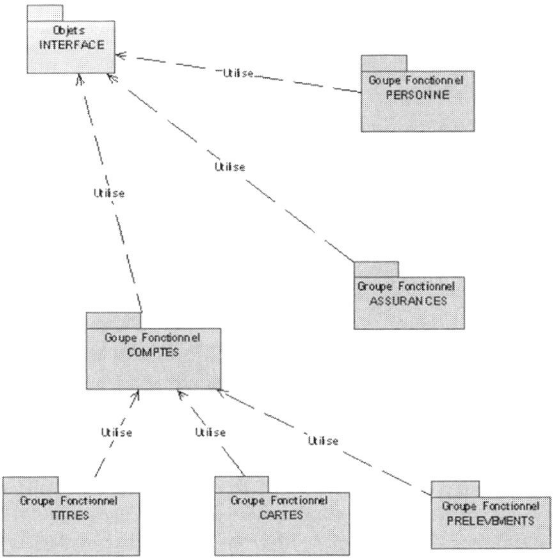

Figure 18-5.
La vue d'ensemble des packages regroupant les classes métiers identifiées dans les modèles précédents. On retrouve les grands regroupements fonctionnels de l'application : Comptes, Assurances, Personne...

les problèmes de gestion de l'état des composants, de leur cycle de vie et de la stratégie d'accès aux données.

Le modèle organisationnel répond à ces questions essentielles, mais reste indépendant de tel ou tel serveur d'applications. C'est lui qui va permettre de passer facilement au modèle d'implémentation, lequel sera directement utilisable par les développeurs. A ce niveau, on introduit trois types d'objets :

- les objets « métiers »,
- les objets « managers »,
- les objets « services ».

Les objets métiers

Les objets métiers représentent les concepts manipulés par l'application (un client, une facture...) et découlent des classes identifiées dans le modèle logique statique. Outre l'ensemble des propriétés de l'objet (nom, adresse...), ils contiennent des méthodes effectuant des traitements unitaires sur les propriétés de l'objet lui-même. Certaines propriétés de l'objet métier peuvent être des instances d'autres objets métiers, ou des collections d'objets métiers.

Voici quelques règles de bon sens... parfois difficiles à appliquer :

- Trouver le bon compromis entre la finesse de la modélisation (qui induit beaucoup d'objets métiers) et la simplicité du système (moins l'on a d'objets, mieux on se porte) ;

*Figure 18–6.
Les trois types d'objets du modèle d'implémentation : l'objet métier, l'objet manager associé, qui fournit, entre autres, des méthodes de persistance de cet objet (rechercher, modifier...) et l'objet service, qui expose des services métiers de haut niveau.*

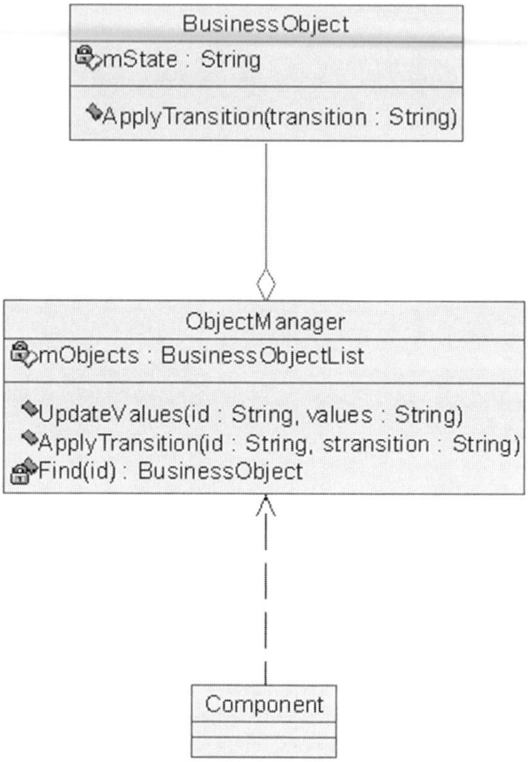

- Limiter les interactions entre objets métiers afin de préserver les performances du système. En effet, le temps de réponse augmente avec le nombre d'appels entre objets.

Pour notre application, nous avons les objets métiers suivants :

- compte,
- client,
- lot,
- prélèvement,
- cartes,
- assurance.

Les objets managers

Les objets managers n'apparaissent pas explicitement dans le modèle logique. Ils permettent de manipuler les objets métiers pour les objets services. En règle générale, il y a un objet manager par objet métier (sauf si certains objets métiers, trop basiques, ne nécessitent pas l'utilisation d'un objet manager). Les objets managers n'ont généralement pas d'état interne. Ils sont dotés de deux types de méthodes :

- des méthodes de gestion du cycle de vie et de persistance de l'objet métier qu'ils gèrent (création, recherche, modification, suppression...) ;
- des méthodes métiers effectuant des traitements mettant en jeu plusieurs instances (de la même classe) d'objet métier.

Les méthodes de gestion permettent d'instancier de nouveaux objets métiers vides à partir de la base de données en fonction de critères de recherche. L'intérêt des objets managers commence à apparaître : ils encapsulent les requêtes SQL pour les objets métiers, ce qui permet de les faire évoluer plus facilement, en maîtrisant mieux les impacts sur les différentes parties de l'application en cas de modification.

Par exemple, on trouvera des méthodes typiques du style :

```
CreateNewObject
FindCustomerByName
FindCustomerByAccount
UpdateObject
Delete
...
```

Les objets manager doivent être le plus possible indépendants les uns des autres, toujours pour limiter les problèmes de complexité et de performances lors de l'implémentation : il n'est rien de pire qu'un composant qui instancie un objet métier via son manager, lequel en instancie cinquante autres. Et ce, trois fois de suite !... On se retrouve vite avec une bonne centaine d'instances d'objets pour une seule requête client. Il ne faut jamais oublier que le facteur limitant sur les serveurs d'applications utilisant des bases SGBDR est la CPU du serveur !

Une autre bonne raison de limiter les interactions entre les objets managers est de permettre leur réutilisation indépendamment les uns des autres.

Les objets services

Comme leur nom l'indique, les objets services offrent des services au tiers client. Chaque objet service regroupe un certain nombre de méthodes publiques fournissant des services métiers.

Il est à noter que ces objets services n'exposent pas un état interne à leur client : ce ne sont pas pour autant des *objets statefull* ou ***stateless***[1], qui relèvent de la technique d'implémentation. L'essentiel est que ces objets offrent au tiers client des bouquets de services simples et indépendants.

L'implémentation de ces méthodes utilisent des objets managers différents, nécessaires au bon accomplissement de la tâche. Un bonne partie de la complexité métier de l'application réside dans ces objets services.

En théorie, il ne devrait y avoir aucune requête SQL dans l'implémentation de ces méthodes, puisque les accès aux données se font via la mani-

[1] **Stateless** : caractéristique d'un objet ou d'un composant pour lequel l'état interne (la valeur des propriétés) n'est pas maintenu sur une longue période (entre des appels de méthodes successifs). Attention *stateless* ne signifie pas que l'objet ou le composant ne possède pas d'état. A contrario un objet *statefull* est un objet dont l'état est maintenu en mémoire sur une longue période de vie.

pulation des objets métiers, dont la persistance est assurée par les objets managers uniquement. Mais cette recommandation n'est pas souvent applicable à 100 %. Elle obligerait à charger en mémoire des centaines d'objets métiers élémentaires lorsque l'on souhaite fusionner des données venant d'objets différents (l'équivalent des jointures en programmation de base de données relationnelle).

On accepte donc que certaines requêtes SQL directes se trouvent dans l'implémentation des objets services afin d'obtenir de bonnes performances

Les objets services identifiés pour notre application sont les suivants :

- service de gestion de compte.
- service de gestion des assurances.

Les modèles d'implémentation

Le modèle d'implémentation constitue la dernière étape avant le développement proprement dit des composants. Il existe autant de modèles d'implémentation que de types de serveur d'applications utilisés. Le rôle de ce modèle est de transformer le modèle organisationnel, indépendant de la technologie de tel ou tel serveur d'applications, en une spécification directement utilisable par un développeur.

Nous livrerons ici les règles simples qui permettent de faire le lien entre les trois types d'objets (métier, service, manager) et les deux grands modèles de composants du marché : EJB et COM+.

Les identifiants uniques

Chaque objet métier, dont les données persistent dans une base de données relationnelle, doit posséder un identifiant unique, qui est la clé primaire de l'enregistrement correspondant.

On peut également prévoir un identifiant naturel, unique lui aussi, mais plus parlant, comme le nom du client ou le numéro de la facture.

Cet identifiant est généralement mis en œuvre sous la forme d'une propriété (une chaîne de caractères ou un entier) que possède tout objet métier, ou mieux, d'une classe *PrimaryKey*, renfermant l'ensemble des propriétés qui permettent d'identifier un objet métier.

Pour les objets métiers résultant d'une requête de type SELECT, cet identifiant vient de la clé primaire de la base de données. Qu'en est-il lorsqu'une nouvelle instance d'objet métier vide est créée ?

Une solution consiste à implémenter, dans la méthode `Create` du manager associé, un générateur automatique d'identifiant (qui peut, par exemple, être généré automatiquement de manière aléatoire ou à partir d'un index d'une base de données).

Attention : il ne faut pas confondre ces identifiants avec les identifiants uniques **GUID**[1] du modèle COM/COM+. Ces derniers identifient les composants. Les identifiants dont nous parlons ici sont ceux des objets métiers (donc des instances de classe).

L'mplémentation des liens de composition entre objets métiers

Comment implémenter les **liens de composition**[2] entre objets ? Ce point est particulièrement délicat car il peut influencer considérablement les performances de l'application.

Deux stratégies sont possibles :

- Utiliser des identifiants uniques sous forme d'entiers ou de chaînes de caractères pour implémenter ces liens. L'avantage est que les classes sont complètement indépendantes. Mais la manipulation des objets métiers agrégés est plus fastidieuse, car il faut, au préalable, les instancier via leur objet manager et via l'identifiant.
- La seconde solution, la plus simple pour un programmeur orienté objet, consiste à implémenter la relation de composition sous la forme d'une référence (un pointeur) sur l'objet agrégé.

Cette seconde solution permet d'accéder directement aux propriétés et aux méthodes de l'objet agrégé depuis l'objet initial. Elle n'en pose pas moins des problèmes spécifiques à la gestion du cycle de vie des objets. En effet, cette solution nécessite que l'objet "fils" soit instancié par l'objet "père". Sinon, la simple instanciation d'un objet père en provoquant l'instanciation de *n* sous-objets, consommera beaucoup de temps et de ressources (en particulier pour charger les données des sous-objets via la couche de persistance), alors que seules quelques propriétés du père sont requises...

Il n'existe pas de solution simple et universelle :

- Pour des modélisations simples avec peu de liens entre objets métiers, mieux vaut opter pour la première solution.
- Dans le cas où une implémentation plus proche de l'objet est nécessaire (complexité du modèle), on optera pour la deuxième solution. Il faudra l'adapter pour pouvoir explicitement demander des instanciations sélectives des objets fils (en appelant des méthodes particulières de l'objet manager, par exemple).

La persistance

La problématique de la persistance objet est associée au fait que l'on ne peut pas (encore) se permettre de gérer en mémoire un nombre considérable d'objets. Il est nécessaire de les transformer en données statiques afin de les stocker sur des unités de masse (les bases de données, par

1 **GUID :** identifiant unique de 128 bits, qui permet d'identifier de manière universelle chaque composant ActiveX.

2 Un **lien de composition** existe entre deux objets lorsque, par exemple, un objet client possède n objets comptes associés.

exemple). Ensuite on doit être capable de "réveiller" ces objets quand le client demande à utiliser leurs services.

La vision purement objet voudrait que tout accès aux données de l'objet se fasse par le biais de son instance. Mais les besoins que l'on peut avoir de ces données coïncident rarement avec la nature "tout ou rien" des objets. On a très souvent besoin d'une partie seulement de ces données.

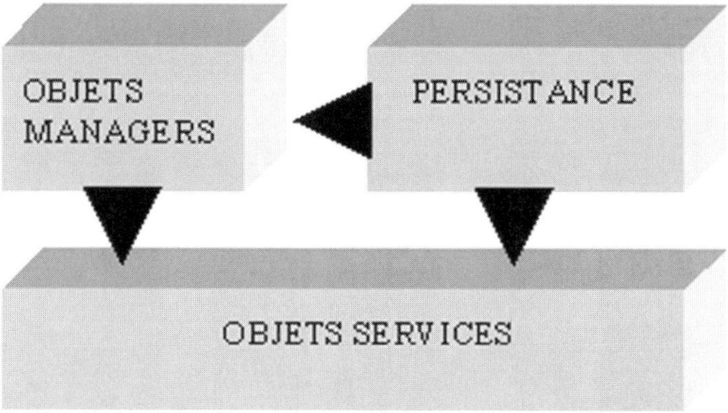

Figure 18–7.
La nécessaire interaction entre les objets services et la persistance (l'accès aux données) : une vision purement « objet » voudrait que la persistance ne soit visible que des objets managers. Plus nuancée, la réalité impose parfois des accès directs à la persistance depuis la couche services pour des raisons évidentes de performance.

De plus, lorsqu'on utilise un objet, on a souvent besoin d'une partie de ses objets associés.

Le langage SQL a parfaitement su résoudre cette double problématique :

- une requête définit la vue partielle de l'objet dont elle a besoin, en indiquant les attributs qui l'intéressent ;
- une requête peut ramener également les données des objets associés par l'utilisation des jointures.

Ces deux mécanismes sont très efficaces, et surtout, répondent au besoin que l'on a des données d'un objet. Nous devons donc conserver un accès direct au service de persistance afin d'obtenir ces informations.

Chapitre 19

Les composants métiers

Une fois la conception achevée (tout au moins pour la première itération), vient le moment de développer les composants applicatifs qui s'exécutent dans le serveur d'applications choisi.

Un des mérites des serveurs d'applications est de cacher en partie la complexité liée au développement de composants serveurs. Nous n'aborderons donc pas ici la gestion de la concurrence d'accès au niveau des composants, ni de la gestion des ***locks***[1] et du ***multithreading***[2]... Toutes ces problématiques de bas niveau sont enfin gérées automatiquement par le serveur d'applications (sauf la persistance !). Le développeur n'oubliera pas que la simplicité apparente du développement cache bien des pièges dans lesquels il est facile de tomber :

- la gestion de l'état des composants et, plus généralement, de leur cycle de vie ;
- la gestion du transactionnel ;
- la sécurité programmatique ;
- la **persistance**[3].

Ce chapitre expose la marche à suivre pour mettre en œuvre les composants serveurs de notre application bancaire avec WebSphere, sous forme de composants EJB écrits en Java et en DNA, avec des composants COM+ écrits en Visual Basic. Au passage, nous examinerons en détail la mise en œuvre de quelques objets de notre application.

1 Lock : Mécanisme permettant de garantir que les données d'une base de données ne sont pas modifiées en même temps par plusieurs clients. Ce problème, non spécifique aux serveurs d'applications, avait été résolu en identifiant l'utilisateur au niveau de la base de données. La base de données gérait alors un verrou (ou *lock*), qui garantissait l'accès aux données. Mais les serveurs d'applications utilisent un pool de connexion « anonyme », c'est-à-dire non spécifique à un utilisateur final identifié... Ce qui complique encore la gestion des locks !

2 Multihreading : Capacité d'un système à exécuter en même temps les mêmes instructions de code cordonnées par plusieurs clients. Cette caractéristique est essentielle pour les serveurs d'applications pour qu'ils puissent traiter simultanément différentes requêtes. Elle pose, en revanche, des problèmes complexes si les threads sont gérés manuellement, en particulier lors de l'accès à des variables globales, qui peuvent être modifiées en même temps par plusieurs threads d'exécution.

Scénario 1 : MTS

Implémentation COM et Visual Basic

Visual Basic permet une implémentation « pseudo-objet », grâce aux modules de classes. La limitation principale concerne l'héritage et le polymorphisme.

Les objets métiers issus de la conception sont donc implémentés sous forme de modules de classe Visual Basic. Les données de l'objet et ses traitements associés sont autant de propriétés et de méthodes membres de la classe.

Il en est de même pour les objets managers et les objets services.

Chacun des trois types d'objets définis dans le modèle d'implémentation se traduit donc sous forme de module de classe Visual Basic.

Exemple de code

L'objet métier Compte est implémenté sous forme d'un module de classe publique, dont les propriétés reprennent celles qui sont définies dans la phase de conception :

```
Fichier : Compte.cls
Public strIntitule As String
Public intCodeBanque As Integer
Public intCodeGuichet As Integer
Public clsMontant As Montant
Public strNomClient As Client
Public strNumero As String
```

Classe ManagerCompte associée

```
Public sub Debit(dblMontant As Double)
Public sub Credit()

Classe Montant
Public dblValeur As Souble
Public strDevise As String

//////////////////////////
Classe ManagerCompte
Public Create(strLibelle As String, intCodeGuichet As In-
teger, intCodeBanque As Integer) As Compte

Public FindByPrimaryKey(strUniqueId As String) As Compte
Public FindByClient(strNomClient As String) As Collection
Public FindBySolde(dblSolde as Double) As Collection
Public sub Update(clsCompte As Compte)
Public sub Remove(strUniqueId As String)

////////////////////////////:
Classe ServiceCompte
Debit
Credit
ObtenirCompteParClient()
FermerCompte()
OuvrirCompte()
TransfertCompte()
```

3 Persistance : Mécanisme permettant de stocker l'état d'un objet ou d'un composant de manière durable et sûre (généralement dans une base de données). Ce mécanisme, plus ou moins facilité par les outils de développement, est fastidieux et long à implémenter dans le cas des bases de données relationnelles. En effet, on passe d'un paradigme relationnel-QL à un paradigme objet.

Structure d'une application

Sur le tiers traitement, notre application se présente sous la forme de plusieurs composants ActiveX de deux types :

- les composants services, qui encapsulent les objets services ;
- les composants métiers, qui encapsulent un objet métier et son objet manager.

Les composants sont regroupés dans des DLL. Une DLL peut contenir plusieurs composants. D'autre part, chaque DLL ActiveX correspond à un fichier référencé dans le **Registre**[1]. Il est donc important de limiter le nombre de DLL par application. En effet, il sera d'autant plus facile d'assurer le déploiement, la maintenance et la mise à jour d'une application que le nombre de fichiers et de références dans la base de registre sera réduit.

En outre, les appels à l'intérieur d'une DLL (*in-process*) sont beaucoup plus rapides que des appels d'une DLL à l'autre (*out-process*), et ce, dans un rapport de 1 à 100. Autant de raisons qui plaident pour le regroupement des composants dans un petit nombre de DLL.

Le choix fait pour notre application est le suivant :

- tous les composants ActiveX services sont regroupés dans une seule DLL ;
- les composants ActiveX métiers appartenant au même package issu de la conception sont regroupés dans une DLL.

[1] Le **Registre** est l'annuaire système des systèmes d'exploitation Windows. On y stocke, en particulier, l'ensemble des informations relatives au nom et à l'identifiant unique des composants ActiveX. Ces informations permettent à la librairie COM d'instancier les composants ActiveX lors d'une requête d'un client.

L'héritage en Visual Basic

Un problème spécifique à Visual se pose alors : comment implémenter les mécanismes d'héritage qui ont pu être spécifiés dans le modèle logique ?

Visual Basic ne fournit pas de mécanisme d'héritage objet, de façon native. Plusieurs réponses sont donc possibles :

- L'héritage ne doit pas être utilisé dans la conception du modèle statique métier (on pourra objecter qu'il n'est plus vraiment objet si l'on supprime l'héritage, ce qui n'est pas faux).
- Si l'héritage est utilisé dans la conception, il doit être implémenté au moyen de mécanismes d'agrégation et de composition (en utilisant le mot clé `Implements` en Visual Basic) ou par duplication du code de la classe mère dans chacune des classes filles.

On voit bien qu'il n'y a pas de réponse totalement satisfaisante. Il ne faut donc pas abuser de l'héritage et du polymorphisme dans une conception objet pour serveur d'applications. Toutefois, force est de reconnaître que cela est envisageable dans le cas d'une application de gestion.

L'état des composants MTS: *statefull* ou *stateless* ?

MTS est optimisé pour fonctionner en mode sans état (*stateless*). Il faut éviter de lui demander de conserver le contexte d'un objet entre deux appels d'un même utilisateur. Il faut lui signifier aussi souvent que possible qu'il peut libérer les **ressources**[1] de l'objet. Dans l'idéal, la notification doit se faire à chaque méthode des composants ActiveX par l'instruction `SetComplete`, quand la méthode s'est déroulée correctement, ou `SetAbort`, en cas de problème.

Attention : l'état de l'objet est perdu à la fin de l'appel de la méthode. Il faut donc passer le contexte que l'on souhaite garder au niveau du client. Dans le cas de notre architecture, cela revient à insérer le contexte que l'on souhaite conserver dans la réponse XML[2] renvoyée au client.

En résumé, si l'on a besoin de garder l'état d'un composant, on peut :

- le stocker sur le client (en passant l'état dans des paramètres de retour de la méthode) avant d'appeler la méthode SetComplete ou SetAbort;
- le stocker dans le SPM (*Shared Properties Manager*) pour pouvoir le récupérer lors d'un autre appel de méthode au même composant ;
- ne pas suivre les recommandations générales de Microsoft et avoir quelques objets avec état (le moins possible et en ayant bien conscience des implications sous-jacentes).

En pratique, pour notre application, les composants services sont *stateless* : ils ne gardent pas de contexte entre les appels successifs de méthodes. Lorsqu'une méthode d'un composant service est appelée, plusieurs composants managers sont instanciés, utilisés puis détruits. Nos composants ne vivent donc que le temps de la transaction.

Le contexte applicatif est stocké sur le poste client et repassé à chaque invocation au composant MTS.

La persistance

ADO[3] est le composant technique, fourni en standard avec MTS, qu'il faut utiliser pour accéder à une base de données à partir d'un composant technique. ADO propose une interface programmatique de haut niveau pour se connecter à une base de données, effectuer des requêtes SQL, appeler une procédure stockée, et naviguer dans les jeux d'enregistrements retournés.

La façon optimale d'utiliser ADO est d'instancier un nouveau composant ADO lors de chaque requête vers la base, de demander l'ouverture d'une connexion, d'effectuer la requête, et de terminer la connexion. En effet, **ODBC**[4] ne ferme pas réellement les connexions et les gère en interne. On bénéficie du mécanisme de ***Resource pooling***[5] pour les connexions à la base. Le développement des composants métiers est ainsi simplifié (pas de gestion des connexions au niveau des applicatifs).

De plus, il faut instancier le composant ADO par la méthode `New` en Visual Basic et non pas par la méthode normale pour instancier un composant MTS à partir d'un autre composant : `GetObjectContext.CreateInstance`. En effet, ADO n'est pas un composant MTS lui-

1 Les ressources d'un objet tournant sous MTS représentent bien plus que les simples données et variables instanciées par l'objet. Il s'agit surtout des connexions réseau, des connexions à la base de données et du thread d'exécution que l'objet utilise et qui sont recyclés pour d'autres objets.

2 Le choix du langage XML pour renvoyer le contexte, et même les données du composant vers le client, n'est pas spécifique à MTS. Il s'agit d'un choix d'architecture de notre part, qui garantit une grande indépendance de la technologie utilisée sur le poste client par rapport à celle du serveur d'applications.

3 **ADO** *(Active Data Object)* est un composant ActiveX, donc utilisable dans n'importe quel langage supportant COM, qui encapsule les API « bas-niveaux » d'accès aux données et en particulier OLEDB et ODBC.

même ; il ne possède pas de contexte transactionnel à proprement parler. Il s'agit d'un composant technique.

Recommandation générale :

- Minimiser, autant que faire se peut, le temps de la connexion à la base. Les connexions étant recyclées, ellesseront ainsi plus rapidement disponibles pour d'autres composants. Pour cette raison, il est recommandé de fermer la connexion, puis de manipuler les records retournés, et non pas l'inverse.
- Cette recommandation est valable quelle que soit la ressource système à laquelle on accède en mode connecté à partir de MTS du moment que les connexions sont recyclées automatiquement (par exemple MSMQ).

La gestion des transactions

Le concept de base de MTS est que la gestion des transactions doit être un problème technique, indépendant du développement du composant lui-même. Le développeur du composant ne doit pas avoir besoin d'écrire des instructions explicites du type *BeginTransaction*, *Commit* et *Rollback*.

Le deuxième concept important est la notion de « transaction automatique ». Puisque le développeur ne commence ni ne termine explicitement la transaction, MTS propose la notion de transaction automatique : chaque appel d'une méthode d'un composant MTS peut commencer et terminer (*commit* ou *rollback*) une transaction.

MTS gère automatiquement un objet contexte associé à tout composant MTS. Ce contexte renferme, en outre, le contexte transactionnel dans lequel l'objet sera exécuté.

Le comportement transactionnel d'un composant est déterminé de manière déclarative, au moment où le composant est inséré dans un **package**[1] MTS :

- Requires New Transaction : chaque nouvel appel à une méthode du composant crée une nouvelle transaction, même si une transaction est déjà en cours.
- Requires Transaction : un appel à une méthode du composant participe à la transaction en cours, s'il y en a une ; il en crée une nouvelle, dans le cas contraire.
- Supports Transaction : un appel à une méthode du composant participe à la transaction en cours, s'il y en a une, mais n'en créé pas une nouvelle s'il n'y en a pas.
- Doesn't support Transaction : le code situé dans la méthode du composant appelé ne participe jamais à une transaction, même s'il y a déjà une transaction en cours.

Attention :

- Les propriétés transactionnelles déclaratives sont valables par composant et non par méthode. Autrement dit, la granularité minimale pour

4 ODBC *(Open DataBase Connectivity)* est l'API standard d'accès à des bases de données relationnelles dans l'environnement Microsoft.

5 Resource pooling : Mécanisme qui optimise les connexions aux bases de données en gardant ouvert un groupe de connexions afin d'optimiser les accès à la base.

1 Package : Unité de déploiement regroupant plusieurs composants ActiveX de mêmes caractéristiques en termes de gestion de sécurité et d'activation.

les propriétés transactionnelles est le composant. Si un composant est marqué comme Requires New transaction, cette propriété est valable pour toutes les méthodes du composant.

Pour notre application, chaque composant service est marqué comme Requires New Transaction. Les composants managers sont marqués comme Supports Transaction. De cette manière, chaque appel depuis le client s'effectue dans le cadre d'une nouvelle transaction.

La seule responsabilité du développeur lors de l'écriture d'une méthode d'un composant MTS est d'indiquer à MTS si son travail s'est bien passé ou non. Il le fait en utilisant l'objet contexte associé au composant que MTS crée automatiquement pour lui.

On accède à l'objet contexte en appelant la fonction globale GetObjectContext.

Il faut employer deux méthodes :

- `SetComplete` : le travail effectué par la méthode du composant s'est bien passé;
- `SetAbort` : le travail effectué par la méthode du composant s'est mal passé (typiquement, il y a eu une erreur retournée par ADO lors d'une requête de base de données).

Exemple de code :

```
Public Function Update() As Long
    On Error GoTo ErrorHandler

    Dim adoConn As New ADODB.Connection
    Dim adoRsReceipt As ADODB.Recordset
    Dim lngNextReceipt As Long
    Dim strSQL As String

    strSQL = "Update Receipt set NextReceipt = NextReceipt
+ 100"

   adoConn.Open strConnect 'obtention d'une connexion à la
base de données

'Exécution de la requête SQL
    adoConn.Execute strSQL

    strSQL = "Select NextReceipt from Receipt"
    Set adoRsReceipt = adoConn.Execute(strSQL)
    lngNextReceipt = adoRsReceipt!NextReceipt

    Set adoConn = Nothing
    Set adoRsReceipt = Nothing

    GetObjectContext.SetComplete ' tout s'est bien passé,
```

```
l'indiquer à MTS

    Update = lngNextReceipt

    Exit Function

'Routine de gestion des erreurs
ErrorHandler:

    If Not adoConn Is Nothing Then
        Set adoConn = Nothing
    End If
    If Not adoRsReceipt Is Nothing Then
        Set adoRsReceipt = Nothing
    End If
    GetObjectContext.SetAbort 'indiquer à MTS qu'il y a eu
une erreur
    Update = -1
    Err.Raise Err.Number, "Bank.UpdateReceipt.Update",
Err.Description
End Function
```

La sécurité

Le concept à retenir en matière de sécurité sous MTS est du même type que celui qui s'applique aux transactions : il faut séparer au maximum la gestion de la sécurité (problème technique) de l'écriture du composant lui-même (problème métier). En effet, MTS gère la sécurité de manière déclarative. Les règles de sécurité sont déclarées via l'interface d'administration de MTS lors de la configuration des composants, dans des packages, en vue de leur déploiement.

MTS introduit la notion de rôle : il s'agit d'un groupe abstrait d'utilisateurs. Les rôles sont déclarés grâce à l'explorateur MTS et stockés dans des packages. On attribue des rôles à des composants du package avec l'explorateur MTS.

Les packages contiennent donc des informations de sécurité génériques (les rôles et l'affectation des rôles aux composants). Une fois les packages déployés sur le serveur de production, on affecte les rôles à des utilisateurs ou des groupes d'utilisateurs physiques, issus du domaine NT dans lequel se trouve le serveur.

La sécurité dans MTS utilise donc la définition des utilisateurs et des groupes de utilisateurs de Windows NT. Elle fournit une gestion de la sécurité dont la granularité est le composant.

Ceci présente deux avantages importants :

- la gestion et l'attribution des rôles ne sont pas liés aux composants dans le code du composant lui-même ;

- les rôles restent independants des utilisateurs ou des groupes d'utilisateurs (on ne crée pas d'adhérence avec telle ou telle base d'utilisateurs).

Si la sécurité déclarative par composant n'est pas suffisante ,on recourra à la sécurité programmatique : l'objet contexte, que crée MTS pour chaque instance de composant MTS, contient des informations relatives à la sécurité. Il est notamment possible d'utiliser l'API IsCallerInCode(), qui indique le rôle du client appelant l'instance en cours. Il sera alors loisible de prévoir des actions particulières en fonction du niveau d'habilitation du client.

Recommandations :

- Efforcez-vous de séparer la gestion de la sécurité et l'implémentation des composants métiers, grâce à la notion de rôles et de sécurité programmatique.
- Utilisez l'API `GetObjectContext.IsCallerInRole()` pour déterminer le rôle du composant client, afin de gérer la sécurité de manière programmatique et fine. (Exemple : un trader de niveau 1 réalise des opérations d'un montant inférieur à 10 000 F).
- Evitez d'utiliser les informations de sécurité supplémentaire (objet `SecurityProperty`), sauf à des fins d'audit ou de trace, permettant d'obtenir le nom physique du client. Ceci entraînerait une adhérence entre le code métier du composant et des noms d'users, qui rendrait le composant non portable et non réutilisable. Lui préférer l'API `IsCallerInRole` et le test sur les noms de rôles, qui sont portables d'un serveur à un autre, puisque les rôles sont embarqués dans les packages MTS.

Exemple de code :

```
Public Function Post(ByVal lngAccountNo As Long, ByVal ln-
gAmount As Long) As String

     Dim strResult As String
     On Error GoTo ErrorHandler

     ' Utiliser la sécurité programmatique
     If (lngAmount > 500 Or lngAmount < -500) Then
         If Not GetObjectContext.IsCallerInRole("Managers")
Then
        Err.Raise Number:=APP_ERROR, Description:="Need 'Ma-
nagers' role for amounts over $500"
          End If
     End If
'... more code
end function
```

Scénario 2 : WebSphere

L'implémentation en EJB

EJB définit un modèle de composants précis, avec deux types de composants : les *Session Beans* et les *Entity Beans*. Les *Entity Beans* correspondent à des notions métiers : client, facture, compte... Ils possèdent les caractéristiques suivantes :

- leurs propriétés persistent dans la base de données,soit de manière manuelle, soit de manière automatique ;
- ils proposent des fonctions de gestion du cycle de vie et de recherche.

Les *Session Beans* correspondent à des services de plus haut niveau, qui manipulent les objets métiers que sont les *Entity Beans*. Leurs caractéristiques sont les suivantes :

- ils ne persistent pas dans la base de données (contrairement aux *Entity Beans*);
- ils gèrent des sessions utilisateurs (les données propres à un utilisateur donné), d'où leur nom.

Comment faire le lien entre le modèle EJB et notre modèle issu de la phase de conception ? Tout naturellement nos objets métiers et leur objet manager associé correspondent aux *Entity Beans*. Quant aux objets services de notre modèle, ils correspondent aux Sessions Beans.

Plus précisément, étudions l'implémentation des Entity Beans. Un Entity Bean est constitué de trois classes Java :

- une interface Java (dérivant de EJBObjet), qui doit décrire l'ensemble des signatures des méthodes métiers de l'objet. Remarque : les propriétés de l'objet métier ne doivent être accessibles que par des méthodes sous forme de `get, set`;
- une deuxième interface Java (dérivant d'EJBHome), qui décrit l'ensemble des méthodes de gestion du cycle de vie et de persistance du bean. Ces méthodes sont celles qui sont définies dans notre objet manager issu de la conception ;
- une classe Java d'implémentation, qui doit implémenter l'ensemble des méthodes décrites dans les deux interfaces précédentes (selon la stratégie de persistance utilisée, il faudra implémenter ou non, dans cette classe, les méthodes de persistance). Cette classe Java contient également l'ensemble des propriétés définies dans l'objet métier issu de la conception.

L'exemple suivant montre le code d'un composant *Entity Bean* Compte, avec ses propriétés et méthodes métier :

```
public class CompteBean implements EntityBean {

private Javax.ejb.EntityContext entityContext = null;
```

```
public String intitule;
public int codeBanque;
public int codeGuichet;
public Montant solde;
public String nomClient;
public Java.lang.String numero;

public double credit(double montant) throws Java.rmi.Remo-
teException {
solde.valeur += montant;
return solde.valeur;
}
public double debit(double montant) throws Java.rmi.Remo-
teException {
if (solde.valeur >= montant) {
solde.valeur -= montant;
} else {
throw new Java.rmi.RemoteException("Opération interdite :
le solde du compte n'est que de " + solde.valeur + " " +
solde.devise);
}
return solde.valeur;
}
 * ejbCreate method comment for a CMP entity bean
 *
 */
public void ejbCreate(CompteKey key)  {

numero = key.numero;
codeBanque = key.codeBanque;
codeGuichet = key.codeGuichet;

intitule = "Compte " + numero;
solde = new Montant();
solde.devise = "FRF";
solde.valeur = 0.0d;
nomClient = "inconnu";

}
/**
 * ejbCreate method comment for a CMP entity bean
 *
 */
public void ejbCreate(CompteKey key, double solde, String
nomClient)  {

numero = key.numero;
codeBanque = key.codeBanque;
codeGuichet = key.codeGuichet;
```

```
intitule = "Compte" + numero;
this.solde = new Montant();
this.solde.devise = "FRF";
this.solde.valeur = solde;
nomClient = nomClient;

}
public double getSolde() throws Java.rmi.RemoteException {
return solde.valeur;
}
```

En résumé :

- Un objet métier et son objet manager sont implémentés sous forme d'un *Entity Bean*. Les propriétés de l'objet métier se retrouvent sous forme d'accesseurs (méthodes `get, set`) dans l'interface.
- Un objet service est implémenté sous forme d'un *Session Bean*.

Granularité des EJB

En fait, seuls s'implémentent sous forme d'*Entity Beans* les objets métiers munis d'un objet manager associé. L'objet métier peut être composé de plusieurs sous-objets métiers, lesquels s'implémentent sous la forme de classes Java internes à l'*Entity Bean*, mais n'ont pas d'interface de type EJB-Home ou EJBObject.

Il faut donc veiller à trouver, lors de l'implémentation, une bonne granularité pour les *Entity Beans*.

La persistance

A la différence du modèle COM+, le modèle EJB, spécifie des règles précises relatives à la persistance des composants. La persistance s'applique aux *Entity Beans*. Elle permet de sauvegarder leurs données dans une base de données et de fournir des méthodes permettant de modifier, de supprimer et de rechercher des *Entity Beans*, de manière standard.

Le modèle EJB définit deux types de persistance :

- *Bean-Managed Persistence* (BMP) **:** la persistance est gérée manuellement. Les requêtes SQL d'accès à la base de données doivent être codées par le développeur. C'est la manière traditionnelle de gérer la persistance.
- *Container-Managed Persistence* (CMP) : la persistance est gérée automatiquement par le conteneur (le serveur d'applications), ce qui est radicalement nouveau et tout à fait intéressant lorsque le nombre de beans augmente. Le développeur n'a plus à se préoccuper des requêtes SQL.

La persistance automatique (CMP) est un mécanisme qui génère automatiquement pour chaque *Entity Bean* :

- les tables, avec leurs contraintes (clé primaire, clé étrangère, index, etc.) dans la base de données ;

- les requêtes SQL de manipulation (recherche simple, modification, création, suppression).

La spécification EJB définit la signature des méthodes de persistance dans la base de données, mais laisse le libre choix quant à la manière d'implémenter ce mécanisme pour le serveur d'applications.

Chaque serveur d'applications – et l'outil de développement associé – a donc sa manière d'implémenter ce mécanisme. Dans le cas de WebSphere, cela se fait au moyen de l'interface graphique de l'outil Persistence Builder de Visual Age for Java. A partir d'une analyse sémantique des propriétés de l'*Entity Bean* (spécifiées par le développeur dans le code source Java), le serveur d'applications génère les tables dans la base de données permettant de stocker les propriétés du Bean, ainsi que les requêtes SQL de SELECT, UPDATE, DELETE, INSERT correspondantes.

Cette approche, dite de *top down*, permet de générer très simplement une persistance par défaut pour un *Entity Bean*. Le développeur n'a plus à effectuer ce travail long et fastidieux.

Toutefois, les *Entity Beans* CMP doivent respecter un certain nombre de règles :

- Chaque *Entity Bean* doit posséder une Primary Key (cela doit être une classe Java à part entière), afin que le serveur d'applications crée une clé primaire dans le schéma de table de la base;
- Chaque *Entity Bean* doit définir dans son interface Home, au moins la méthode `findByPrimaryKey` (normalisée dans la spécification EJB). Attention, il s'agit bien de définir uniquement la signature de cette méthode : l'implémentation est générée automatiquement par l'outil. Il n'y a pas une ligne à écrire.
- Toutes les variables que l'on crée dans l'implémentation d'un *Entity Bean*, et qui doivent se mapper sur les tables du SGBD, doivent être déclarées `Public`, car le Conteneur doit pouvoir y accéder. De cette manière, on peut spécifier dans le code source Java les propriétés qui doivent persister et celles qui qui n'ont pas raison de persister, puisqu'elles ne seront utilisées que de manière interne (elles doivent alors être déclarées `Transient`).

Il faudra, bien sûr, préciser un certain nombre d'informations pour la persistance CMP : nom de la clé primaire, noms des variables qui doivent persister, etc. Ces informations doivent figurer dans le *deployment descriptor*, qui est le fichier de configuration lié à chaque bean. Ce fichier est souvent généré automatiquement par des outils graphiques évolués (c'est le cas de Visual Age for Java), qui permettent également d'affiner le mapping par défaut des propriétés du Bean dans les tables du SGBD.

Une autre approche, dite de *bottom up* permet de reprendre un ensemble de tables existantes dans un SGBD, et de spécifier le mapping entre ces tables et les propriétés d'un *bean*.

L'utilisation de la persistance automatique CMP est pratiquement réservée à la persistance simple, afin de faciliter le démarrage d'un projet. Pour les requêtes complexes (qui utilisent en particulier des jointures), on doit écrire les requêtes SQL manuellement (BMP).

La persistance manuelle (BMP) est la méthode standard, dans laquelle le développeur doit lui-même coder les requêtes SQL qui assurent la persistance de l'état du Bean dans la base de données.

Il doit donc implémenter les méthodes suivantes (normalisées par la spécification EJB)

- `ejbCreate()` doit initialiser l'état du Bean en mémoire.
- `ejbRemove()` doit détruire l'objet en mémoire.
- `ejbLoad()` charge un Bean en mémoire à partir de la base de données. Une requête de type SELECT doit être implémentée.
- `ejbStore()` met à jour la base de données à partir de l'état en mémoire du bean. Une requête de type UPDATE ou INSERT doit être implémentée.
- ejbFindByXXX(), qui permet d'effectuer des recherches sur des beans qui vérifient des critères. Il s'agit d'une méthode SELECT avec des clauses WHERE.

L'accès à la base de données s'effectue généralement via l'API Java JDBC (*Java Database Connectivity*). L'exemple suivant montre l'implémentation de la méthode `Create()` du Bean Compte, utilisant la persistance manuelle (BMP).

```
/**
 * ejbFindByPrimaryKey  method for a BMP entity bean
 */
public CompteBMPKey ejbFindByPrimaryKey (CompteBMPKey key)
throws FinderException, RemoteException {
refresh(key);
return key;
}
public Enumeration ejbFindBySoldeGreaterThan(double solde)
throws RemoteException, FinderException {
Connection con = null;
PreparedStatement ps = null;
ResultSet rs = null;
try {
con = getConnection();
ps = con.prepareStatement("SELECT * FROM EJB.COMPTEBEANTBL
WHERE SOLDE >= ?");
ps.setDouble(1, solde);
ps.executeQuery();
rs = ps.getResultSet();
Vector v = new Vector();
CompteBMPKey pk;
while (rs.next()) {
```

```
pk = new CompteBMPKey(rs.getString("NUMERO"), rs.ge-
tInt("CODEBANQUE"), rs.getInt("CODEGUICHET"));
v.addElement(pk);
}
rs.close();
return v.elements();

} catch (SQLException e) {
throw new FinderException(e.getMessage());
} finally {
try {
if (rs != null) rs.close();
if (ps != null) ps.close();
if (con != null) con.close();
} catch (Exception e) {
}
}

}
```

Le cycle de vie d'un Entity Bean

Il est important de bien comprendre le cycle de vie d'un *Entity Bean*, qui se trouve dans un des trois états suivants :

- non-existant,
- pooled,
- ready.

Le conteneur maintient un pool d'*Entity Beans* (dont les variables de classes ne sont pas instanciées), prêts à être utilisés par des clients. Il peut en ajouter ou en supprimer du pool, selon les besoins en ressources (ils passent alors de l'état non-existant à l'état *pooled*).

Lorsqu'un client demande à instancier un *Entity Bean*, il appelle la méthode `create()` de l'*Entity Bean* (méthode statique). Le Bean correspondant passe de l'état *pooled* à l'état *ready*.

Le client manipule ensuite les méthodes et propriétés du *Bean* de manière standard. De manière totalement transparente pour lui, le conteneur appelle les méthodes `ejbLoad()` et `ejbStore()` à différents moments (en particulier lors de la création et de la destruction) pour synchroniser l'état du *Bean* avec les valeurs correspondantes dans la base de données. Le conteneur peut également « passiver » un *Bean* lorsque les ressources systèmes doivent être économisés. Le conteneur sauvegarde l'état du *Bean* sur disque et recycle le *Bean* dans le pool de connexions. Il n'est donc plus disponible pour l'utilisateur. Lorsque celui-ci le requiert à nouveau, un nouveau *Bean* est retiré du pool, et initialisé avec l'état précédemment sauvegardé. Toutes ces opérations sont totalement transparentes pour le client.

Lorsque le client a terminé d'utiliser le *Bean*, il appelle la méthode `remove()`, qui remet le *Bean* dans le pool.

La gestion des transactions

WebSphere permet de gérer les transactions de deux manières :

- BMT (*Bean-Managed Transactions*), gestion classique et manuelle, le développeur délimitant lui-même la frontière de la transaction (comme il le fait traditionnellement avec Tuxedo ou CICS),
- CMT (*Container-Manager Transactions*), où la notion de transaction automatique est géree par le conteneur : le développeur n'a pas à coder de manière programmatique la gestion des transactions. C'est l'option fortement recommandée.

La gestion automatique des transactions : CMT

Le choix du mode de gestion des transactions se fait dans le fichier de configuration du Bean (*deployment descriptor*) en fixant le comportement souhaité:

- `TX_BEAN_MANAGED`,
- `TX_REQUIRED`,
- `TX_REQUIRES_NEW`,
- `TX_SUPPORTS`,
- `TX_NOT_SUPPORTED`.

A noter que la granularité du CMT est la méthode (à la différence de COM, où la granularité est le composant).

La gestion manuelle des transactions : BMT

Un bean peut récupérer des événements durant le cycle de vie d'une transaction en implémentant l'interface `javax.ejb.SessionSynchronization`. Les méthodes suivantes sont spécifiées :

- `afterBegin()` : *callback* par le container après le début de la transaction.
- `beforeCompletion()` : avant le *commit* ou *rollback* final. Le *bean* peut alors décider de faire un rollback, par exemple, surtout utilisé pour que le bean puisse écrire des updates de bd qu'il aurait mis en cache.
- `afterCompletion()` : après le *commit* ou *rollback* final. Permet de savoir ce qui s'est passé (un paramètre donnant l'état est passé).

Il est possible au *Bean* d'annuler, à tout moment, une transaction en cours en appelant la méthode `setRollbackOnly()` sur le contexte transactionnel (de type `EJBContext`). De même, il est toujours possible, en appelant la méthode `getRollbackOnly()`, de connaître, l'état de la transaction afin de savoir si la transaction a été marquée pour *rollback*.

```
import Javax.ejb.*;
import Javax.naming.*;
import Java.jts.*;
// get initial JNDI context
jndicontext = ...
// get a reference to a UserTransaction object
UserTransaction u = (UserTransaction)jndicontext.loo-
kup("Javax.jts.UserTransaction");
u.begin();
account1.withdraw(100);
account2.deposit(100);
u.commit();
```

```
le même exemple en CMT :
account1.withdraw(100);
account2.deposit(100);
```

La gestion des locks dans la base de données

La spécification EJB fournit un mécanisme automatique de gestion de locks.

WebSphere v3 définit un paramètre d'isolation pour les transactions, qui peut être défini au niveau du Bean ou de la méthode. Ce paramètre détermine comment une transaction est isolée pour des accès en lecture seulement.

La sécurité

La spécification EJB offre une gestion intégrée et automatique de la sécurité pour le développeur. Cette sécurité peut être de deux types :

- sécurité déclarative, dans laquelle le développeur définit des rôles et affecte de manière déclarative ces rôles aux composants;
- sécurité programmatique, dans laquelle le développeur utilise une API programmatique afin de gérer dans son code la sécurité.

La sécurité déclarative est tout à fait suffisante pour la majorité des composants. Elle a l'avantage d'être très simple à utiliser, et surtout, elle peut être modifiée sans regénération du composant. Elle laisse au serveur d'applications le soin de vérifier l'identité du client puis de vérifier que celui-ci appartient bien au rôle affecté au composant appelé. Si ce n'est pas le cas, l'appel du client échoue.

Première étape : le développeur spécifie les rôles de sécurité pour l'application. Exemple :

```
<enterprise-beans>
...
<entity>
<ejb-name>BankEJB</ejb-name>
<ejb-class>octo.ejbs</ejb-class>
```

```
...
<security-role-ref>
<description>description de ce role</description>
<role-name>facturation</role-name>
</security-role-ref>
```

....

La définition des rôles dans le fichier de description se fait de la manière suivante :

```
<assembly-descriptor>
<security-role>
<description>description de ce role</description>
<role-name>facturation-departement</role-name>
</security-role>
```

Deuxième étape, il affecte les rôles aux méthodes du *Bean* :

```
<method-permission>
<role-name>facturation-departement</role-name>
<method>
<ejb-name>TotoEJB</ejb-name>
<method-name>uneMethode ou * pour toutes<method-name>
<method-name>autreMethode</method-name>
```

....

Enfin, l'administrateur doit faire le lien entre les rôles définis par le développeur du *Bean* et les rôles qu'il a définis (le lien entre `<security-role-ref>` et `<security-role>`) de la façon suivante :

```
<enterprise-beans>
...
<entity>
<ejb-name>TotoEJB</ejb-name>
<ejb-class>octo.ejbs</ejb-class>
...
<security-role-ref>
<description>description de ce role</description>
<role-name>facturation</role-name>
--> <role-link>facturation-departement</role-link>
</security-role-ref>
```

....

Lors du déploiement, l'administrateur affecte les rôles définis à des utilisateurs ou groupes du système. Les outils *ad hoc* ne sont pas spécifiés dans la spécification EJB, mais laissés au choix du fournisseur du conteneur.

En pratique, le développeur et l'administrateur n'éditent pas manuellement ces fichiers de configurations. Des outils graphiques, intégrés à l'environnement de développement et d'administration, masquent les détails de la syntaxe à utiliser.

La sécurité programmatique

Dans le cas (rare) où l'on souhaite avoir un contrôle d'accès plus fin que l'autorisation d'appeler une méthode, on aura recours à la sécurité programmatique. Par exemple, lorsque l'on souhaite effectuer un contrôle d'accès sur la valeur des paramètres envoyés à la méthode, on peut utiliser les API suivantes (normalisées par la spécification EJB):

- `Java.security.Principal getCallerPrincipal();` // récupère des infos sur l'appelant.
- `boolean isCallerInRole(String roleName);` // l'appelant est-il dans le rôle specifié.

Ces deux méthodes font partie de la classe `javax.ejb.EJBContext`.

Exemple : `ejbContext.isCallerInRole("facturation");`

Chapitre 20

Le niveau présentation

Une fois les composants serveurs réalisés, il s'agit de développer l'interface graphique. La complexité de la partie présentation est souvent sous-estimée. Sa convivialité, sa richesse, ses performances conditionnent la réussite ou l'échec d'un projet.

Les rôles du niveau présentation sont :

- La navigation, qui gère l'enchaînement des écrans et leur logique.
- Le contrôle de saisie utilisateur de premier niveau, qui effectue un contrôle syntaxique des données rentrées par l'utilisateur. Si des contrôles sémantiques complexes sont nécessaires, une requête vers le serveur sera effectuée.
- L'incrustation des données, qui insère, à l'écran, les données venant du serveur d'applications. Le niveau peut également effectuer des opérations d'affichage intelligent : affichage sélectif, tri, etc.

La technologie utilisée sur le poste client est indépendante de celle du serveur d'applications. Des postes clients de technologies différentes peuvent donc utiliser les mêmes composants applicatifs.

Nous verrons dans ce chapitre comment développer trois types de clients différents :

- Un client Web DHTML pour offrir un service Extranet à des clients professionnels de l'application bancaire ;
- Un client Java, utilisé en BackOffice dans les agences bancaires ;
- Un client téléphone mobile, offrant des services de consultation de compte et de virements.

Les clients Web et téléphone mobile pourront se connecter indifférement à WebSphere ou à MTS. Dans notre application, le client Java, conçu pour fonctionner avec le protocole IIOP, ne pourra se connecter qu'à WebSphere.

Le client Web

Sur le poste client, le client Web est la technologie la plus répandue avec les serveurs d'applications, car elle allie la simplicité de développement et la facilité de déploiement. Les outils et technologies utilisés sont sensiblement les mêmes que ceux qui sont utilisés pour développer des applications Web client-serveur traditionnelles.

Une application Web cliente est constituée essentiellement de pages HTML ou **DHTML**[1] et de langage de script interagissant avec la page et le navigateur Web.

Les outils de développement utilisés pour le développement de l'application cliente Web sont :

- DreamWeaver 2.0 pour le développement des écrans DHTML ;
- Visual InterDev 6.0 pour la partie script (Javascript) de ces pages et pour les tests.

L'unique navigateur Web choisi est Internet Explorer 4.0. Et ce pour deux raisons :

- Il s'agit d'une application Web Extranet et non pas Internet (auquel cas, un frontal en *cross-browser* est indispensable), il est donc possible d'imposer un navigateur Web unique pour les clients de l'application.
- Internet Explorer 4.0 permet d'utiliser toutes les fonctionnalités graphiques évoluées pour une interface graphique riche et conviviale.

[1] **DHTML** est une extension du standard HTML 4.0 normalisé par le W3C. Il permet de manipuler de manière programmatique par script les tags HTML affichés afin de les modifier. DHTML est donc particulièrement adapté à la réalisation d'interfaces graphiques dynamiques évoluées. En contrepartie, le DHTML n'est pas totalement *cross-browser*.

Les contrôles graphiques

Le HTML (et, par extension, le DHTML) est un langage à base de tags. C'est-à-dire que la nature d'un élément de la page est déterminée par les tags à l'intérieur desquels il se trouve.

Chaque élément peut être défini par plusieurs couples de tags imbriqués.

Contrôles HTML simples

Certains tags spécifiques permettent de définir des contrôles HTML. Ce sont des éléments de présentation orientés formulaires. Parmi ceux-ci, on trouve les contrôles classiques des environnements de développement sous Windows : *label* (zones de texte), *editbox* (zone d'édition), *checkbox* (case à cocher), *radio buttons* (boutons radio), *listbox* (zone de liste), *dropdown listbox* (zone de liste déroulante). D'autres, comme les tables et les liens hypertextes, sont plus spécifiques au HTML. Cependant pour des applications un peu complexes en terme d'interface graphique, on touche vite les limites de l'utilisation du HTML cross-browser (HTML 3.2). C'est là qu'intervient le DHTML.

Contrôles DHTML étendus

On utilisera les fonctions avancées offertes par DHTML (spécifiques à Internet Explorer 4.0) pour obtenir une interface utilisateur aussi riche que les applications Windows. On peut, en particulier, reproduire des contrôles graphiques tels que les tableaux ou les menus contextuels, entièrement en DHTML, donc très légers (quelques kilo-octets). A titre d'exemple, on remarquera, sur la figure 20-1, le menu de l'application, entièrement réalisé en Dynamic HTML, ainsi que les contrôles de tableau évolués. La taille totale de la page HTML n'excède pas 5 Ko ! Les contrôles DHTML étendus permettent ainsi de conjuguer tous les intérêts d'un client Web (simplicité, légèreté, déploiement) avec la richesse d'une interface graphique qui n'a rien à envier aux applications Windows traditionnelles... Au prix du choix d'un seul navigateur Web, il est vrai.

Figure 20–1.
L'écran de saisie d'un virement est réalisé en utilisant les fonctionnalités avancées du Dynamic HTML avec le navigateur Internet Explorer 4.0.

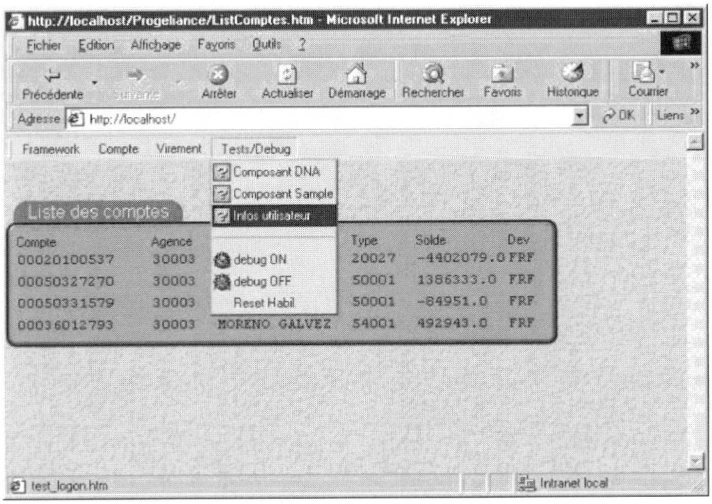

Feuilles de style en cascade (Cascading Style Sheets)

On utilisera les feuilles de styles en cascade (CSS, *Cascading Style Sheets*) qui permettent d'appliquer une charte graphique à n'importe quelle page Web. On peut, de cette manière, spécifier la couleur, la police de caractères, la bordure, la visibilité et le positionnement des tags HTML, etc.

Les feuilles de style en cascade peuvent être utilisées de trois manières différentes :

- comme propriété d'un tag HTML (propriété style). Le style s'applique alors uniquement à l'élément courant (on parle alors d'un style `inline`) ;

- à l'intérieur d'un tag `<STYLE>` dans une page HTML, le style s'applique alors à toute la page HTML ;
- dans un fichier .css séparé et référencé par des pages HTML (par le tag `<LINK>`). Le style s'applique alors à l'ensemble des pages HTML qui le référencent.

Respectez les règles suivantes :

- Evitez autant que possible de spécifier des styles `inline` dans les tags. Spécifiez plutôt le style CSS dans un fichier .css externe et applicable au site Web dans son ensemble.
- Utilisez la propriété `ClassName` pour appliquer un style à un tag. Cette règle est valable également quand il s'agit d'appliquer dynamiquement par script un style à un tag.
- Chaque page HTML doit référencer par un tag <LINK> le fichier `.css` décrivant le style du site Web :

```
<link REL=stylesheet HREF="MyStyleSheet.css" type="text/
css">
```

La charte graphique est un élément essentiel d'un site ou d'une application Web : outre l'esthétique, elle assure la cohérence de l'ensemble des pages Web.

Contrôle de saisie

Le contrôle de saisie est effectué en JavaScript à base de routines génériques réutilisées sur l'ensemble des pages DHTML. Ces routines permettent d'effectuer des contrôles de syntaxe sur les données rentrées par l'utilisateur.

Il est cependant conseillé de minimiser ces contrôles de saisie au moyen de contrôles graphiques qui imposent à l'utilisateur un choix limité : par exemple, un contrôle graphique de saisie de date plutôt qu'un champ texte de base.

L'utilisation du langage de script doit être la plus concise possible, car le code écrit est peu maintenable du fait même de la nature du langage de script, essentiellement procédurale et non fortement typée.

Le protocole de communication

Le protocole de communication entre le navigateur Web et le serveur d'applications est HTTP. Attention toutefois à ne pas confondre le protocole utilisé pour télécharger les pages DHTML et celui utilisé pour effectuer des requêtes entre la page DHTML et le serveur d'applications.

Dans le premier cas, on utilise un serveur Web (généralement appelé « serveur de pages » ou « de déploiement »), qui fournit seulement un moyen éprouvé de déploiement automatique d'interfaces graphiques. Le protocole de communication est, bien sûr, HTTP. On peut optimiser ce fonctionnement en cachant les pages DHTML au niveau du poste client, grâce aux fonctionnalités avancées de *push*.

Une fois l'interface graphique affichée sur le navigateur du client, on utilise également le protocole HTTP pour effectuer des requêtes vers le serveur d'applications, qui renvoie les données au format XML. La requête, émise par un composant se trouvant dans la page HTML, passe par un serveur Web se trouvant généralement sur la même machine que le serveur d'applications. Une passerelle est alors nécessaire entre le serveur Web et le serveur de composants. Cette passerelle sollicite le composant serveur, qui renvoie les résultats à la passerelle. Celle-ci formate les données renvoyées au format XML et renvoie le flot de données XML au client dans la réponse HTTP.

Même si c'est au prix de la perte de l'aspect cross-browser, les avantages d'une telle approche sont multiples :

- très faible adhérence entre la partie traitement et la tier présentation ;
- réduction du flux réseau (seules les données au format XML transitent entre le client et le serveur d'applications) ;
- navigation sur le client beaucoup plus riche que celle imposée par les architectures Web classiques, où une page HTML correspond exactement à une requête HTTP ;
- possibilité de trier et d'afficher les données XML sur le client de manière personnalisée avec d'excellents temps de réponse (par resollicitation du serveur d'applications).

Figure 20–2.
L'architecture de communication entre le navigateur Web et le serveur d'applications.

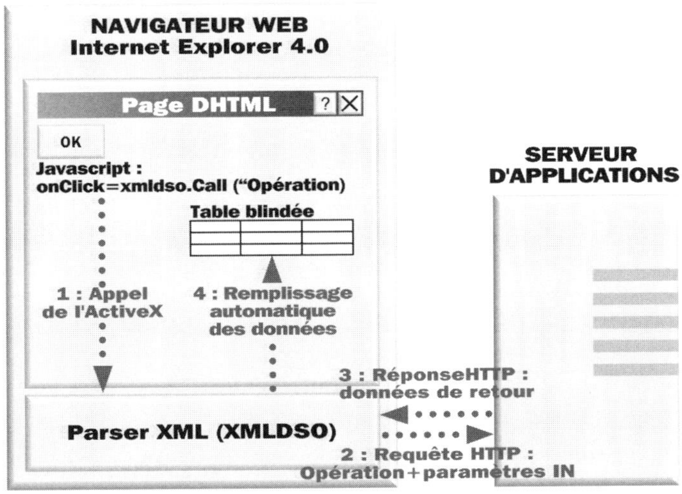

La passerelle vers le serveur d'applications

La passerelle a pour rôle d'intercepter les appels venant du serveur Web et d'invoquer les composants serveurs. Il s'agit donc du vrai client COM+ ou RMI/IIOP, qui est générique (la passerelle est un composant technique développé une fois pour toutes).

Dans le cas de WebSphere, on développe une servlet générique, à qui le serveur Web (généralement Apache, le serveur Web fourni en standard par IBM avec WebSphere) passe toutes les requêtes, et qui appelle le composant EJB adéquat. Il suffit de normaliser deux paramètres de la requêtes HTTP : le nom du composant à appeler et le nom de sa méthode.

Dans le cas de MTS, on utilise une DLL ISAPI écrite en C++ ou une page ASP s'exécutant sous IIS (Internet Information Server, le serveur Web de Microsoft), qui joue le rôle de passerelle générique entre les requêtes HTTP et MTS.

L'objectif de ces passerelles est de découpler le plus possible les problématiques de développement de composants serveurs de la technologie utilisée sur le poste client.

Incrustation des données

L'incrustation des données consiste, une fois les données récupérées au niveau du poste client, à les afficher à l'écran. Ce mécanisme peut s'avérer long et fastidieux s'il l'on doit le coder à la main, en JavaScript. C'est pourquoi nous avons choisi d'utiliser les fonctionnalités offertes par les nouvelles versions des navigateurs Web. Comme la figure 20-3 permet de le vérifier, il est ainsi possible d'effectuer simplement et rapidement des opérations complexes comme des tris ou des filtres sur les éléments du tableau sans solliciter de nouveau le serveur. Toutes les opérations, en effet, s'effectuent en local sur le fichier XML et les modifications sont instantanément répercutées à l'écran.

Toutefois, l'inconvénient de ce type de solutions est qu'elles sont aujourd'hui spécifiques à chaque navigateur. Internet Explorer 4.0 propose des fonctionnalités d'incrustation automatique de champs : les valeurs sont automatiquement affichées dans les contrôles HTML en fonction des valeurs contenues par la source. Un composant ActiveX invisible, fourni en standard avec le navigateur Web, XMLDSO (DSO : *Data Source Object*) permet d'incruster automatiquement les valeurs d'un fichier de données XML dans des tableaux HTML. Pour mettre en œuvre ce *data-binding* automatique, il suffit d'ajouter deux propriétés au tag HTML que l'on veut incruster : datafld et datasrc.

- La propriété *datasrc* doit contenir l'identifiant de l'objet DSO auquel on veut lier le contrôle, sous la forme : #'*id* du DSO.
- La propriété *datafld* contient le nom du champ XML que l'on souhaite inscruster.

Par exemple, la ligne de HTML suivante définit un contrôle de type *editbox* dont la valeur est reliée au champ *nomcrt* de l'objet DSO *xmldsoCour*.

```
<input id="nomcrt" dataFld="nomcrt" dataSrc="#xmldsoCour"
style="HEIGHT: 20px; WIDTH: 204px">.
```

Netscape Communicator ne fournit pas de manière native cette fonctionnalité. Mais il est possible de la simuler en jouant sur le modèle de document DHTML, qui permet à une page DHTML de « s'auto-décrire », donc d'écrire du code JavaScript permettant d'incruster automatiquement les données dans les champs HTML adéquats.

Figure 20–3.
Le tableau DHTML *contenant la liste des comptes est incrusté directement depuis le flux de données au format* XML *reçu du serveur d'applications.*

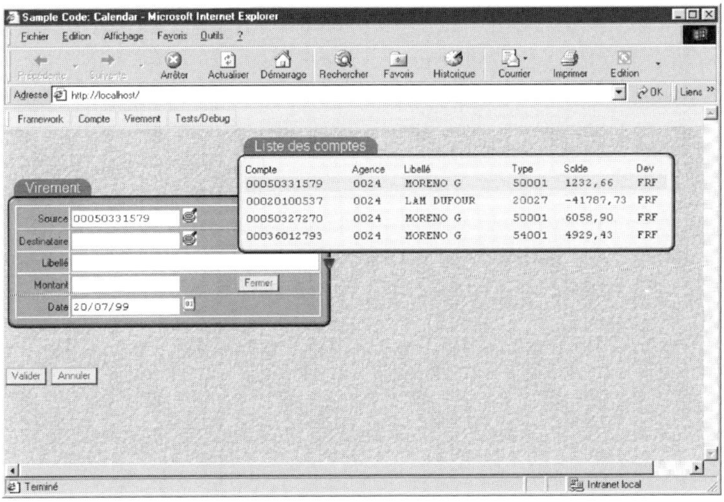

Le client Java

Comparé aux autres solutions, le client Java a l'avantage important d'être indépendant de la plate-forme d'exécution. Il offre, en outre, une grande richesse d'interface et une grande souplesse au travers des composants graphiques Swing. Sur le papier, on tient là la technologie idéale : conviviale, sécurisée, qui peut être déployée par le Web, pour peu que l'on choisisse d'héberger l'application dans une applet lancée par un navigateur.

On ne rencontre pas les limitations du DHTML qui reste fortement adhérent au type de navigateur utilisé.

Les contrôles graphiques

Java 2 est désormais livré avec la bibliothèque graphique Swing ou JFC (*Java Foundation Classes*).

Les Swing corrigent les innombrables défauts de jeunesse du framework graphique précédent AWT. On dispose ici d'un outil performant, relativement stable et surtout, conformément à la philosophie de Java, extrêmement ouvert.

Sur le plan du concept, les Swing sont irréprochables. ils exploitent, notamment, la notion de modèle « vue-contrôleur ». Cette approche modulaire consiste à séparer très nettement les composants graphiques des classes qui permettront de remplir ces composants avec des données.

A titre d'exemple, le composant graphique `JTable` permet d'afficher une table à l'écran. Si le développeur se contente de fonctionnalités de base, il peut utiliser une `JTable` dans son code, sans autre forme de procès. Dans ce cas, au moment de l'instanciation, un `DefaultTableModel` sera également instancié, qui gérera automatiquement l'affichage des données.

S'il a d'autres besoins, le développeur pourra définir son propre `DefautTableModel` et contrôler l'affichage des données : sélection multiple ou non des lignes et des colonnes, édition des valeurs dans les cellules, possibilité pour l'utilisateur de redimensionner les lignes et les colonnes...

Et si cela ne suffit pas, il est possible d'intervenir, en amont, dans la hiérarchie des objets, en créant une classe qui hérite `d'AbstractTableModel`. On dispose alors d'un contrôle total sur la présentation des données, ce qui permet, par exemple, de changer la couleur de certaines lignes. Tout cela, sans jamais intervenir sur le contrôle d'affichage qu'est `JTable`.

Pour résumer, `JTable` est la vue, `DefaultTableModel` et `AbstractTableModel` sont des contrôleurs possibles pour la gestion des données à afficher.

Quand on sait, par ailleurs, qu'il est possible de définir des contrôleurs de type `(Default)TableColumnModel ou des (Default)TableCellRenderer` pour gérer l'affichage d'une colonne particulière chez l'un, et des cellules, chez l'autre, on est pris de vertige devant l'infinité de possibilités qui s'ouvrent au développeur. Et ce ne sont que des exemples !

Cette démonstration, certes un peu technique, illustre bien la philosophie des Swing. Puissante, modulaire et ouverte.

Mais trop peut-être. Car le comportement par défaut est souvent assez limité, ce qui oblige à multiplier les classes DEFAULT et ABSTRACT pour personnaliser un peu l'affichage. En somme, cela nous amène à mettre les mains dans le cambouis.

L'opération ne devrait pas se faire sans un minimum de conception, alors que les outils de conception ne prennent généralement pas en compte les problèmes d'interfaces.

Les Swing exigent donc compétence et rigueur. Mais le développement de l'IHM est rarement confié aux développeurs les plus virtuoses....

Très bien adaptés à la construction d'un framework, les Swing le sont moins au développement rapide d'IHM.

On se prend alors à espérer un comportement par défaut des composants graphiques, avec un choix élargi de fonctionnalités pouvant être paramétrées via une fenêtre de propriété. Peut-être les Swing évolueront-ils dans ce sens ?

Pour leur part, les outils de développement l'ont déjà fait grâce à leurs bibliothèques propriétaires à l'instar de JBuilder ou de VJ++, pour ne citer que ces exemples. Mais, à supposer que ces bibliothèques soient "pur Java" (condition sine qua non pour espérer faire tourner une IHM aussi bien sur un PC que sur un IMac), il faudra s'acquitter de licences et assurer le déploiement par le Web de toutes ces classes annexes.

Revenons précisément sur l'aspect multi-plates-formes de Java et plus particulièrement des Swing. Ecrire un code qui tourne, sans la moindre retouche, aussi bien sur un PC que sur un Mac procure un sentiment indescriptible. Le code tourne, certes, mais le comportement de l'interface n'est pas absolument identique d'une plate-forme à l'autre. On n'échappe pas au fastidieux travail d'intégration qui consiste à corriger bon nombre de petits détails, tels la gestion différente des fenêtres ou le dimensionnement des composants graphiques.

Dans le cas des applets, il faut également effectuer ces tests pour les différents types de navigateur qui n'ont généralement pas la même JVM (le runtime qui permet d'exécuter le code Java). Enfin, toujours dans le cas des applets, le déploiement n'est pas tout à fait aussi simple que celui de pages Web. Quelques configurations du navigateur sont nécessaires (sécurité, classpath). N'oublions pas que Java souffre d'un problème de performance, accentué par la nécessité de charger l'applet à chaque utilisation. Il faut donc s'armer de patience.

L'incrustation des données

En Java, la gestion et l'affichage des données en provenance du serveur ne pose pas de problème spécifique, même s'il n'existe pas, en standard, de mécanisme aussi simple que le *binding* automatique, disponible en DHTML. En contrepartie, on dispose d'un langage de développement objet, complet et souple.

En outre, le modèle vue-contrôleur démontre ici toute sa puissance. Il suffit, en effet, d'effectuer les requêtes vers le serveur d'application dans le contrôleur associé à un contrôle graphique, qui prendra en charge l'affichage des données en provenance du serveur. Pour plus de clarté, on pourra déporter ce code de "remplissage" dans une classe annexe dédiée à cette tâche. Là encore, un minimum de travail de conception n'est pas superflu.

Figure 20–4.
L'écran permettant d'effectuer des virements utilise le contrôle graphique tableau fourni dans les Swings, qui permet d'effectuer des filtres et des tris sur les différentes colonnes et de les permuter.

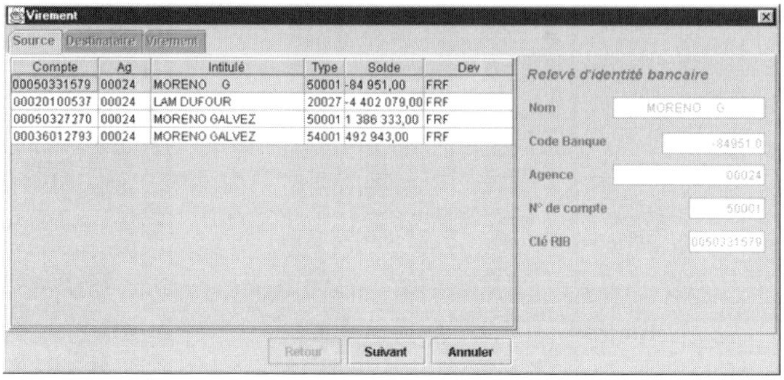

Le protocole de communication

L'application Java peut communiquer avec le serveur d'applications via RMI ou IIOP. RMI est le protocole de communication entre applications Java uniquement. IIOP permet, de manière plus générique, d'invoquer à distance des serveurs CORBA implémentés dans des langages différents. RMI utilise en fait IIOP de manière sous-jacente. On a donc utilisé RMI depuis le client Java.

Du côté du client, on utilise un *stub*, classe qui représente le composant serveur vu du client, et par qui toutes les invocations à ce composant sont effectuées. L'exemple suivant montre comment instancier un composant EJB *Session*, puis appeler une méthode métier :

```
public static void main(java.lang.String[] args) {

  try {

// Etape 1 : Récupérer un contexte JNDI
InitialContext initContext = null;
Hashtable properties = new Hashtable(2);
properties.put(Context.PROVIDER_URL, "iiop:///");
properties.put(Context.INITIAL_CONTEXT_FACTORY,
"com.ibm.jndi.CosNaming.CNInitialContextFactory");
initContext = new InitialContext(properties);

// Etape 2 : Récupérer une instance du Home
CompteHome compteHome = null;
Object obj = initContext.lookup("Compte");
compteHome = CompteHomeHelper.narrow((org.omg.CORBA.Ob-
ject) obj);
```

```
// Etape 3 : Obtenir une instance d'un ou plusieurs objets
Remote
// Par exemple, en créant un bean Compte
Compte compte1 = null;
CompteKey ck = new CompteKey("123456789", 100, 200);
compte1 = compteHome.create(ck, 1000.00d, "Dupont");

// Ou bien en effectuant une recherche sur un Compte
Compte compte = null;
compte = compteHome.findByPrimaryKey(ck);

// Recupération d'une liste de Compte
Enumeration listeComptes = compteHome.findBySoldeGreater-
Than(100.0d);
while(listeComptes.hasMoreElements()) {
compte = (Compte)listeComptes.nextElement();
}

// Etape 4 : Appeler des méthodes métiers sur le/les objets
Compte récupérés

// Par exemple, créditer un compte
compte1.credit(10000.00d);

  } catch (Exception e) {
  e.printStackTrace();
  System.exit(0);
  }
```

1 **HDML :** *Hypertext Device Markup Language.*

Le client WAP

La technologie WAP permet d'afficher des pages écrites dans un langage à base de tags ressemblant au HTML dans des téléphones mobiles.

Qu'est ce que WAP ?

En 1996, une start-up du nom de Unwired Planet (UP) lance sur le marché américain une plate-forme capable de fournir des services de type Internet sur les téléphones portables. Les technologies alors mises en œuvre sont inspirées de standards de l'Internet, notamment le langage HTML et le protocole HTTP :

- **HDML**[1] est un langage (fondé sur des balises de type HTML) permettant de définir des interfaces graphiques de type Web et adaptées aux écrans des téléphones portables. Sa nouvelle mouture s'appelle désormais WML (*Wireless Markup Language*).

Figure 20–5.
L'Alcatel One Touch Pro est le premier téléphone mobile disponible en France capable d'utiliser la technologie WAP : il contient le navigateur Web de la société Unwired Planet permettant de se connecter à Internet et de visualiser des pages WML.

1 **W3C** (*World Wide Web Consortium)* : organisme régissant la normalisation des protocoles de l'Internet.

2 **XML** (*eXtended Markup Language)* : langage à base de balises (tags), utilisé pour la définition de structures de données.

- HDTP est le protocole de transport sous-jacent reprenant le classique modèle client-serveur du protocole HTTP 1.1, mais adapté à la faible bande passante fournie par les protocoles de télécommunications supportant les téléphones mobiles (GSM en Europe, CDMA aux Etats-Unis).

Fort de son expertise, UP crée, en décembre 1997, avec Ericsson, Motorola et Nokia, le Forum WAP, pour promouvoir et développer une spécification globale pour le développement de ces nouveaux services. La première version de cette spécification appelée **WAP** (*Wireless Application Protocol*), capitalisant les études faites au préalable par UP, HDML et HDTP, voit le jour en mai 1998.

La dernière spécification WAP normalisée est la version 1.0. La version 1.1 est en cours de développement par le Forum WAP en collaboration avec le **W3C**[1]. WAP propose une architecture en couche, basée sur le modèle OSI et supporte et qui s'appuie sur un ensemble de normes et de langages :

- WML : langage de définition d'interfaces graphiques inspiré du HDML, mais utilisant la formalisme du langage **XML**[2].
- WMLScript : langage de script inspiré de JavaScript, permettant un traitement des données côté client.
- WTA: pour Wireless Application API, une interface programmatique pour un accès direct aux données du réseau sous-jacent (contrôle des appels sortants, gestion des messages texte, accès à des annuaires...).

Ces éléments constituent la couche de présentation de l'architecture WAP.

Le format WML

Une page WML est avant tout constituée d'un code au format XML valide. De ce fait, elle contient un lien sur un fichier **DTD**[1] utilisé par le navigateur du client WAP pour vérifier la validité du code. Le Forum WAP a définit un tel fichier ; celui-ci doit d'être référencé dans chaque fichier source WML :

```
<?xml version="1.0"?>
< !DOCTYPE WML PUBLIC "-//WAPFORUM//DTD WML 1.0//EN" http:/
/www.wapforum.org/DTD/wml.xml>
<WML>
  Hello World ! !
</WML>
```

[1] DTD (*Document Type Definition*) : fichier définissant la sémantique et la syntaxe des tags d'un fichier XML.

Les contrôles graphiques

Tout téléphone portable susceptible de proposer des services de type WAP possède au moins deux boutons dédiés à la navigation d'écran en écran qui permettent d'interagir avec les contrôles graphiques affichés. Ces boutons peuvent être paramétrés de manière programmatique.

WML définit un certain nombre de contrôles graphiques simples et adaptés à l'affichage de données sur un téléphone mobile, dont l'écran accepte quatre lignes de douze caractères alphanumériques. Les principaux contrôles graphiques WML permettent en outre de gérer :

- la sélection de données dans une liste ;
- la saisie d'information par l'utilisateur (chaînes de caractères, chiffres, code d'accès...) ;
- la navigation entre les différents écrans grâces à des boutons d'action.

La sélection de données par l'utilisateur

Le tag SELECT permet de proposer à l'utilisateur une liste numérotée d'éléments. Chaque élément est paramétré par le tag OPTION. Le paramètre ONCLICK permet de définir un lien de type URL indiquant la ressource à charger par le navigateur WAP en fonction du choix de l'utilisateur. Ce lien peut identifier, soit une autre partie du fichier WML courant (exemple : `#account`), soit un autre fichier du serveur (exemple : bourse.asp).

```
<CARD NAME="serv">
  <B><I>Services:</I></B>
  <SELECT>
    <OPTION ONCLICK="#account">Comptes</OPTION>
    <OPTION ONCLICK="http://myServ/transfert.wml">
      Transfert
    </OPTION>
    <OPTION ONCLICK="bourse.asp">Bourse</OPTION>
  </SELECT>
</CARD>
```

Figure 20–6.
Exemple d'écran WML offrant un contrôle de type liste. L'utilisateur peut changer sa sélection en appuyant sur les touches Up ou Down de son téléphone mobile.

La saisie de données par l'utilisateur

Le tag INPUT permet de préformater la saisie de données par l'utilisateur et de stocker la valeur dans une variable. Dans l'exemple de la figure précédente, le client attend un code à quatre chiffres, dont la saisie est cachée, et dont la valeur sera stockée dans la variable KEY. Cette variable pourra ensuite être transférée de page en page ,ou être traitée au niveau du serveur.

```
<CARD NAME="acces">
  Code d'accès:
  <INPUT FORMAT="4N" TYPE="PASSWORD" KEY="code"/>
 </CARD>
```

Figure 20–7.
La saisie d'un code d'accès s'effectue à l'aide du clavier alpha numérique du téléphone mobile. Le code d'accès n'est, bien sûr, pas affiché en clair à l'écran.

La notion de Card

La principale particularité du WML, face à un langage comme le HTML, est l'organisation du code source par rapport à l'affichage produit. Alors qu'un fichier au format HTML (et a fortiori un tag <HTML>) contient une page écran unique, un fichier WML constitue une structure appelée *Deck* définissant un ensemble d'écrans appelés *Card*. Lors de l'interprétation du code WML par le client WAP, la première *Card* est affichée.

L'utilisateur navigue entre les *Cards* grâce aux boutons dédiés du téléphone portable. Ceux-ci sont référencés en WML par des constantes prédéfinies : « ACCEPT » et « OPTIONS ». La gestion de ces boutons est paramétrée à l'aide de deux tags particuliers du langage WML :

```
<WML>
  <CARD NAME="card1">
    <DO TYPE="ACCEPT" LABEL="Avant">
      <GO URL="#card2"/>
    </DO>
    Premier écran
  </CARD>
  <CARD NAME="card2">
    <DO TYPE="OPTIONS" LABEL="Arrière">
      <GO URL="#card1"/>
    </DO>
    Deuxième écran
  </CARD>
</WML>
```

Le tag DO permet de paramétrer le contrôle graphique propre à un bouton et d'y affecter une action par le tag GO. Dans l'exemple de la figure précédente, le code source de la *Card*1 paramètre le bouton ACCEPT pour lancer le chargement de la *Card*2. Et le code source de la *Card*2 paramètre le bouton OPTIONS pour lancer le chargement de la *Card*1. Le paramètre du tag GO est un lien de type URL.

Figure 20–8.
Exemple de navigation entre deux cards en utilisant les boutons d'actions du téléphone mobile.

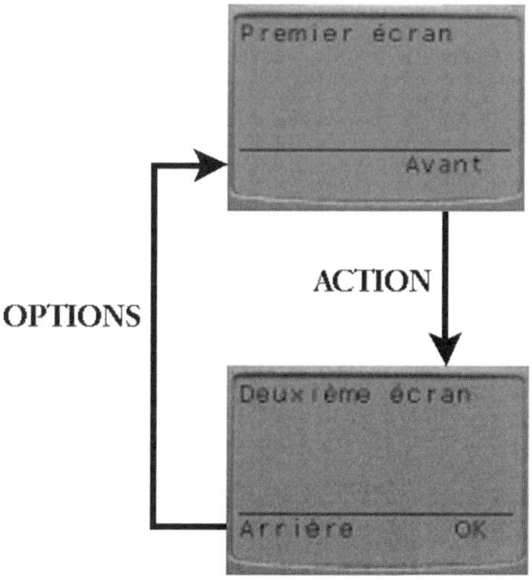

L'incrustation des données

La technologie WAP permet une intégration complète de son mode de présentation des données dans un environnement à trois niveaux. A l'instar d'un client HTML ou DHTML, l'incrustation des données s'effectue principalement côté serveur lors de la génération dynamique de pages WML. On peut donc utiliser des technologies classiques comme JSP ou ASP et développer des scripts du côté du serveur, réutilisant des composants.

Des scripts initialement prévus pour générer de façon dynamique des pages HTML peuvent facilement être adaptés, à condition de respecter les règles suivantes :

La page WML doit transférer ses données au serveur en utilisant les méthodes GET ou POST du protocole HTTP. Le tag GO permet de paramétrer une telle requête HTTP.

```
<CARD NAME="acces">
  <DO TYPE="ACCEPT" LABEL="OK">
    <GO URL="foo.asp" METHOD="POST"
       POSTDATA="num_cp=$(code)"/>
  </DO>
  Code d'accès:
  <INPUT FORMAT="4N" TYPE="PASSWORD" KEY="code"/>
</CARD>
```

La méthode POST est utilisée pour transférer au script serveur foo.asp la variable "code" contenant le code d'accès.

Le script serveur doit indiquer à la passerelle WAP qu'il transfère au client des données au format WML. Il s'agit en fait de forcer le type **MIME**[1] du message envoyé à la passerelle. Le type MIME correspondant au format WML est `text/x-wap.wml`.

1 MIME *(Multi-purpose Internet Mail Extensions)* : spécification normalisant les types de données échangées sur l'Internet.

Le script ASP suivant montre comment on peut générer la page WML d'affichage des comptes d'un client donné, en appelant le composant MTS `ServiceCompte`.

```
<WML>
<%SCRIPT = VBSCRIPT%>
<% Response.ContentType = 'Text/WML'%>
<% Dim clsService
   Dim strClientUniqueId
   Dim colComptes

'Creation d'un nouveau composant MTS ServiceCompte
Set service = Server.CreateObject("Ebank.ServiceCompte")
'Récupération de l'identifiant unique du client, 'passé dans
la requête HTTP
strClientUniqueId = Server.Request("CLIENT_ID")

'obtention de la liste des comptes associés
Set colComptes = clsService.ObtenirComptesParClient(str-
```

```
ClientUniqueId)
%>

<CARD NAME="serv">
  <B><I>Services:</I></B>
  <SELECT>
<% for i=0 to colComptes.Count%>
<OPTION><%=colComptes.Item(i).strLibelle%> : <%=colComp-
tes.Item(i).dblSolde%> </OPTION>
<% next%>
  </SELECT>
</CARD>
</WML>
```

Le script JSP suivant montre la même page, en appelant cette fois un composant EJB sous WebSphere.

```
<WML>

<%@ content_type ="text/wml" %>

<BEAN name="compteJSP" type ="ebank.CompteJSP" intros-
pect="yes">
</BEAN>

<!-- Comme introspect="yes", les parametres passes dans
l'URL seront automatiquement
    instancies dans le JavaBean par l'utilisation des metho-
des setXXX(). Par ex:
    cette page JSP doit etre appelee avec en parametre l'at-
tribut CLIENT_ID. La
     methode setCLIENT_ID(valeur) seront donc appelee auto-
matiquement
-->

<CARD NAME="serv">

<B><I>Services:</I></B>

<SELECT>

<REPEAT>
  <OPTION>
    <INSERT bean=compteJSP property=libelle></INSERT> :
    <INSERT bean=compteJSP property=solde></INSERT>
  </OPTION>
</REPEAT>

</SELECT>
```

```
</CARD>

</WML>
```

Le Protocole de communication

Le protocole utilisé est HDTP pour la partie « sans<fil », puis HTTP vers le serveur Web du serveur d'applications. Une passerelle effectue la transformation HDTP/HTTP de manière transparente pour le client et le serveur Web.

La Passerelle vers le serveur d'applications

La passerelle vers le serveur d'applications est exactement la même que l'on utilise dans le cas du client Web. Même les outils de développement de pages Web couplés à un émulateur de navigateur WAP peuvent être réutilisés.

Chapitre 21

Mise en œuvre dans les outils de développement

Un attrait majeur du serveur d'applications est sa capacité à masquer une grande partie de la complexité technique :

- gestion des threads,
- concurrence d'accès,
- gestion des connexions SGBD,
- gestion de la sécurité.

Cette complexité est cachée grâce à l'utilisation d'un modèle de composant (EJB ou COM+). Il faut tout de même maîtriser le modèle de composant, qui n'est pas si simple. C'est là qu'interviennent les outils de développements avec des outils graphiques évolués :

- assistants et générateurs automatique de squelette de code source ;
- éditeur de code "intelligent" avec des fonctions d'auto-completion ;
- assistants pour gérer la persistance ;
- outils de tests...

La maîtrise de l'ensemble des fonctionnalités est essentielle pour obtenir une bonne productivité et pour industrialiser la mise en œuvre des applications.

Ce chapitre expose les fonctions de développement des composants métiers qu'offrent les serveurs d'applications. Ainsi, nous détaillerons le développement d'un composant dans les deux ateliers retenus pour notre application : Visual Basic pour le scénario MTS, et Visual Age for Java pour le scénario WebSphere.

Les limites : le débogage

Les outils de développement ont bénéficié de progrès considérables quant au débogage... des applications à deux niveaux. Tous offrent des fonctionnalités extrêmement évoluées, avec observation des instances d'objet, modification des valeurs à la volée... De plus en plus couramment, ces produits proposent également des outils de type *remote debugger*.

Mais ils demeurent incapables d'assurer le débogage sur l'ensemble de la chaîne applicative, notamment lorsque l'interface utilisateur est développée dans une technologie différente (notamment une interface Web).

Le débogage unitaire des composants ne soulève plus de difficulté. A l'inverse, le débogage des composants en situation d'exploitation reste particulièrement délicat et passe davantage par des astuces que par l'utilisation d'outils académiques. Pour pallier ces insuffisances, les entreprises doivent mettre en place des stratégies d'intégration définies sur la base de processus itératifs : tests unitaires, tests d'intégration pour chacun des tiers, tests de l'interfaçage entre les niveaux...

L'avenir est donc aux outils de débogage qui rendront transparente la rupture physique entre l'interface cliente et les composants métiers... Ce n'est malheureusement pas pour demain !

Le scénario MTS : Visual Basic

Le modèle de composants COM est indépendant du langage d'implémentation. On peut donc développer des composants MTS dans de nombreux langages : C, C++, Delphi, Java... Visual Basic n'en reste pas moins le meilleur outil de développement sous MTS, simple à utiliser et très bien intégré à MTS. Nous avons donc choisi ce langage pour notre application.

Configuration et installation de VB6

La mise en œuvre de notre architecture nécessite l'installation standard de Visual Studio 6.0. Il est recommandé d'installer le dernier **Service Pack Visual Studio 6.0** téléchargeable à partir du site de Microsoft. D'autre part, nous conseillons l'utilisation de la version Enterprise de Visual Studio, qui fournit des outils complémentaires (Visual Modeler, qui permet de faire de la conception UML, et Visual Analyzer, puissant outil d'analyse de la dynamique d'une application MTS).

Il faut installer Windows NT Option Pack (pour Workstation) afin d'avoir MTS et **IIS**[1] pour pouvoir tester les composants dans un environnement réel.

Il faut également créer une source de données locale ODBC[2] sur chaque client de développement vers la base Oracle, afin de tester la persistance des composants.

En pratique, le poste de développement contient toute l'architecture, excepté le SGBD qui peut être distant.

1 **IIS** (*Internet Information Server*) : le serveur Web de Microsoft.

2 **ODBC** (Open DataBase Connectivity) : le standard d'accès aux données de Microsoft.

Construction d'une DLL ActiveX sous VB

Création d'un projet DLL ActiveX

La première étape consiste à créer un nouveau composant ActiveX DLL. Après avoir lancé VB, double-cliquez sur DLL ActiveX dans la fenêtre de démarrage Nouveau.

Figure 21-1.
Assistant de création d'un composant ActiveX sous Visual Basic 6.0.

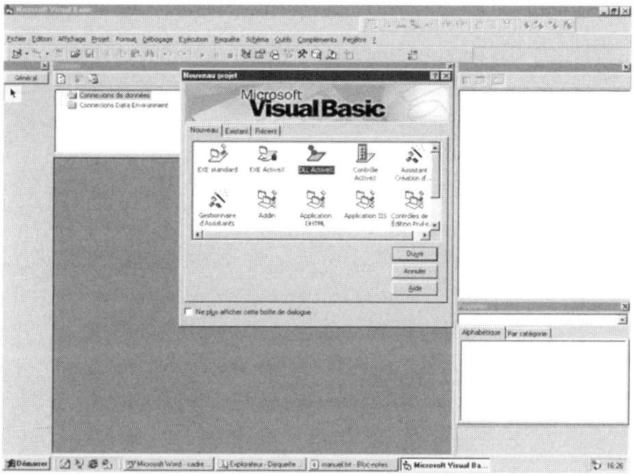

Visual Studio crée un projet avec une classe vide.

Ajoutons ensuite un composant ActiveX métier à ce projet :

- Dans l'Explorateur de projets, cliquez sur le projet auquel vous souhaitez ajouter un composant.
- Choisissez Ajouter-Module de classe dans le menu contextuel.
- Renommez le module de classe et enregistrez-le.

Pour implémenter un composant manager, ajoutons un module de classe privé pour l'objet métier ainsi qu'un module de classe publique pour l'objet manager associé. De cette manière, seul l'objet manager sera visible pour les autres composants.

Il faut ensuite définir les propriétés de l'objet métier et les méthodes d'accès.

Compilation d'une DLL ActiveX

Pour compiler une DLL ActiveX, il faut sélectionner le menu Fichier- Créer nom du projet dll.

Si c'est la première fois que vous compilez la DLL, Visual Basic vous demande où vous voulez l'enregistrer et le nom que vous souhaitez lui donner.

Après cette première compilation, vous pouvez configurer quelques caractéristiques de cette DLL en choisissant l'option Propriétés dans le menu contextuel du projet. Ce qui nous intéresse ici est la notion de compatibilité entre DLL.

Figure 21-2.
Les différentes options de configuration de compatibilité d'un composant MTS.

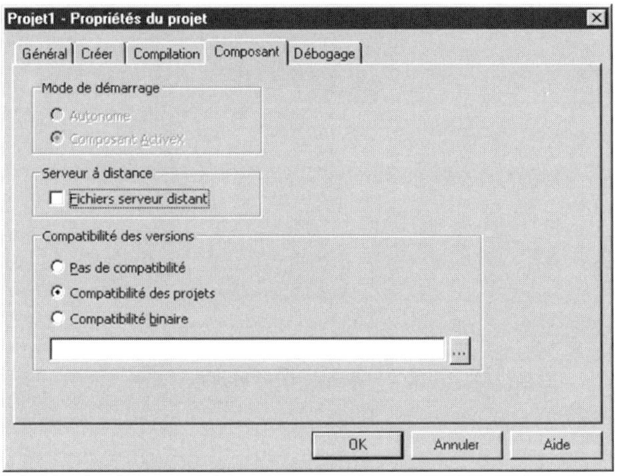

Dans l'onglet Composant, vous disposez en effet de trois options pour la compatibilité des versions. La première, Pas de compatibilité est à proscrire, sauf pour des besoins très précis comme la perte de la DLL de référence. En effet, avec cette option, chaque fois que vous recompilez votre projet, une nouvelle entrée se crée dans le Registre, qui devient rapidement impossible à maintenir.

Le deuxième option, Compatibilité des projets, assure que, à chaque nouvelle compilation, le GUID de votre DLL sera conservé. Votre DLL sera ainsi référencée dans le Registre, au même endroit que lors de la précédente compilation.

Avec la dernière option, Compatibilité binaire, vous garantissez une intégrité forte entre des compilations successives. Vous aurez notamment des messages d'erreur, lors de la compilation, si vos interfaces ont changé (méthodes et propriétés publiques de vos composants).

En pratique, il est conseillé d'adopter la méthode suivante :

- En phase de débogage intensif et d'évolution rapide de projet, choisir la compatibilité des projets. N'oubliez pas de réinstaller les composants sous MTS après chaque compilation.
- En phase de finition (lorsque les interfaces n'évoluent plus ou peu), opter pour la compatibilité binaire.

Utilisation de MTS

Configuration de MTS

Pour pouvoir utiliser les fonctions de MTS, il faut ajouter certaines **références**[1] MTS au projet Visual Basic.

Au minimum, il faut ajouter la référence Microsoft Transaction Server Type Library afin de pouvoir utiliser la notion d'ObjectContext[2] de MTS.

Pour cela, cliquez sur Projet-Références et cochez la case correspondante dans la liste qui s'affiche.

Pour conserver des contextes d'objet, vous avez également besoin de l'API du **Share Property Manager**[3] : cochez également la case Share Property Manager Type Library.

1 Référence : librarie (DLL) reconnue par le projet Visual Basic.

2 En particulier pour bénéficier du support des transactions et de la sécurité (voir le chapitre 20).

3 Shared Property Manager : composant fourni par MTS qui permet à des composants de stocker de manière centralisée des données et en particulier leur contexte.

Figure 21-3.
Les différentes librairies à référencer pour un composant MTS.

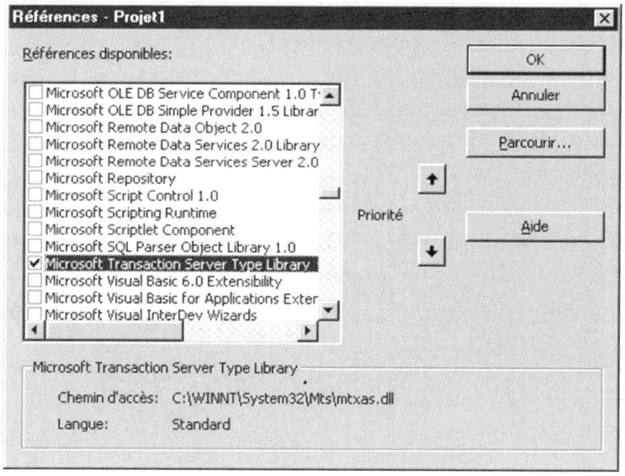

Pour chaque module de classe créé, vous pouvez préciser le comportement transactionnel de votre composant sous MTS. Pour cela, vous devez définir la propriété MTSTransactionMode de votre module de classe. En phase de développement, nous conseillons de choisir l'option NoTransactions.

Quoi qu'il en soit, cette propriété ne définit que l'option par défaut lors de l'installation du composant sous la console d'administration de MTS. Elle pourra être redéfinie à tout moment dans la console.

Instanciation des composants MTS

Pour appeler un composant MTS depuis un autre composant MTS, il faut l'instancier de manière particulière. Il faut étendre les contextes de transaction et de sécurité d'un composant à un autre. Pour ce faire, il faut demander au contexte MTS de l'objet en cours de créer une instance du nouveau composant, ceci à l'aide de l'instruction CreateInstance sur le modèle suivant :

```
Dim curInstance As Object
Set curInstance = GetObjectContext.CreateInstance("monActi-
veX.monComposant")
```

Cette manière d'instancier un composant depuis Visual Basic est différente d'une simple instanciation par la méthode `New` ou `CreateObject`. Il est à noter que cette différence disparaîtra dans COM+.

Utilisation des Visual Database Tools et des concepteurs

Visual Basic 6.0 met des concepteurs à la disposition du développeur. Ce sont des composants qui facilitent certaines tâches. En standard, le seul disponible est le *Data Environment* utilisé dans notre application. Ce concepteur permet de générer facilement les requêtes d'accès à la base de données, et d'externaliser le code SQL, toujours dans une démarche de mutualisation du code et de modularité qui sous-tend la programmation par composants.

Ces *Visual Database Tools* ne génèrent pas automatiquement la gestion de la persistance, mais offrent des moyens graphiques permettant d'automatiser cette tâche, sans nécessiter une connaissance fine du langage SQL.

Nous conseillons de créer un *Data Environment* par composant métier.

Construction des requêtes SQL avec les Data Environment

Pour créer un *Data Environment*, la démarche est la suivante :

- Cliquez du bouton droit sur le projet.
- Choisissez Ajouter-Plus de concepteurs ActiveX-Data Environment dans le menu contextuel.

Une nouvelle fenêtre s'affiche à l'écran avec une connexion par défaut :

- Renommez le *Data Environment* et sauvegardez-le.
- Renommez la connexion.
- Cliquez sur Connexion et sélectionnez Propriétés dans le menu contextuel.

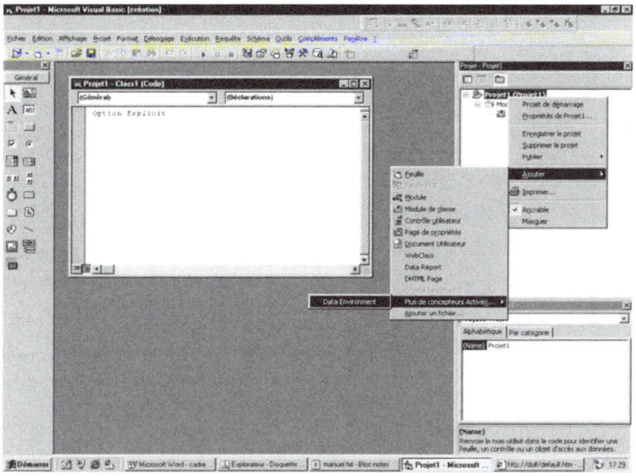

Figure 21-4.
Visual Basic offre des concepteurs graphiques de requêtes SQL intégrés à l'environnement de développement. Ils aident le développeur à écrire la persistance de ses composants métiers.

- Configurez votre connexion avec les paramètres ODBC corrects (en cas de problème, reportez-vous à l'aide en ligne VB). Vérifiez que votre configuration est correcte avec le bouton de test de l'onglet Connexion.

Vous pouvez ensuite ajouter une requête SQL en respectant la procédure suivante :

- Double-cliquez sur le *Data Environment* auquel vous voulez ajouter une commande.
- Cliquez du bouton droit et choisissez Ajouter une commande.
- Renommez la commande selon la convention suivante : LoadItem, AddItem, UpdateItem, DeleteItem, LoadList...
- Choisissez Propriétés dans le menu contextuel de la commande.
- Pour construire une requête SQL, cochez Instruction SQL et cliquez sur Générateur SQL.

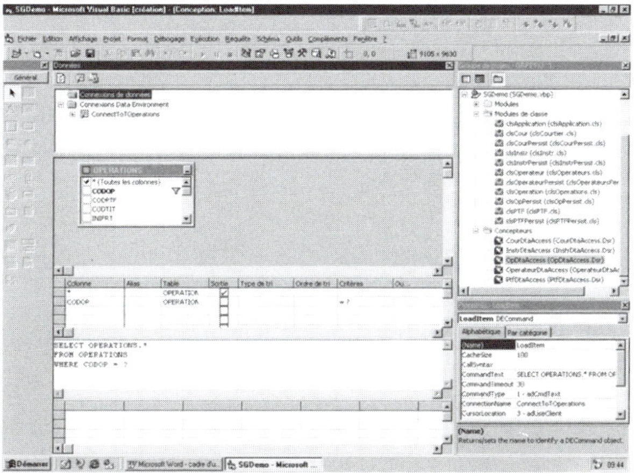

Figure 21-5.
Le concepteur Data Environment est découpé en plusieurs zones : une zone de données affichant les tables et les liens entre elles, une zone de construction graphique de la requête, et une zone de test.

Dans le cas des requêtes paramétrées, ajoutez une condition sous la forme "= ?". Le point d'interrogation sera le paramètre. Par défaut, le nom d'un paramètre sera *Param*N.

Pour renommer le (ou les) paramètre(s) d'une requête, revenez dans la fenêtre de liste des requêtes du *Data Environment*. Choisissez Propriétés dans le menu contextuel de la requête concernée et sélectionnez l'onglet Paramètre. Les paramètres de la requête s'affichent avec leurs caractéristiques.

On peut de cette manière implémenter de manière graphique l'ensemble des requêtes de persistance de notre composant métier Compte :

- Create(),
- Update(),
- Remove(),
- FindByPrimaryKey().

Implémentation des Data Environment dans le code VB

Il faut maintenant appeler depuis le composant Compte les différentes requêtes SQL générées par le Data Environment :

```
' Crée une instance du Data Environment OpDtaEnv
Dim usrDtaEnv As New OpDtaEnv
Dim intCodop as Integer
Dim strCodptf as String
Dim strInifrt as String

    ' Set SQL Query Parameters
    usrDtaEnv.Commands("LoadItem").Parameters("codop").Va-
lue = intCodop

    With usrDtaEnv.rsLoadItem
    .Open
        If Not .EOF Then
     strCodptf = .Fields("codptf").Value
            strInifrt = .Fields("inifrt").Value
Else
       ' Traiter ici le cas d'un résultat de requête vide
       End If
    .Close
    End With
```

Tests et débogage

Il faut déboguer les composants Visual Basic, en mode interprété, afin de pouvoir placer des points d'arrêt dans le code des composants. Pour cela, il faut ouvrir, dans un même groupe de projets, les projets ActiveX des composants métiers et le projet de test.

En mode de construction de l'application (mode interprété), VB ne gère pas les notions de contexte, c'est-à-dire qu'il n'est pas capable d'interpréter l'objet GetObjectContext de MTS.

Pour pallier cet inconvénient, il faut installer le service pack 4 de NT.

Le scénario WebSphere : Visual Age for Java

Configuration et installation

La configuration classique sur le poste de développement (qui peut être Windows NT, AIX, Linux, etc.) est la suivante :

- Visual Age for Java version Enterprise (pour le support des EJB), qui est l'environnement de développement des composants ;
- WebSphere Studio, qui est le gestionnaire de projet ;
- NetObjects Fusion (optionnel), pour le développement du site Web.

Chaque poste est autonome. Il contient l'atelier de développement et l'environnement de tests de débogage du serveur d'applications. Seule la base de données est installée sur un serveur distant.

Quelques configurations supplémentaires sont à effectuer afin d'avoir le support des EJB dans Visual Age for Java :

- Ajouter le package (*feature* dans la terminologie d'IBM) IBM EJB Developpement Environnement 1.0 pour avoir le support des EJB en développement.
- Ajouter également le package appelé WebSphere Tests Environnement, qui permet d'exécuter et de déboguer l'ensemble d'une architecture WebSphere (de la page HTML au composant EJB). Il intègre, notamment, un serveur Web local, un moteur de servlet et un conteneur EJB.

Construction d'un EJB sous Visual Age for Java

Pour construire notre premier composant *Entity Bean* Compte, il faut :

1) Créer un nouveau projet Ebank EJB.

2) Créer un nouveau groupe EJB au projet, Ebank

3) Ajouter un EJB Entity, Compte, de type Container Managed.

L'assistant génère automatiquement les squelettes des classes et des interfaces suivantes :

- `Compte` (interface métier, qui dérive d'EJBObject) ;
- `CompteHome` (interface technique, qui dérive d'EJBHome et contient les méthodes de cycle de vie, de persistance et de recherche) ;
- la classe d'implémentation `CompteBean`, qui implémente les deux interfaces précédentes.

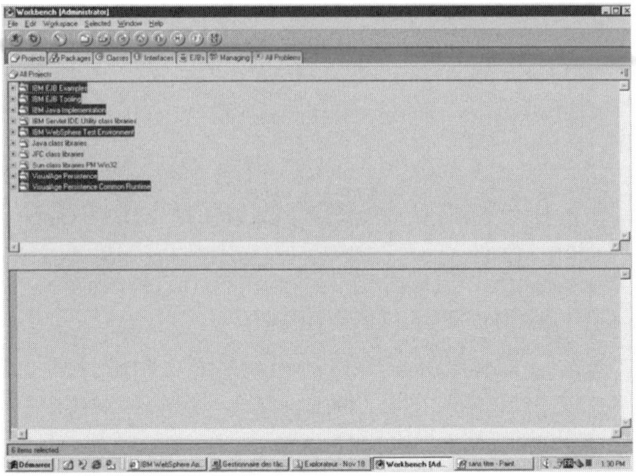

Figure 21-6.
L'IDE de Visual Age for Java 2.0 : les éléments sélectionnés sont les features nécessaires pour développer des composants EJB. Ils permettent également de tester les composants EJB développés sous WebSphere sans quitter l'environnement de développement.

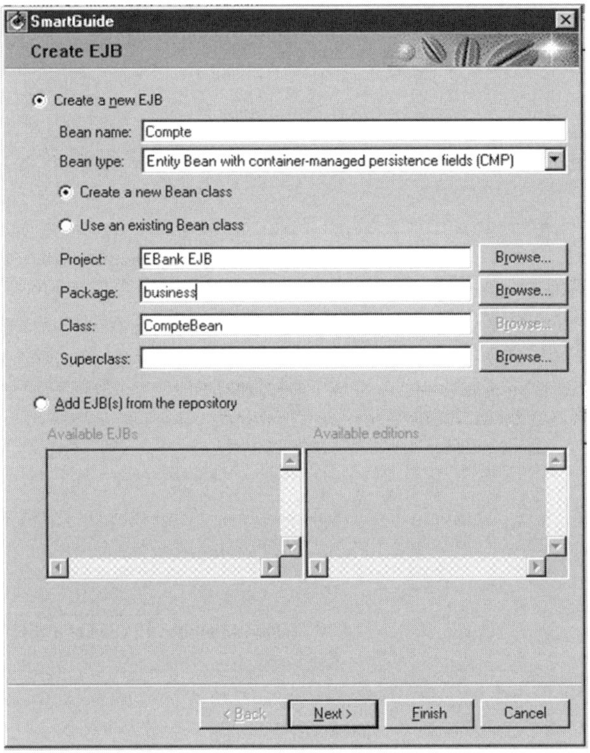

Figure 21-7.
WebSphere comprend un assistant d'aide à la création de composants EJB. Il permet de spécifier la stratégie de persistance utilisée : automatique ou manuelle. Il génère également le squelette de code du composant.

- Une classe supplémentaire COMPTEKEY, qui représente l'identifiant unique pour le *Bean* (cette classe est utilisée par la méthode `create()` de `CompteHome`).

Il reste à implémenter la classe CompteKey. Dans notre cas, la clé identifiant l'objet Compte est le couple (CODEGUICHET, NUMÉROCOMPTE).

Ajoutons maintenant les propriétés de l'objet métier au Bean. Il faut les déclarer comme publiques (car on utilise la persistance automatique) dans la classe COMPTEBEAN. Il nous faut également écrire les méthodes permettant d'y accéder, comme par exemple :

```
Public double solde;
public String codeBanque;
public numeroCompte;
public int type;
```

Reste, à ce stade, à ajouter une méthode métier : VOID DEBIT(DOUBLE MONTANT).

Cette méthode sera ajouté à l'interface Compte et implémentée dans la classe CompteBean.

Intégration avec WebSphere

On peut spécifier les propriétés du *Bean* depuis l'environnement Visual Age, en particulier les caractéristiques de sécurité et de transaction.

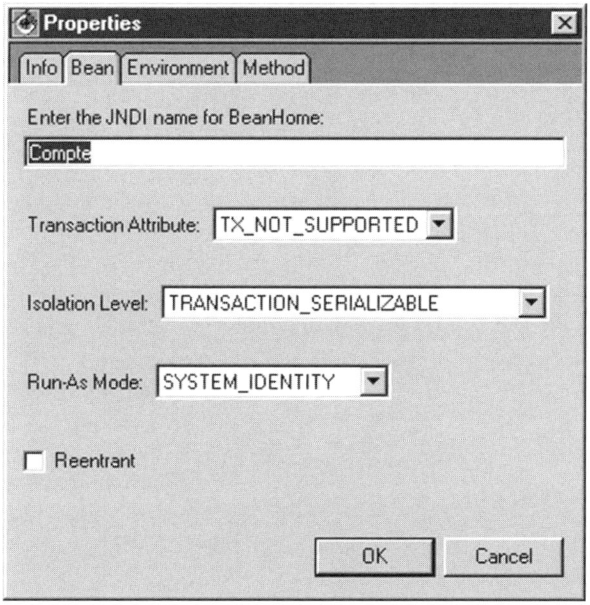

Figure 21-8.
Les propriétés de transaction et de sécurité peuvent être configurées directement avec l'outil de développement. Elles pourront également être modifiées par l'administrateur lors du déploiement de l'application.

WebSphere fournit, en standard, un outil de tests de composants EJB.

Utilisation des outils de persistance

Une fois le *Bean* Compte créé et implémenté, il importe d'en faire persister l'état dans la base Oracle. Pour cette opération, on utilise la persistance automatique (CMP). Il s'agit ici de créer une table ainsi que les requêtes SQL de persistance pour ce *Bean* :

- Indiquer à Visual Age les propriétés du composant qui doivent persister de manière automatique (cliquer du bouton droit sur la propriété affichée dans Visual Age).

Figure 21-9.
Les propriétés de l'Entity Bean qui doivent persister dans la base de données sont indiquées par une icône Base de données. Celles qui correspondent à la clé primaire ont une petite clé jaune.

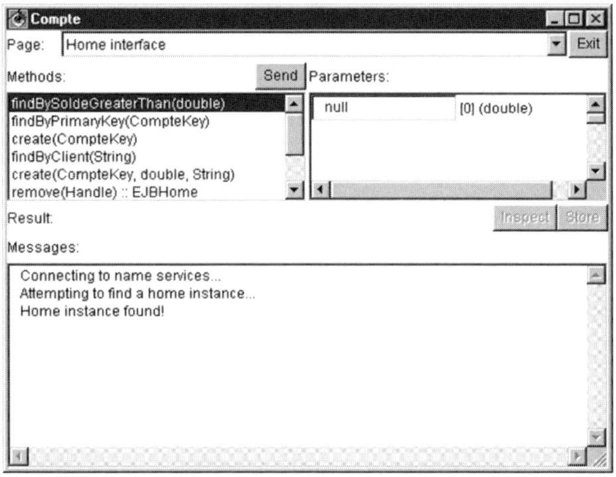

- Demander à l'outil de générer le code de persistance associé (`EJB > Build > Deployed code`).
- Déclarer ce groupe de composants EJB comme serveur EJB actif dans l'IDE (bouton droit groupe EJB : Add To > Server Configuration).
- Configurer les propriétés de ce serveur (bouton droit, propriétés) en spécifiant l'URL de la base de données.
- Générer les tables dans la base de données pour ce composant (option Generate Tables du menu contextuel).

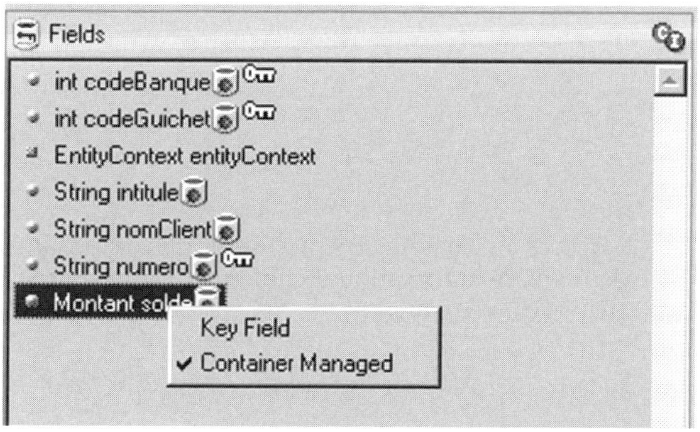

Figure 21-10.
Le module de configuration des serveurs EJB de WebSphere. Il permet, entre autres, de spécifier l'ensemble des informations nécessaires pour la persistance CMP : URL de la base de données cible, port, identifiant de connexion, etc..

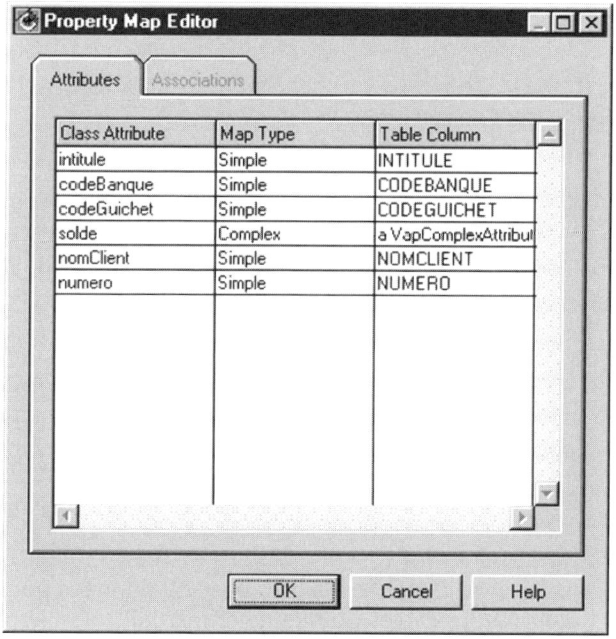

Figure 21-11.
Il est possible de visualiser le "mapping" effectué automatiquement par l'outil de persistance WebSphere, afin de l'affiner.

Chapitre 22

Du déploiement à l'exploitation

Le déploiement et l'administration d'une nouvelle application sont des tâches ingrates. Une grande partie de la complexité, masquée en phase de développement, réapparaît ici : configuration, optimisation. Cette phase requiert une véritable expertise, très spécifique à chaque serveur d'applications.

Les différentes étapes à suivre sont :

- packaging,
- configuration des serveurs de production,
- distribution,
- optimisation et tuning du serveur,
- performances.

Il est nécessaire de centraliser au maximum tous les composants applicatifs sur une seule machine, quitte à dupliquer la configuration pour pouvoir monter en charge. En effet, la répartition des traitements sur plusieurs machines serveurs complique l'administration, rend l'application moins performante (à cause des appels réseau) et augmente les risques de pannes.

Le scénario MTS

L'administration du serveur d'application MTS s'effectue par le biais de la console MMC (*Microsoft Management Console*).

Packaging

MTS introduit la notion de « package » pour déployer les composants serveurs. Les packages MTS sont des unités de déploiement des composants avec leur configuration.

Un assistant de création de packages permet de créer un package contenant les composants ActiveX serveurs, ainsi que leur configuration (acti-

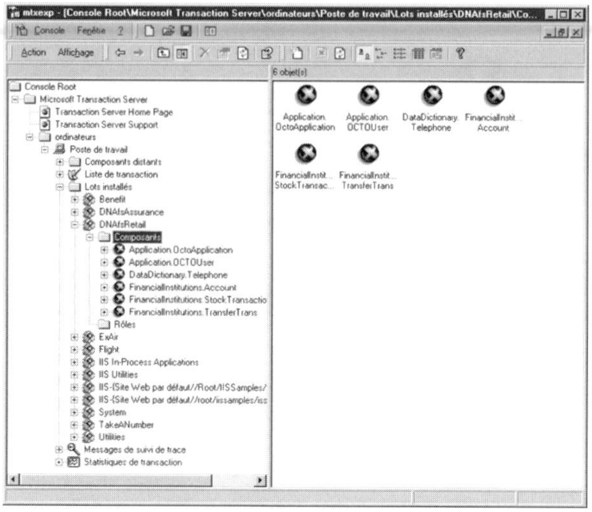

Figure 22-1.
La console d'administration de MTS *montre l'ensemble des packages installés, ainsi que leurs composants* ActiveX. *Elle permet d'administrer un serveur d'applications en local ou à distance.*

vation, sécurité, gestion des transactions, etc.). Les composants d'un même package partagent des propriétés identiques concernant :

- la politique de sécurité ;
- l'identité sous laquelle le package va tourner ;
- la stratégie d'activation (les packages restent-ils constamment chargés en mémoire, ou sont-ils déchargés après un temps d'inactivité qui peut être configuré ?) ;
- leur mode d'exécution (.DLL, ce qui signifie que les composants du package s'exécutent dans le process du client, ou .EXE : les composants s'exécutent tous dans un processus dédié, `mts.exe`).

Le choix du mode d'exécution .DLL ou .EXE est important. Il peut influencer les performances de manière non négligeable.

L'utilisation des packages s'exécutant dans leur propre process est plus sûre : si un package tombe, il reste isolé des autres processus MTS. Seuls les clients utilisant ce package seront affectés. Au contraire, si tous les packages sont des DLL et s'exécutent dans le processus du client (qui est, dans le cas du client Web, le serveur Web dans lequel s'exécute le composant générique de passerelle), il suffit qu'un seul composant tombe pour que tous les clients en soient affectés.

Pour la définition des packages, le point à bien cerner est la gestion de la sécurité : un package est une zone de confiance où la sécurité n'est pas vérifiée. Ne sont vérifiés par le serveur d'application que les appels entre packages. Pourquoi ? Tout simplement parce que la vérification du contrôle d'accès lors de chaque appel d'une méthode d'un composant coûte cher en temps de réponse. Il est donc important de délimiter des zones de confiance entre composants. Ces zones de confiance sont les packages.

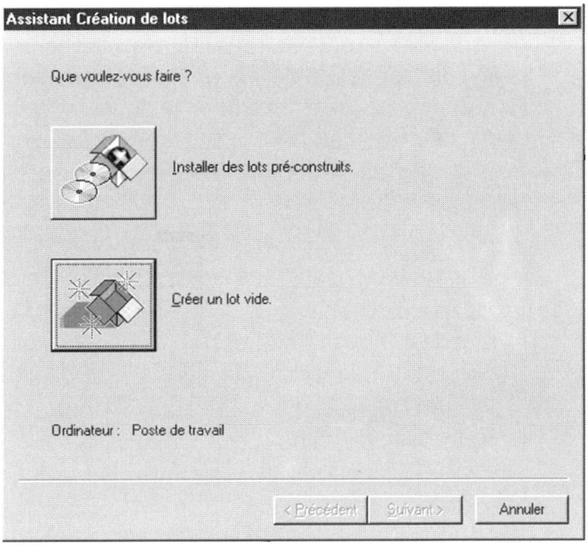

Figure 22-2. L'assistant de création d'un nouveau package MTS, qui permet soit de créer un package vide (utilisé lors de la première création d'un package en vue de son déploiement), soit d'installer un package pré-construit lors de la distribution de packages pré-configurés.

De là à dire que la gestion logique de la sécurité doit être prise en compte dès la phase de conception, il n'y a qu'un pas... que nous franchissons aisément.

Pour résumer, la procédure à suivre pour la définition de packages est la suivante :

- Bien délimiter les frontières des packages et les composants s'y trouvant en fonction du critère de sécurité.
- Isoler des services applicatifs différents dans des packages en mode d'exécution .EXE afin de limiter l'impact en cas d'erreur sur un package. Eviter que les packages serveurs tournent dans le même processus que le serveur Web.
- Les packages communs utilisés par les différents services doivent avoir un mode d'exécution .DLL, pour ne pas pénaliser les performances (le temps d'appel entre deux processus est bien plus coûteux que dans un seul).

Distribution

La distribution des packages consiste à déployer sur le serveur ainsi configuré les packages préconfigurés. La console MTS permet de déployer de manière centralisée sur des machines distantes.

Depuis la station d'administration, il faut s'identifier dans le domaine du serveur cible, en tant que membre des Administrateurs du Domaine. C'est pourquoi nous conseillons de créer des domaines DNA spécifiques, et de ne pas utiliser les domaines d'utilisateurs existants, ce qui pourrait interférer avec la sécurité en place.

La mise en production d'une application passe par les étapes suivantes :

- Livraison de l'application par le développement dans un répertoire partagé. Une application est composée d'un répertoire contenant les fichiers HTML, ASP et JavaScript pour le serveur Web, ainsi que d'un répertoire contenant les fichiers DLL, qui sont des composants sous MTS.
- Installation ou réinstallation des composants au moyen de la console MMC :
  - Nouvelle installation: création d'un package pour l'application.
  - Réinstallation : suppression des composants existants dans le package.
  - Au niveau du package, inclusion des nouveaux composants en insérant les DLL livrées. Les composants contenus dans les DLL sont automatiquement insérés dans le package.
  - Paramétrage éventuel du transactionnel et de la sécurité pour les composants.
  - Redémarrage des composants (bouton droit, Arrêter les composants).
  - Les nouveaux composants sont désormais disponibles.
  - Installation ou réinstallation des pages Web.
  - Copie du répertoire Web livré dans C:\Inetpub\wwwroot.

Surveillance

La surveillance d'un serveur IIS/MTS peut être réalisée :

- par le biais de la MMC,
- à l'aide des outils standards de surveillance NT : SMS, Patrol, CA-TNG, etc.

La console MMC permet de surveiller l'état du serveur Web et celui des composants, et de lister les transactions en cours . Cette interface n'est pas automatisée : l'opérateur doit se connecter à sa station d'administration et visualiser ces indicateurs.

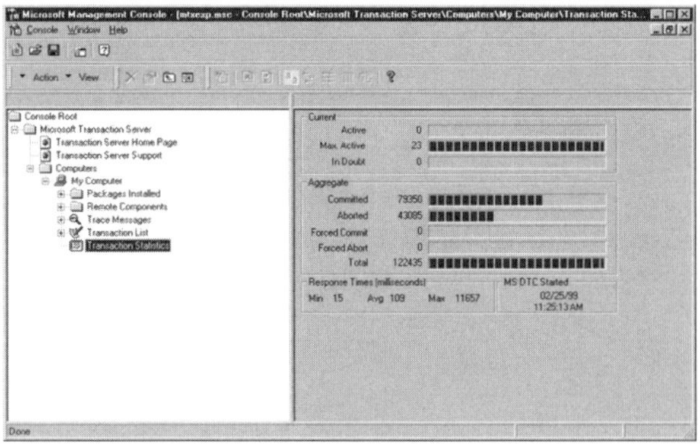

Figure 22-3. La console d'administration de MTS fournit quelques indicateurs de surveillance d'une application MTS : le nombre de composants actifs, combien de transactions ont abouti, combien ont échoué. Elle fournit aussi quelques indicateurs de performances.

Pour automatiser la surveillance, il est donc préférable d'utiliser les outils de surveillance NT en place à la production. Les indicateurs importants sont les suivants :

- L'utilisation CPU ne doit pas dépasser 80 % pendant plus d'une minute.
- L'utilisation mémoire ne doit pas dépasser en moyenne plus de 80 % de la mémoire physique.
- Présence des processus :

  `inetinfo.exe` : le gestionnaire de serveur Web IIS,

  `msdtc.exe`: le gestionnaire de transaction.

Remarque : les processus MTS eux-mêmes (`mtx.exe`) ne nécessitent pas de surveillance particulière. Ils sont automatiquement lancés en cas de nécessité.

Le scénario WebSphere

WebSphere fournit une console d'administration complète de son serveur d'applications. Il s'agit d'une application Web qui permet d'administrer le serveur d'applications à distance.

Packaging

Les unités de déploiement des composants EJB sont des fichiers JAR, qui regroupent l'ensemble du byte-code pour les composants EJB, ainsi que le fichier de déploiement associé. Ce package est généré directement par l'outil de développement Visual Age for Java.

Distribution

Une fois les composants EJB packagés, il faut les déployer. Le déploiement s'effectue dans un conteneur. Un conteneur fournit un environnement d'exécution (connexions à la base de données, isolation des applications entre elles, etc.).

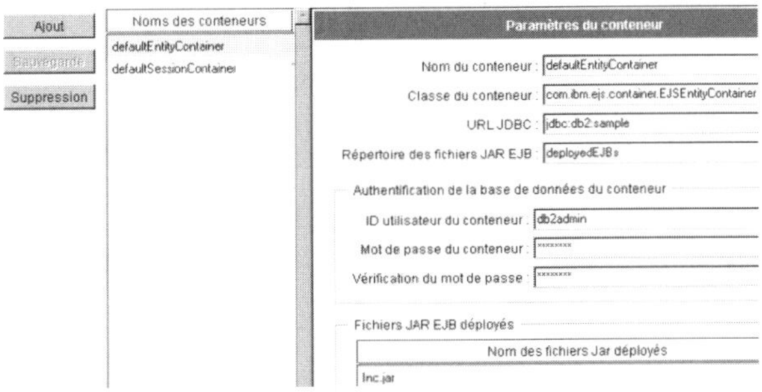

Figure 22–5. Les composants EJB, packagés sous forme de fichier JAR, doivent être déployés dans des conteneurs, qui fournissent un environnement d'exécution. WebSphere fournit une console d'administration des conteneurs actifs.

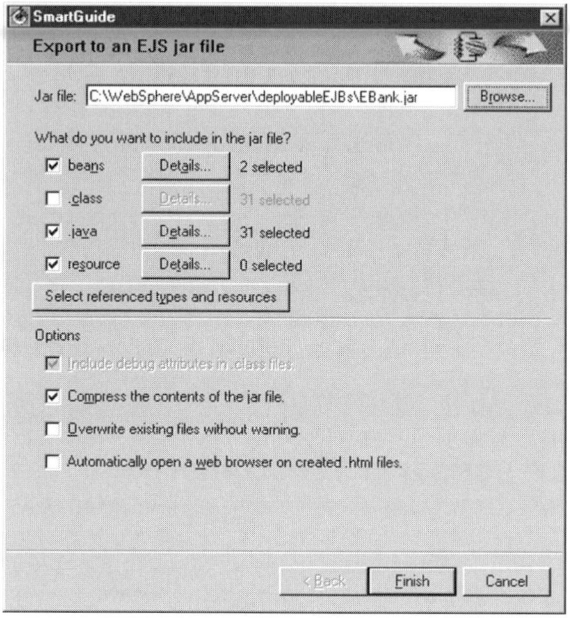

Figure 22-4.
Visual Age for Java propose un outil graphique de packaging des composants EJB sous forme de fichier .jar.

Monitoring

Enfin, WebSphere permet de visualiser l'état de chaque conteneur et, à l'intérieur de chacun, l'état des *Beans* présents. En particulier, on peut visualiser en temps réel :

- le nombre de sessions utilisateurs actives,
- la CPU utilisée,
- les connexions aux bases de données,
- les temps de réponses des méthodes appelées par les clients.

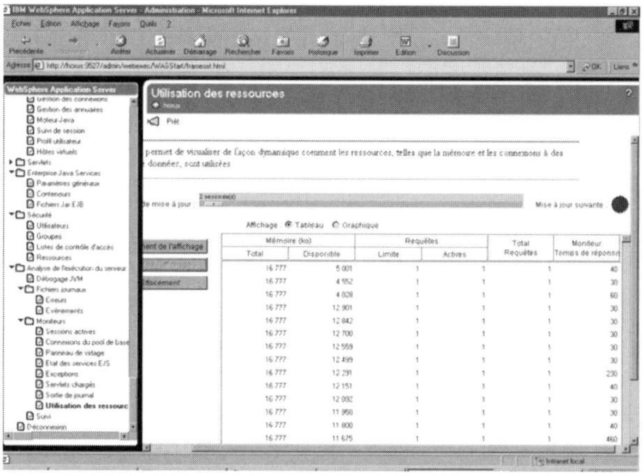

Figure 22-6.
La console d'administration de WebSphere permet de visualiser en temps réel les ressources utilisées par chaque conteneur.

Index

A

B

C

D

E

G

H

I

J

L

M

V

W

X

Dépôt légal : Août 2000
N° d'éditeur : 6083

Achevé d'imprimer le 24 août 2000
sur les presses de l'imprimerie «La Source d'Or»
63200 Marsat
Imprimeur n° 8722

MORTGANOMICS

A Critical Examination of Mortgage Lending Practices, Pricing, and Predatory Abuses

Terry L. Donovan

MORTGANOMICS – A Critical Examination of Mortgage Lending

Published By Smart Books LLC
Orcas Island, Washington

Printed in the United States of America
10 9 8 7 6 5 4 3 2 1

Library of Congress Control Number: 2009902166

Donovan, Terry L, 1948-
Mortganomics – A Critical Examination of Mortgage Lending
ISBN-10: 0-615-27947-3
ISBN-13: 978-0-615-27947-3

SMART BOOKS LLC
WASHINGTON

Dedication

This book is dedicated to my wife Agustin, who inspired me to share what I have learned during my twenty-five years at the front lines of the mortgage industry, and to the millions of Americans who have lost their homes, or suffered financially, due to forces beyond their control.

I would also like to pay tribute to my mother and father, Dorothy and Tom, for making me go to summer school to repeat my eleventh grade English Composition course; writing this book reminded me that I should have studied punctuation a, lot harder;!

Terry Donovan

Table of Contents

Table of Contents

Table of Contents

Introduction

mort·ga·nom·ics

[mor-guh-nom-iks] **noun**

Definition: 1 the analytical social science that examines the creation, distribution, management, and economic impact of mortgage assets on the financial welfare of consumers; **2** the study of the practices and policies used by mortgage lenders to originate, process, and service home mortgages; **3** consumer mortgonomics: the practical application of the principles of *mortganomics* to promote the financial interests of mortgage consumers and investors

Usage: (singular or plural verb) **1** *I'm writing my doctoral thesis on the new science of mortganomics.* **2** *Have you evaluated the mortganomics of your real estate project?*

Origin: 2008; Donovan, T.L.; see also MORTGAGE, -NOMICS

MORTGANOMICS is the newly coined term for a brand new concept in mortgage education. Until 2008, the term had never been used in any book or published work, and never appeared online in any context. It is an easy to understand reference tool for all consumers, and it will change the way they look at mortgage finance forever.

Introduction

The mortgage meltdown of 2008 showed us that mortgages have the potential to shatter an otherwise stable economy. Despite strong market and regulatory influences, the mortgage market ran amok and along with it, hijacked our economic stability. At the time of this publication, Wall Street and the Federal Government remained impotent in their ability to overcome these seemingly insurmountable economic hurdles – all created by the greedy, unfair, and predatory lending practices of the mortgage industry.

When piles of mortgages create havoc in our economy, such as we've seen in recent months, they deserve special permanent attention. They deserve the attention that is commensurate with their ability to disrupt our economy. They deserve a format and a title, such as *Mortganomics*, which will provide for an educational structure for future generations of Americans. Only through a program of systematic mortgage education will consumers learn to avoid the pitfalls of subprime mortgages and huge variety of predatory lending practices.

The word is out – and the word is *foreclosure*. There are many other words also being kicked around to describe the state of affairs in our mortgage industry, including greed, exploitation, fraud, predatory lending, and many more. There are many words to describe the symptoms of the mortgage meltdown of 2008, but only one to describe the cure – that word is *education*.

Would you be surprised to learn that without a little mortgage education, you could easily wind up paying a loan officer $350 to $450 an hour to handle your loan? Who do you know that earns 350 bucks an hour – teachers, police, engineers, scientists? Most surgeons do not even make that much money.

There has never been a mortgage education curriculum easily accessed by consumers, and there has never been one provided by a mortgage lender. The lenders blame the mortgage mess on the borrowers and say: we provided all of the loan disclosures we were required by law to provide, and that is all we need to do. In this book, you will see how many greedy loan officers take what they call an "overage" on a loan, often with complete stealth and disdain – and that practice costs their borrowers money.

It is the borrower's responsibility, they say, to evaluate the terms of their loan – not ours. But is that a reasonable assessment? Is it fair to the borrowers who trusted their lender's advice? We think not.

Have you ever tried to understand the language in an adjustable rate rider? Do you even know what an adjustable rate rider is? If not, is it a reasonable expectation that you should be able to evaluate one? When a lender refrains from trying to educate their borrowers on mortgage information, and then say they should have known better, they become the instrument of a profoundly unfair practice inflicted upon America's mortgage consumers.

This book was written for smart people. Not for the people with a 150 I.Q., but for the people who are smart enough to recognize that mortgage lenders place profit above all else. If you are reading this right now, you have already shown that you're probably smarter than a fifth grader, and certainly smarter than the average bear. If you are not, however, you probably won't worry about getting the best terms on a mortgage, or even possibly falling prey to a predatory lender.

Most other books written on mortgage lending try to include a simple "taste" of everything there is to know about home finance, all in one book, which of course is just plain stupid. We have seen countless others that do not even include one single math calculation, any explanation of how lenders price mortgages, or so much as a whisper of what a Yield Spread Premium is. This book takes a completely different approach to the subject of how to get the best deal on a mortgage – it examines the loan pricing practices of lenders like a prosecutor.

We focus like a laser beam on a narrow but comprehensive subject matter; a subject matter that is crucial to a borrower's ability to acquire an adequate knowledge of the mortgage lending process. That knowledge will allow them to negotiate the terms of their mortgage from a position of strength.

We feel that it is critical to understand how lenders price their loans – not just a matter of general interest. We believe that by studying our detailed loan pricing examples, including the information on how to read a lender's wholesale rate sheet, any borrower will be significantly better able to negotiate the terms of their home loan, or understand when to switch to another lender.

This book guides you, step-by-step, through the entire loan origination process. You will learn when and where a loan officer can take advantage of you, and how you can stop them in their tracks. You will find a comprehensive description of dozens of predatory lending practices, each designed to rid you of your hard-earned money. The author of this book is an acknowledged mortgage expert and shares it all here.

The Predator Icon

Predatory lending practices do not occur in a vacuum – just under a cloud of secrecy and greed. The individuals who carry out these reprehensible lending practices are the lenders' loan officers – the frontline soldiers of bad business. While the vast majority of loan officers are honest and ethical, many are not. They are the predatory loan officers that we target in this book. They deserve no sympathy for what they do – only contempt and in many cases, jail sentences.

To help you identify these culprits, we show you exactly what it is that they do, using our *Predator* icon as a scary red flag waving whistleblower. We do not simply "define" these predatory lending practices, like most other books – we blast them out into the open for you to see and understand. You won't need to wonder which part of the loan process can expose you to a rip-off by a bad lender. Just look for this icon – and there are a whole bunch of them.

Wherever you see it, you will find a detailed explanation that will show you how the particular abusive practice is used, and give you tips on how to avoid it. We do not use the *Predator* icon to indicate that any particular practice is illegal, or even unethical, so there is no need to call your lawyer. We use it only to attract your attention, and to give you the tools needed to decide for yourself if you believe the practice is fair or unfair.

Chapter One

The Loan Origination Process

Your Path to Homeownership

Following the path to homeownership is the right of every American. We work hard every day so that we can provide a nice life for our families, and homeownership is our reward. No other country in the world offers more opportunities for its citizens to own a place in the sun.

Because the laws of our nation intend to prevent discriminatory practices, we have adopted many standardized procedures for the pricing and processing of home mortgages. This chapter explores those procedures and the path that you will follow on your journey to homeownership. It will give you the sequence of events that will take place so that you will know what to expect, and when to expect it.

The Journey Begins

Are you ready to buy a new home? Will it be your very first dream home, or are you moving up in the world and getting ready to jump into something bigger and fancier? From a mortgage lending perspective, it makes very little difference. The steps that you will need to take to get your home financing in place are pretty much the same no matter who does your loan. That means each lender will discuss your loan using the same terms, and perform the same calculations that the other lenders will use to evaluate your information.

Most lenders have specific types of documents that they use to process their home loans, but the credit, income, and property requirements that will be used to qualify you for a mortgage will be generally the same.

You are going to need to fill out a bunch of papers, dig up your pay stubs, tax returns, pay for an appraisal and a credit report, and generally jump through a bunch of hoops for about a month. In the end, however, if you have done what the lender has asked you to do, you will be ready to move into your new pad and have a really big party. Congratulations!

Commonly Used Terms

Loan Origination: The creation of a new home mortgage secured by real estate. It involves the soliciting, application, processing, and closing ("booking") of a home loan. All lenders use the same general procedures to finance a home, and most use the same underwriting guidelines.

Loan Originator: The term used by the mortgage industry, as well as State and Federal laws, to designate the individual who accepts a loan application and manages the processing until the completed loan file is submitted to an underwriter for final approval.

Although mortgage lenders use a variety of titles to describe this person, including loan officer, mortgage consultant, home lending associate, senior this and senior that, they are all loan originators in the eyes of the law.

Mortgage Lender: The bank or mortgage company (the "creditor") that will advance the funds needed to create your new home mortgage. You might apply to them directly, or use an intermediary to secure your loan.

Mortgage Broker: A mortgage finance intermediary or middleman, presumably acting on your behalf, between you and the mortgage lender. Refer to the chapter on *The Retail Mortgage Market* for complete details.

Escrow Company: Unless you live in a state that uses lawyers (yuck) to handle real estate transactions, your home purchase or refinance transaction will be facilitated by an escrow company – a disinterested third-party acting in a fiduciary capacity for the parties to the transaction.

Escrow Officer: The agent employed by the escrow company who will handle your real estate purchase transaction, or the refinancing of your existing mortgage.

An Overview of the Loan Origination Process

The steps you'll follow along your path to a loan approval will be taken in a specific order. Many of the activities performed during the processing of your loan will occur simultaneously, such as ordering your credit report, appraisal, and verifications of deposit and employment. In general, the steps include:

A. **Buy a House.** Negotiate your terms and get a fully executed purchase contract.

B. **Open an Escrow.** If you're buying a home, take your purchase contract to your favorite escrow company and they'll start the ball rolling. If you are refinancing, give your escrow officer your new lender's name and the details of your current mortgage.

C. **The Application Interview.** You'll meet with your loan officer for the first time. He or she will explain their services, ask questions about the financing you need, your credit, income, and the type of loan preferred.

   If your answers indicate that your application has a reasonable chance for an approval, they'll whip out an application package for you to complete. They may even try to complete the application form right then, and there.

   Before you get to your first lender interview, you should have already requested and received a **Good Faith Estimate** from all of the lenders on your list. If you haven't already received one, this is the time to ask for it. Refer to the chapter on *Loan Costs and Disclosures* for greater detail.

   Hopefully, all of your Good Faith Estimates (GFEs) were prepared on the same day so that realistic comparisons could be made. Given the fact that interest rates and points change frequently, you can't compare a GFE prepared on July 1st to one prepared on July 2nd. You need to compare apples to apples.

D. **Apply For a Mortgage.** After you complete your loan application and collect the information required by your lender, make yourself a copy of everything, and return the package to your loan officer. Your loan officer will review all of the information and, if needed, ask for more – and then sent the file to their loan processor. Your loan is now in process. Make a note of that date for your reference.

E. **Loan Processing.** Your lender's loan processor (not the loan officer) will begin the processing of your loan. Their immediate activities will include:

1. **Evaluate your loan application package.** The responsible processor will examine everything in your package and make a list of the items that will be needed, as well as identify any qualifying issues that will need to be addressed as a prerequisite to submitting your loan to underwriting. They need to understand the loan program you are requesting, and should even keep a copy of the underwriting guideline in the file for reference. A few days after you apply, you can ask your loan officer for the results of their initial loan processing evaluation. Is it yes, or no?

2. **Order your credit report.** The loan processor will order and receive the printed credit report in only minutes. You will probably have to pay a fee ($12-$15) in advance. Ask your loan officer to provide you with a copy as soon as possible so that you can confirm its accuracy. Also, confirm that your credit score is acceptable to the lender for the loan program chosen.

3. **Order your appraisal.** The appraisal will usually take a couple of weeks to complete. You will need to pay for it as an advance fee. The cost will depend on the size and complexity of the property. Ask your loan officer to let you know when it is complete so that you can obtain a copy. Do not let them make you wait until your escrow closes before sending it.

   In many cases, real estate agents do not like buyers to see the appraisal before the transaction closes, because any negative findings can complicate their sale. To ensure that this does not happen to you, you can instruct them to add the contingency language on the following page to your real estate purchase contract.

> This sale is contingent upon Buyer's approval of a property appraisal, to be order by a lender of their choice in connection with their loan application.

To comply with their responsibility as a fiduciary, a real estate agent must include any contingency that you choose for your purchase contract. The addition of a shrewd and appropriate contingency such as this to your contract also compels your lender to provide a copy of the appraisal for you as soon as they receive it. The loan cannot receive a full approval without the removal of this contingency.

4. **Mail your verifications.** Your bank accounts, employment history, rent payments, and other information will need to be verified. Did you think they'd just take your word for it? After the verifications are mailed, they should receive the completed forms back within ten business days. Follow up on these "verifs" with your loan officer.

5. **Prequalify your debt ratios.** As an integral part of the loan processing function, the responsible processor will compare your monthly income to the amount of debt that you will have after your loan closes. They will arrive at a ratio that defines the relationship between the two, called a debt-to-income ratio (DTI).

   You should call your loan officer by the end of the first week of processing to confirm that your debt ratios are acceptable for the loan program that you have selected. Different loan programs have different DTI requirements.

6. **Evaluate your purchase contract and title report.** If there are any red flags raised by either of these, the responsible lender should bring them to your attention as soon as they are identified. If there are any "clouds" on the title report of the property, or any problems with your contract that are not discovered before your loan is submitted to underwriting – but caught by the underwriter, it means that your loan processor was probably asleep at the switch, and you have the right to bust their chops.

7. **Input loan information to an Automated Underwriting Engine.** Your home loan information will be entered into either Fannie Mae's Desktop Underwriter (DU), or Freddie Mac's Loan Prospector (LP), depending on which conventional loan program you have chosen. In just minutes, it will spit out a loan decision that you can take to the bank. See the Fannie, Freddie, and Ginnie chapter for details on this interesting subject.

8. **Final loan package inspection.** When the processor has received all of the information that was needed for a loan approval, he or she will double-check the file to make sure nothing is missing, and that no added documentation or letters of explanation need be obtained prior to loan submission. In addition, they will determine if your interest rate has been locked-in. If it has not been locked-in, they should inform the underwriter of any market changes that may have increased or decreased your qualifying rate and debt ratios.

9. **Prepare the file for submission.** In preparation for turning your loan file over to the toughest underwriter the world has ever seen, your processor will "stack" your application documents according to the lender's stacking-order requirements. They will prepare all of the submission forms necessary to get the loan into underwriting, and make a copy-package for retention in their internal office file.

10. **Submit your loan to underwriting.** By the 30th day of loan processing, or sooner, your loan package should be in line for an underwriting review. At that point, the loan processor's work is complete, and they are out of the picture – but not your loan officer. The file is now under the complete control of the underwriter.

F. **Underwriting.** When your loan package arrives in the underwriting department, an underwriting assistant will check it over for the more obvious requirements, such as acceptable credit scores, loan program details, correct loan-to-value ratios, any requirements for mortgage insurance, appraiser approval status, compliance disclosures, and anything else that the loan guideline requires. They will order an updated preliminary title if there are any issues present, and do a prescreening of the file before passing it to the underwriter.

If all of the required elements are in the file and are determined to be 100% acceptable, they will move it on to the underwriter. It will generally take two or three days for your loan package to float up to the top of the underwriter's pile. Although it may take a full week to receive your underwriting decision from the time it was submitted, the underwriter will spend only 60-90 minutes reviewing it. Yup, that's all the time that most lenders give them to either accept or reject a loan file. A mortgage lender's profitability is all about the numbers.

The underwriter's review of your loan package will result in one of four decisions:

1. **Full Approval.** Your loan was "approved" as received, with no underwriting conditions required prior to closing documents being drawn. As soon as your interest rate is locked-in, if not already done so, the file will be moved to the doc department, subject to a final underwriting review of your credit and debt ratios.

2. **Conditional Approval.** Your loan was "approved," but there are conditions that must be satisfied. These conditions will be classified as either "prior-to-docs" or "prior-to-funding."

   If your conditions are "prior-to-docs," the conditions must be satisfied before the lender will prepare your closing documents – so your closing is on hold. If your conditions are "prior-to-funding," your loan file will be passed on to the doc department right away – so you can now schedule your signing appointment. Most lenders will require a couple of days to prepare your docs and email them to your escrow officer. While your docs are being prepared, you should be getting all of your money together for the closing.

3. **Suspended.** If your loan file is incomplete, or the underwriter has raised questions that may have a negative impact on your loan approval, they will "suspend" the file. This is not necessarily a bad thing – it just depends on the reason for the loan suspension. The number one reason that loans are suspended is that the loan officer has not submitted a complete loan package. If the underwriter suspends the loan for additional documentation, it was probably the loan officer's fault for submitting a sloppy or incomplete file.

If the underwriter suspects fraud or undisclosed information pertinent to an approval, you might be in hot water. On the other hand, most suspended loan files require simple fixes, such as a little more documentation, or a letter of explanation from the borrower. Therefore, don't get rattled when your loan officer utters the word "suspended." They can usually show you how to get it released from the suspension.

4. **Declined.** If your loan was "declined," it means that the underwriter found something in your loan file that does not fit the program guidelines for the loan you have chosen. It may be something that cannot be fixed, such as a 635 credit score when a minimum score of 680 is required. Or, it might be something that can be remedied by switching to a different loan program, such as an FHA loan, possibly increasing your down payment, adding a co-borrower, or any number of possible solutions.

   It is part of your loan officer's job to explore possible fixes with the underwriter, usually before they even give you the bad news. All loan officers work on a commission basis; if your loan does not close, they don't get paid, so they have a vested interest in making your loan work. If your loan is declined, make them earn their keep and get it fixed.

G. **Closing.** When your loan is moved to the lender's "closing" department, you are almost home free. All of the difficult underwriting conditions should have been resolved at this point, and it is now just a matter of rounding up all of your loan documents, getting your John Hancocks in place, and recording everything.

There are eight basic steps involved in closing your new loan, including:

1. **Review outstanding underwriting conditions.** When the lender's "closer" receives your loan package, they will make sure that all "prior-to-docs" underwriting conditions have been satisfied and are included in the file. If any are missing, they will notify your loan officer of the requirement. They may send them an email saying something like, "hey doofus, wake up and smell the coffee, we need some more stuff." In most cases, of course, they will just pick up the phone and call them.

If any of the conditions required in the approval letter state "u/w to review," the closer will have to send them back to underwriting to be signed-off. Closers do not have underwriting authority, so a missing condition of this type, at this point, may delay your loan closing by several days. You have to stay on top of your processing at all times.

2. **Receive the "doc-draw" request.** The closer cannot do anything without written instructions, just like an escrow officer. It is the loan officer's job to fill out the doc-draw request and send it to the closer. Once the closer has the doc-draw request, they will send an estimated HUD-1 Settlement Statement to the escrow officer to verify the charges that will be included on the final HUD. When the closer confirms the accuracy of the information needed to close the transaction, the docs are ready to be prepared.

3. **Draw the docs.** Using the vesting information provided by the escrow officer, and the loan parameters from the loan file, the closer inputs the data into their computer and the docs are printed. Then, the loan docs are either emailed or sent by overnight courier to your escrow officer, who will then schedule your signing appointment.

4. **The signing.** Before you sign your documents, make sure you read the *Closing Your Loan* chapter. It contains many helpful hints on what to expect during your closing, what to be careful of, and how to evaluate the mortgage information you will be signing. Before you sign, you should have already reviewed your document package (preferably in the quiet of your own home) and resolved any questions you had regarding the content of the disclosures and legally binding documents. If you examined everything to the best of your ability and you didn't question anything, you should question your own ability. If you have little or no experience in real estate closings, you should seriously consider hiring an attorney to review them for you. There are <u>always</u> questions that should be asked.

5. **Going over the numbers.** The closer and your escrow officer will conduct one final audit of all the amounts to be paid at closing, and collect all of the money due in connection with the loan. They will recalculate the taxes and other prorated costs to reflect the day of recordation, which finalizes the escrow process.

The escrow officer emails the final HUD to the closer and if they agree with the numbers, they will fund the loan. The funds are wired electronically to the escrow company, which takes a few hours.

6. **Loan funding and recording the docs.** When the title company receives the funds from your lender to close the transaction, they write checks to all of the parties to the transaction who are owed money. Then, they put together a "recording package" that includes the Deed of Trust and related attachments and riders.

7. **Prepare document copy package.** When all is said-and-done, your escrow officer will give you copies of the important documents that pertained to your escrow. Keep all of the documents together in a very safe place.

8. Your purchase or refinance is complete. You can go home now.

Do Your Homework

Before you contact any lenders, it is important to understand what you're getting in to, and what you can do to influence the process in a positive way. Reading this book and relying on it as a reference tool is an excellent first step. There are three chapters you should study carefully, including *Retail Loan Pricing*, *Wholesale Loan Pricing*, and *Yield Spread Premiums*. These chapters are very important and they will show you how to negotiate the terms of your mortgage like an expert.

Investigate the local mortgage lenders. Ask a few real estate agents which ones have the best reputation. Do not limit your search to just big national banks. Include a few smaller regional and local banks, a couple of mortgage brokers, and a few mortgage companies. Also, investigate individual loan officers because they will be the ones that you will be negotiating with for your mortgage terms.

Chapter Two

The Retail Mortgage Market

Lenders, Loan Officers, and Loan Pricing

Before you start shopping for a loan, you need to find a lender that will do a good job for you, and treat you fairly. It will be extremely helpful for you to understand the structure of the retail mortgage market as well as how lenders differ. The elements of home mortgage lending, while diverse, contain strong regulatory and standardized procedures in order to create the market synergies that translate into cost efficiencies for consumers.

The mortgage marketplace has undergone dramatic transformations in the last decade. We have seen how a traditional mortgage market offering simple fixed rate loans now drowns in a flood of exotic and complex mix of loan products. Consumers cannot make an informed selection of the best mortgage to fit their needs if their loan officer cannot even explain the details of the loan to them.

In addition to the traditional 15, 20, 30 and 40 year fixed rate mortgages, consumers can choose from an array of adjustable rate and hybrid mortgage loans, including:

- 3-Month ARM
- 6-Month ARM
- One-Year ARM
- 2/28 ARM
- Pay Option ARM
- Convertible ARM
- Graduated Payment Mortgage
- 3/1 ARM
- 5/1 ARM
- 7/1 ARM
- 3/27 ARM
- Hybrid Option ARM
- Balloon Mortgage
- Compressed Buydown

Chapter Two – Loan Types

- 2-1 Buydown Mortgage
- Reverse Annuity Mortgage
- Bimonthly Payment Loan
- Reducing Interest Loan
- Roll-Over Mortgage
- Agency Loan
- Negative Amortizing Loan
- Deferred Payment Mortgage
- Subprime Loans
- 3-2-1 Buydown
- No Money Down Loan
- Reduction Option Loan
- 80/20 Mortgage
- 75/15/10 Mortgage
- Non-Agency Loan
- B, C, and D Loans
- Hard Money Loans
- FHA and VA Loans

Add to this already head-spinning assortment of incomprehensible loans, a collection of index variables that can give any unsuspecting borrower a serious case of payment-shock, and you have planted the seeds for a mortgage meltdown. Those variables, which are seldom discussed by a loan officer let alone explained adequately in simple terms, include ARM indexes such as:

- Constant Maturity Treasury Index (CMT)
- Treasury Bill (T-Bill)
- 12-Month Treasury Average (MTA or MAT)
- Prime Rate
- London Inter Bank Offering Rate (LIBOR)
- 11th District Cost of Funds Index (COFI)
- Certificate of Deposit Index (CDI)
- Fannie Mae's Required Net Yield
- Cost of Savings Index (COSI)
- National Average Contract Mortgage Rate

Then, add a wide variety of Margins from 2.25% for conforming products, to 6.00% or even "no-ceiling" margins in the subprime market, to the above loans and enjoy watching the big lenders try to convince America that the millions of people who lost their homes to foreclosure knew exactly what they were getting into. How stupid do they think we are?

For some of their affordable housing programs, Fannie Mae requires borrowers to be educated in concepts such as house payments, taxes, electric bills, and how to make a budget (duh). But when it comes to the issues that can destroy a borrower's financial health, like a subprime loan, they all seem to go deaf and dumb.

Financing Relationships

There are three elements that must be present for mortgage markets to exist: credit, credit and more credit. Without credit, the "borrower" and "lender" financing relationships required for homeownership would not be able to function. Financing relationships between buyers of real estate, and the entities that provide the funds as an investment, involve a variety of basic attributes, which serve as the legal foundation without which real estate financing could not occur. These fundamental attributes include:

Rights. The parties in a real estate transaction obtain certain rights and obligations through contractual agreement. In exchange for the advancement of funds, the lender will acquire many rights to protect their interest in the property being financed. In most cases, these rights will include their right to transfer some or all of their rights to another party. This ability makes their rights an integral legal commodity in the valuation of lender's loan servicing portfolio.

Leverage. When you buy a home using only a small amount of cash, coupled with your promise to repay, you have leveraged your investment in the property. If you make a 20% down payment on your purchase, you are 80% leveraged. If you are able to secure financing on the entire purchase price, you are 100% leveraged. During the 1990s, it was very easy to buy a home while finding yourself 125% leveraged (125% LTV). The abuses of leverage in home finance were one of the major causes of the mortgage meltdown, and one that allowed many borrowers to just walk away from their homes.

Real Property "Pledge." Real estate loans are "secured" loans. That means the property you are buying or refinancing acts as the collateral security for your loan. Your "pledge" to the provider of the financing is that you will make regular payments to them which will included their investment "interest." If you don't pay them, you'll lose your rights to the ownership of the property and they'll take back the collateral (your beautiful home) using the particular foreclosure process that is prescribed by your State laws.

Hypothecation. When your lender provides financing on your home, you are granted the right to retain possession and control of the property. In return, the lender secures certain equitable rights in your home as a matter of contractual agreement. Because hypothecation involves a pledge, without the transfer of legal title or possession, the lender's rights to the property are "equitable," or pertaining to a "right" in equity.

Due-On-Sale. If you want to sell, or otherwise transfer any right, title, or interest in a mortgaged property that you own, you are required to pay off your mortgage before title can be transferred. Under some circumstances, your lender will grant permission for a transfer without satisfying the underlying debt. The *Due-on-Sale Clause* has become a standard element in mortgages and has effectively eliminated mortgage the use of seller to buyer mortgage "wraps."

Defeasance. The defeasance clause in your Deed of Trust gives you an irrevocable right to reclaim all rights to your property when your mortgage has been *paid in full*. At that time, the lender's trustee has a legal obligation to record a Deed of Release as prescribed by State law. Sometimes, however, you have to chase them to do what they are required to do. If this becomes a problem for you and you cannot get them to respond to your phone calls, contact the company that handled your escrow for help.

Understanding Mortgage Markets

Why learn about mortgage markets, and how they can influence interest rates? When you decided to buy your first home, did you do your market research to find the best deal? Each time you walked into a house for sale, did you do a mental assessment to figure out what you thought it was worth, compared to other similar properties? Of course, you did, and it's just instinctive.

Shopping for a mortgage, however, requires more than just instinct. It you want to find a fair deal, you have to play "hardball." You have to ask the tough questions that lenders don't want to hear, and you need to have the guts to ask for things that they don't want to give.

If you do not know how a mortgage works, you might have a problem similar to the one demonstrated on the next page.

Chapter Two – Loan Officer Promises

Upon learning that their interest rate and points were going to be substantially higher, than had been originally promised, and after reading in the morning newspaper that interest rates had fallen sharply that day, the borrower had the following telephone conversation with his loan officer:

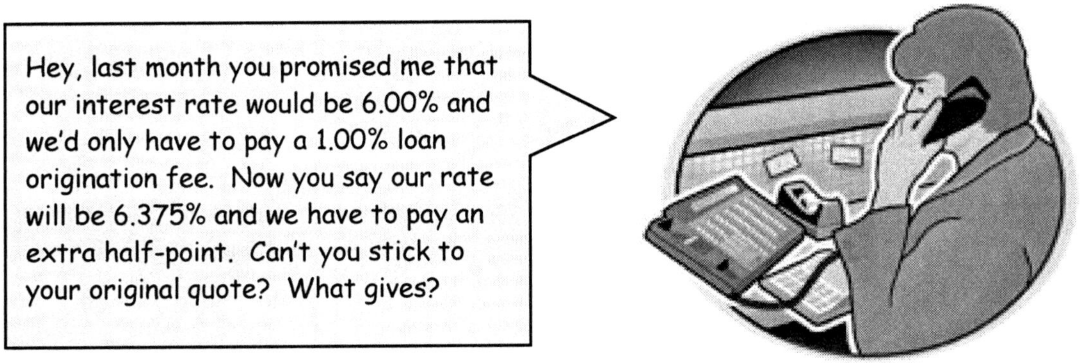

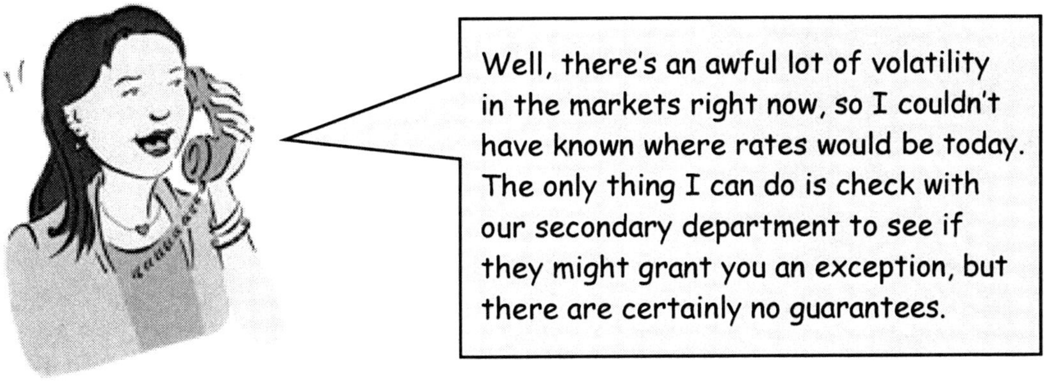

With no prior basic understanding of the mortgage markets, a borrower will be at an immediate disadvantage in their ability to cope with the above loan officer's response. How can a borrower effectively challenge an answer such as this one, which is intended to take advantage of specialized mortgage knowledge, and that which the loan officer knows very few borrowers understand? They can't – and the loan officer banks on that fact. It is up to the borrowers to educate themselves so they will not be subjected to these problems. A little education can go a long way. You don't need to be able to get a job as a loan officer – just be able to think like one.

Although there a variety of mortgage markets where home financing can be readily obtained, as a borrower in a volatile housing market fraught with predatory lending practices and outright mortgage fraud, you only need to have a working knowledge of three: the ***retail***, or primary mortgage market, the ***secondary*** mortgage market, and the ***wholesale*** mortgage market. With your newly acquired mortgage market lingo, you will be far better equipped to deal with loan officers and impress your friends at a party with your superior mortgage finance intellect.

Retail Mortgage Market Players

BANKS	**MORTGAGE BANKERS**	**S&L's**	**MORTGAGE BROKERS**

When it's time for you to shop for a home loan, your search will take you to a variety of retail mortgage market lenders. These include commercial banks like Wells Fargo and Chase, big name mortgage bankers like Countrywide, as well as smaller local and regional lenders that have the ability to fund loans using their own internal credit resources.

Any mortgage lender or mortgage broker that originates a home loan for a consumer, directly, is a retail mortgage market player. Savings and Loan Associations, Credit Unions, and even private individuals can also serve this market. Mortgage "brokers" are differentiated from mortgage "lenders," including banks and mortgage bankers, in a variety of important ways. The primary difference lies in the fact that mortgage brokers do not lend their own mortgage funds. They are pure "middlemen" and only have the ability to loan the funds made available by primary creditors – mortgage bankers.

The chart on the following page itemizes the differences between mortgage bankers and mortgage brokers. It will help you decide which is best for your particular home financing needs. Whichever type you choose to work with, remember that a loan officer is just a loan officer and it does not matter whom they work for. Be careful!

How Mortgage Bankers and Mortgage Brokers Compare

Business Characteristic	Mortgage Lenders	Mortgage Brokers
Fund loans using their own internal resources	Yes	No
Sell loans directly to the Secondary Mortgage Market	Yes	No
Have direct or designated loan approval authority	Yes	No
Direct Fannie Mae / Freddie Mac approval	Yes	No
Ability to create MBS pools	Yes	No
Employ loan Underwriters	Yes	No
Service closed mortgage loans	Yes	No
Use multiple lending resources	No	Yes
Easily resubmit a rejected loan	No	Yes
Offer private and hard money loans	No	Yes
Employ creative financing alternatives	No	Yes
Disclose YSPs on Settlement Statement	No	Yes

Although the previous characteristics may seem to indicate that applying for your home loan with a big commercial bank is clearly the best choice – it is not. The biggest name does not mean the best deal. If biggest meant best, Miss America would weigh 300 pounds. Your selection of a lender comes down to two financial questions: how much will the loan cost at closing, and how much will it cost over time? Everything else the lender boasts is just marketing fluff.

However, if you believe that the largest mortgage lenders offer the greatest level of safety and price, here is a list of the top five for year-end 2007:

Top Mortgage Lenders by Residential Volume
2007 Full Year Originations in Billions

Rank	Company	Originations
1	Countrywide	$ 408.2
2	Wells Fargo	$ 272.0
3	JPMorgan Chase	$ 207.7
4	Bank of America	$ 188.6
5	CitiGroup	$ 151.9

Bank and Non-Bank Mortgage Lenders

As we have shown some of the differences between mortgage lenders and mortgage brokers above, it will be helpful to distinguish between the types of lenders. There are two types of lenders: "bank" and "non-bank." A **Bank Lender** is one that is either wholly owned or controlled by a bank. A bank is either a federally chartered or a state chartered institution, whose business it is to accept deposits, make personal loans, and conduct other services related to banking activities. They can be local, regional, national, or international in scope.

Banks offer mortgage services either directly through their branch network, through a wholly owned mortgage lending division, or through a controlling interest in a separate mortgage company. Commercial banks do not need a state license or a Fannie Mae approval to operate in any state, because they are federally chartered.

A **Non-Bank Lender** is one that has no ties whatsoever to a commercial bank. These types are classified as mortgage banking companies and do not offer any commercial banking services, such as you would see at Bank of America. The largest non-bank mortgage company in the United States is (or at least was) Countrywide Financial. They will soon (or already have) change to a bank lender because of their business acquisition by Bank of America.

Regulatory Controls

Mortgage banking companies, or mortgage bankers, such as Countrywide, do not operate under a state or federal charter, as does a bank. As a result, they must be licensed in any state in which they originate mortgages. One caveat to this rule is state specific: most states will waive the requirement for licensure of a mortgage banking company if they maintain an approved status to conduct business with either Fannie Mae or Freddie Mac.

An approval by Fannie Mae or Freddie Mac creates a subset of mortgage bankers, which we will define as either "Fannie/Freddie lenders" or "non-agency" mortgage bankers. Just about any Joe Blow can obtain a mortgage banking license if they meet fairly simple requirements that are defined by individual states. However, that does not mean they can be approved by Fannie Mae, Freddie Mac, Ginnie Mae, or any of the private secondary mortgage market players.

Generally, if a company already approved as a mortgage broker obtains a warehouse line of credit, which is a revolving credit line that gives them the ability to fund loans from their own resources, they can qualify for a mortgage banker's license.

The other requirement, also state specific, involves their surety bond. As a mortgage broker, most states require a surety bond of $15,000 to $50,000, but a mortgage banker's bond can require at least $300,000 in fidelity coverage.

The significance to the company is the difference between a $150 annual premium and as much as a $3,000 annual premium for their bond. That difference can challenge the cost-effectiveness of obtaining a mortgage banker's license to most small mortgage companies.

Fannie Mae and Freddie Mac have more difficult approval requirements, such as a $250,000 minimum net worth, errors and omissions coverage of at least $300,000, experienced key personnel in secondary marketing, underwriting, quality control, and loan servicing to mention a few. As a result, it is very difficult for most small mortgage companies to sell loans to them directly. Most prefer to operate like a mortgage broker even if they already have a mortgage banker's license.

Advantages of Dealing with a Bank

When you apply for a mortgage through a bank, you will have a certain measure of "size" security. Because banks are federally regulated, have high reserve asset requirements, and make huge dollar investments in real estate holdings and business infrastructure, they are less likely (usually) to suddenly close their business, as many privately owned mortgage brokerages have done in recent years.

Banks are less susceptible to many of the factors that caused hundreds of non-bank mortgage companies to collapse during the big "meltdown." Non-bank mortgage companies, such as Countrywide, do not maintain deposit asset reserves and as a result, they must depend on outside credit institutions (banks) to provide them with lines of credit to not only fund their loan production, but also provide financing for continued business operations.

Since Countrywide Financial was not chartered as a bank, when the mortgage meltdown occurred, they were unable to borrower federal funds, as the banks did, in order to maintain the high level of financial solvency required to offset huge cash flow losses from mortgage defaults. As their company stock value plummeted, and rumors spread that they were insolvent, they discovered that they could not raise enough new credit from their bank resources to cover their rising mortgage losses.

The banks, after all, were having the same problems with defaults and were less inclined to grant new business credit to companies like Countrywide or other mortgage lenders. The entire industry was a mess and needed a bailout.

Thousands of borrowers with active loans in Countrywide's pipeline, as well as those of many other non-bank lenders, were summarily declined because they had no way to fund them. Borrowers were hung out to dry in every state – and they were not happy about it. Most real estate transactions rely on, and are at the mercy of, the buyer's lender. People do not buy or sell real estate unless there is a need. When a lender violates the trust placed in them by a customer, there can be financial and emotional repercussions, even when the lender has a legitimate excuse for rejecting their loan application.

The next time you need to apply for a mortgage, if there are clear signs that trouble is brewing in the stability of the mortgage industry, consider using your favorite bank, or a mortgage broker that has access to a variety of bank and non-bank mortgage lending resources.

Advantages of Dealing with a Non-Bank Mortgage Lender

Although banks offer a certain amount of "size" security, based on their corporate assets, mortgage companies that are not owned by a bank can offer a wider variety of loan products, and frequently greater flexibility in loan underwriting. Non-bank mortgage companies like Countrywide, GMAC Mortgage, E-Loan and others, have historically demonstrated ferocious competitiveness. Since they cannot capitalize on national bank branding, they need offer their customers loan products that are more creative and unique.

Higher loan-to-value ratios, limited and no-income verification processing, lower acceptable credit scores, outrageous secondary financing combination alternatives, specially designed Fannie Mae and Freddie Mac loan programs, and a host of other eye-popping attention grabbers have made them the choice of millions. Banks tend to keep their image more conservative, and therefore limit the wild preponderance of off-the-wall loan programs. Non-bank lenders do not have corporate roots that include old west stagecoaches, so they are not as worried about the importance of mainstay advertising images.

If you believe that a non-bank lender, like Countrywide, will work best for your financial needs, that's great; just don't forget to check them out with your local realtor resources, the Better Business Bureau, or perhaps *Ripoff Report*.

If your credit is less than perfect, you want to minimize your down payment, include a seller carry-back or a large cash gift, or have any other type of unconventional lending issue, you should present your needs to a non-bank lender. But remember: never give any lender your social security number before you actually apply for a loan. Do not let them check your credit unless you are ready to apply.

Advantages of Dealing with a Mortgage Broker

A mortgage broker can offer you all the advantages of a bank and a non-bank mortgage lender, but you need to be extremely careful in your selection. If you have obtained reliable references, checked for any sanctions imposed against them by your state regulatory agencies, and checked them out online through websites like *Rip-Off Report*, you are probably good to go.

Mortgage brokers receive detailed information on loan programs, interest rates, costs, and underwriting guidelines from a variety of bank, non-bank, and even private home lenders. An experienced mortgage broker can show you more financing options than an individual bank, and they can be more effective in handling underwriting issues before the loan is submitted to an underwriter. In addition, unlike a bank or non-bank lender, if your loan is declined for any reason, they can immediately submit it to another lender with minimal additional paperwork. When a bank declines a loan application, it is the end of the line.

Dealing with a mortgage broker can also be less formal and without pretence. Many people feel more comfortable with the loan application process in an environment where customers are not buzzing around making deposits and demanding free toaster ovens. If you prefer greater lending flexibility, more pre-submission underwriting guidance, and a more informal application experience, you should consider talking to a mortgage broker.

Dealing with Poor Service

Banks and mortgage companies with big names, big advertising budgets, and fancy offices, are no guarantee that you will get top-notch service. If you have applied for your loan and things are not going well, you don't have to take it.

If your loan officer does not return your phone calls, he or she appears to be totally incompetent, they have asked you to enter false or misleading information on your loan application, or you suspect that you have been the victim of predatory lending, it may be time to complain about their service.

First, remember what Grandma always said: "You can catch more flies with honey than with vinegar" and "be nasty – beware!" In most cases, a little diplomacy on your part will go a long way. Ultimately, you carry a big stick because you can always cancel your loan and order them to transfer the entire loan package to any other lender that you choose.

State law mandates that a lender transfer a loan package immediately when requested, so they cannot refuse to do it. If you must take that route, you should send them a certified letter with your transfer request in order to document it. There are other things, however, that you should do first, as discussed below.

Complaint Resolution

If you have a problem with your lender or their loan officer, the problem will probably not go away unless you take control of the situation. The severity of your problem will dictate how much effort will be needed to correct it. If it is a problem related to the incompetence of your loan officer, but it will not cost you any money, that is one thing. But if the problem will cost a lot of money to resolve, that's a bird of a different feather – so you had better take strong steps to get it fixed.

Do not be afraid to make demands of your loan officer because you think they might cancel your loan if you make them angry. If they were to do that, the lender would be in serious trouble under federal lending laws. Once they start your loan, state and federal laws strongly influence the approval process, and under what terms and conditions a lender can decline a loan application.

Your complaint should start at the lowest administrative level and, if needed, move up the lender's organizational ranks. A typical organizational structure found in a bank or a mortgage company looks like the one on the following page. You can use your knowledge of these structures to your advantage if you are getting bad service.

Bank and Mortgage Company Organizational Structures

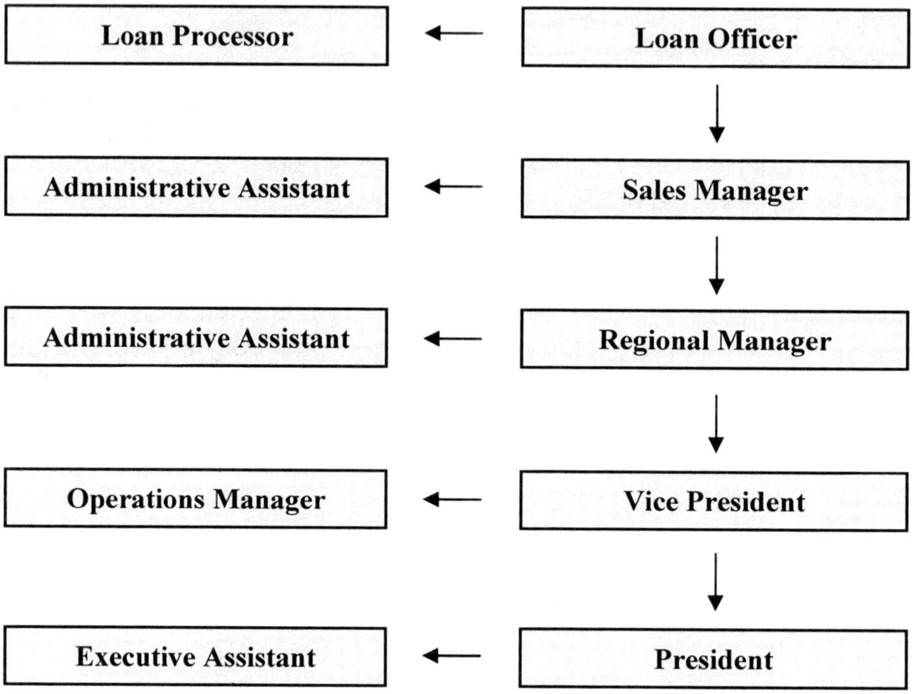

A conversation with your loan officer will probably resolve most problems. Since all loan officers work on a commission basis, keeping you happy is in their best financial interest. If the loan officer cannot provide you with the satisfaction you believe you deserve, call his or her sales manager, explain the situation, and tell them what you believe is required to resolve the problem. Sales managers are also paid on a commission basis, so they will listen to your concerns very carefully and usually try their best to make you happy. If they do not, you can work your way up (or down in this case) the organizational structure until you get your way – if you can get it at all.

Remain calm and be prepared to defer to the sales manager's experience as long as their response seems reasonable. If their response does not seem reasonable, you can advise them that unless they can make an acceptable recommendation to resolve your problem, it may be necessary to transfer the loan to another lender.

Loan Transfers

Do not be hasty with a loan transfer. Before doing so, call two or three other lenders and explain the situation to them. If a consensus emerges as to how to handle the problem, you would then have three possible courses of action: (1) you can offer the consensus resolution to your current lender as a way for them to keep the loan, (2) contact the lender's regional manager for help, or (3) transfer the loan to one of the other lenders.

If the lender fails to transfer your loan expeditiously, you may need to motivate them. First, contact your state's banking regulator. Most states have unique names for it, but this department is the one that regulates banks, mortgage companies, savings and loans, mortgage brokers, and usually title companies. Make detailed notes of every discussion and always record the time of your call and the name and position of the person you spoke to. Explain your situation carefully and without emotion. If they believe you are a levelheaded person with a legitimate complaint, they will be more likely to give you the best advice possible.

Verify the state laws regarding your right to have your loan application package transferred, as these laws can vary from state to state. With knowledge of the laws in mind, inform the lender's sales manager that any further delay in transferring your loan will result in a complaint being filed with the State Banking Department, or whatever they call themselves in your state. Ask the lender to send you an email, or otherwise confirm that the package was sent to the new lender. Call the new lender and let them know of the transfer and to look for the loan package.

If you prefer not to discuss the transfer with your current lender directly, your new lender will almost certainly handle it for you. They know what to ask for and how to ask for it. In addition, they will prepare the transfer authorization letter that may be required, contact your escrow company for a retype on your preliminary title report and escrows, and request a lender name change on your appraisal. With a little effort on everyone's part, the entire transfer can be finished in no more than three to five business days. If your loan is for a home purchase, explain the situation to your realtor. They may be able to help you with the problem because they too are paid on a commission basis.

Loan Transfers and Rate-Lock Considerations

If you have a decent market interest rate "locked-in" with your current lender, and interest rates have risen since you locked, transferring your loan may result in having to accept a higher rate from the new lender. Try to avoid being "penny-wise and pound-foolish." Make sure that the reason you are transferring your loan is sufficient justification to accept a higher interest rate and the associated closing costs produced, particularly a higher monthly payment.

If, on the other hand, interest rates have declined since you locked, perhaps you will feel safe in putting your current lender's feet to the fire. If your problems have occurred during a period of downward interest rate volatility, the lender knows that, from a secondary mortgage marketing perspective, your current loan is more valuable than one newly originated at a lower rate, all other things being equal. Go with your instincts and seek the advice of knowledgeable people. If the reason you are considering a loan transfer is based on a predatory lending issue, seek legal counsel.

Chapter Three

Retail Loan Pricing

Understanding How the Game is Played

Retail mortgage loan pricing is the most important subject that will be examined in this book. In order to understand the math calculations used in the pricing of your loan, you need to see what a rate sheet looks like, and know how the different numbers are applied. It is critical to your knowledge of mortgage lending that you study this chapter, as well as the others that examine loan pricing. Loan pricing skills are your key to successful negotiations.

To that end, this chapter starts with the fundamentals used to price a home loan. We start with a review of the decimals and fractional equivalents used in the preparation of both retail and wholesale rate sheets. We will focus entirely on wholesale rate sheets because the retail ones don't include the good stuff that you need to know.

Loan Pricing Tools and Terminology

If you do not understand how a lender prices your loan, how will you know if you are being ripped-off? If they throw out a bunch of numbers at you and tell you "these are the ones that apply to your loan," how will you know if those numbers are the only numbers that apply to you loan? When they do a calculation on their little HP 12C pocket calculator and proudly show you the result, how will you know that they did the calculation correctly?

Those are a few of the questions that should convince you how easy it is to be duped, either intentionally or just by accident. You can't "keep 'em honest" unless you can check out their work. This section will show you the basic techniques that loan officers use to price a home loan. You will learn where they get their interest rate information each day, and what the daily interest rates cost you as a borrower. You will learn that there are many additional loan pricing charges that can be applied to a mortgage, and how those loan pricing "add-ons" can affect your closing costs and monthly payment.

Pricing a mortgage is not rocket science. It does not involve complex mathematical computations or concepts that are difficult for the average person to understand. All you need to price a loan like a pro, is a general understanding of some of the basic math functions taught in the fifth grade.

Below are examples of the basic math calculations used in mortgage loan pricing. As long as you understand how these calculations are made, you won't have any trouble performing the calculations for yourself.

Mathematical Calculations Used in Loan Pricing

1. \$100,000 x 80% = \$80,000.00
2. \$100,000 x 1.375% = \$1,375.00
3. \$100,000 x 2 ¾ % = \$100,000 x 2.750% = \$2,750.00
4. \$100,000 + 1.375% = \$101,375.00
5. 1.625% + 0.125% = 1.750% (1¾)
6. 1.500% + (0.875%) = 1.500% – 0.875% = 0.625% (⅝)
7. 5/8% = 0.625% (5 divided by 8 = 0.625)
8. 5/8% + 3/4% = 0.625% + 0.750% = 1.375% (1⅜)
9. 3/4% – 3/8% = 0.750% – 0.375% = 0.375% (⅜)
10. 1/4% + 0.625% = 0.250% + 0.625% = 0.875% (⅞)

Loan Pricing Costs and Rebates

There are two types of loan pricing fees listed on a wholesale rate sheet: a **"cost"** and a **"rebate."** The retail rate sheets that you will see won't display <u>any</u> rebate pricing, because those are for the exclusive use of the lenders.

Although the mortgage lending vernacular sometimes confuses the two terms by referring to a Yield Spread Premium as a negative cost, we differentiate the two by placing "rebates" in ( ) parentheses. Loan "costs" do not appear in parentheses on any rate sheet used. An example of each is:

Rate Sheet Cost:	1.625
Rate Sheet Rebate:	(1.625)

Fractions and Decimal Equivalents

All mortgage loan pricing calculations use one-eighth of a percent increments and their decimal equivalents. For those readers with no experience using the measuring tools of carpentry, we have provided the units for your reference.

Fractions and Decimal Equivalents

One-eighth	=	1/8	=	0.125
One-quarter	=	1/4	=	0.250
Three-eighths	=	3/8	=	0.375
One-half	=	1/2	=	0.500
Five-eighths	=	5/8	=	0.625
Three-quarters	=	3/4	=	0.750
Seven-eighths	=	7/8	=	0.875

Chapter Three – Calculators That Perform Amortizations

While lenders typically only use decimals in rate sheet loan pricing, they refer to them as fractions, i.e. 0.125% is always stated as "one-eighth" and not "zero point one-two-five." For that reason, every competent loan officer will memorize the list of fractions and their decimal equivalents on the previous page – and so should you.

For the loan pricing calculations you will need to understand and practice, you should buy a pocket calculator that does amortizations. The calculator of choice for most mortgage loan officers is the HP 12C, although other types are available for less than $100.00. Shop around – check Costco, Walmart, and Ebay.

In order to understand the calculations involved in loan pricing and prepare yourself to battle predatory lending practices, get your pocket calculator as soon as possible and learn how to use it. The only important requirement affecting your choice is that it must do amortizations. In other words, it must allow you to calculate monthly loan payments. Calculating mortgage payments using the amortization tables found in the appendix of most mortgage books will put you in a straightjacket.

Amortization Calculators – Get One!

Hewlett-Packard
HP 12C
$59.99 ±

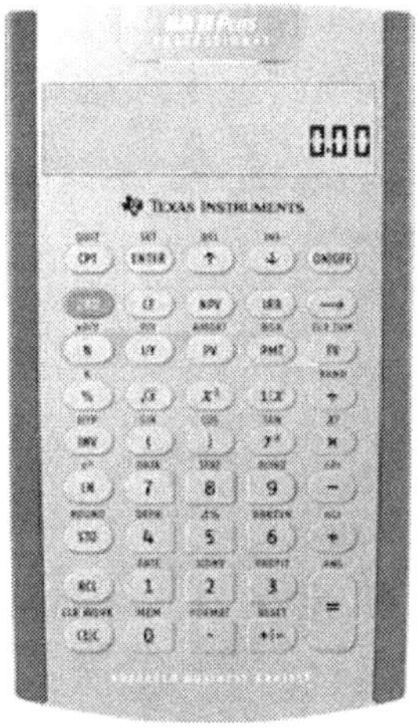

Texas Instruments
BA II Plus™ Professional
$59.99 ±

If you have regular access to the Internet, and perhaps a laptop computer, you can obtain the same mortgage payment information online. Just google *mortgage calculator* and you will find dozens of websites that will do the job, although they are not as portable or convenient as a nifty little HP 12C.

Essential Loan Pricing Terms

Before we introduce you to the lender wholesale rate sheet, you will need to become familiar with the terms that will be used in the explanation. They are:

Loan-to-Value Ratio (LTV): The relationship between the amount of a mortgage loan, and the value of the property being financed, expressed as a percentage. If the property being financed has a value of $100,000 and you need an 80% loan-to-value, then your loan amount will be calculated: $100,000 x 80% LTV = $80,000.00.

Loan "Discount": The fee charged to acquire a specific interest rate that is lower than the "par" rate, which has a zero discount and therefore a zero cost. When an interest rate is "discounted" (reduced), the discounting fee that a borrower pays for the reduced rate increases. The change in the percentage amounts for the discounts, as interest rates decrease, will vary with the type of loan requested and the lender's internal pricing policy. They will be different from one lender to another.

Example Interest Rates and Discount Fees

Interest Rate %	Discount Fee %
6.250	0.000
6.125	0.625
6.000	1.250
5.875	1.750
5.750	2.375

Loan Pricing Adjustments (Add-ons): Extra charges added to your loan costs created by variations in loan and underwriting parameters. All lenders use itemized "add-ons" in order to provide borrowers with a greater level of loan cost detail. The table below shows some of the types of loan pricing adjustments that are commonly used in pricing, as well as their corresponding "add-on" charge, and are expressed as a percentage of the loan amount.

For example, the add-on adjustment for an Investment Property LTV < = 50% (LTV equal to, or less than 50%) would be 0.500%. Also, the add-on for a Cash-Out > 80% < = 90% (cash-out refinance with a LTV greater than 80%, but equal to, or less than 90%) would be 0.750%. Both examples apply to both fixed rate mortgages and adjustable rate mortgages (FRM/ARM).

Loan Pricing Adjustments

INTEREST ONLY ADJUSTERS*		
3/1, 5/1, 7/1 & 10/1 LIBOR & Treasury		0.250
LTV >90% <= 95%	30 Yr FRM & all 3/1, 5/1, 7/1, 10/1 ARMs	0.250
30 Yr FRM W/Int. Only term=120 Months		.500
30 Yr FRM W/Int. Only term=180 Months		.625
Investment Property LTV <= 50%	FRM/ARM	0.500
Investment Property LTV >50% <= 75%	FRM/ARM	1.000
Investment Property LTV >75% <= 80%	FRM/ARM	2.000
Investment Property LTV >80% <= 90%	FRM/ARM	2.500
Cash-Out >70% <= 80%	FRM/ARM	0.500
Cash-Out >80% <= 90%	FRM/ARM	0.750
2 Unit Second Home (*) Cash-Out Refi <= 80%	FRM/ARM	0.500
Secondary Financing 80/20 (*)	FRM, 5/1,7/1,10/1 ARM	1.000
Secondary Financing 75/20/5, 80/15/5 & 90/5/5	FRM/ARM	0.250
Secondary Financing 90/10 W/FICO<700	FRM & 5/1,7/1,10/1 ARM	1.000
Secondary Financing 90/10 W/FICO >=700	FRM & 5/1,7/1,10/1 ARM	0.500
LTV >90% <= 95%	6 Mo LIBOR, 1yr, 3/1 and 5/1 ARM	0.250

Flex 97 (FICO >=680), ALT 97 18% MI	FRM	1.500
Flex 97 (FICO < 680) 18% MI	FRM	1.750
Flex 97 ALT 97 35% MI	FRM	0.500
Manuf. Homes (*)	FRM,7/1 & 10/1 ONLY (No Singlewide)	1.000
15-year FRM w/ 120-month term	FRM	0.250
Non-escrowed (except CA, IA, IL, MN, NJ, NY, OR)	ARM/FRM	0.250
Temporary buydowns>80% LTV w/no MI		1.000
FREDDIE MAC 100 ADJUSTMENTS (Other adjusters may apply)		
FREDDIE MAC 100		0.500
Freddie 100 no MI (30yr FRM)	1.250	to rate
Freddie 100 no MI (20/15yr FRM)	1.125	to rate

Loan "Price": The charge to purchase the base interest rate on a loan. The "price" for any given interest rate is expressed as a percentage. The actual loan "cost" that corresponds to the price is expressed as a dollar amount.

For example, if you applied for a $100,000 loan and you wanted a 5.875% interest rate, which had a price of 1.375%, your cost to buy that rate would be as follows: $100,000 x 1.375% = $1,375.00.

There is an inverse relationship between the interest rate "yield" and the "price" of the interest rate. In other words, as interest rates increase, their corresponding prices decrease. The price of an interest rate may be in the form of a "discount fee," which creates a cost for the borrower, or a Yield Spread Premium, which produces a rebate for the loan. Who receives the benefit of the rebate is discussed in the chapter on Yield Spread Premiums.

Higher Loan-to-Values

Loan pricing adjustments are also made for higher LTV's, property types, rate-lock periods, no-income verification processing options, and others. Your loan can have a variety of individual costs which, when added together, will equal your total loan cost. The costs listed on a rate sheet are always shown as decimals, but referred to as percentages. A sample loan calculation that includes a discount fee and some "add-ons" is as follows:

Discount Fee and Add-ons

Loan Discount Fee:	1.250%
Non-Owner Occupied:	Add 1.500%
90% LTV:	Add 0.250%
60 Day Rate-lock:	Add 0.750%
Combined Price:	3.750%

If you had applied for a \$100,000 loan, your discount fee plus the "add-ons" based on the above pricing would be: \$100,000 x 3.75% = \$3,750.00. Depending on the type of loan requested and the lender chosen, individual "add-ons" will vary.

Try some of your own examples in order to practice this calculation method. Once you master this simple procedure, you will be in a significantly better position to negotiate your interest rate with the lender of your choice.

Chapter Three – Front-side and Back-side Loan Pricing

"Front-Side" of the Loan: Loan costs and lender compensations that are presented to the borrower "up-front" and in writing. These costs include loan processing fees, courier fees, and any of the other charges which were included on the borrower's Good Faith Estimate. All compensations received by the lender before, or as part of the loan closing, are on the "front-side" of the loan transaction. They may also be referred to as costs "on the front."

"Front-Side" Loan Pricing: Any loan cost, such as the loan origination fee, that is visible to the borrower in writing, or "in front" of them, is considered an "up-front" fee. When a loan officer or mortgage broker discusses loan pricing with their wholesale lender and they say "I'm going to take a point on the front," they mean that they will be charging the borrower a one percent (one point) fee, and that the borrower will see the 1.00% charge in writing.

"Back-Side" of the Loan: Lender compensations, primarily Yield Spread Premiums, and other junk fees that may be combined to increase earnings. These costs are collected out of the view of the borrower, who is generally unaware of their existence, and are paid to the lender after the loan is closed. They may also be referred to as costs or commissions "on the back."

In previous years, lenders would receive these funds from the escrow proceeds and then, in about a week, send the mortgage broker's check to them in the mail. Now, the lenders typically instruct escrow to disburse the mortgage broker's fees to them at closing. Loan officers employed by mortgage brokers or lenders are paid by the mortgage broker or the lender, and do not receive commissions through the escrow settlement process.

"Back-Side" Loan Pricing: Interest rate rebates, or Yield Spread Premiums (YSP), that always represent a (negative) discount fee. These YSPs are cash rebates paid to the lender as a bonus for selling an interest rate that is higher than the one required to buy the same interest rate at "par." Back-side loan pricing details are not generally shared with a borrower, unless they have requested a zero point loan. Even then, the actually dollar equivalent of the YSP will almost always be kept as a closely guarded secret. Borrowers never see them, but that doesn't mean they can't ask to see them.

Yield Spread Premium (YSP): If you select an interest rate for your loan that is higher than the one offered by your lender with no discount cost, that interest rate will produce a Yield Spread Premium – or a **rebate**. YSP rebates are listed on a lender's rate sheet either in (parentheses), or preceded by a minus sign, such as –1.250. Unlike loan **"costs",** which are added to the loan costs total, Yield Spread Premium "**rebates"** are subtracted from the total costs of a loan. An example loan calculation that includes a YSP and some "add-ons" is as follows:

Example Yield Spread Premium and Add-ons

Yield Spread Premium:	(1.375%)
Non-Owner Occupied:	Add 1.500%
90% LTV:	Add 0.250%
60 Day Lock:	Add 0.750%
Combined Price:	1.125%

When an interest rate is selected that produces a Yield Spread Premium, as in the above example, even if the borrower does not get credit for the it, the calculation on a $100,000 home loan using the above add-ons would be:

(1.375%) + 1.500% + 0.250% + 0.750% = 1.125%

Then: $100,000 x 1.125% = $ 1,125.00

Loan Origination Fee or Mortgage Broker Fee: Mortgage lenders and brokers charge this fee for counseling borrowers on the types of home loans available, explaining the credit requirements needed for a particular loan, pre-qualifying their income, and processing the loan documentation required to submit the loan to an underwriter. Although the amount of this charge is not fixed by law, and lenders can charge whatever they can get, a customary loan origination fee is 1.00% of the loan amount.

Wholesale Rate Sheet or Secondary Mortgage Market Rate Sheet: Lenders buy interest rates from a variety of sources and sell them to their borrowers. Mortgage brokers and smaller mortgage companies price their loans using the wholesale rate sheets provided by wholesale mortgage lenders. Larger banks and mortgage lenders use secondary mortgage market rate sheets, which are directly or indirectly derived from Fannie Mae or Freddie Mac loan pricing data.

Both types of rate sheets display the same information, i.e., the daily, or even hourly, interest rates offered for specified home loan programs and their corresponding loan costs (discount fees), expressed as a percentage. The terms "cost," "fee," and "price" are generally used synonymously during any loan pricing discussion between loan officers and wholesale lenders.

Basic Rate Sheet Parameters

Interest Rate	Fee %	Fee Type
5.500	1.250	Cost
5.750	0.000	Par
6.000	(1.000)	Rebate

In the above exhibit, the wholesale discount fee for the 5.500% rate is 1.250%, and is used to calculate the "cost" for that rate on a $100,000 loan as:

$100,000 x 1.250% = $1,250.00 "Cost"

The cost for the 5.75% rate would be zilch, because it is the par rate.

Conversely, the wholesale discount fee for the above 6.00% rate is (1.00%) and is used to calculate the YSP "rebate" for that rate on a $100,000 loan by:

$100,000 x (1.00%) = $1,000.00 "Rebate"

Rate-Lock: Before your loan closing documents can be prepared for your signature, the interest rate you have selected must be "locked-in." The process of locking-in an interest rate constitutes a legal agreement between the borrower and the lender. Rates can be locked-in for your loan at almost any time. Subject to lender requirements, you can lock-in a rate on the day you apply for your loan, at any time while your loan is being processed, or after your loan has been approved and all funding conditions have been satisfied – it's all up to you.

Few borrowers understand that even after your loan is fully approved and ready for the docs to be drawn, you can put a "hold" on everything if you think interest rates are going to fall in the next week or two. You just have to make sure that none of the loan processing documents contained in your loan file will get too old, and expire. Although a rookie loan officer might tell you that you must lock "now," you do not necessarily have to. Just ask them to confirm in writing when your loan processing documents will expire – and get it in writing.

Rate-locks are offered in a wide variety of lengths, from twelve days to six months, or even longer. As the length of the rate-lock increases, so does the cost. Most rates are locked for either 15, 30, 45 or 60 days. Rate-locks longer than 60 days are referred to as "extended" rate-locks and can become very expensive. A six-month rate-lock can cost as much as 4.00% of your loan amount.

Practical Loan Pricing Calculations

The methods used to calculate what a borrower's costs would be for a particular type of loan and a specific interest rate are the same for all lenders. You can be assured that no matter which lender is giving you a loan quote, the methods they use to calculate your loan fees are exactly the same. After you review the calculations in this section, you will be ready for a good understanding of loan pricing methods, strategies, and potential lender rip-offs.

Chapter Three – Practical Loan Pricing Calculations

The three Loan Pricing Scenarios in this section demonstrate the types of calculations that you will need to know in order to understand how a lender calculates loan costs. At this point, we have shown basic pricing calculations that only involve the purchase of a given interest rate, plus a 1.00% loan origination fee, which is customary.

The fundamental calculations used to "buy" an interest rate for your mortgage are the most important aspect of home loan pricing. Once you have mastered these basic loan pricing principles, adding pricing adjustments to your loan costs will be an easy matter. The three loan pricing scenarios on the following pages use the below rate sheet format, although the individual costs/rebates will vary. Assume fixed rates.

Example Wholesale Rate Sheet

		Rate-Lock Period		
Rate	15 Days	30 Days	45 Days	60 Days
5.875	2.828	2.923	3.284	3.565
6.000	1.913	2.214	2.384	2.556
6.125	1.198	1.360	1.587	1.810
6.250	0.067	0.230	0.315	0.600
6.375	(1.139)	**(0.837)**	(0.512)	(0.187)
6.500	(1.790)	(1.328)	(1.073)	(0.898)
6.625	(2.235)	(1.972)	(1.647)	(1.522)
6.750	(3.259)	(2.919)	(2.775)	(2.541)
6.875	(3.964)	(3.601)	(3.476)	(3.301)
7.000	(4.339)	(4.000)	(3.873)	(3.650)
7.125	(4.698)	(4.209)	(4.000)	(3.802)
7.250	(5.359)	(5.098)	(4.699)	(4.000)

Rebates (YSPs) are shown in parentheses

The **Example Wholesale Rate Sheet** on the previous page lists the rebate prices in parentheses, such as the **(0.837**) in the 30-day rate-lock column. Also, the **"Actual Loan Origination Cost"** figures included in loan scenarios #1 and #2 below differentiate between "front-side" or up-front points, and the total amount of the compensation received by the lender in connection with the loan, regardless of whether the borrowers knew about it or not. Lenders receive loan compensations on the "front-side" of the loan as well as on the "back-side" of the loan.

Loan Scenario #1 shows you how to find a specific interest rate on the wholesale rate sheet, determine the discount points (or rebates) for a given rate-lock period, how to calculate the cost of the points that correspond to the specified interest rate, and how to figure the actual loan origination cost.

Loan Scenario #2 adds an important variable – "back-side" loan pricing. The use of back-side pricing creates the largest bonus commissions for lenders, but only if the borrower is oblivious to them, or is afraid to demand control over their use.

Loan Scenario #3 incorporates all of the pricing variables that are commonly used in the loan origination process. You'll learn how to calculate and evaluate various loan pricing "add-ons," including adjustments for property type, loan-to-values, credit scores, and optional processing features such as "stated-income." You'll be amazed at how your loan negotiations will change when you employ this knowledge.

When you obtained a firm grasp on these examples, you will be ready to consider yourself a loan officer's worst nightmare – and for you that's a very good thing. You will be able to throw around their secret terms, like front-side, back-side, add-on, Yield Spread Premium, FICO score, and many others they are not to hearing from any of their customers.

Key Loan Pricing Terms Review

Although the following terms were defined earlier, they bear repeating because almost all of the predatory lending practices that pertain to an interest rate selection occur on the "back-side" of the loan transaction – way out of the borrower's view. Although the distinction between the "front-side" and the "back-side" of a loan can seem a little vague, perhaps the easiest way to remember the difference is that:

- **Pricing that occurs on the "Front-Side" of the loan is <u>visible</u> to the borrower.** All the loan pricing details are discussed right in front of you and every type of fee collected by the lender appears on your Good Faith Estimate and loan closing HUD-1Settlement Statement.

- **Pricing manipulations that occur on the "Back-Side" of the loan are <u>invisible</u> to the borrower.** Some, or all of the loan pricing details, such as the collection of a YSP, are not discussed with the borrower. Instead, the lender either legally or illegally includes them in their loan pricing calculations.

All, or at least some of the loan pricing costs are determined behind closed doors, or in a private telephone conversation, to conceal certain loan terms or loan pricing elements from the borrowers. These back-room lender pricing conspiracies are at the root of the legal, illegal, or unethical predatory lending practices, and can be either subtle or flagrant. Pricing manipulations are not new and they will not disappear, so it is up to each borrower to learn how to negotiate around them to their own advantage.

A concerted effort to understand the difference between the two terms will aid in your ability to detect and avoid being ripped-off by a predatory loan officer who abuses rebate pricing. Remember: front-side loan pricing is good for you, and back-side loan pricing can hurt you if you are not careful and intuitive.

Loan Pricing Scenario #1

The following example wholesale rate sheet loan pricing scenario will help you understand how a loan officer prices <u>only</u> the costs associated with the acquisition of a specific interest rate. All of these loan charges are disclosed on the "front-side" of the loan and as such, there are no Yield Spread Premiums included in this scenario.

The Loan Details

Borrowers are purchasing a home for $625,900 and want an 80% loan – or $500,000 in round numbers. They have requested a 6.250% interest rate and they will need a 45-day rate-lock. They have agreed to pay a 1.00% loan origination fee.

Finding the "Points" that Correspond to the Interest Rate

6.250% / 45 Day Lock:	**0.315%**
Loan Origination Fee:	**1.000%**
Total Borrower Points:	**1.315%**

Interest Rates and Discount Points

% Rate	# Days for Rate Lock and Corresponding Points 15 Days	30 Days	**45 Days**	60 Days
5.875	2.828	2.923	3.284	3.565
6.000	1.913	2.214	2.384	2.556
6.125	1.198	1.360	1.587	1.810
6.250	0.067	0.230	**0.315**	0.600
6.375	(1.139)	(0.837)	(0.512)	(0.187)
6.500	(1.790)	(1.328)	(1.073)	(0.898)
6.625	(2.235)	(1.972)	(1.647)	(1.522)

Rebates (YSPs) are shown in parentheses

To Calculate the Cost of the Points:

[$ Loan Amount x Total Borrower Points % = $ Cost]

Front-Side Borrower Points: $500,000 x 1.315% = $6,575.00

Back-Side YSP Points – To Lender: = $0.00

Actual Loan Origination Cost = $6,575.00

All of the borrower's loan costs were disclosed on the front-side of the loan above, and as such, they were provided in writing and in plain sight. Since all of the loan pricing variables were provided in the open, the borrowers minimized the likelihood that any predatory lending practices would occur.

Loan Pricing Scenario #2

This scenario will help you understand how a loan officer prices a home loan using only a Yield Spread Premium to pay the discount fee for the acquisition of the specific interest rate chosen, and the 1.00% loan origination fee. When a loan of this type incorporates all of the loan costs on the "back-side" of the loan transaction, it is usually referred to as a "zero-point loan." For this simplified scenario, there will be no other charges added. At the end of this calculation, we compared scenarios #1 and #2 so that you will understand the inherent potentials for predatory lending abuses presented by zero-point loans.

The Loan Details

Borrowers in Scenario #1 now choose to include all of their costs in the financing and they still agree that the 1.00% loan origination fee is acceptable. In effect, they want a loan with zero points. Jesse James, the loan officer, smiles out of the corner of his mouth, but doesn't make eye contact with the borrowers as he punches numbers into his nifty little HP 12C.

Without raising his eyes, Jesse looks at his rate sheet and proclaims, "Oh, great news! We can do your loan with zero points, no loan origination fee, and we'll even pay for your appraisal. We can do all of that because we really want to keep you as a customers, and we'll only raise your interest rate by a half-point. This is a really great deal!"

The problem that faced the borrowers was that since they did not have the opportunity to look at Jesse's wholesale rate sheet, they didn't know what the actual dollar cost was for the extra half-point. Was it an extra $500.00, $1,000.00, or maybe even as much as $2,000.00? Who knows? Would they have thought that it would create a $7,300.00 commission bonus for Jesse, as shown below? No way! Unfortunately, this is a very common practice in mortgage lending.

Finding the "Points" that Correspond to the Interest Rate

6.750% / 45 Day Lock:	**(2.775%)**
Loan Origination Fee:	**0.000%**
Total Borrower Points:	**0.000% (ha, ha)**

Interest Rates and Discount Points

% Rate	# Days for Rate Lock and Corresponding Points 15 Days	30 Days	**45 Days**	60 Days
6.375	(1.139)	(0.837)	(0.512)	(0.187)
6.500	(1.790)	(1.328)	(1.073)	(0.898)
6.625	(2.235)	(1.972)	(1.647)	(1.522)
6.750	(3.259)	(2.919)	**(2.775)**	(2.541)
6.875	(3.964)	(3.601)	(3.476)	(3.301)
7.000	(4.339)	(4.000)	(3.873)	(3.650)
7.125	(4.698)	(4.209)	(4.000)	(3.802)

Rebates (YSPs) are shown in parentheses

To Calculate the Cost of the Points:

[$ Loan Amount x Total Borrower Points % = $ Cost]

Front-Side Borrower Points: $500,000 x 0.000% = $0.000

Back-Side YSP Points – To Lender: $500,000 x (2.775%) = $13,875.00

Actual Loan Origination Cost = $13,875.00

The Negative Effect of Rebate Pricing on the Borrower's "Actual" Loan Origination Costs in Loan Pricing Scenario #2

The difference to the borrower's closing costs in the two above examples is dramatic. They did not even know it, but they were getting royally gouged.

Loan Scenario #2 Actual Loan Origination Cost:	$ 13,875.00
Loan Scenario #1 Actual Loan Origination Cost:	$ 6,575.00
Difference (Increase) in Actual Borrower Costs:	**$ 7,300.00**

Increase To Borrowers Loan Costs: 111%

The Problem with Zero-Point Loans

The borrowers were told that they would get their loan for zero points and, although it was explained that their interest rate would be a half-point higher, they would not have known what the cash equivalence was for the extra half-point paid to the lender, for that rate increase to 6.75%. Had they known that their $6,575.00 loan origination fee was, in effect, going to be increased by 111.00% to **$13,875.00**, and their monthly payment was going to be increased by $164.41 per month, they might have questioned the logic behind accepting a zero-point mortgage loan.

Back-Side Lender Compensations

In Loan Pricing Scenario #2, the "actual" loan origination cost was **$13,875.00.** In Loan Pricing Scenario #1, the actual loan origination cost was only **$6,575.00.** What happened? Even though the borrowers did not pay any up-front points in scenario #2, the lender still received those points (and then some) in direct compensation. They received them as a cash rebate from the wholesale lender on the back-side of the loan after the loan closed. That's why we report them as "actual" costs – because they are.

The borrowers thought that they were getting a home loan for zero points – and they did. Unfortunately, zero-points do not mean zero-cost. In fact, in too many cases just like this one, zero-points can mean a nice bonus for the loan officer, and a big bump to the borrower's interest rate. Since these borrowers could not see the lender's wholesale rate sheet, they had no idea what impact the half-point increase to their rate would have on their costs or the impact of the YSP that was collected, in this case.

Yield Spread Premiums and Your Settlement Statement

If the borrowers in the above scenarios had gone through a bank or a mortgage "lender" that funds their loans out of a warehouse line-of-credit, they would have never even known about the $13,875.00 Yield Spread Premium. Unlike mortgage "brokers," who are required by law to itemize YSPs on the borrower's HUD-1 Settlement Statement, banks and mortgage companies are not required to do so, because RESPA considers their collection of YSPs as a "secondary marketing gain."

The following excerpted HUD-1 Settlement Statement section shows the Yield Spread Premium listed on line # 809 and referred to as "POC" (Paid Outside of Closing). This is where the YSP would be identified if a mortgage broker had originated the loan. If the same loan had been originated by a bank or mortgage lender, line #809 would have been blank because they are not required to disclose YSPs on their customers' settlement statements. How nice for the lenders.

Settlement Statement Excerpt Showing Yield Spread Premium

L. SETTLEMENT CHARGES		
700. **TOTAL SALES/BROKER'S COMMISSION based on price $ @ %=**	PAID FROM BORROWER'S FUNDS AT SETTLEMENT	PAID FROM SELLER'S FUNDS AT SETTLEMENT
Division of Commission (line 700) as follows:		
701. $ to		
702. $ to		
703. Commission paid at Settlement		
704.		
800. **ITEMS PAYABLE IN CONNECTION WITH LOAN**		
801. Loan Origination Fee %		
802. Loan Discount %		
803. Appraisal Fee to		
804. Credit Report to		
805. Lender's Inspection Fee		
806. Mortgage Insurance Application Fee to		
807. Assumption Fee		
808.		
809. YIELD SPREAD PREMIUM "POC"	13,875.00	
810.		
811.		

Loan Pricing Scenario #3

Okay, hold on to your hat, get a fresh cup of coffee, and get ready to be challenged. The two previous loan pricing scenarios will have prepared you for this one, and it's definitely more complex. However, if you want to match your loan pricing skills with just about any loan officer, take your time and really try to understand each aspect and the math involved. You can handle it!

This scenario takes you through a more complicated loan pricing scenario. It includes front-side costs, a back-side Yield Spread Premium, a 1.00% loan origination fee, and the following loan pricing adjustments. Each adjustment corresponds to a loan option that the borrowers have requested.

Loan Pricing Adjustments

Adjustment Type	Amount %	+ or −
Non-owner Occupied:	+ 1.000	Add-On +
2 Unit	+ 0.875	Add-On +
80% LTV	+ 0.500	Add-On +
720 + FICO	– 1.750	Rebate –
Stated-Income	+ 0.750	Add-On +
Total Points:	**1.375 %**	

The Loan Details

The borrowers wish to purchase a duplex for $549,900 and it will be used as a rental property. Although it was explained to them that the maximum LTV for a non-owner occupied property was 75%, they stated that they are willing to pay something extra if they can get an 80% loan. So, thanks to a friendly underwriter, their mortgage will be based on a $439,920.00 loan amount. In many cases, the loan officer would tell them that they can do the higher loan amount but, as long as their rate is not locked-in yet, neglect to tell them that there will be additional costs applied. After all, they don't want to scare them off or let them start shopping their loan around again.

The borrower's middle FICO credit score is 760 and they have requested a stated-income loan. In addition, the borrowers have agreed to a 1.00% loan origination fee and they need a 60-day rate-lock.

Choose the Rate

Because this scenario has a variety of pricing adjustment additions, and a subtraction, the loan officer must be careful in the selection of an interest rate. The rate selected should be the lowest available while reflecting a discount fee (or in this case a rebate) that will be adequate to cover all of their pricing adjustments. The honorable and responsible loan officer should provide their borrowers with a written itemization of the pricing adjustments and explain the add-on cost associated with each type.

CAUTION! Our predatory loan officer, Jesse, elects to play with the complexity of the borrowers' add-on numbers in order to create a nice financial windfall on the back-side of the loan. He tells the borrowers that the best rate they can get, because of all the add-ons, is 6.875%. However, he has talked to his sales manager and received permission to give them a free appraisal and credit report. When a loan officer hypes something that they intend to give you for free – you'd better beware!

From the rate sheet on the next page, the 6.875% rate (w/60-day lock) produces a (3.301%) Yield Spread Premium. The combined loan pricing adjustments from the box on the previous page are 1.375%, and the borrowers have agreed to pay the 1.00% origination fee.

Since the lender has agreed to include all of the loan costs in the rate, with the exception of the loan origination fee, their YSP rebate should be reduced by those charges. Therefore, the (3.301%) YSP, minus the 1.375% loan pricing adjustments, gives the lender a net YSP rebate of 1.926%. That cost, added to the 1.00% loan origination fee, results in a total of 2.925% in the lender's loan commission, or:

$439,920 x (3.301%)	=	$14,521.76
– $439,920 x 1.375%	=	$ 6,048.90
Net Loan Pricing Cost:		**$ 8,472.86 (1.926%)**

Finding the "Points" that Correspond to the Interest Rate

6.875% / 60 Day Lock: (3.301%)
Loan Origination Fee: 1.000%

Interest Rates and Discount Points

% Rate	# Days for Rate Lock and Corresponding Points 15 Days	30 Days	45 Days	**60 Days**
6.500	(1.790)	(1.328)	(1.073)	(0.898)
6.625	(2.235)	(1.972)	(1.647)	(1.522)
6.750	(3.259)	(2.919)	(2.775)	(2.541)
6.875	(3.964)	(3.601)	(3.476)	**(3.301)**
7.000	(4.339)	(4.000)	(3.873)	(3.650)
7.125	(4.698)	(4.209)	(4.000)	(3.802)
7.250	(5.359)	(5.098)	(4.699)	(4.000)

Rebates (YSPs) are shown in parentheses

To Calculate the Cost of the Points:

[$ Loan Amount x Total Borrower Points % = $ Cost]

Loan Origination Fee – to Lender: $439,920 x 1.000% = $ 4,399.00 *

Back-Side YSP Points – to Lender: $439,920 x (3.301%) = $14,522.00

Loan Pricing Adjustments: $439,920 x 1.375% = <u>$6,049.00</u>

Net Loan Pricing Costs – Paid to the Lender = $8,473.00 *

* Net Commission to Lender: $4,399 + $8,473 = $12,872

The lesson to be learned by the previous three loan pricing scenarios is that, as an uninformed borrower, a predatory loan officer can manipulate the numbers and abuse the YSPs to suit their own financial needs. It further illustrates how critical it is for a borrower to gain a working understanding of mortgage loan pricing – for their next loan, for every future loan, and so they might teach what they have learned to their children. The time is now!

Interest Rate Buydowns, Yield Spread Premiums, and the Break-Even Analysis

If you think you would benefit from "buying-down" the interest rate you have been offered, it might be a good decision. It depends upon how long you think you will remain in the home, and whether or not you might refinance the loan at a later date. Another very important factor and one which practically no one ever considers, is whether a Yield Spread Premium will be collected by the lender, and whether they might have enough ethical integrity to share it. Or maybe they'll just keep it…

In this section, we'll first show you how to determine whether you will benefit from paying extra points to obtain a lower interest rate that, presumably, will be below the current market rates available from other lenders. Then, we'll show you how the imposition of a Yield Spread Premium can not only skew the results of a break-even analysis, it can blow your methodology and your results right out of the water.

T
I
P

If you consider paying extra points to obtain a lower interest rate, it is critical to determine if the lender will collect a Yield Spread Premium, and if so, exactly what those rate/point changes are.

Don't be in a hurry to accept any "fabulous" deals from a loan officer. You should always ask them for a valid reason for any such a wonderful offer. In most cases, the offer of a great deal is nothing more than a sales "come-on." When they offer it, look into their eyes and see if there's a little BMW dancing between their ears.

Break-Even Analysis and Yield Spread Premiums

Are you ready to play hardball with your lender? If you aren't, you'll have no more than a 50/50 chance that the results of any break-even analysis will be representative of anything. If you that can guarantee your lender will not be taking a Yield Spread Premium on your loan, you can move forward with your break-even analysis with confidence. That analysis determines your break-even point.

Break-Even Point: The number of months elapsed, after the close of escrow on your new mortgage loan, that the added costs associated with "buying down" your interest rate have been offset by the accumulated monthly payment savings resulting from the selection of a lower interest rate.

If the lender won't give you the proof, such as an obligatory copy of their wholesale rate sheet, or some other form of verifiable proof, you probably shouldn't place much confidence in the results of your evaluation. You really need to be certain of the numbers. It's all up to you – now go play hardball.

If you have absolute proof that there will be no Yield Spread Premium involved in your loan pricing, unless of course you'll receive 100% of the benefit, let's get to work on your break-even analysis. The example on the following page shows you how to calculate your break-even point. We will assume that you have been approved for a $350,000 loan on a 30-year fixed rate mortgage, and your chosen interest rate will be 5.500%.

The only lender fee will be a 1.00% loan origination fee and they have stated that the 5.500% interest rate is the par rate (zero points). Using those loan pricing details as your baseline data, assume that the lender offers the following buydown discount points for the interest rates 5.375% down to 4.875%. In each case, assume that the 1.00% loan origination fee will apply, so that variable does not need to be factored into your evaluation.

The **Break-Even Point** is calculated:

$$\frac{\textbf{Additional \$ Discount Points Cost}}{\textbf{\$ Monthly Payment Savings}}$$

Applying the calculation method from the previous page, you will note the interrelationships between the interest rates and the other variables listed.

Interest Rate Buydown Break-Even Analysis

Interest Rate	Discount Points %	Dollar Cost	Monthly Payment	Monthly Savings	# Months to Break-Even
5.500	**0.000**	**0.000**	**1,987**	**Baseline**	**Baseline**
5.375	0.500	1,750	1,960	27	64.81
5.250	1.125	3,938	1,933	54	72.93
5.125	1.625	5,688	1,906	81	70.22
5.000	**2.250**	**7,875**	**1,879**	**108**	**72.91**
4.875	2.875	10,063	1,852	135	74.54

As an example using the above rates, if the borrower were to accept the 5.00% interest rate with a 2.250% discount fee, they would break even in 72.91 months. You calculate the number of months to the break-even point by dividing the added discount points ($7,875) by the monthly payment savings of $108, and you break even in 72.91 months.

This means that the extra $7,875, which you paid to get the lower interest rate of 5.00%, has been completely offset by the monthly payment savings, and with the next monthly payment, you'll be saving $108 every month.

Remember that since the discount points charged for interest rates do not follow the rules of linear regression, the break-even points will not be predictable without calculating them. In other words: buying increasing lower rates does not mean you'll necessarily achieve increasing shorter break-even points. You can use the following format when you start figuring them out. This is fundamentally the only way you can see the cost savings benefit, in time, that is associated with an interest rate buydown.

Interest Rate Buydown Break-Even Analysis Worksheet

Calculate the Discount Points and Fees							Break-Even Point		
						(A)		(B)	
Interest Rate %	Loan Amount		Discount Points		Discount Fee	Fee Increase	Monthly Payment	Monthly Savings	# Months to Break-Even
Choice	$	X	%	=	$	$	P&I	$	(A ÷ B)
______	_______		______		_______	______	______	______	________
______	_______		______		_______	______	______	______	________

Multiply the loan amount (in dollars) times the discount points (as a percent), such as $350,000 X 2.250%, to get the discount fee (in dollars). Subtract the baseline discount fee ($000 in this case for the 5.500% rate) from the discount fee produced by the specified buydown interest rate ($7,875 for the 5.00% rate in this case), and record that amount as the (A) Fee Increase $.

Reviewing the (A) Fee Increase $ Calculation:

5.000% Buydown Rate:	$350,000 X 2.250%	=	$7,875	Discount Fee
5.500% Baseline Rate:	$350,000 X 0.000%	=	0.000	Discount Fee
			$7,875	**(A) Fee Increase**

Using your handy HP 12C, calculate the monthly payment and subtract it from your baseline payment. Record the difference as the (B) Monthly Savings $ for that interest rate. Finally, divide the (A) Fee Increase by the (B) Monthly Savings $ to calculate the number of months to your break-even point. Now you can compare the various buydown rates and their discount fees to the other break-even points, and decide which one is best for you.

The Effect of a Yield Spread Premium on a Break-Even Analysis

If you elect to buy down your interest rate and you are able to guarantee that the loan officer won't grab a Yield Spread Premium out of it, you're in pretty good shape.

The problem you face is that when you tell a predatory loan officer that you want to buy down your interest rate, they're thinking:

Ka-ching $ $ $ $ $ $ $ ...

If they haven't already overcharged you on your loan by subjectively increasing your "quoted" interest rate to grab a YSP, they will now get a second chance to wring a few more bucks out of your loan. If they inflated the par interest rate that you could have received, had their pricing been fair, what's stopping them from doing the same thing to your buydown pricing? The answer is – NOTHING! If they did it once, they'll do it again unless you can make them prove that they won't.

Therefore, if they add a quarter-point, a half-point, or even more to the actual rate sheet prices, you may wind up worse off than you would have been had you not decided to buy down your rate. Or, by grabbing yet another YSP from your loan, they might actually increase what would have been the true break-even point by another year or so. How would you know?

Predatory Loan Officers Love Complicated Loan Pricing Scenarios

The more complicated a home loan is and the greater the number of loan pricing variables, the greater the opportunity for abusive lending practices. In addition to the potential for outright predatory lending, a greater number of loan variables can cause an increase in the number of unintentional errors on the part of the loan officer. A large percentage of today's loan officers are inexperienced and as a result, they can cause loan pricing havoc even with an uncomplicated pricing scenario. How many loan officers do you think have college degrees in finance? How many do you think are CPAs?

If you need to obtain a mortgage that includes as many variables as does this scenario, you should apply only to a lender that will give you a copy of their wholesale rate sheet on the day they give you their Good Faith Estimate, and on the day they lock in your interest rate. Without this type of absolute proof about the way your loan will be priced, you are subject to any loan pricing manipulation that they choose to employ.

The Loan Pricing Worksheet

As the sales manager for a national bank's mortgage division, the author requested all of his loan officers to price their loans using the following worksheet. As a borrower, you can take advantage of this worksheet with a copy of any lender's wholesale rate sheet in hand. If you have chosen a lender that you really want to use, but you can't seem to shake a wholesale rate sheet out of them, you may still be able to take full advantage of this worksheet.

TIP

Ask your loan officer to complete a loan pricing worksheet to help you evaluate the rates and pricing options available for your loan…

A loan pricing worksheet, like the sample on the next page, will add clarity to the complexities involved in making your interest rate selection. It can also greatly reduce your exposure to a predatory lender rip-off.

If the lender you have chosen will not provide you with a copy of their wholesale rate sheet, and they won't complete the loan pricing worksheet with actual wholesale rate information, then you have reason to be very concerned. You have a legitimate reason to expect that they are trying to hide something – probably a pricing element that will generate a back-side YSP for them – and they don't want you to see it.

The only way to find out for sure if they're hiding something is to ask them. If they are an honest lender with nothing to hide, they will show you their rates immediately without reservation, as many will do. If they tell you, it is against their company's policy, or some other equally lame excuse, it may be time to find another lender. Tell them to put-up or shut-up.

All you can really do is ask for the information needed. If they absolutely refuse, it may be time to get on the phone again and talk to some others lenders. There are lots of them out there, and they all want your business.

The sample worksheet below was used for many years by a large number of bank, and mortgage company loan officers. All have agreed that it helps eliminate errors and serves as a record of the pricing details used. Use it! It will provide clarity to your calculations and greater insight into the methods used to price home loans.

Sample Loan Pricing Worksheet

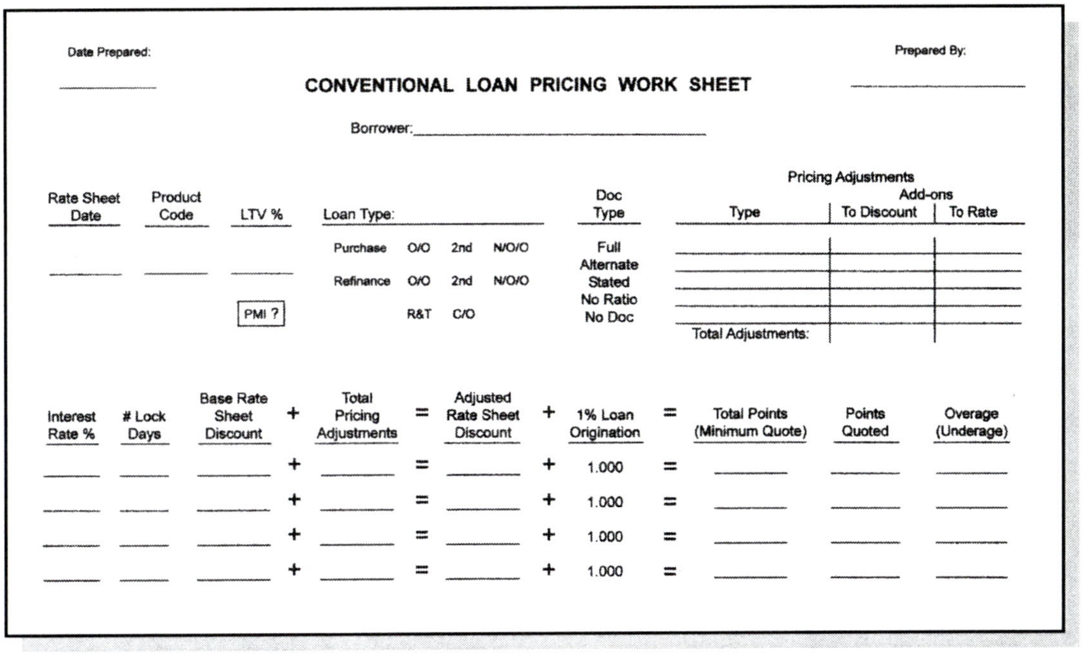
Date Prepared:

Prepared By:

CONVENTIONAL LOAN PRICING WORK SHEET

Borrower:

Rate Sheet Date	Product Code	LTV %	Loan Type:	Doc Type	Pricing Adjustments: Type	Add-ons: To Discount	Add-ons: To Rate
			Purchase O/O 2nd N/O/O	Full			
			Refinance O/O 2nd N/O/O	Alternate			
		PMI ?	R&T C/O	Stated			
				No Ratio			
				No Doc	Total Adjustments:		

Interest Rate %	# Lock Days	Base Rate Sheet Discount	+	Total Pricing Adjustments	=	Adjusted Rate Sheet Discount	+	1% Loan Origination	=	Total Points (Minimum Quote)	Points Quoted	Overage (Underage)
			+		=		+	1.000	=			
			+		=		+	1.000	=			
			+		=		+	1.000	=			
			+		=		+	1.000	=			

Commission Overages and Underages

In theory, rebate pricing was conceived to help borrowers obtain a loan with zero points. In practice, predatory lenders and loan officers often abuse them to benefit their own pocketbooks. When a loan officer places a loan with a borrower, and in return receives a Yield Spread Premium compensation that results in a commission above the traditional 1.00% loan origination fee, they have taken an "**overage**." If they place a loan that results in a commission that is less than the required 1.00% loan origination fee, they have taken an "**underage**" – and they might find a "pink slip" in their next paycheck.

Chapter Three – Commission Overages and Underages

Lenders strictly enforce commission standards for their loan officers. They love and, to a certain extent, demand overages while restricting underages. Mortgage sales managers file quarterly commission reports to their senior management that include overage and underage results. Although many lenders limit individual commission overages to approximately 5%, loan officers who consistently take overages on loans are rewarded for their salesmanship.

A loan officer that, for some reason, needs to take an underage, must usually first obtain permission from their sales manager. If the reason is justified and the loan officer doesn't have a history of taking underages, the manager may agree to it on a one-time basis. A loan commission underage is considered a shortfall, or an inadequate commission for their loan origination activities. Loan officers have a responsibility to generate as much commission income on every loan as possible, limited only by company policy.

Chapter Four

The Wholesale Mortgage Market

Increasing Fannie and Freddie Loan Availability

The wholesale mortgage market serves retail mortgage brokers, bankers, and small banks, just as the secondary mortgage market (Fannie Mae and Freddie Mac) serves the big national banks, mortgage companies, and savings and loan associations. Borrowers have no ability to access the wholesale mortgage market directly, but thousands of sources to access them indirectly.

Wholesale Mortgage Lenders

The wholesale mortgage market began in order to increase the retail loan production of mortgage companies, while reducing their loan acquisition costs. Wholesale lenders are also typically approved Fannie Mae and Freddie Mac Seller/Servicers, which means they sell their loans to these GSEs (Government Sponsored Enterprises) as well as providing for the loan servicing of their closed loans.

In addition to the banks and mortgage companies that operate both retail and wholesale mortgage businesses, many companies operate only in the wholesale market. These companies do not offer their loan programs to the retail public and do not even employ loan officers. Instead, they employ account executives that assist their assigned mortgage brokers and bankers with every aspect of the lending process, from loan origination to underwriting and closing. The wholesale loan products and pricing that are offered by the lenders who choose to operate a wholesale lending business are provided mainly for mortgage brokers.

This page shows how mortgage funds flow from the secondary mortgage market to the wholesale mortgage market and the distribution network for retail consumers.

The Wholesale Mortgage Market and the Money Flow

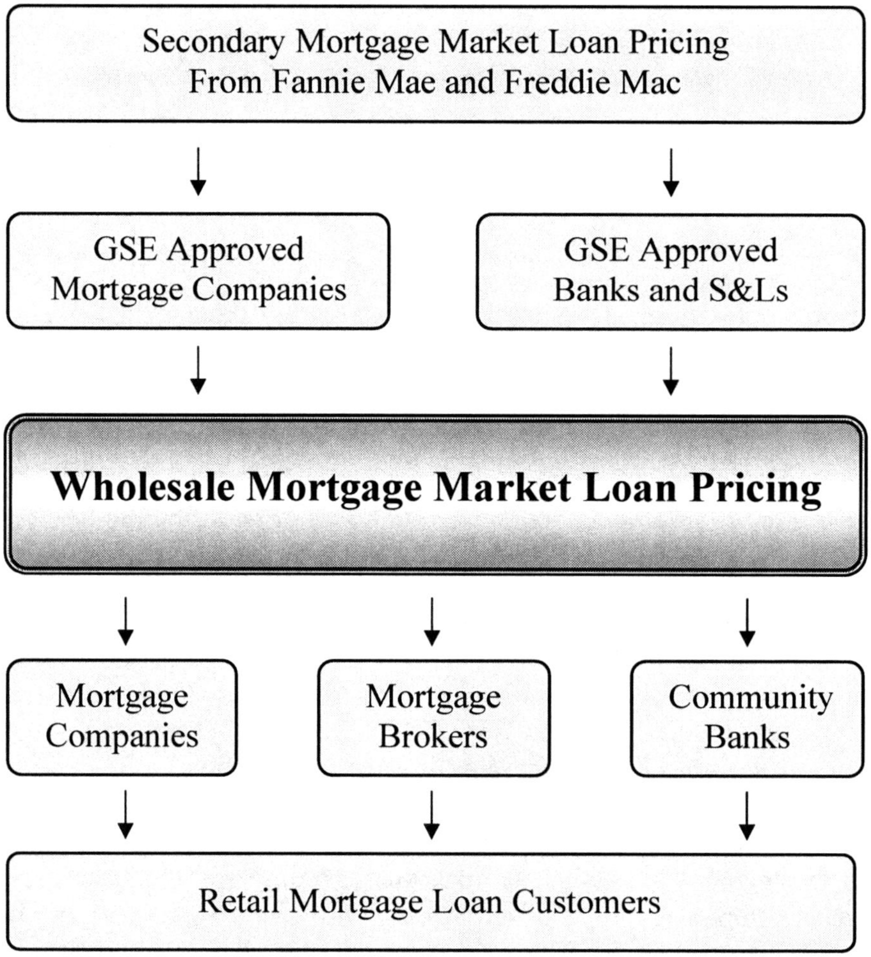

To simplify these relationships as it pertains to pricing methods and calculations, although some lenders would argue the point, we do not distinguish between wholesale loan pricing and secondary mortgage market loan pricing unless it is specifically noted in the text.

Homebuyers and those wishing to refinance an existing mortgage may select a broker working in the wholesale mortgage market for a variety of reasons. Competitive rates, easy loan application process, convenient office location, reputation, realtor referral, etc. The wholesale loan programs and interest rates offered here are just as competitive as any you will find in any other market.

An understanding of how these markets operate will add greatly to your overall knowledge of mortgage finance, and it will aid in your ability to negotiate your next home loan. When you understand how lenders use and abuse their wholesale rate sheet information, you will want to know exactly how to read them. This chapter will show you exactly how to do it.

Wholesale Mortgage Lending and Mortgage Brokers

In the wholesale mortgage market, the big banks and mortgage companies assume the role of mortgage financier, just as does Fannie Mae and Freddie Mac in the secondary mortgage market. As a "wholesale lender," companies like Countrywide Wholesale, Wells Fargo Wholesale, Chase Wholesale, and many others provide mortgage loan programs to mortgage brokers and mortgage bankers, but not to the general public.

The interest rates and point structures offered to their brokers are very similar to those offered by Fannie and Freddie directly to wholesale lenders. Companies who offer wholesale lending may also have retail lending divisions. You can apply for your loan through any one of a lender's retail branches, or you can go to your favorite mortgage broker and get the same loan with the same rates, or even better.

Wholesale lenders offer loan pricing structures to their brokers that are at least as competitive as those that their retail lending divisions offer to their local branches. This equality is achieved by matching the discount point structures for the interest rates provided for their retail branches, and passing them on to their correspondent mortgage brokers and mortgage bankers.

The fixed overhead costs needed to operate their retail branches are largely absent in their wholesale divisions because those costs are absorbed by the brokers who originate the retail loans. Because the wholesale lending divisions do not deal with the retail public, they do not pay for retail office space or supplies, retail loan officer commissions, or of equal importance in today's economy – health care benefits.

Typically, when you apply for your loan with a mortgage company that brokers loans, either as a mortgage broker or a mortgage banker, you will not know which lender they'll be using until you sit down to sign your closing documents. Most wholesale mortgage lender/ broker agreements include a confidentiality clause that requires the broker to withhold their name until the loan is approved. An example of the language used in a confidentiality agreement between a wholesale lender and a broker is:

> Section 8.17. ***Confidentiality***. Company shall not, at any time during or following termination of the Agreement, regardless of the manner, reason, time or cause of such termination, directly or indirectly disclose or furnish to any person not entitled to receive the same for immediate benefit to Wholesale Lender (except to the extent actually required in connection with any litigation between the parties arising out of the Agreement or by applicable law), any trade secrets or confidential information including, but not limited to, information related to the Wholesale Lender's business operations, credit policies, procedures, customers, procedures or copyrighted materials.

Chapter Five

Wholesale Loan Pricing

Interest Rates, Points, and Pricing Strategies

What is a wholesale rate sheet? When a lender prices a home loan for a borrower, the first thing they do is pull out their wholesale rate sheet. Regardless of the type of lender i.e., a bank, S&L, mortgage banker or mortgage broker, they all price their home loans using a wholesale rate sheet. The wholesale rate sheet shows the loan pricing costs and rebates for each interest rate that is available for purchase on that day. Wholesale rate sheets are published five days a week and emailed each morning to the lender customers.

Although some bank and mortgage company snobs may say "only mortgage brokers use wholesale rate sheets – our rates come directly from Fannie Mae and Freddie Mac," their Fannie/Freddie secondary mortgage market rate sheets convey essentially the same type of information – rates and costs. The fact of the matter is this: when a loan officer, sitting in a retail bank or mortgage company's branch office, needs to give a home loan quote to a customer, they need to refer to a rate sheet. To simplify this discussion and provide consistency, we will refer to both types of rate sheets as wholesale rate sheets.

Wholesale Rate Sheets

The most important thing that a loan shopper can do to protect themselves from the predatory lending practices that occur during loan origination is to do <u>everything</u> that they can do to get their hands on a wholesale rate sheet.

How do you get your hands on a Wholesale Rate Sheet? Try this approach:

Betty Borrower **Larry Loan Officer**

Implicit in the above conversation is the fact that a lender's refusal to give copies of their wholesale rate sheets to a customer constitutes their refusal to allow the customer to double-check the accuracy and honesty of their loan pricing calculations. No amount of lip service from any lender or their loan officer can change that fact. Telling a borrower "that's against our company's policy" is just another way of saying "you can't see our wholesale rate sheets because then we wouldn't be able to blast your interest rate to the moon." Luckily, Larry Loan Officer is more agreeable.

Unfortunately, mortgage lenders feel no obligation to disclose any information other than that required by state and federal law – and they usually don't. As we have learned, the hard way, from the mortgage meltdown of 2007, state and federal regulators do not seem to have the political will to enact mortgage lending legislation that protects borrowers in a way consistent with real-life limitations. Have you ever looked at an Adjustable Rate Loan Disclosure? Try reading one during dinner while trying to burp your baby, or while explaining to your sugar-charged third-grader why it's not okay to jam bubblegum up their nose.

That lack of legislative commitment makes it hard, in most cases, to talk a loan officer into sharing their wholesale rates. From the perspective of the loan officer, there are legitimate objections associated with sharing them with every customer, particularly since they have no obligation to share them with anybody. You can overcome those objections if you know what they are, and how to handle them.

Have you ever had a car salesman whip out their factory invoices to show you what they paid for a car? It is exactly the same thing – a matter of honesty, transparency, and customer satisfaction.

Overcoming Loan Officer Objections

Overcoming the loan officer's objections may be a critical step in gaining regular access to their wholesale rate sheets. You will need to "schmooze" them. Life is a negotiation and everyone will negotiate, given the right motivation. The loan officer's motivation is financial reward, and you hold all the cards.

First… They will feel that if they show you their wholesale rates, you will broadcast that fact all over town, which may get them in trouble with their company, or even the wholesale lender. In that case, you will need to convince them that you appreciate their concern and that, on your word of honor, you will keep quiet about it. After giving them your word of honor, if they still resist, you may have reason to believe that their business ethics may be somewhat less than honorable.

Second… They may feel that you might use the special knowledge gained against them in order to obtain more favorable loan terms from one of their competitors. Once again, you will need to convince them of your sincerity, as well as giving them your commitment that you won't switch lenders as long as they uphold their end of the bargain.

Third… They don't want to feel that your knowledge of their wholesale loan costs could in any way be used to solicit better terms from them, which would erode their anticipated loan commission. In that case, you will both need to agree on the exact dollar, or percentage amount, that they will receive in connection with your loan, including their loan origination fee and any other charges that you both feel are fair.

The Justification – A Matter of Fairness and Customer Satisfaction

Every loan shopper should have the absolute right to challenge, verify, and double-check every single aspect of their home loan, particularly the ones that can affect their loan costs and monthly payments. Absent any industry-wide mindset that would encourage lenders to share their rate sheet YSP data when it affects the borrower's monthly payment beyond a certain point, it is clearly incumbent on the borrower to rely on their own initiative to obtain whatever information they can to prevent those abuses from happening.

There are very few forms of information that can be made immediately available to a borrower which can virtually eliminate YSP abuses. It is also the one thing that a borrower has a high probability of obtaining as a condition of allowing a loan officer to originate their loan. The importance of this cannot be over-stated – you need to get a copy their wholesale rate sheet when they prepare your Good Faith Estimate and when they lock in your interest rate. You gotta just really go for it …

Lenders typically do not want to give you a copy of their wholesale rate sheet because it shows the Yield Spread Premiums (cash rebates), and that is where a significant amount of their secretive, but usually legal, income is generated. In most cases, a lender will not even acknowledge the existence of a wholesale rate sheet.

Some lenders, and even more mortgage brokers, will be happy to show you their wholesale rate sheets. If you cannot find a local lender that will give them up, you can search the Internet for an "Up-Front Mortgage Broker," who will be willing to provide them for you – or at least that's the story that they brandish around the net.

If you cannot locate one, try contacting some local realtors; tell them you read this really interesting book and you thought they might know a loan officer that has demonstrated high ethical behavior and doesn't hide their wholesale pricing from the public. If you are buying a home, the realtor will have a financial motivation to find one for you, particularly if you tell them you won't buy anything otherwise.

To help you eliminate the potential predatory lenders right away, you can email the loan officer the following questionnaire. Send it <u>before</u> you apply for your loan!

Loan Officer Questionnaire

Dear Mr. or Ms. Loan Officer:

Regarding our recent phone conversation, please answer the following questions which pertain to your company's policy regarding loan information disclosures. We would like to apply for our loan with your company, but our financial situation dictates that we obtain certain types of loan pricing information that some lenders prefer keeping secret, although we are aware that many do not.

1. Will your company collect any form or amount of loan compensation from my loan, including a YSP, that will not be specifically disclosed on my Good Faith Estimate and the HUD-1 at the close of escrow?

   YES_______ NO_______

2. At the time you provide me with a Good Faith Estimate, will you give me a copy of the wholesale or secondary mortgage market rate sheet that you use for my loan pricing? If you are a mortgage broker, you may provide me one with the wholesale lender's name redacted.

   YES_______ NO_______

3. If I request a zero or reduced-point fee structure for my loan, will the loan origination fee that you quote me change, regardless of whether you collect the fee from me, or your lender, on the back-side of the loan?

   YES_______ NO_______

4. When it is time to lock my loan, will you provide me with a copy of the loan registration and lock confirmation used by the actual lender?

   YES_______ NO_______

Signature …

This letter will allow you to cut to the chase. It is a fast way to find out if they will try to squeeze a Yield Spread Premium out of your loan – and rip you off.

Include any other questions on the letter that you think will help, including getting copies of the underwriting approval or rejection from the lender funding the loan. While some loan officers will balk at your letter, most will fill it out. Do not forget that there is only one reason that a loan officer will refuse your request to fill out the form – they take hidden Yield Spread Premiums regularly, and either intend to take one out of your loan, or they choose to preserve their hard-and-fast belief in "honor among thieves."

TIP

The importance of getting your hands on the lender's wholesale rate sheet in order to help you get the best possible deal, and avoid any possible yield spread rip-offs, cannot be overstated.

How to Read a Wholesale Rate Sheet

On page 80 is an example of an actual wholesale rate sheet. It is very old and the actual lender has gone belly-up like so many others, but the format is the same as most used today. We have displayed it here just so you will know what they look like. If a loan officer offers you a rate sheet that does not contain this level of pricing information, particularly the rebate prices in parentheses or bearing a minus sign, they are not showing you their "wholesale" rate sheet.

Very often, a loan officer will give you a copy of their retail rate sheet when you ask for a wholesale rate sheet. Do not let them get away with it. If you use the above questionnaire and the loan officer agrees to provide the wholesale rate sheets, you have been successful in your search for an ethical lender. If they will only give you their verbal commitment, use a follow-up email to confirm your understanding that they will provide the "wholesale" or "secondary mortgage market" rate sheets.

Looking at the page 80 wholesale rate sheet, you will notice that for a given type of a loan, such as a 30-year fixed rate, there is a "spread" of interest rates. These spreads (assortment) are designed to accommodate a great number of rate requirements and would be used by both homebuyers and those wishing to refinancing an existing home mortgage.

A borrower, subject to the lender's qualifying guidelines, can select any of these rates. Other rates can also be selected by requesting "off-sheet" pricing. All rates posted have corresponding discount fees that tell the borrower how much it costs to "buy" each specific interest rate. Many rates have corresponding discount "costs" and many others have "rebates."

Wholesale Rate Sheet Elements

A. Pricing rebates appear in parentheses, such as (1.375). When you add up the individual costs that pertain to your loan, rebates are subtracted from the total. For example: If you have one (1.375%) rebate and 2.625% in loan costs, you subtract the (1.375%) from 2.625% and the result is a 1.250% net loan "cost."

B. Loan pricing costs are cumulative. First, list the ones that pertain to your loan, and then add them up to find the total net cost, or rebate.

C. The rate sheet costs and rebates apply only to the purchase of your interest rate. Other costs, such as your loan origination fee, lender funding fees, and many others that will be itemized on your Good Faith Estimate, are extra and will be added to the costs and/or rebates required to obtain your new mortgage.

D. Rate sheet costs can be added to the discount "price" of the loan, the interest rate, or both. Unless stated that the fee is "add to price and rate," all fees will be added only to the price, such as:

1.250 + 0.875 + (1.000) = 1.125%

At this point, you should be comfortable adding positive and negative numbers and applying them to your loan costs. If you are not, it is time to **STOP** and practice. This is a critical step in gaining the knowledge you will need in order to be able to negotiate the terms of your loan like an expert. Take your time and crunch as many examples as you need to really understand the calculations.

Actual Wholesale Lender's Rate Sheet

1

Conventional Conforming Fixed Rate Products

30 Year - Product C30				15 Year - Product C15			
Rate	15 Day	30 Day	45 Day	Rate	15 Day	30 Day	45 Day
6.375%	(3.875)	(3.625)	(3.375)	5.875%	(3.750)	(3.500)	(3.250)
6.250%	(3.625)	(3.375)	(3.125)	5.750%	(3.375)	(3.125)	(2.875)
6.125%	(3.375)	(3.125)	(2.875)	5.625%	(3.000)	(2.750)	(2.500)
6.000%	(3.000)	(2.750)	(2.500)	5.500%	(2.875)	(2.625)	(2.375)
5.875%	(2.500)	(2.250)	(2.000)	5.375%	(2.375)	(2.125)	(1.875)
5.750%	(1.875)	(1.625)	(1.375)	5.250%	(2.125)	(1.875)	(1.625)
5.625%	(1.500)	(1.250)	(1.000)	5.125%	(1.750)	(1.500)	(1.250)
5.500%	(1.000)	(0.750)	(0.500)	5.000%	(1.375)	(1.125)	(0.875)
5.375%	(0.500)	(0.250)	(0.000)	4.875%	(0.875)	(0.625)	(0.375)
5.250%	0.250	0.500	0.750	4.750%	0.000	0.250	0.500
Max. net rebate is 103.00				Max. net rebate is 103.00			

2

STATE ADJUSTMENTS CONFORMING 30 YEAR FRM				STATE ADJUSTMENTS CONFORMING 15 YEAR FRM			
(0.250)	0	0.125	0.250	(0.250)	0	0.125	0.250
AK	HI, MT, NY, WA	AZ	CA, UT, WY	AK	HI, MT, NV, OR, WA	AZ, UT, WY	CA
(0.125) ID, OR				(0.125) ID			

9

Conventional Conforming FRM Price Adjustments:

FICO < 620 (all loan terms!)	0.500
Escrow Waiver (NON-CA properties)	0.250
Loan amount $50,001-60,000	0.375
Loan amount $40,001-50,000	1.000
Loan amount <=$40,000	2.000
80/15/5 (Purchase transactions)	0.250
75/20/5 (Purchase transactions)	0.250
90/5/5 (Purchase transactions)	0.500
N/O/O <=75% LTV	1.500
N/O/O 75.01-80% LTV	2.000
N/O/O 80.01-90% LTV	2.500
N/O/O Cash-Out Refi 70.01-80% LTV	2.500
N/O/O Cash-Out Refi 80.01-85% LTV	3.250
Alt 97 FHLMC LP	0.750
Flex 97 FNMA DU 35% MI = 1.000 18% MI =	1.750
Flex 80/20 FNMA DU	1.500
Flex 100 LTV FNMA DU 35% MI required	1.000
Flex 100 LTV w/Sellers Contribution	1.500
Owner-Occupied 2 Unit (90.01-95% LTV)	0.500
Cash-Out Refi 70.01-80% LTV[1]	0.500
Cash-Out Refi 80.01-90% LTV	0.750
Cash-Out Refi w/subordinate financing-CLTV >80% (except 1 unit O/O)[2]	0.250
20 Year term - use 30 year fixed - for FICO >= 620	(0.625)
For C10 pricing - use C15 pricing	0.000
For C25 pricing - use C30 pricing	0.000
Purchase Special for the Month of September	**(0.125)**

[1,2]These adjustments are cumulative for C/O w/CLTV>80% (except 1 unit O/O)
[2]Driven by subordinate financing w/CLTV >80%, apply regardless of LTV

3

EZ Stated & SISA PRICE ADJUSTMENTS. ONLY THE BELOW ADJUSTMENTS APPLY TO THIS PROGRAM.

Adjustments will apply to Conventional Conforming fixed rate pricing. (20yr improvement n/a)

Price adjustments are cumulative. Use all price adjustments that apply.

	<=70%	70.01-80%	80.01-85%	85.01-90%
EZ Stated	0.500	0.625	0.875	1.000
EZ SISA	0.750	1.000	1.250	1.500
660-679	0.500	0.500	N/A	N/A
720 - 780	(0.125)	(0.125)	(0.125)	(0.125)
780+	(0.250)	(0.250)	(0.250)	(0.250)
Condo <=4 stories	0.500	0.500	0.500	0.500
Condo >4 stories	1.250	1.250	1.500	1.500
Town House	0.500	0.500	0.500	0.500
California	0.250	0.250	0.250	0.250
Cash Out	0.250	0.500	0.750	1.000
Escrow Waiver(non-CA)	0.250	0.250	N/A	N/A
Second Home[1]	0.750	0.750	1.000	1.250
Investment Property[1]	0.750	1.250	N/A	N/A
Loan amount $40K-$60K	0.500	0.500	0.500	0.500
Loan amount < $40,000	N/A	N/A	N/A	N/A

[1] Second homes and investment properties are only available under the EZ Stated program.

10

Conventional Conforming & Government rate lock adjusters

7 day lock (.125) to the 15 day		RATE LOCK EXTENSIONS	
Adjust off the 30 day price		1-7 Day extension	0.125
45 day lock	0.250	8-15 Day extension	0.250
60 day lock	0.500	16-23 Day extension	0.375
90 day lock	1.000	24-30 Day extension	0.500
120 day lock	1.500	Maximum of 3 extensions Or 30 Days	
150 day lock*	2.000	"All extensions must be faxed to	
180 day lock*	2.500	branch lock desk and confirmed."	

*150 & 180 day lock, non-refundable fee of 1.00 upfront

4

Fees

		Seconds
Admin/Conforming $575	Flood Cert $14.50	Piggy Backs $75
Admin/Government $475	Redraw $150	Stand Alones $375
Government streamline refi $300	Cancellation $150	Wire $40
Tax Service $69	Wire $40	

11

LOCK DESK OPEN UNTIL 4:00 PDT

[redacted]

15 Day Lock Expires	09/27/04	45 Day Lock Expires	10/25/04
30 Day Lock Expires	10/11/04	60 Day Lock Expires	11/09/04

If you do not receive your lock confirmation by the end of the business day please contact Lock Desk ASAP

5

Government Fixed Rate and Arm Products

30/20 Year - Product G30/G20 (GNMA I)				30/20 Year - Product G30/G20 (GNMA II)			
Rate	15 Day	30 Day	45 Day	Rate	15 Day	30 Day	45 Day
6.500%	(4.250)	(4.000)	(3.750)	6.500%	(4.125)	(3.875)	(3.625)
6.000%	(3.000)	(2.750)	(2.500)	6.375%	(3.750)	(3.500)	(3.250)
5.500%	(1.250)	(1.000)	(0.750)	6.250%	(3.625)	(3.375)	(3.125)
5.000%	1.375	1.625	1.875	6.125%	(3.250)	(3.000)	(2.750)
Max. net rebate is 104.00				6.000%	(2.750)	(2.500)	(2.250)
15/10 Year - Product G15/G10 (GNMA I)				5.875%	(2.250)	(2.000)	(1.750)
Rate	15 Day	30 Day	45 Day	5.750%	(2.000)	(1.750)	(1.500)
5.500%	(2.875)	(2.625)	(2.375)	5.625%	(1.500)	(1.250)	(1.000)
5.000%	(1.000)	(0.750)	(0.500)	5.500%	(0.875)	(0.625)	(0.375)
4.500%	1.750	2.000	2.250	5.375%	(0.250)	0.000	0.250
Max. net rebate is 104.00				Max. net rebate is 104.00			

12

For FHA Temporary Buydown, use the GNMA II pricing with corresponding Bydn Fund cost for product codes specified.

Code	Type	Cost
G1/0-8	30 Yr 1/0 FHA Bydn	0.875
G20-1/0	20 Yr 1/0 FHA Bydn	0.875
G30-8	30 Yr 2/1 FHA Bydn	2.500
G20-8	20 Yr 2/1 FHA Bydn	2.500

Government Price Adjustments:

VA Loan	0.250
HUD R.E.O.	0.500
Loan amt $50,001-$60,000	0.375
Loan amt $40,001-$50,000	1.000
Loan amt <=$40,000	2.000
Fico < 620 (Product G01 on)	0.250

6

STATE ADJUSTMENTS GOV. 15/10 YEAR FRM				STATE ADJUSTMENTS GOV. 30/25/20 YEAR FRM			
(0.250)	0	0.125	0.250	(0.500)	(0.125)	0	0.250
AK	MT, NV, WA	AZ, UT, WY	CA	AK	OR	MT, NV, WA	UT, WY
(0.125) HI, ID, OR				(0.250) HI, ID		0.125 AZ	0.375 CA

13

FHA 1 Year Arm - G01			
Rate	15 Day	30 Day	45 Day
5.000%	(2.250)	(2.000)	(1.750)
4.750%	(1.750)	(1.500)	(1.250)
4.500%	(1.500)	(1.250)	(1.000)
4.250%	(0.875)	(0.625)	(0.375)
4.000%	(0.750)	(0.500)	(0.250)
3.750%	0.000	0.250	0.500

FHA 1 Yrear Arm Margin: 2.250

FHA Arm Rate Change Date:

Loans closed through: 10/31/2004

Rate Change Date: 1/1/2006

7

Government Conforming Hybrid ARMS

FHA/VA 3/1 Arm G-3/1_2.25 V-3/1_2.25				VA ONLY 5/1 ARM Product V-5/1_2.25			
Rate	15 Day	30 Day	45 Day	Rate	15 Day	30 Day	45 Day
5.500	(2.125)	(1.875)	(1.625)	6.250	(1.250)	(1.000)	(0.750)
5.375	(1.875)	(1.625)	(1.375)	6.125	(1.125)	(0.875)	(0.625)
5.250	(1.625)	(1.375)	(1.125)	6.000	(1.000)	(0.750)	(0.500)
5.125	(1.375)	(1.125)	(0.875)	5.875	(0.750)	(0.500)	(0.250)
5.000	(1.125)	(0.875)	(0.625)	5.750	(0.500)	(0.250)	0.000
4.875	(0.750)	(0.500)	(0.250)	5.625	(0.250)	0.000	0.250
4.750	(0.500)	(0.250)	0.000	5.500	0.000	0.250	0.500
4.625	(0.250)	0.000	0.250	5.375	0.375	0.625	0.875
CAPS 1/1/5 MARGIN 2.250				CAPS 1/1/5 MARGIN 2.250			
Max. net rebate is 103.000				Max. net rebate is 103.000			

14

Gov't Arm Price adjusters:

Loan amount $170,000 - 333,700	(0.250)
Loan amount $80,000 - 109,999	0.125
Loan amount $50,000 - 79,999	0.500
Loan amount <$50,000	0.875

VA 3/1 ARM Worsen price by .250

Gov't ARM MARGIN 2.000 worsen price by 0.250

15

VA ARM CHANGE DATES	FHA/VA 3/1		VA ONLY 5/1	
	CHANGE DATE	IF FIRST PAYMENT IS ON OR BEFORE	CHANGE DATE	IF FIRST PAYMENT IS ON OR BEFORE
	10/01/07	08/01/04	10/01/09	08/01/04
	01/01/08	11/01/04	01/01/10	11/01/04
	04/01/08	02/01/05	04/01/10	02/01/05
	07/01/08	05/01/05	07/01/10	05/01/05

8

Premier JUMBO 5/1 LIBOR ARM

5/1 Arm - Product J05PREM			
Rate	15 Day	30 Day	45 Day
5.875	(2.750)	(2.625)	(2.500)
5.750	(2.625)	(2.500)	(2.375)
5.625	(2.375)	(2.250)	(2.125)
5.500	(2.125)	(2.000)	(1.875)
5.375	(1.875)	(1.750)	(1.625)
5.250	(1.625)	(1.500)	(1.375)
5.125	(1.250)	(1.125)	(1.000)
5.000	(1.000)	(0.875)	(0.750)
4.875	(0.625)	(0.500)	(0.375)
4.750	(0.375)	(0.250)	(0.125)
4.625	0.000	0.125	0.250
CAPS 5/2/5 MARGIN 2.25			

Premier LIBOR Arm Price Adjustments:

Loan <=$500K & LTV >80% .375 to Rate & Margin

Escrow waiver (NON-CA)	0.125
Cash Out	0.250
Non Owner Occupied	1.500
3 Units	0.500
4 Units	1.000
Stated Income	0.000
Conforming Ln amount	0.000
80/10/10	0.250
80/15/5	0.250
75/20/5	0.250
90/5/5	0.250

16

Jumbo Fixed Rate Products

30 Year - Product J30 (Product J30S for amounts >$650,000)				15 Year - Product J15 (Product J15S for amounts >$650,000)			
Rate	15 Day	30 Day	45 Day	Rate	15 Day	30 Day	45 Day
6.500	(3.375)	(3.125)	(2.875)	5.875	(3.250)	(3.000)	(2.750)
6.375	(3.000)	(2.750)	(2.500)	5.750	(2.875)	(2.625)	(2.375)
6.250	(2.750)	(2.500)	(2.250)	5.625	(2.625)	(2.375)	(2.125)
6.125	(2.250)	(2.000)	(1.750)	5.500	(2.375)	(2.125)	(1.875)
6.000	(2.000)	(1.750)	(1.500)	5.375	(1.625)	(1.375)	(1.125)
5.875	(1.375)	(1.125)	(0.875)	5.250	(1.375)	(1.125)	(0.875)
5.750	(0.500)	(0.250)	0.000	5.125	(0.875)	(0.625)	(0.375)
5.625	0.500	0.750	1.000	5.000	0.500	0.750	1.000
Max. net rebate is 103.00				Max. net rebate is 103.00			

17

Jumbo Fixed-Rate Adjustments:

LTV <=70% (J30 Full Doc. only)	(0.250)	Investment properties	1.500
LTV 80.01-90%	0.125	Escrow Waiver (non-CA)	0.250
LTV 90.01-95%	0.500	Stated Income to 75%LTV	0.250
2 Unit	0.500	Interest Only (J30IO)	0.375
3-4 units	0.500	**Purchase Special for September**	**(0.125)**
Condo (hi-rise only)	0.125	Geographic Price Improvements:	
Cash-out	0.250	FL, ND, TX	(0.250)
Second Home	0.500	GA, ID, MD, NY, OR, PA	(0.125)

Lending Weekly Market News

Monday	-
Tuesday	-
Wednesday	-
Thursday	Jobless Claims
Friday	PPI

[redacted]

The following explanatory details pertain to the exhibit on the previous page, and are included to help you obtain a thorough understanding of the wholesale rate sheet. Although each lender uses their own format to convey their loan pricing information, they are all similar. This particular lender, long since gone, used a very compressed format to jam as much loan information onto one page as possible. Today, most of the wholesale rate sheets contain a smaller amount of data to minimize errors in loan pricing calculations.

1 **Conventional Conforming Fixed Rate Products:** If you are buying a home, or refinancing your current mortgage, and prefer what most mortgage experts consider the safest loan available, you would choose a fixed rate. Here you have the choice of ten different rate and point combinations, ranging from a high of 6.375% to a low of 5.250% for a 30-year fixed rate loan. You would also have ten rate and point combinations for a 15-year fixed rate loan. This section pertains to loans offered by both Fannie Mae and Freddie Mac.

With each rate, you would select one of three displayed rate-lock periods, depending upon when you want your loan to close. As an example, if you wanted to obtain a 5.375%, 15-year fixed rate on a 30-day lock, you would get a (2.125%) rebate.

2 **State Adjustments:** Depending on which state you live in, you may need to factor in one of these pricing adjustments. It may be a cost or a rebate. As an example, if you lived in Arkansas, you would get a (0.250%) rebate, and if you lived in Arizona, Utah, or Wyoming and you wanted a 15-year fixed rate, you would pay a 0.125% cost. The abbreviation "FRM" stands for Fixed Rate Mortgage.

3 **EZ Stated & EZ SISA Price Adjustments:** If your situation made it necessary to obtain a stated-income loan (a.k.a. EZ Stated – stated but not documented), and of course presuming that you could still find one, you would apply any of the price adjustments on this list that pertain. If you not only wanted to just "state" your income, but "state" your assets as well, (SISA – Stated Income Stated Assets), you would apply the costs in this section that pertain.

As an example, if you wanted an EZ SISA loan, your loan-to-value was 75%, your credit score was 760, you live in California, and you were buying a second home, you would make the loan pricing adjustments on the following page:

Adjustment Type	Cost / (Rebate)
EZ SISA:	1.000
760 Credit Score:	(0.125)
California:	0.250
Second Home:	0.750
Total Adjustments:	**1.875%**

4 **Fees:** These are this particular lender's administrative fees. All lenders charge administrative fees to offset the costs associated with processing and booking a new loan. The Flood Certification determines if your property lies in a FEMA flood zone, which may necessitate the requirement for flood insurance.

If the lender has to redraw your closing documents, for whatever reason, this lender charged $150.00. If the borrower cancels their loan, the mortgage broker (since this is wholesale pricing) would have to pay the lender $150.00. When the lender sends your loan funds to escrow to close your deal, they send them using an electronic "wire." The wire fee in this case was $40.00.

5 **Government Fixed Rate Products:** These FHA and VA loan products use the same type of pricing grids as the above conventional conforming loans from Fannie Mae and Freddie Mac. The Product G30/G20 (GNMA I) is available in either a 30-year (G30) or 20 year (G20) fixed rate. The (GNMA I) and (GNMA II) references indicate which mortgage-backed security determines their respective pricing structures, and in which MBS pool the loan will land after the close of escrow and the loan is sold.

The **"Max. net rebate is 104.00"** refers to the fact that a mortgage broker, or any other lender originating one of these loans, can only receive a net Yield Spread Premium of 4.00%. Technically, government loans do not pay brokers YSPs. They pay Service Release Premiums "SRPs" for essentially the same reason as a YSP – to create a cash equivalence for an interest rate sold to a borrower above par. The other side of this coin would be a "96.00," indicating a 4.00% cost. The rebate is 4.00% over 100.00% and the cost is 4.00% under 100.00%.

6 **State Adjustments:** These serve the same purpose as those described above under rate sheet section #2.

7 **Government Conforming Hybrid ARMS:** These rates are available on both FHA and VA loans, and use the Fannie/Freddie conforming loan limits. A 3/1 ARM is one that has its interest rate fixed for the first three years, and then changes to a One-Year Adjustable Rate loan. The **"CAPS 1/1/5"** indicates that the loan's periodic rate increases are "capped" at 1% for the first three years, 1% during any individual year after the loan converts to a One-Year Adjustable Rate, and 5% over the start rate during the life of the loan.

If you had this loan, during the 37th month you would have your first rate change. If you had selected a 6.00% interest rate when you took out the loan, the highest rate you would have at the 37th month would be 7.00%. After your loan converted to a One-Year Adjustable Rate, your rate could increase for each successive year by no more than 1%. Then, if your loan had started at 6.00%, the highest interest rate you could ever have over the life of the loan would be 11.00%, as a restriction of the 5% life-time cap.

The **"Margin 2.250"** refers to the lender's profit margin. This profit "margin" is the maximum amount used by the lender in the calculation of a new payment amount after any specified change date. The method used to calculate any new payment is:

INDEX + MARGIN = PAYMENT RATE %

The "Index" used in an ARM loan is prescribed by the lender. It may be a One-Year Treasury Bill index, a LIBOR index, or any one of a large variety. If, as an example, your loan used the One-Year Treasury Bill index and it has averaged 3.875% during the previous twelve months, as reported by the Wall Street Journal, when you had its periodic change the new interest rate would be calculated as follows:

3.875%	+	2.250%	=	6.125%
Index		Margin		New Rate

8 **Premiere JUMBO 5/1 LIBOR ARM:** These rates are used in the same way as those described above in #7, but use the LIBOR (London Interbank Offered Rate) index, which is another type commonly used by mortgage lenders. These particular rates apply to JUMBO loans, which are loans having loan amounts higher than the conforming Fannie/Freddie limits currently set at $417,000 for a single-family residence. JUMBO loan limits can go as high as $5,000,000 or more, subject to loan program limitations. If you need a $5,000,000 loan you cannot use a government loan, but you can certainly call the author of this book and he will be very, very happy to help you get your loan.

To the right of these posted interest rates are the pricing adjustments. If your loan was "equal to or less than $500,000 and greater than 80% loan-to-value," you would add 0.375% to both your starting interest rate and the margin.

If you wanted an 80/10/10 option, you would add 0.250% to the "price" as indicated, as an added cost. An 80/10/10 means that your loan can include an 80% first mortgage + a 10% down payment + 10% secondary financing, such as a seller carry-back or a private loan. This "piggy-back" type of home financing allows the borrower to eliminate the need for mortgage insurance, which is typically required on loans with an LTV above 80%.

9 **Conventional Conforming FRM Price Adjustments:** These loan pricing adjustments pertain to the interest rates listed under section #1. Depending on the loan parameters you need, these adjustments would be added to your loan costs, but not your interest rate. As an example, if you chose a 30-year interest rate at 5.875% from the section #1 grid on a 45-day lock, your discount fee would be a (2.00%) rebate. Then, if your FICO credit score was < 620 (less than 620), you would add 0.500 to the rebate, resulting in a (1.500%) net rebate on your loan. These loan pricing adjustments are cumulative, so don't forget to add them up.

10 **Conventional Conforming & Government rate-lock adjusters:** Depending on when you close your loan, you may need to request a longer rate "lock" to protect yourself from interest rate volatility. The longer the rate-lock is, the higher the cost. Your loan officer can advise you when to lock your loan. When they do lock in a rate, make sure you request a copy of the rate-lock confirmation form. Getting a copy of this form will help protect you in case the processing of your loan takes longer than promised or your rate-lock expires, and they inform you that you will need to accept a higher interest rate. You should always get copies of forms and documents that can prove your legal position if there is a dispute over what the lender promised.

11 **Lock Desk Open Until 4:00 PDT:** When you lock in an interest rate for your loan, it is absolutely crucial that you know when it will expire. A rate-lock expiration is one of the most aggravating events found in loan processing, and it is a major source of stress and hard feelings for a borrower. This section lets the loan officer know when the rate-lock will expire, because most of them can't figure it out on their own.

12 **FHA Buydown Costs:** If you elect to accept a temporary buydown for your FHA loan, you will incur one of the added costs listed in this section. A temporary buydown allows you to pay an extra fee and have your loan's interest rate reduced temporarily for the agreed upon period. In this section, a **"30 Yr 2/1 FHA Bydn"** costs an additional 2.500%, which is added to your loan costs.

If, for example, you had a 30-year fixed rate with a note rate of 8.00% (your regular rate) and you obtained a **2/1 buydown**, your payment would be based on a 6.00% rate for the first year (8.00% - 2.00%). The second year of the loan, your payment would be based on a 7.00% rate (8.00% - 1.00%). At the beginning of the third year, your loan would return to the note rate and your payment would be based on an 8.00% interest rate.

The **Government Price Adjustments** box in this section lists extra loan parameters that would generate extra fees, such as a low loan amount, a HUD foreclosure property (HUD R.E.O.), a VA loan, or a FICO credit score less than 620.

13 **FHA 1 Year Arm:** These are the "start rates" available for this FHA loan. It has a 2.250% margin and the periodic loan payment changes would be calculated the same as #7 above. Because the initial payment on a One-Year ARM is fixed <u>only</u> for the first year, you would need to be careful about paying "points" to lower the rate. Do the math!

14 **Gov't Arm Price adjusters:** These pricing adjustments apply to the indicated loan amount variations. Loan amounts below a certain level will generate added fees to offset the lower origination fees to be earned by the lender, due to the smaller loan sizes. If you selected a 3/1 VA ARM, you would need to add 0.250 to the cost. The VA 3/1 ARM rate is fixed for the first three years and then converts to a One-Year ARM for the remainder of the loan term.

15 **FHA/VA ARM Change Dates:** This information section lets the loan officer know when their customer's monthly payment would change, given a certain first payment date. As an example, if you had an FHA or VA 3/1 ARM and your first regular monthly payment was scheduled for 02/01/05, your first payment change date would be 04/01/08.

16 **Jumbo Fixed Rate Products:** As discussed under the section #8 Jumbo 5/1 LIBOR ARM, these rates pertain to the Jumbo 30-year and 15-year fixed rate loans. As you will notice, all but two rates offer a corresponding pricing rebate and the **"Max. net rebate is 103.00"** (3.00%). When a lender lists mainly rebate pricing for a set of interest rates, it is an indication of how the mortgage brokers sell those particular rates. Can you say "Yield Spread Premium manipulation?"

17 **Jumbo Fixed-Rate Adjustments:** If your loan requirements included any of these variables, such as a high loan-to-value (LTV), a cash-out refinance, escrow waiver, or any of the others listed, you would add the appropriate fee to your total loan cost.

Your Good Faith Estimate

Using the Good Faith Estimate on the next page, use the tips on page 88 to "*Compare the GFE Rates and Points <u>Before</u> You Apply*" for any mortgage. The GFE is one of the most commonly ignored disclosure forms provided by lenders. And that's exactly what the predatory lenders hope for – uneducated, gullible customers that can be coerced into just about anything, as illustrated by the following:

"Here we are ma'am – this is just a stupid little estimate form that we give out. It's not really important, and just too complicated to explain to somebody who's not a mortgage expert, so just sign right here. You can trust me – your loan is great."

GOOD FAITH ESTIMATE

Applicants:	**Richard D Felts / Helga A Felts**	Application No:	**Richard D Felts**
Property Addr:	**123 Downer Place, Aurora, IL 60506**	Date Prepared:	**06/30/2008**
Prepared By:	**San Juan Mortgage**	Loan Program:	**30-Year Fixed Rate**

The information provided below reflects estimates of the charges which you are likely to incur at the settlement of your loan. The fees listed are estimates - actual charges may be more or less. Your transaction may not involve a fee for every item listed. The numbers listed beside the estimates generally correspond to the numbered lines contained in the HUD-1 settlement statement which you will be receiving at settlement. The HUD-1 settlement statement will show you the actual cost for items paid at settlement.

Total Loan Amount $ **400,000** Interest Rate: **6.000** % Term: **360 / 360** mths

800	ITEMS PAYABLE IN CONNECTION WITH LOAN:				PFC	S	F	POC
801	Loan Origination Fee	Paid To Lender: Your Choice	1.000 %	$ 4,000.00	✓			
802	Loan Discount	Paid To Lender: Your Choice	1.250 %	5,000.00	✓			
803	Appraisal Fee	Paid To Other: The Appraiser		450.00				
804	Credit Report	Paid To Other: The Credit Reporter		25.00				
805	Lender's Inspection Fee	Paid To Lender						
808	Mortgage Broker Fee	Paid To Broker						
809	Tax Related Service Fee	Paid To Lender: Your Choice		74.00	✓			
810	Processing Fee	Paid To Lender: Your Choice		325.00	✓			
811	Underwriting Fee	Paid To Lender: Your Choice		450.00	✓			
812	Wire Transfer Fee	Paid To Lender: Your Choice		25.00	✓			
813	Flood Determination	Paid To Lender: Your Choice		18.00	✓			
		Paid To Broker						
		Paid To Lender						
		Paid To Lender						
		Paid To Lender						
		Paid To Lender						

1100	TITLE CHARGES:			PFC	S	F	POC
1101	Closing/Escrow Fee:	Paid To Other: The Escrow Company	$ 266.00	✓			
1105	Document Preparation Fee						
1106	Notary Fees	Paid To Other: The Escrow Company	37.00	✓			
1107	Attorney Fees						
1108	Title Insurance:	Paid To Other: The Escrow Company	698.00	✓			

1200	GOVERNMENT RECORDING & TRANSFER CHARGES:			PFC	S	F	POC
1201	Recording Fees:	Paid To Other: The Escrow Company	$ 25.00	✓			
1202	City/County Tax/Stamps:						
1203	State Tax/Stamps:						

1300	ADDITIONAL SETTLEMENT CHARGES:			PFC	S	F	POC
1302	Pest Inspection		$				
		Estimated Closing Costs	11,393.00				

900	ITEMS REQUIRED BY LENDER TO BE PAID IN ADVANCE:				PFC	S	F	POC
901	Interest	Paid To Lender: Your Choice	for 40 days @ $ 65.7534 / day	$ 2,630.14	✓			
902	Mtg Ins. Premium							
903	Hazard Ins. Premium	Paid To Other: AAA Insurance		936.00				
904								
905	VA Funding Fee							

1000	RESERVES DEPOSITED WITH LENDER:				PFC	S	F	POC
1001	Hazard Ins. Premium	Paid To Lender: Your Choice	2 mths @ $ 78.00 / mth	$ 156.00				
1002	Mtg Ins. Premium Reserves		mths @ $ / mth					
1003	School Tax		mths @ $ / mth					
1004	Taxes & Assessment Reserves	Paid To Lender: Your Choice	5 mths @ $ 203.00 / mth	1,015.00				
1005	Flood Insurance Reserves		mths @ $ / mth					
			mths @ $ / mth					
			mths @ $ / mth					
			Estimated Prepaid Items/Reserves	4,737.14				
TOTAL ESTIMATED SETTLEMENT CHARGES				16,130.14				

TOTAL ESTIMATED FUNDS NEEDED TO CLOSE:				TOTAL ESTIMATED MONTHLY PAYMENT:	
Purchase Price/Payoff (+)	500,000.00	New First Mortgage(-)		Principal & Interest	2,398.20
Loan Amount (-)	400,000.00	Sub Financing(-)		Other Financing (P & I)	
Est. Closing Costs (+)	11,393.00	New 2nd Mtg Closing Costs(+)		Hazard Insurance	78.00
Est. Prepaid Items/Reserves (+)	4,737.14			Real Estate Taxes	203.00
Amount Paid by Seller (-)				Mortgage Insurance	
Cash Deposit	-35,000.00			Homeowner Assn. Dues	
				Other	
Total Est. Funds needed to close			81,130.14	Total Monthly Payment	2,679.20

Compare the GFE Rates and Points Before You Apply

The preceding Good Faith Estimate is an example that you can use to become familiar with the content provided by federal law. It will help you compare one Good Faith Estimate to another, and allow you to determine which offer represents the best solution for your financing needs.

Near the top of your **Good Faith Estimate**, you will see the following:

Total Loan Amount $ Interest Rate: % Term: mths

Compare the loan amount, interest rate, and loan term with the loan pricing data on the wholesale rate sheet. If the GFE interest rate is 6.00%, and the *loan discount* on line 802 is 1.250%, as an example, the section on your wholesale rate sheet that lists the 30-year fixed rates and points should include those numbers, just as listed below:

Example Wholesale Loan Pricing

Rate	15 Days	30 Days	45 Days
5.750	2.375	2.750	3.000
5.875	1.750	2.000	2.625
6.000	1.000	**1.250**	1.500
6.125	(0.250)	0.000	0.625
6.250	(1.125)	(0.750)	(0.250)

Your exact GFE rate and discount fee, 6.00% and 1.250 points in this case, should appear on the wholesale rate sheet they have provided. In the above example, it is fair to assume that your loan officer quoted the 6.00% rate based on a 30-day rate-lock. Remember that the 1.00% loan origination fee is extra.

Had you not been diligent enough to obtain a copy of the lender's wholesale rate sheet, an unscrupulous loan officer could have easily quoted you a 6.125% rate and the 1.250% discount fee. You would have never known the difference between the 6.00% rate and the 6.125%. Very few people would think to question it, even though the extra 0.125% increase to the interest rate could cost thousands of dollars in interest charges over the term of the loan.

Since the 6.125% interest rate on a 30-day lock was priced at "par," i.e., (0.00 cost), a predatory loan officer could have pocketed the cash produced by the 1.250%, or even quoted you the 6.250% rate and pocketed 1.250% + (0.750%) or 2.00%. You would have still paid the 1.250% to the lender at close of escrow on the front-side of the loan, and the wholesale lender would have paid the (0.750%) rebate to the lender after the close of escrow, on the back-side of the loan. On a $400,000 loan, the predatory loan officer would have cashed-in on a very nice $8,000 bonus. Would you be happy for their success, or would you want to hang them up by their toes?

Had the loan officer jacked-up your rate by 0.250%, your monthly payment on a $400,000 loan would have gone from $2,398.20 to $2,462.86. That increase, over the life of a 30-year loan, would have cost you an extra $23,277.60. The above scenario is precisely the way lenders make money. They charge a reasonable loan origination fee on the front-side, and get the largest Yield Spread Premium they can to increase their commission income on a loan, and in most cases it is perfectly legal.

According to RESPA, the collection of a Yield Spread Premium for the benefit of the lender is not "per se" illegal. To a trusting borrower, the legal status of Yield Spread Premiums would probably be a weak justification for increasing their interest rate for the sole purpose of inflating a loan officer's commission. Nevertheless, that is the real world in mortgage lending.

An Alternative to Receiving a Hard Copy of the Wholesale Lender's Rate Sheet

If you were unable to obtain a copy of the lender's wholesale rate sheet, or you have enough faith in their honesty to do without it, you can still make a reasonable determination that there were no bait and switch tactics used.

There are no great alternatives to using the actual wholesale rate sheet. It is the only "sure-fire" way that you can protect yourself from predatory lending practices during the pricing of your loan. However, if you have not had any luck finding an ethical lender that will cooperate with your request, you can try the following approach to verify that they will not rip you off:

Just Show Me The Darn Thing!

Loan officers will give you a variety of lame excuses why they won't give you a copy of their wholesale rate sheet. Each excuse will be offered only to protect the secrecy of their Yield Spread Premiums, as you have already learned. If there were no such thing as a Yield Spread Premium, why would a loan officer have any reason to conceal their wholesale interest rates, points, and rebates? They wouldn't, and that's the only reason they might refuse.

However, since many loan officers will still refuse access, you may be able to convince them to "just show it to you" in a way that does not violate any lender's rules. On every wholesale rate sheet, you will find one of the three following lender statements, or another that is similar in content:

> "For real estate and lending professionals only and not for distribution to consumers"

> "This information is provided for the exclusive use of Real Estate Professionals only. Distribution to the general public is not allowed"

> "This information is for use by mortgage professionals only and should not be distributed to consumers or any other third-parties"

You will notice that in each case, the term "distribute" or "distribution" is used. The term "distribute" means: **"to divide and give out..."** This author has never seen a wholesale rate sheet that states that none of their rate sheet information shall be "viewed" by a consumer or other third-party.

This clearly indicates that, although they prefer that you don't hand out copies of their rate sheet to every "Tom, Dick, and Harry" on the street, the loan officer can show them to their customers as often as they like, and discuss every aspect of it with them in as much detail as they need, in order to help them make an informed decision. They impose no restrictions in that regard.

Another important element in most wholesale rate sheet statements, and illustrated in the first two above, is that the information is intended for ***"real estate professionals"*** in addition to mortgage professionals. Are loan officers real estate professionals? No, but real estate salespeople certainly are! Therefore, a loan officer should feel perfectly justified in giving a copy of their wholesale rate sheet to any realtor they choose. When that happens, you should get what you need because the realtor will certainly show it to you.

Remember: If you make enough phone calls and use your diplomatic skills, you will find a lender that will share their wholesale rates with you. Once you accomplish that goal, you will have virtually eliminated the possibility that you will be the victim of predatory lending during the origination and pricing of your new mortgage.

How Important are the Wholesale Rates – Really?

Although you will probably meet very few loan officers that you will not like, you will not meet any that haven't taken a Yield Spread Premium without the borrower's "informed" consent. Loan officers buy and sell interest rates as a fundamental aspect of their job, and a crucial component of their commission earnings.

Have you ever heard the term Yield Spread Premium before you read about it in this book? Why do you think you have never heard it before? If you are like 99.9% of the American population, you have not heard the term because it is the mortgage industry's "dirty little secret." Most realtors are not even familiar with the term. The mortgage industry has historically done a wonderful job keeping it a secret.

Chapter Five – **Wholesale Rate Sheets**

They do not want you to know about the existence of a loan pricing method that is used primarily to create a commission bonus for any loan officer that can sell an interest rate higher than the one that is required to obtain the mortgage requested.

If there was a way to eliminate your loan officer's YSP commission bonus, because you knew that it would be collected only because you will get stuck with an inflated interest rate, would you use it? Or, do you believe that it is fair for them to take a commission bonus, without your "informed" consent, even though it can cost you tens of thousands of dollars in extra interest charges over the life of your loan?

Now you know all about their dirty little secret, and you know what you can do to prevent it from being used against you. We believe than any reasonable person looking for a fair deal on a mortgage loan can answer the question: how important are the wholesale rates – really? What do you think?

For all of our readers that have answered yes to that question, we are providing even greater detail on the subject in the next chapter. Yield Spread Premiums can create important financial advantages when used for a borrower's benefit, or represent a pox upon the reputation of the lending institution promulgating their use.

Chapter Six

Yield Spread Premiums

The Mortgage Industry's Dirty Little Secret

What the ?*#! is a Yield Spread Premium and why should I care? The term sounds like it might be something really great for a borrower – right? Well, it might be something great all right, but not necessarily for the borrower. It depends upon who ultimately winds up with the cash that gets generated when a Yield Spread Premium is incorporated into the loan pricing equation – the borrower or the lender.

In the mortgage lending vernacular, a Yield Spread Premium (YSP) is a loan pricing rebate. Webster's New World Dictionary defines ***premium*** as:

> **1** a reward or prize, esp. one offered for free or at a special low price as an added inducement to buy or do something; bonus **2** an additional amount paid or charged; specif., an amount paid for a loan in addition to interest…

When a lender's loan officer quotes you an interest rate for your loan, they must "buy" that interest rate from somebody in order to "sell" it to you. That "somebody" might be a wholesale lender, as discussed in *The Wholesale Mortgage Market* chapter, or any other secondary mortgage market participant that has the ability to establish interest rate pricing policies. The identity of that unknown somebody is where the shroud of mortgage insider secrecy begins.

Chapter Six – Yield Spread Premiums

To understand how Yield Spread Premiums work, you must first understand that interest rates are financial commodities, which are bought and sold in a marketplace for home mortgages. When you apply for a mortgage, you too will buy an interest rate for your loan. When it is time for you to make your interest rate purchase, your loan officer will quote you several different rates and points, one combination of which you will agree to purchase.

Your interest rate selection will require knowledge of the fact that the starting point for all interest rate price structures begins at "par." A par interest rate, as previously discussed, is purchased for no points at all – zero, nada, zilch. Any interest rate to be purchased lower than par will require that you pay some amount of extra points, or a "discount fee," which will be added to your total loan costs. An example of this loan pricing structure is as follows:

Interest Rate versus Discount Fee

% Rate	Discount	Type
5.625	1.625	Cost
5.750	1.000	Cost
5.875	0.375	Cost
6.000	0.000	PAR
6.125	(0.750)	YSP
6.250	(1.250)	YSP

If you were presented with the above choices on a $250,000 loan, your cost for the 6.00% interest rate would be zero, and your cost for the 5.875% interest rate would be $937.50, and calculated:

$$\$250{,}000 \times 0.375\% = \$937.50$$

Likewise, you would pay $4,062.50 to buy the 5.625% interest rate, calculated as: $250,000 × 1.625% = $4,062.50. However, what if you wanted to buy the 6.125% interest rate? It's one of the choices, so how much does it cost since it is higher than the 6.000% rate, which has a zero-point cost?

The 6.125% interest rate is a **Yield Spread Premium (YSP)**, and so is the 6.250% interest rate. A Yield Spread Premium is a cash **Rebate** that is paid to a lender in connection with their purchase of any interest rate that is higher than the par interest rate – and the ***"dirty little secret"*** that lenders do not want you to know about. If everybody in the world had a decent understanding of how YSPs are used and abused, every loan officer that relied on them for extra cash would be trying to get their old job back at the car wash.

The majority of home mortgage lenders believe that the use of YSPs is a perfectly legitimate business practice. They believe that they are in the business of buying and selling interest rates and not simply providing a loan processing service, which is a critical element in the homeownership process.

Are They Legal, Ethical, and Fair?

The correct answers are maybe, maybe, and maybe. It all depends upon how they are used in the pricing of your loan, if you were made aware of the fact that they were being included, and for whose benefit they were used. The fact that RESPA allows their unfettered use has acted as a strong motivator for lenders to incorporate them in every imaginable loan pricing situation.

RESPA states that the payment of a Yield Spread Payment is "not per se illegal" (not illegal by itself), but the law provides nothing more than a collection of vague legal considerations to define what might constitute a Yield Spread Premium violation under the Act. And therein lies the problem.

The law implies that something is required, in addition to the mere inclusion of a Yield Spread Premium, to make the case for a violation. What are the additional components that define a Yield Spread Premium abuse? The law seems to leave that decision up to you and your lawyer. It also makes it a complicated and expensive one to resolve after it occurs. So, you really need to stop it before it rears its ugly head.

If every use of a Yield Spread Premium is perfectly legitimate and ethical, why is it that 99.9% of Americans have never even heard the them? If they are all perfectly ethical, why is it that loan officers never talk about them? When you apply for a mortgage, your loan officer talks about their loan origination fee, discount points, credit report fees, appraisal fees, and escrow service fees, but they never mention a word about the Yield Spread Premium they are dreaming about taking out of your loan. Why is that?

Convenient Loan Officer Memories

Could it be that 99.9% of the loan officers in the U.S. just forget to mention them? Maybe they think that disclosing them in the small print somewhere on your Good Faith Estimate is the best way to make you understand them. Maybe it is because they are ashamed of making extra, and in many cases, unearned commission dollars that they know you would never agree to if you knew about their ***dirty little secret***. So to avoid a scene, they just keep their traps shut and take it.

Well, maybe they can "*just take it*," but you certainly don't have to "*just take it*." You can try using the Loan Officer Questionnaire found in the *Wholesale Loan Pricing* chapter, which may prevent it. You can also inform them, right up-front, that you will not accept any loan terms that include a Yield Spread Premium unless: (1) you specifically request it; (2) the entire YSP will be used only according to your direction and for your exclusive benefit; and (3) you are able to view the lender's wholesale rate sheet in order to evaluate all of the interest rate / YSP loan pricing options on the day your loan is locked-in.

Try this letter:

Dear Mr. or Ms. Loan Officer:

Thank you for the mortgage information that you provided. It was very helpful and we are considering applying for our mortgage with your company. However, please be advised that we will not agree to the collection of any Yield Spread Premiums by your company, unless the entire cash equivalence is used exclusively for our sole benefit. When our rate is locked, we will require a copy of the original creditor lock registration form, and at the closing of our escrow, (continued on next page) …

we will require an itemized accounting of all charges payable in connection with our loan. The HUD will work fine, but it must reflect the allocation of any Yield Spread Premiums, even though your company may not be required by law to provide it.

If these conditions are acceptable, please let us know.

Signed – ***The Borrower***

Small Interest Rate Changes can make Big Cost Differences

If a predatory loan officer increases your interest rate by as little as 0.125%, it can cost you a bundle down the road. It is not only the added costs that you may have to pay in cash to get your loan, it is also the added cost to your regular monthly loan payment, which can result in tens of thousands of dollars in added interest charges over the life of your loan.

The Dollar Difference
$250,000 30-Year Loan Amount

Interest Rate %	Discount Fee %	Charge Type	Cash Amount	Monthly Payment
5.625	1.625	Cost	$4,063	$1,439
5.750	1.000	Cost	2,500	1,459
5.875	0.375	Cost	938	1,479
6.000	0.000	PAR	0	1,499
6.125	(0.750)	YSP	(1,875)	1,519
6.250	(1.250)	YSP	(3,125)	1,539
6.375	(2.875)	YSP	(7,187)	1,560

Well, now the cat is out of the bag. If you unknowingly selected the 6.125% interest rate, a cash rebate of $1,875.00 would be paid and it would be calculated just like any other discount fee: $250,000 × (0.750%) = $1,875.00. The "spread" between the 6.00% "par" rate and the 6.250% rate with a (1.250%) rebate, yields a $3,125.00 rebate. The "yield" rebate created by the "spread" in interest rates is the reason the term Yield Spread Premium was coined. Rebates are usually placed in parentheses to differentiate them from a cost.

The logic behind the Yield Spread Premium is that if a certain interest rate is priced at "par" (zero points), then it makes perfect sense that any rate higher than "par" would cost less than zero – right? Absolutely! The question is, who gets the rebate – the borrower or the lender? That's the sixty-four dollar question, and the one that drives everyone crazy. It is also the one that has been the reason for countless class-action lawsuits against the lenders that abuse them.

Using the YSP to Benefit the Borrower

Now that you know how a Yield Spread Premium can benefit the lender, this section will show you how they can benefit you. In your evaluation of the benefits that you may receive from the inclusion of a Yield Spread Premium in your loan costs, it is important to remember that a YSP always drives up your interest rate, and that rate increase always results in a higher monthly loan payment. Using a YSP is a tradeoff between spending money now to get a market interest rate, and being willing to make higher monthly payments for as long as you have the loan.

Here's an Example:

Let's say you are buying a home for $350,000 and you have about $40,000 deposited snuggly in your family bank account. You know that you can qualify for up to a 95% mortgage, but you are a little concerned about using any, if not most, of your savings for the purchase. Your loan officer has you half-convinced that doing your loan for zero points is the best way to go. The question is – the best way for whom? They throw convincing arguments at you like: just think how much extra cash you'll have to fix up your house, buy a new car, or go on a Hawaiian vacation. What they don't tell you, is how much larger their commission will be should they be able to talk you into taking a higher than required interest rate.

If you were able to see the lender's wholesale rate sheet on the day you were to lock in your rate, you would see the following rate/point/rebate pricing options below. The amount of the spreads used in this example are not typical and do not matter for this purpose. We just want you to fully understand the practical applications of the Yield Spread Premium.

Rate / Point Pricing Options
$332,500 Loan – 95% LTV

Rate %	Points %	Cost/Rebate	$ Amount
5.750	1.500	Cost	4.987
6.250	0.625	Cost	2,078
6.625	0.000	PAR	0.000
6.875	(1.375)	Rebate	(4,572)
7.250	(1.875)	Rebate	(6,234)
7.625	**(3.250)**	**Rebate**	**(10,806)**

If the charges on your $332,500 loan included a 1.00% loan origination fee and $7,500 in added costs (just as an example), the total loan costs would be <u>$10,825.00</u>. That total is calculated:

$332,500 × 1.00% + $7,500 or: $3,325 + $7,500 = $10,825.00

Don't forget your down payment of: $332,500 × 5.00% down = $17,500.00. Therefore, the total cash required to buy the home would be calculated:

$17,500 + $10,825 = $28,325.00

You need $28,325.00 to get your loan, and you have $40,000.00 in the bank, which you are concerned about spending. Do you want to pay me now, or pay me later? That is the question. If you are to accept the loan officer's opinion that a zero-point loan is the best way to go, you will need to accept an interest rate the will create a $10,825.00 YSP rebate, which will produce a large enough cash equivalence to pay for everything. Looking at the *Rate/Point Pricing Options* table on the previous page, there is only one rate that will work. You would need to choose the 7.625% interest rate, which would give you a $10,806.00 rebate, and get the other nineteen bucks out of your cookie jar. This selection presumes, of course, that the lender gives you 100% credit for the YSP rebate, which might be questionable.

By using the YSP produced by the 7.625% interest rate to pay for your loan costs, you get to save almost all of your hard-earned savings because you have chosen to "pay me later." **STOP!** Before you sign on the bottom line, consider the long-term effect of your decision on the increased interest charges of your loan, over those that could have been applied to it using the "par" interest rate (zero cost) of 6.625%. How much more will this loan cost you, over time, because you elected to preserve your current cash assets? Consider the following:

6.625% versus 7.625% Payment Costs

$332,500 30-Year Fixed Rate Loan Basis

Interest Rate %	Monthly Pmt. $	1-Year Pmt Total	5-Year Pmt Total	5-Year Unpaid Balance	10-Year Pmt Total	10-Year Unpaid Balance
7.625	2,353	28,236	141,180	314,990	282,360	289,383
6.625	2,129	25,548	127,740	311,701	255,480	282,759
Difference:	224	2,688	**13,440**	**3,289**	26,880	6,624

This table shows the significant cost differences that unsuspecting borrowers can get stuck with if they don't know what to look for. The following page adds greater detail to this example.

The difference in your post-closing loan costs, based on the higher 7.625% interest rate, is probably not significant through the end of the first year. At year five, however, you will begin to see the differences in the "pay me later" choice of interest rates. In this example, you need to consider the costs that are created by the larger monthly payment, as well as the larger remaining unpaid principal balance. Adding those two 5-year results together, you get:

\$13,440 + \$3,289 = \$16,729.00

Such a Deal ...?

Essentially, this borrower paid \$16,729 (a \$279 per month payment increase for 60 months), for the right to retain \$10,825.00 in their savings account, which would have otherwise been used to pay their loan costs. On today's bank savings rates of 1.56%, they could have earned a whopping \$10,825 × 1.56% × 5 Years or \$844.35. WOW! A shrewd financial decision. Would Warren Buffet or Bill Gates pay an extra \$279 bucks a month to save \$14 bucks a month for sixty months? Such a deal!

The next section gets into the laws, and the lawsuits, that pertain to the use of Yield Spread Premiums. It is a little dry, but it gives you the legal opinions and consumer perspectives on the subject, which can only add to your overall understanding of this very important issue.

Culpepper versus Irwin Mortgage Corp.

The landmark case that blasted the Yield Spread Premium abuses into the media spotlight was Culpepper versus Irwin Mortgage Corp. (f.k.a. Inland Mortgage) in 1998. Several years prior to the filing of this case, a number of lawsuits challenged the legality of Yield Spread Premium payments, and sited Section 8 of RESPA, 12 USC Sec. 2607 as their legal authority.

In this case, the Culpeppers applied for a mortgage loan through Premiere Mortgage Company, a mortgage broker. Premiere got the Culpepper loan approved on a 30-year fixed rate from Irwin Mortgage at an interest rate of 7.50%. Culpepper agreed to pay Premiere Mortgage a 1.00% loan origination fee on their $76,000 mortgage, or $760.00. They also agreed to the 7.50% interest rate without any prior knowledge of Yield Spread Premiums, or having seen the mortgage broker's wholesale rate sheet. The two available rates that were called into question in this case were:

The Rates in the Culpepper Dispute

% Rate	YSP %	$ Rebate
7.250	(0.125)	95.00
7.500	(1.675)	1,273.00

Culpepper's position was that Irwin Mortgage's wholesale rate sheet offered a 7.250% interest rate that should have been applied to their loan because it paid a lower YSP of only 0.125% ($95.00), which would have saved them a lot of money in interest charges over the life of their loan.

We don't know how Culpepper got a copy of their wholesale rate sheet, but you can see that if they had seen it before they locked-in their rate, their ugly legal battle could have been avoided and saved both them and the lenders a ton of money and stress. Nobody likes getting ripped-off – even if it is just a little rip-off.

RESPA Considerations

Culpepper argued that the $1,273.00 YSP payment to Premiere Mortgage was a "kickback" and constituted a violation of RESPA. The three pertinent RESPA sections that the Court evaluated in this case were:

> **(A) Business Referrals:** "No person shall give and no person shall accept any fee, kickback, or thing of value pursuant to any agreement or understanding, oral or otherwise, that business incident to or part of a real estate settlement service involving a federally related mortgage loan shall be referred to any person."

(B) Splitting Charges: "No person shall give and no person shall accept any portion, split, or percentage of any charge made or received for the rendering of a real estate settlement service in connection with a transaction involving a federally related mortgage loan other than for services actually performed."

(C) "Nothing in this section shall be construed as prohibiting … (2) the payment to any person of a bona fide salary or compensation or other payment for goods or facilities or for services actually performed."

The District Court dismissed the Culpepper case, but that decision was later reversed on appeal to the Eleventh Circuit Court. That Court ruled that the District Court's summary judgment was improper because the payment of the Yield Spread Premium to Premiere Mortgage might, in fact, violate RESPA. Without hashing out the boring legal arguments over what constitutes a referral, is a Yield Spread Premium really a "payment for goods," and who performed services for what, the Appellate Court slammed the door on Culpepper.

The HUD Yield Spread Premium Clarification

The decision rendered by the Eleventh Circuit Court heated up the battle over Yield Spread Premiums, until HUD finally issued a clarification on the issue. HUD, the Department of Housing and Urban Development, is responsible for administering the Real Estate Settlement and Procedures Act (RESPA). In a move than many pundits considered a "cop-out," HUD issued a clarification on the legality of Yield Spread Premium payments among lenders and mortgage brokers by stating that they are "not per se illegal."

Not ***"per se illegal"*** means that just because a lender pays a mortgage broker, or another lender for that matter, a Yield Spread Premium, it is not "by itself" automatically a RESPA violation. That ruling further clouded what is still a hotly contested legal issue. For you, as a borrower, it means that predatory lenders can still rip you off, with impunity, by collecting Yield Spread Premiums out of your view. That's why you need to see their wholesale rate sheets.

Don't feel too bad about it though, because you do have a defense against this ugly practice. It is a "preemptive defense" and it is all explained in later chapters in this book. It is all about knowledge and education. If you know the tricks they intend to play, you can stop them in their tracks.

The Impact of the Culpepper Decision

Since the Culpepper case, much research has been done on the subject of Yield Spread Premiums and many papers written. One authoritative paper, written by Harvard Law professor Howell E. Jackson, points out that as many as 90% of all mortgages contain Yield Spread Premiums. The cash payments of the YSPs cited in the study equaled, on average, an extra 2.00% profit, in addition to the 1.00% loan origination fee, mortgage broker fee, or loan discount fees charged.

The Jackson study deduced from the data that 90% of all loans are therefore closed with an interest rate 0.500% higher than the market or "par" interest rate, that was available at the same time. That fact gives clear evidence that the receipt of Yield Spread Premiums represents a significant, and even dominant in many cases, aspect in the profitability of a mortgage lender.

Through their analysis of data obtained through discovery in the case of Glover v. Standard Federal Bank, they believe that mortgage brokers receive substantially more income from transactions involving Yield Spread Premiums than those that do not. The advice that can be gleaned from their comments is that you need to be absolutely certain how, and to what extent, Yield Spread Premiums are being applied to your mortgage. A review of the chapter on *Wholesale Loan Pricing* will show you exactly how to avoid being ripped-off by an unscrupulous lender trying to get rich beating consumers over the head with their Yield Spread Premiums.

Current reports from various sources indicate that not only have the incidents of Yield Spread Premium abuses not subsided in response to government regulation, they have probably increased as a result of the slowdown in loan originations. The fact of the matter is: when a finite number of loan officers are chasing fewer and fewer home mortgages, many will compensate for their loss in origination income using any means available. That means they will increase the spreads between the interest rates they sell to capture a higher per-loan YSP commission in order to offset the reduction in the number of loans originated.

Yield Spread Premiums, Lenders, and You

When lenders discuss Yield Spread Premiums in the context of loan pricing, they refer to them as rebate pricing or "back-side" pricing. They might also use the term "back" to describe the act of receiving a loan pricing rebate on the "back-side" of the loan transaction and distinguish it from a loan pricing "cost." In that context, a loan officer might comment: "I want one point ***back*** on this loan."

YSP's are also referred to as Yield Spread ***Rebates***, which many believe is a more apt term. Although there are a variety of terms used synonymously to describe a Yield Spread Premium, they all mean ***rebate***. By the way…

TIP

Yield Spread Premiums are
Not Tax Deductible

Consult your CPA or tax preparer before accepting any zero-point home loan

That's correct – when you accept a loan that incorporates a YSP into your pricing equation, you are instantly subjected to a tax burden double-whammy – you lose the tax deductible advantage that you would have realized by paying your points up front. When you buy a home, in most cases, the costs and fees incurred in connection with your purchase can be deducted from you income as a legitimate expense. It is an expense payable by you to your lender.

However, when you obtain a loan that includes a YSP, the cash payment generated is paid by the *wholesale lender* to the *retail lender* (even if it's the same company), and does not take into consideration that you accepted a higher interest rate and resulting higher monthly payment when you agreed to accept it. Since you are not the one paying the YSP as a cost, you do not get to claim it as an expense – SURPRISE! That's the double-whammy, but don't expect any loan officer to provide you with that little bit of tax trivia.

Now, would you like to see how lenders play ***Let's Make A Deal***? Read on …

How Loan Officers Play "*Let's Make A Deal*"

Wholesale Prices
60-Day Rate-lock

Rate	Fee %
6.250	0.375
6.375	**(0.750)**
6.500	**(1.125)**
6.625	**(1.625)**
6.750	(2.000)

Translation: The loan officer tells the lender that she will be charging a 1.00% (one point) loan origination fee on the front-side of the loan. She also wants to make another point by taking a 1.00% Yield Spread Premium on the back-side of the loan. Also, the borrower wants a 30-year fixed rate around 6.500% and will need a 60-day rate-lock.

The lender tells the loan officer that an exact 1.00% Yield Spread Premium for a 6.500% interest rate, on a 60-day rate-lock, doesn't appear on her rate sheet that day. However, the broker can get a **(0.750%)** rebate, if the borrower takes a loan with a **6.375%** interest rate, or a **(1.125%)** rebate on a loan with a **6.500%** interest rate, or a **(1.625%)** rebate on a **6.625%** loan. And if the borrower can be talked into a loan with an even higher interest rate, the mortgage broker can make 2.00% or even more, as a back-side YSP commission bonus.

The inevitable outcome of this type of conversation is that the loan officer now has the loan pricing structure that can be used in negotiating with their customer. Since the customer was not a party to the conversation, and because the loan officer will certainly not share the information, it is clearly a one-sided negotiation. In a perfect world, a good faith negotiation involves two parties with an equal knowledge of the facts affecting the outcome of the negotiation. But, of course, we don't live in a perfect world.

How Yield Spread Premiums Can Hurt You

If your loan closes with an extra (0.125%) rebate being paid to the loan officer without your knowledge, your finances probably won't suffer. However, what if the loan officer really stuck it to you, and helped themselves to a fat 1.875% Yield Spread Premium without giving you the benefit of any lower interest rate, which would be reasonably expected.

Unless you could verify their wholesale loan pricing, the loan documentation at closing would either not show the YSP, or the escrow officer would gloss over it as they usually do. So how much damage can a rogue YSP really do to your financial strength? The following example shows how much extra you might pay over the life of your loan if you get stuck with one.

In this example, we presume that the borrower was approved for a $450,000 loan, their credit, income, property, and everything else, was perfect. If they could get the same terms, that the loan officer could get, they would get a 5.500% 30-year fixed rate mortgage at par (zero costs, no points, zilch).

Based on that scenario, the interest cost differences would be as follows:

Monthly Payment (P&I): $ 2,555.05 @ 5.500%

Time Period Ending	$ Interest Paid	$ Unpaid Balance
60 Months	119,375.78	416,072.78
120 Months	228,040.59	371,434.59
240 Months	398,643.82	235,431.82
300 Months	450,279.64	133,764.64
359 Months	469,807.05	2,544.10

Total Interest Paid: $ 469,818.71

Now look at the difference in these amounts if the loan officer had jacked-up their rate by **0.125%** (to 5.625%), **0.625%** (to 6.125%), or even as much as **1.250%** (to 6.750%), in order to grab a nice fat Yield Spread Premium:

Interest Rate %	Monthly Payment	60 Month Interest Pd	120 Month Interest Pd	240 Month Interest Pd	Total Interest Pd
5.500	2,555	119,376	228,041	398,644	469,819
5.625	2,590	122,184	233,600	409,046	482,565
6.125	2,734	133,441	255,945	451,115	534,327
6.750	2,919	147,562	284,098	504,674	600,730

If you deserved the 5.500% rate, but got stuck with one of the higher rates just so your loan officer could get a bonus on your loan, at what point would you become a little angry? Would you become angry paying the extra $12,746 for the 5.625% rate, or how about an extra $130,911 for the 6.750% rate.

Chapter Seven

The Wholesale Loan Originator

A Bold New Concept in Mortgage Lending

There's a new breed of home lender out there that offers a new concept in mortgage financing. They do not play by the rules that were created during the good 'ole days of subprime rip-offs and secret back-room loan pricing conspiracies. These lenders, mostly mortgage brokers, are offering to share the secrets of wholesale loan pricing with anyone who wants to apply for a home loan. They are new all right, but they are out there waiting for you nonetheless.

Now, all you need to do is spread the word so the multitudes of borrowers can reap the benefits. This chapter will show you exactly how it works. Because this breed is so new, they don't even have an official designation yet, so we call them Wholesale Loan Originators (WLOs), for lack of a more spectacular title.

Recent times have shown the entire world, in vivid detail, that consumers can be easily manipulated, duped, swindled, scammed, overcharged, and generally bamboozled by just about any mortgage lender in the phone book. This is a sad fact that nobody can dispute with a straight face. They can be large or small, famous or little known, advertise nationally on TV, or just operate their business in a home office. When it comes to mortgage lending, they are all the same, and they can all subject a borrower to the same abusive lending practices.

It doesn't matter where you'll find them. It all has to do with corporate greed, personal ethics, and a lack of conscience. If everybody were doing it, the popular misconception would be that it must be okay. Although these bad business practices were most prevalent with subprime lenders, they were all doing it – some more than others. Some lenders have openly admitted to it and have gone to prison. Others claim to have "turned over a new leaf." For most lenders that have survived the meltdown, it's just business as usual.

One finance writer with a book that details her company's criminal behavior, and can be purchased through Amazon.com, even states that she "was tired of lying to loan applicants about the products her company was offering." She wrote her book, according to her publisher's blurb, "as a direct response to the lies, manipulation, fraud, and deceit that she witnessed while working as a loan officer in the subprime mortgage industry." Gee, who would have ever expected a loan officer to take full responsibility for their own ethical behavior – duh?

Based on the fact the she admits to lying to her customers, it would seem that she did more than just "witness" the cheating. It seems clear that she was, in fact, a willing participant in the cheating. Now, of course, she points her finger at her employer in a pathetic attempt to justify her own actions. This is only one example in the volumes of criminal predatory lending cases. Predatory lending is alive and doing well in every corner of our nation.

A New Lending Disclosure Standard

Now there's a better way, and it's all about ***Disclosure***. A small but growing group of lenders, not including any banks or mega-mortgage lender types, is offering their customers a level of loan cost disclosure that makes it virtually impossible for their customers to become the victim of predatory lending. Our company, *America's Wholesale Mortgage Broker™*, is one such company. There are many others too, but you have to look for them.

Although no lender can guarantee that their borrower will get the best rate and terms available on a mortgage, they can disclose much more information than that which is required by federal law. They can disclose a level of loan cost information that will make any borrower see that they are getting the best rate and terms available from that particular lender. And that is all that most borrowers would expect – just to be treated fairly.

Chapter Seven – The Wholesale Loan Originator

WLO versus RLO

For the purposes of this discussion, we will explain the way we price our loans and disclose our costs as a **Wholesale Loan Originator (WLO)**. We will compare these pricing and loan disclosure practices to those of a traditional **Retail Loan Originator (RLO)**. The advantages presented by a WLO will become evident to you through the comparisons.

When any lender originates a loan, they are required to provide the borrower, within three business days, a variety of loan disclosures. The first and most important is the Good Faith Estimate (GFE). The RLO discloses only those costs on the GFE that are required by law, and nothing else.

The WLO not only provides the required GFE disclosure, but also discloses to their customer the **wholesale loan costs** that the WLO incurs in connection with their loan. In other words, they automatically and in every case, show their customers the actual **wholesale rate sheet**. Most RLOs will never show their customers their wholesale rate sheet. The obvious question is: when does the WLO start sharing this special wholesale information with their customer? The answer is:

When You Apply For Your Loan

When a customer applies for their loan with a WLO, they will see the WLO's wholesale rate sheet at the first mention of loan pricing. The borrower won't even need to ask for it. The WLO uses their wholesale rate sheet as their only loan pricing rate sheet. RLOs invent their own rate sheets to suit their needs, which change often and vary from customer to customer.

Once you have the wholesale rate sheet in front of you, your WLO will explain it in detail. They will show you how to pick your rate and point combination for the loan program you have chosen. They should also show you how you could take advantage of buying a lower interest rate using the wholesale fees, and what benefits might be realized by opting to increase your interest rate using a Yield Spread Premium.

They can show you where the break-even points are for a cost-effective interest rate choice, and they can show you how to evaluate how much YSP, if any, should be incorporated into your mortgage costs.

They can show you the ancillary wholesale fees, such as an escrow waiver, that will affect your loan costs, and give you options how they can achieve varying levels of mitigation. These are all types of information that RLOs will not share, unless you convince them to do so. Our chapter on *Retail Loan Pricing*, as well as the one on *Wholesale Loan Pricing*, will give you a head start on gaining an important understanding of the loan pricing methods used. Read it with the anticipation of saving big bucks, because you can.

Whenever You Need Them

While your loan is being processed, you will need to watch the mortgage market reports in an effort to determine the best time to lock in your interest rate. Don't rely on your loan officer (WLO or RLO) to monitor them for you, because they won't do it. If your WLO can fax or email the wholesale rates to you, which they will do if they're a true WLO, you can compare them to other lender's rates posted online at BankRate, MSN Money, or many others.

Many lenders have a free online "rate-watch" service that you can access. Some will notify you with an email when there is a significant movement in rates, either up or down. The more sophisticated services can send an automatic text message to your cell phone when rates change. In either case, signing up for some type of interest rate market monitor will create a long-term benefit for your financial security.

When You Lock Your Interest Rate

When it is time to lock in your interest rate, your WLO will provide you with a hard copy of the wholesale rate sheet they used to price your loan. At that point in the process, having the rates and points quoted to you verbally is not adequate. For your own protection against a last-minute predatory lending attack, you need to keep a copy of the final rate sheet in your loan file – just for future reference in case you should need it.

You should make absolutely certain that you keep every piece of paper, even notes, that are used to decide on a lender, a loan program, the interest rate, and everything else that was created in connection with your loan. Put them all in the same box or file drawer and, if you can, make the container fireproof.

Chapter Seven – The Lock Registration Form

In addition to the wholesale rate sheet, the WLO will provide you with a copy of the ***Lock Registration Form***. This is the form that documents the loan terms and pricing agreed upon between the lender providing the credit, and the mortgage broker or loan officer requesting the rate-lock. It specifies all the critical information regarding your rate lock, and it will serve as a written guarantee that you are receiving the loan terms promised by the lender.

Lock registrations take various forms, but may look like the following:

The Lock Registration Form

Registered by Name: Terry Donovan Company: AWMB	Phone Number: 202-456-1414
Date/Time: 10/18/2008	Fax Number: 202-456-2461

Loan Information

Loan Program: (circle one) 203(b) 234(c) Streamline Loan Type: (circle one) Fixed 3/1 ARM 5/1 ARM	Interest Rate: 5.875%
Loan Amount: $ 332,000	Term: 30 Years
Sale Price/Value: $ 415,000	Lock Date: 10/18/2008
LTV% / CLTV%: 80/80	Lock Period (# of days): 60 Days ✓ Other ____
Loan Purpose: (circle one) Purchase	Rate Lock Expires: 12/17/2008
Occupancy: Primary Residence	BASE PRICE: (1.375)
Property Type: (circle one) Attached Detached Single 2 Unit 3-4 Unit Condo Manufactured	Adjustments: 0.125
Documentation: Full Doc Only	NET PRICE TO BROKER: (1.250)

Borrower Information

Borrower Last Name/First Name/MI: Ron Paul	Social Security Number: 296-32-1785	FICO Score: 782
Co-borrower Last Name/First Name/MI: His Wife	Social Security Number: 366-40-4532	FICO Score: 666
Property Address: 1600 Pennsylvania Avenue	County: Exxon	
City/State/Zip: Washington, DC 20500	Condo Name / # of Stories	

This form does not acknowledge a commitment or contract to lend. Loan must be approved prior to delivery. Rates/Pricing subject to change at any time without notice! Escrows waived not allowed.

LOCKS MUST BE RECEIVED BY 5:00 pm (CST) TO RECEIVE SAME DAY PRICING.

Review the Lock Registration form carefully and look for any inconsistencies or unexpected surprises. In the example on the previous page, the borrower would want to consider the "Base Price" of (1.375), which indicates the payment of a YSP. Did their loan officer disclose the YSP? Did they charge a loan origination fee in addition to the YSP? Is it what they agreed to?

Add up the total lender fees and compare them to the ones listed on the original Good Faith Estimate. Are they the same? If not, what happened that resulted in a change? This is time when the lender reveals their level of honesty and integrity. If they have been honest, the rate-lock form will confirm it. That is why you must see it.

Too Late For Verbal Interest Rate Quotes

If your loan officer has been giving you verbal interest rate quotes during the processing of your loan, but now refuses to back them up with the verified numbers, you should smell a rat. And if you smell a rat, what do you do about it? Well, you shoot it, of course. Playing absolute hardball under these circumstances would be a moral imperative.

If they will not provide the rate sheet as previously promised, start by contacting their sales manager. If their sales manager will not provide it, perhaps it is time to have them transfer your loan package to another lender. You should give them the choice.

At Your Loan Closing

The first thing you need to do before you begin signing your loan closing documents is verify that the terms of your mortgage Note are exactly the same as those which were promised and confirmed by your final copy of the wholesale rate sheet. Take whatever time you need to compare all of the information, and satisfy yourself that everything is hunky dory. See the final chapter on ***Closing Your Loan*** for specific information on evaluating your closing documents.

Loan Disclosure Guarantees

Not only will a true WLO show every customer the wholesale rates and prices at the time of application, they should show them as often as needed. Some WLOs even have a written guarantee, the likes of which you can find from many lenders but, once again, you need to search for them. Here is an example:

Loan Pricing Guarantee

AMERICA'S WHOLESALE MORTGAGE BROKER™

WHOLESALE LOAN PRICING GUARANTEE

America's Wholesale Mortgage Broker guarantees that your home loan will be priced according to our following best practices:

YOUR GOOD FAITH ESTIMATE

All rates, wholesale lender fees, and yield-spread-rebates will be shown and verified as wholesale through publication on our web-site, e-mailed, faxed, or sent to you by USPS mail. To help you make an informed loan decision, we'll explain in detail how the loan pricing components used by all lenders can affect your closing costs, monthly payment, and the equity produced over time.

WHEN WE LOCK YOUR LOAN

Immediately prior to locking in your loan's interest rate, we will again give you the verified wholesale rates that apply to your loan program, and we will discuss them with you in detail. After we lock your loan, we will give you a copy of the wholesale lender's lock registration form to confirm the rate and any yield-spread-rebate that you have chosen for your mortgage loan.

AT YOUR LOAN CLOSING

You will be provided with a copy of the actual wholesale rate sheet used the day we locked your loan. It will verify the accuracy of all of the costs originally promised and locked in connection with your loan. The settlement statement to be prepared at this time will verify that all of the rate and cost information that we provided was exactly as promised and that nothing has been hidden from your view.

A written guarantee does not provide you with the certainty that you will get the best interest rate and terms available from any lender in the country. But when it is used in conjunction with a conscientious lender research strategy, you will be on your way to landing a seriously competitive deal on your mortgage. A written guarantee may be hard to find, but you can show the one above to a prospective loan officer and ask if they will match it. They probably won't, but you'll put them on notice that you expect their best performance, both technically and ethically.

Do not summarily reject a lender if their promise is not in writing, as long as they show you the wholesale rates and fees, or other proof, when you need them. As we have already mentioned, it is all about ***Loan Disclosure***. The more information that is disclosed about your costs, the less likely it is that you will be ripped-off.

Fixed Loan Origination Fees

In addition to guaranteed disclosures, the WLO will also guarantee their fees. While the RLO will try to scrape every penny out of a loan origination, using whatever means available, most WLOs will offer their borrower a single guaranteed fixed fee. The fee might be based on a flat fee, such as $1,250, or a flat rate fee, such as 1.00%. The *flat fee* would be a fixed dollar amount with no extra charges for loan processing or anything else. The *flat rate fee* could be, for example, a 1.00% charge based on the loan amount, with no extra charges for loan processing or anything else. The charges imposed by the wholesale lender would pertain in each case, even if the loan officer worked for the wholesale lender, who might operate both a wholesale and a retail lending division.

Spread the Word

When you find a lender that you like and they will agree to provide you with the same information as WLOs do, you have scored a touchdown. At the end of the process, if you have found a lender that disclosed everything as they promised, spread the word. Tell your friends and neighbors about them. You can start a grass roots movement that will force other lenders to compete on the same disclosure level. It is the only way to change the status quo.

Chapter Eight

Interest Rates and Amortization

Managing Your Loan Terms for Fun and Profit

After you've made the decision to buy a home or refinance your existing mortgage, you should define your financing objectives. Make a list of the things that deserve special consideration and how those things will affect your choice of a loan. Your immediate needs, near-term needs, and long-term goals can be satisfied in a prudent and cost-effective manner if you consider all of these important factors.

These objectives will define the type of loan you need and, more precisely, which type of loan amortization will best satisfy your financial needs. Loan officers rarely explain loan amortization in detail, although it is one of the most critical elements in your loan selection process.

Do you want your loan to be paid-off by the end of its regular term? Do you want a smaller monthly payment for the first few years of your loan, or are you buying a house as an investment and intend to flip it within a year or so? The answers to these questions need to include an understanding of the ways in which amortization can affect your loan's unpaid balance, and how fast it can be reduced and *paid in full.*

Loan Selection Variables

The following are some of the important variables that you should consider before you make your loan selection. While they are important, they do not represent all of the issues that you should consider. Only you can decide what is important.

A. Mortgage Payment. What monthly mortgage payment can you afford? The affordability factor should allow you to buy a home that fits your needs, but does not create a financial hardship for you and your family. Buying a home should be a positive life-changing event, but not one that complicates it.

B. How long will you keep the mortgage? Most homeowners keep a mortgage for five to seven years. If you can accurately predict how long you will keep the new mortgage, perhaps based on your experience with previous mortgages, you will be ahead of the game. This is a key element in your loan selection and one that will be examined more closely in the following sections.

C. How much money do you need to buy a home? If the loan you are applying for is for the purchase of a new home, do you have enough money for the down payment and closing costs? What about the costs associated with moving to a new location, getting your utilities hooked up, and buying needed furniture and other household items? One of the most important, yet often ignored steps in planning the purchase of a new home, is the creation of a budget.

If you do not like surprises and want to be sure that you won't run short of money during or after your purchase, you should make a worst-case scenario budget and stick to it.

D. Financial Responsibilities. Will the size of your family or present financial responsibilities change during the next few years and demand a much greater percentage of your stabilized monthly income? Do your near-term plans include a cute little baby or two? If so, have you planned and evaluated a realistic child-rearing budget, or are you a "shoot-from-the-hip" kind of a person? If so, try not to shoot yourself in the foot.

E. Salaried Employment. Do you have a stable job? Do you earn a good salary from a strong company, like Microsoft or Boeing that offers advancement, or are you a commissioned salesperson for a company whose profits are subject to sales volatility cycles? If you take out a new home loan, will your sources of income still be there in the near future? Will your current job continue if our country is thrust into a socialist society as the Democrats are planning and if not, where will you get a new one – Walmart?

F. Self-Employment. Are you self-employed in a business that generates net profits that you can predict over the next three to five years at a minimum? Do you draw a salary in addition to having immediate access to company profits? Or do you earn money only when your business conditions allow it?

G. Interest Rates. What are interest rates doing? Are they higher now than they have been in recent years, but expected to decline in the near-term? On the other hand, are they as low as they have been in a decade and lenders are experiencing "refi-fever?" The current level of interest rates will greatly influence the type of loan you will want to select.

H. Payment Shock. Are you comfortable with the fact that if you choose an adjustable rate mortgage, because it offers a lower interest rate during the early years of the loan, the payment might increase, at some unknown time, to an amount above what the fixed rate offered at the same time would have been? If, like millions of families during the mortgage meltdown of 2007, you opened up your new loan payment statement and were "shocked" at the new payment amount, maybe you should be a little prudent and take a fixed rate.

I. Financial Assets. Will your liquid assets change during the next few years? Are you expecting to receive an inheritance or perhaps planning to win the lottery? Do you have another piece of property or some other asset that will be sold soon and provide you with a financial cushion? Or, on the other hand, are you seeing your assets reduced over time because of something beyond your control? If so, have you considered those facts as you plan the purchase of your new home?

In an emergency, do you have sufficient liquid assets or credit resources to cover all of the added costs? As a financial asset, is the home you are considering buying in a neighborhood that is stable with increasing property values?

TIP

If you fail to plan, you plan to fail…

Once you have identified the factors that can affect your loan choice, you need to evaluate the types of loan amortizations that will best serve your objectives. Do not let a loan officer ram-rod you into any type of amortization schedule, or lack thereof, unless you fully understand how it affects your financial strategy. Loan officers are not financial planners and they will not spend the amount of time required to do a thorough evaluation. That is your job, and nobody can do it better than you can.

Types of Loan Amortization – Which is Best?

Amortization is the term derived from the Middle English word ***Amortisen***, or "to kill." When a home mortgage is amortized, it is repaid gradually in equal monthly installments of principal and interest over a specified period, or term. It can also be defined as a process in which the unpaid principal balance owed on your home is reduced by a periodic amount – the mortgage payment.

Finding the exact periodic payment that will amortize a specific mortgage debt is very complicated, as demonstrated by the following amortization equation:

$$A = P \frac{r\left(1 + r\right)^{n}}{\left(1 + r\right) n - 1}$$

Where:

A = the payment ***Amount*** per period

P = the initial ***Principal*** loan amount

r = the ***Interest Rate*** per period

n = the total ***Number*** of payments or periods

(Now, are you ready to buy a pocket calculator?)

If you don't have a calculator yet that calculates mortgage payments, you'd better get a move on. You can either try to figure out the above equation, waste hours of your time thumbing through amortization tables, or just get a calculator that computes mortgage payments.

Fully Amortizing Loans

The most common type of amortization method used in residential home lending is "full amortization." If you take out a 30-year mortgage, either a fixed or adjustable rate, the principal loan balance will be *paid in full* in 30 years. Shorter payment periods result in larger monthly payments because it changes the "***n***" variable in the amortization equation. When this variable is reduced, the "***A***" variable, as a mathematical function, is increased. Got that?

The following table illustrates the differences between a 15-year and a 30-year fixed rate amortization schedule, and shows how the difference affects the principal balance payoff. Monthly payments, of course, must be affordable.

Comparison of Amortization Periods
$250,000 Loan Basis – 7.00% Interest Rate

	15-Year Amortization		30-Year Amortization	
Year	Monthly Payment	Unpaid Balance	Monthly Payment	Unpaid Balance
1	2,247.07	240,225	1,663.26	247,460
3	2,247.07	218,506	1,663.26	241,817
5	2,247.07	193,532	1,663.26	235,328
10	2,247.07	113,482	1,663.26	214,530
12	2,247.07	72,775	1,663.26	203,954
15	2,247.07	**0.000**	1,663.26	**185,045**

In the table on the previous page, you see that when the 15-year loan achieves a zero balance, the 30-year loan still has a balance owing of $185,045. Even if you were to add back the $583.81 monthly difference in the two payments times 180 months, or $105,085, the 30-year loan would have still generated an extra $79,960 in interest charges because it is calculated using a longer amortization period. That fact is illustrated by the following calculation:

30-year principal balance remaining at 15th year:	$ 185,045
$ 583.81 payment difference × 180 months:	$ 105,085
Excess principal due to amortization period:	**$ 79,960**

The critical element in the way that principal loan balances are reduced depends on the amortization period used. A 15-year loan amortization uses a different internal amortization factor than a 30-year loan, so the way that the monthly payments are calculated will always be different. The $79,960 in excess principal for the 30-year loan was generated because of the variation in the two amortizations methods used.

How Much "Bang" for Your Buck?

As an alternative to the complex methods used in many loan disclosure forms to show you how much money one loan costs compared to another, you may find it easier to understand how much interest a loan costs you for every dollar spent on monthly payments. If you can calculate how many miles per gallon your car gets, you can understand how much your loan will cost per dollar spent.

If, in example loan #1, you were charged $0.66 (sixty-six cents) in interest for every $1.00 spent on monthly payments and, in example loan #2, you were charged only $0.10 (ten cents) for each dollar spent on monthly payments, you would know that example loan #2 was the more cost-effective.

As you will see from the "How Cost-Effective Is Your Loan?" table below, as a loan term increases, not only do the relative total interest charges increase, the relative cost-effectiveness of the loan payment in reducing the unpaid principal balance is decreased. The following example from the table shows how the Interest Cost Per $1.00 in Payments was calculated for loan #1:

$ 495,713.65	÷	$ 745,713.65	=	$ 0.6647
Total Interest Cost		Total Payments Made		Cost Per $1.00

(That's 66 cents charged for each dollar spent on monthly payments)

The importance of this calculation rests not so much in the hard numbers, as it does in demonstrating the downward cost-effectiveness trend as the loan term is increased. While this type of mathematical cost-effectiveness relationship seems obvious, some loans include variables that can confuse the issue, such as prepayment penalties. Because of these variables, you cannot presume that shorter loan terms will always be more cost-effective than longer terms, even though that will generally be the case.

How Cost-Effective is Your Loan?

$250,000 Loan – 7.00% Interest Rate

$ Interest Cost Paid ÷ $ Monthly Payments Made = Cost Per $1.00 of Payments

	Total Interest $ Cost Paid	Total Monthly $ Payments Made	Interest Cost Per $1.00 of of Payments
40-Year Loan	$ 495,713.65	$ 745,713.65	$ 0.6647
30-Year Loan	348,769.07	598,773.60	0.5825
15-Year Loan	154,472.93	404,472.60	0.3819
10-Year Loan	98,325.54	348,325.54	0.2822

When you compare the amortization schedules of any two or more loans, you can use this easy method to determine which loan term is more cost-effective, presuming of course that you can accurately identify all of the variables that can affect your results. When you are evaluating multiple loan programs, if one has a significantly lower cost per $1.00 of payments, you may wish to give that program preference over the others and then focus on negotiating the lowest possible interest rate, which could further reduce the cost.

As the above shows, you get more "bang for your buck" with a shorter loan term. Therefore, if your finances are on a budget and you believe that your money should be spent in the most cost-effective manner possible, you should select a fully amortizing fixed rate loan, with the shortest term that you can afford.

These cost-effectiveness relationships work nicely for fixed rate loans. While they will also probably work for an adjustable rate mortgage, their value as an evaluation tool will be greatly reduced due to the unpredictable nature of the future ARM payments, which are influenced by unpredictable index changes.

If you are unable to afford, or qualify for, a loan with a term shorter than thirty years, you can achieve a similar result by making periodic lump-sum loan payments to your principal balance as discussed in the next section.

Accelerated Amortization Schedules

If the idea of making mortgage payments for thirty years scares the bejeebers out of you, but you don't want to be locked into a much higher regular monthly payment, don't worry. You can make lump-sum payments to your principal balance, subject to the terms of your mortgage, as often as you like and in any amount.

Before you attempt to accelerate your loan payoff, you need to confirm that the terms of your Mortgage Note will not penalize you if you elect to make extra payments. Your Mortgage Note has a section called "Borrower's Right To Prepay." This is the pertinent section that will either allow you to make "prepayments" on your loan without penalty, or specify what the penalties will be should you do so without the lender's permission.

If you have a conventional loan that your lender will sell to Fannie Mae or Freddie Mac, you will not have a "prepayment penalty" because they do not allow them. Unfortunately, there are many types of home loans that do allow for prepayment penalties, particularly those offered at lower initial interest rates. Review your Mortgage Note. If you do not have any prepayment penalty provisions, you should find language such as that listed on the next page. Do not allow yourself to get stuck with a prepayment penalty on the day you are closing on the sale of your home or when you are refinancing to get a lower rate. Don't let yourself be surprised!

Borrower's Right To Prepay

> I have the right to make payments of Principal at any time before they are due. A payment of Principal only is known as a "Prepayment." When I make a Prepayment, I will tell the Note Holder in writing that I am doing so. I may not designate a payment as a Prepayment if I have not made all the monthly payments due under the Note.
>
> I may make a full Prepayment or partial Prepayments without paying a Prepayment charge. The Note Holder will use my Prepayments to reduce the amount of Principal that I owe under this Note. However, the Note Holder may apply my Prepayment to the accrued and unpaid interest on the Prepayment amount, before applying my Prepayment to reduce the Principal amount of the Note. If I make a partial Prepayment, there will be no changes in the due date or in the amount of my monthly payment unless the Note Holder agrees in writing to those changes.

As long as your Note has this "no prepayment penalty clause," you are able to make as many prepayments as you like, as often as you like. However, you need to make your prepayments carefully according to your lender's stated rules. The above *Borrower's Right To Prepay* section means that:

A. You can make a prepayment only before the payment is due. If you have a payment due on December 1st and you send in a payment on that date calling it a prepayment, they will not apply it directly to your principal. You need to send it in well before the regular payment is due. A successful method would include sending the prepayment in a week after your regular payment was made.

B. If you have any unpaid monthly payments, or accrued but unpaid interest amounts, you cannot make any prepayments whatsoever until all of the accrued interest and payments have been made. If you attempt to do so, they will probably send the payment back to you in the mail, which can complicate your payment history and jeopardize a good credit rating.

C. When you make a prepayment, you need to inform the lender, in writing, that you are doing so. We recommend that you send your prepayment check to the lender with a letter that includes the following or similar language:

> Your Name, Address, and Phone Number
> Date
>
> My Mortgage Lender
> 123 Any Street
> Some Place, CA
>
> Loan Servicing:
>
> This letter will inform you that I am making a Full ___ Partial ___ Prepayment on my mortgage loan #12345678947932 in the amount of $ ________________ .
>
> Please find enclosed my check # 1234 in that amount and apply it directly to my Principal Balance.
>
> Thanks…

If you intend to send prepayments on a regular basis, you can make copies of your letter with blank spaces that will allow for changes in the date and prepayment amount. At any rate, make sure you tell them in writing what you're doing.

How Prepayments Affect Your Principal Balance

Your principal will be reduced, dollar-for-dollar, with every prepayment you make. Interest charged on a mortgage accrues daily and calculated based on your interest rate, as well as your unpaid principal balance. These calculations are accomplished using computers with specialized software programs.

Chapter Eight – Making Loan Prepayments

The interest charged on amortizing loans is calculated as simple interest (no compounding feature for interest charged on interest) unless you were unfortunate enough to have gotten stuck with a negative amortization loan.

Although you cannot change your payment amount without your lender's written permission, you can reduce the length of your loan term by making regular loan prepayments. This allows you to gain the advantages presented by a 15 or 20-year loan amortization schedule without being tied to the larger monthly payments. You can make regular prepayments to your principal, or just whenever you have a few extra bucks burning a hole in your pocket.

The table on the next page demonstrates the effect of making prepayments to your principal. The "Specified # of Months" column indicates the number of extra full payments made for the number of months indicated. The * indicates that, for example, one extra loan payment was made every twelve months, so there were a total of 13 payments made during the year. The ** indicates that one extra payment was made every nine months, and the *** indicates that there was one extra payment made every six months.

As indicated in the this table, if you made one full prepayment every twelve months, the term of your loan would be reduced by six full years. If you made one full prepayment every nine months, your loan term would reduce by seven and a half months, and if you made a full prepayment every six months, the term of your loan would be reduced by almost ten years. That ain't hay, and if you don't want to make any more prepayments, you don't have to.

There are a lot of quick-pay-off methods being offered on TV and in books. One actually claims that their method will allow you to pay off a 30-year mortgage in only five years. If that were possible, why would have a couple of million families lost their homes recently to foreclosure? You just can't believe everything you hear.

The following methods utilize a very simple concept: make extra payments on your loan and you can reduce the term. It does not make any false claims; it just uses the realistic application of some simple mathematical principles. You can obtain the same type of information online for a wide variety of prepayment options. Just google mortgage payment calculator and look for an "extra payment" button.

Accelerated Loan Term Reduction
$250,000 Loan – 30-Year Fixed Rate – 7.00% Interest Rate

One Extra Payment Made for the Number of Months Specified

Specified # of Months	$ Interest Paid	$ Interest Savings	# Years To Payoff	Loan Term Reduction
None	348,769	NA	30.0 Years	NA
* 12	266,649	82,119	24.0 Years	6.0 Years
11	261,027	87,742	23.6 Years	6.4 Years
10	254,639	94,130	23.1 Years	6.9 Years
** 9	247,303	101,466	22.5 Years	7.5 Years
8	238,754	110,015	21.8 Years	8.2 Years
7	228,697	120,072	21.0 Years	9.0 Years
*** 6	216,652	132,117	20.1 Years	9.9 Years

* One extra full payment every 12 months

** One extra full payment every nine months

*** One extra full payment every six months

Bi-Weekly Loan Payments

As an alternative to making unscheduled prepayments to your principal balance in order to reduce your total interest charges and your loan term, you may want to consider a "bi-weekly" loan payment schedule. This concept presumes that through a regular bi-weekly loan payment and the resulting reduction in a loan's principal balance, you can defeat the amortization to a certain extent, and significantly reduce your total interest charges. And the presumption is correct!

There are many loan payment services that, for a fee, will take charge of your mortgage payments and make one "half-payment" every other week. However, because this type of service involves giving the responsibility of your mortgage payment to someone you do not know, we would recommend against it.

Most major lenders offer a bi-weekly payment schedule that you can utilize by instructing your bank to mail two loan payments per month, according to your lender's requirements. Most banks can do this for you using their free Internet bill-pay service. If they don't have one, you must be a customer at my bank.

The following table shows the effect of a bi-weekly payment schedule on your total interest charges, compared to loan payments made monthly:

Bi-Weekly versus Monthly Loan Payment Schedule
$250,000 Fixed Rate Loan – 7.00% Interest Rate

Year Ending	Monthly Payment Interest Paid	Bi-Weekly Payment Interest Paid
1	$ 17,419	$ 15,988
5	85,124	77,121
10	164,122	145,636
15	234,432	202,278
20	292,431	242,542
25	332,973	* **260,434**
30	* **348,769**	Paid

* Loan Paid in Full

Bi-weekly payments can save you money, buy only if you employ a sensible and regular schedule. It requires diligence and a systematic methodology to prevent the problems that can result in late payments and possible damage to your credit.

The interest savings created by using the bi-weekly payment schedule in the previous example mortgage was: $348,769 – $260,434 = $88,335.00. That is equal to a $287.74 savings in each of the 307 monthly payments, and an overall interest cost savings of 25.33%. That's not a bad savings, considering the fact that all you had to do was split your regular monthly payment into two pieces and have your bank make the payments for you – free of charge.

The Automated Combo Fast-Pay Loan

Now that you have seen how loan prepayments and bi-weekly payment schedules can be used to rapidly reduce your loan term and interest charges, why not use a combination of both to really accelerate your loan payoff? Well, you can do just that, and it's pretty easy.

First, you need to do a little homework and get the tools that you will need in place. Here's what you are going to need and what you will need to do:

A. **An Internet connection in your home.** Everything that you will be doing can be done easily from your home, which adds an important margin of safety and security to the process. A high-speed connection is preferable, but a dial-up will suffice.

B. **A bank account with an Internet bill-pay feature.** Almost every bank offers not only free checking, but free bill-pay as well. If your bank does not offer free bill-pay with your account, maybe you should find a bank that does. We strongly recommend that you open a separate account that will be used exclusively for your mortgage payments. If you try to pay all of your bills through the same bill-pay account, you increase the chances that you will run into a problem.

   Make certain that the account that you will be using for your mortgage payments always has enough money in it to avoid overdraft problems – your credit score may depend on it. If the account has optional overdraft protection, discuss the payment priority given to specific checks should the account be overdrawn. Some accounts will make "first-in, first-out" payments without regard to the relative importance of the bills that need to be paid. You don't want your bank to pay your garbage pickup bill if it causes your mortgage payment to bounce.

C. **Set up your Internet bill-pay account through your bank.** Since most mortgage payments are due on the first day of each month, you will need to schedule your automated payments accordingly. Explain your plan, in writing, to your personal banker, and they should be able to give you the help you're going to need.

D. **Verify and coordinate your mortgage payment schedule with your lender.** Before you close on your new loan, or preferably before you even apply, get all the details required to make the bi-weekly payment process work smoothly. Get a contact name from your loan officer, probably someone in their loan servicing department, and call them for the details. Loan officers don't know anything about loan servicing, so <u>do not</u> rely on their advice in this matter. They'll just screw it up.

Critical Questions for your Lender

Confirm in writing, with your lender, that your bi-weekly payments will be applied to your mortgage account when they are received. Most lenders will apply mortgage payments only once each month, no matter when, or in how many pieces they are received. They can either accommodate them, or not. There can be no "maybes." Maybe usually means "probably not."

If their routine loan servicing functions cannot <u>guarantee</u> the success of your private bi-weekly payment plan, but they have an internal bi-weekly plan that they will take full responsibility for, you should evaluate it and perhaps give it a shot. If you elect to subscribe to their internal bi-weekly payment plan, you need to get an amortization schedule from them when you sign up.

If you are sending in two half-payments each month, but the lender is making only one payment, they have negated the entire effect on your principal balance reduction. Not only that, but they are holding your half-payment interest-free for two weeks every month, which costs you even more. The only way that bi-weekly payments will create the desired effect on your principal, is if your lender can process them promptly and properly.

Follow the tip on the next page. It represents a critical aspect of your success.

T I P

Make certain that your lender can process bi-weekly payments and you will have access to a payment ledger showing the dates each payment was applied to your mortgage account.

If you appreciate the positive impact that bi-weekly payments can have on your loan balance, you should take the extra steps required to confirm every detail needed to make your payment plan work as you expect it to work. You should always consider a lender's ability to make bi-weekly payments and unscheduled prepayments work as needed, which is an important factor in your lender selection process. Ask them right up front and get it in writing.

Scheduling for Success

Presuming that your lender can process bi-weekly payments, the next critical questions to ask them pertains to the scheduling of your automated payments. In order to make certain that both parts of your loan payment are received by your lender by the first of each month, you may need to schedule the first half-payment around the 15th day of the month – before the payment is due.

Have them confirm, in writing, when they need to receive your payments to make it all work smoothly. Since most banks do not send bill payments every day, you need to determine what mailing date, each month, will cause your payments to be received by your mortgage lender by the first day of each month. Do not skip this part, it is very important.

Once you know when each payment needs to be mailed to your lender, add three or four days for USPS and plug those dates into your bill-pay account. The regularly scheduled prepayments, which are an integral part of this *Automated Combo Fast-Pay Loan*, should be plugged in separately and carefully to ensure that you will achieve complete success. Remember that errors can occur at every step of this payment process, so it is very important that you consider all of the possible events that can cause a SNAFU.

After your first two half-payments are mailed, wait for a few days and call your loan servicing department to confirm that they received them as planned. Finally, you should monitor the plan from time-to-time to avoid any human or computer-generated glitches in the process. Don't take any chances.

Making it work properly will certainly take some work and patience, but if it will reduce your total interest charges by 25% and wipe six or eight years off the back-end of your loan, it will be well worth the effort. Now, here is the good news:

The Positive Impact on Your Principal Balance

As a demonstration of how this strategy can significantly reduce your total loan interest charges, as well as your loan term when it is working properly, we have provided an example on the next page. This example assumes regular bi-weekly payments, and either one or two full prepayments every six months. Both versions of the *Automated Combo Fast-Pay Loan* were compared to regular 30-year monthly payments, 30-year bi-weekly payments, and 15-year fixed rate loan payments.

The accumulated interest charges shown in the table clearly illustrate that the bi-weekly payment schedule is a significant improvement over the traditional monthly payment schedule, and is capable of saving you thousands of dollars in unnecessary interest charges.

Moreover, the bi-weekly payment schedule, when coupled with only two extra prepayments per year, represents a dramatic improvement over a traditional monthly payment schedule and can cut your total interest charges in half. The results are even more dramatic for borrowers who can afford to make four extra prepayments per year. It's all about "pay me now, or pay me later."

The table has two components: (1) the *Accumulated Mortgage Interest Charges* that are shown in bold are the total of the pure interest amounts paid on the loan. **(2)** the numbers in the *Loan Payoff Information* columns are continued from those in the top half of the table. *The Total of $ Pmts.* line, such as $598,769, includes both the Principal and Interest paid. In this case, it includes the total of the original $250,000 Principal amount plus the $348,769 in Interest: $250,000 + $348,769 = $598,769.

The two versions of the *Automated Combo Fast-Pay Loan* are denoted by the *.

*Automated Combo Fast-Pay Loan

$250,000 Loan based on a 7.00% Fixed Interest Rate
30-Year Pmt: $1,663.26 / Bi-Weekly Pmt: $831.63 / 15-Year Pmt: $2,247.07

Accumulated Mortgage Interest Charges

Year Ending	30-Year Regular Monthly Payments	30-Year Bi-Weekly Payments With No Prepayments	*30-Year Bi-Weekly Payments + One Full Prepayment @ 6 Months	*30-Year Bi-Weekly Payments + Two Full Prepayments @ 6 Months	15-Year Regular Monthly Payments
1	$ 17,419	$ 15,988	$ 15,907	$ 15,825	$ 17,190
5	85,124	77,121	74,291	71,461	78,356
10	164,122	145,636	132,589	119,541	133,131
15	234,432	202,278	**171,255**	**135,554**	**154,473**
20	292,431	242,542	(Pd:Mo.#187)	(Pd:Mo.#174)	(Pd:Mo.#180)
25	332,973	**260,434**			
30	**348,769**	(Pd:Mo.#307)			
	(Pd:Mo.#360)				

Loan Payoff Information

# Mos to Payoff:	360	307	187	**174**	180
Total of $ Pmts:	598,769	510,434	362,591	385,554	404,473
Interest Cost Per $1.00 of Pmt:	0.5825	0.5102	0.4723	**0.3516**	0.3819

Total Interest Paid ÷ Total Payments Paid

Example: $348,769 ÷ $598,769 = $0.5825 (58 cents)

Essentially, the information conveyed on the previous table indicates:

1. If you chose the 30-year loan with regular monthly payment, the total amount of accumulated interest charges that you would pay at the end of 30 years would be $348,769. The total amount of your monthly payments would be $598,769, which includes both Principal and Interest. And the overall interest cost for each $1.00 of your loan payment would be 0.5825 cents, or about 58%.

2. If you chose the 30-year loan with bi-weekly payments, but made no extra loan payments (prepayments), your total accumulated interest charges would have been $260,434, and the loan would be paid off in 307 months instead of 360. The total of all monthly payments would be $510,434 and your interest cost for each dollar spent on payments would be 0.5102, or about 51%.

3. If you chose the 30-year, bi-weekly payment schedule version of the *Automated Combo Fast-Pay Loan*, and made two full prepayments every six months (four per year), your total accumulated interest would have been $135,554, or an interest savings of $213,215 over the 30-year loan with regular monthly payments. That difference represents a 61% savings in interest charges over the life of the loan.

You can use the three above explanations to understand the accumulated interest charges results in all of the other examples. Notice that the most cost-effective method of loan repayment is found in the *Automated Combo Fast-Pay Loan* that includes two full prepayments every six months. The two versions of this schedule are indicated by the *.

There are variations on this theme that can help you accomplish the same thing. For instance, you can probably make just one double prepayment at the end of the year, instead of one every six months. You should investigate other bi-weekly payment plan resources because you never know which one might be the best.

The above section was presented to make you aware of the possibilities that can save you money – sometimes a lot of money. Money that you can find much better uses for, rather than spending it on mortgage interest charges.

Partially Amortizing "Balloon" Loans

Some loans amortize the entire interest portion of the payment, but only part of the principal portion. Because the payments associated with these loans do not fully amortize, the principal balance does not pay off in full at the end of term, and as a result, requires a "balloon" payment. The advantage to the borrower who accepts one of these loans is that they will have a lower monthly payment than the one they would have had with a fixed rate and a normal loan term.

In addition to the regular monthly loan payments, this amortization inequity creates two additional steps for the borrower in order to repay the loan in full. Depending on the term of the loan, the borrower may need to make an intermediate loan payment to reduce the principal balance to an amount specified in their mortgage Note. Or, their unpaid loan balance may become due and payable in a shorter amount of time. The final payment will include any accrued but unpaid interest, plus the remaining principal portion due.

Since this type of loan will need to be paid-off or refinanced in only five to seven years, the borrower needs to have a specific and manageable reason to accept one, such as the clear intent to keep the home for only a short time. You don't want your balloon payment to become a .45 caliber bullet payment that blasts a hole in your pocketbook, and your credit score if you are unable to repay it as required.

Non-Amortizing "Interest-Only" Loans

An ***Interest-Only Loan*** does not amortize. With an interest-only loan, your monthly payment consists of 100% interest, with no reduction in the principal balance – ever. At the end of the loan term, regardless of the length, your principal balance will be the same as the day you took out the loan.

If you took out a $250,000 interest-only loan at 7.00%, your monthly payment would be $250,000 × 7.00% ÷ 12 months = $1,458.33. A fully amortizing loan at 7.00%, with a 30-year term, would have a payment of $1,663.25. You need a calculator that does mortgage payments for this one.

Although this interest-only payment saves you $204.92 per month, or $12,295.20 during the five-year term, you have not increased your equity through the normal amortization process by a penny. However, many first time homebuyers can put that $204.92 to good use every month and that, of course, can be a strong motivator.

Since amortizing loans produce such as small amount of equity from principal reduction during the early years of the loan, some borrowers might think that they can save big bucks by taking out an interest-only loan for the first five years, and then refinance it at the end of the term with a fixed rate. However, you always need to do the math first, in any financing scenario, to confirm the theory. Unless it is tested and verified, a theory is only a theory.

To test such a theory, you will first need an interest-only payment schedule for five years, if that is the term of your interest-only loan. Next, you need an amortization schedule appropriate to a comparable fixed rate that reflects the first five years of that loan. Then, you should evaluate them as discussed below in the detailed cost-effectiveness analysis.

This evaluation is a critical step if you want to save money and avoid getting ripped-off. Do not trust a loan officer to do an evaluation of this kind for you, and do not trust any of their "educated" opinions. To be safe, do it yourself.

Fixed Rates versus Interest-Only Loans – with Identical Rates

When you evaluate the benefits presented by an interest-only loan compared to a fixed rate with an identical interest rate, but a higher monthly payment (due to amortization), you need to answer this question: does this interest-only loan create a financial advantage that is adequate to overcome its disadvantages? Essentially, will accepting an interest-only mortgage create a cash savings during the five-year term when compared to a comparable fixed rate? Or, is it just a big waste of your valuable time and money?

Table "A" shows the monthly payments and the amount of interest paid on an interest-only mortgage. **Table "B"** shows the monthly payments, interest paid, and the amount paid towards the principal balance, which reduces the loan amount over time.

Table A – Interest-Only Payment Schedule
$250,000 Loan - 7.00% Interest Rate

Months	Monthly Payment	Principal $ Paid	Interest $ Paid	Unpaid Balance
12	$ 1,458.33	$ 0.00	$ 17,499.96	$ 250,000
24	1,458.33	0.00	34,999.92	250,000
36	1,458.33	0.00	52,499.88	250,000
48	1,458.33	0.00	69,999.84	250,000
59	1,458.33	0.00	86,041.47	250,000
60	**1,458.33**	**0.00**	**87,499.80**	**250,000**

You would be surprised how many Americans apply for a fixed rate mortgage but wind up getting an interest-only loan without their knowledge. Predatory loan officers are not unlike a used car salesman when it comes to their commission. A used car salesman will "forget" to mention to a customer that the car had been in a fire, and a bad loan officer will say just about anything to get the loan closed.

The important information conveyed in Table A, is that you only rented the money. You paid a whopping $87,499.80 in interest, but – **Surprise!** – you still owe every penny that you borrowed. If you, as a borrower, were able to justify paying that outrageous amount of pure interest, more power to you. If, for some reason, you feel that you need an interest-only loan but need help justifying it, keep reading. You will find a list of reasons that may help you decide on an appropriate course of action.

In days long past, a major reason for accepting an interest-only loan was the fact that you could qualify for a much higher loan amount than those with a fixed rate. Not only is that advantage mostly a thing of the past, but current regulatory trends are on the verge of eliminating most forms of interest-only loans all together, particularly in the subprime mortgage market.

Table B – Fixed Rate Amortization Schedule

$250,000 Loan – 7.00% Interest Rate

Months	Monthly Payment	Principal $ Paid	Interest $ Paid	Unpaid Balance
12	$ 1,663.25	$ 2,539.56	$ 17,419.56	$ 247,460
24	1,663.25	5,262.71	34,655.53	244,737
36	1,663.25	8,182.72	51,694.64	241,817
48	1,663.25	11,313.82	68,522.66	238,686
60	**1,663.25**	**14,671.25**	**85,124.35**	**235,329**

Unlike the interest-only loan, a fixed rate includes payments toward your principal, which helps pay down the amount you owe on the loan. Fixed rate loans are best for financing family residences, vacation homes, as well as individually (not corporate) owned rental properties. If you fall into one of those categories, just stick with a nice fixed rate and leave the exotic, crash-and-burn mortgages to the speculators and gamblers.

Five Year Principal and Interest Payments Compared

Comparing the interest charged for the interest-only loan to the payments made toward the principal reduction in the fixed rate loan, the net cost difference is:

Five-Year Principal and Interest Totals

	Interest Paid		Principal Paid
Interest-Only	$ 87,499.80		$ 0.00
30-Year Fixed Rate	85,124.35		14,671.25
Cost Difference:	**$ 2,375.45**	**+**	**$ 14,671.25**

Because this interest-only loan costs $2,375.45 more in interest charges than the fixed rate during the five-year period, without the advantage of the $14,671.25 principal balance reduction presented by the fixed rate, there is a $17,046.70 cost disparity created: $2,375.45 + $14,671.25 = $17,046.70.

But what about the savings created by the smaller interest-only monthly payments? Those $204.92 payments × 60 months = $12,295.20. A nice savings to be sure, and one that will pay for some of their utility bills. However, when you reduce the aforementioned overall cost disparity by that amount, it still leaves: $17,046.70 – $12,295.20 = $4,751.50 in excess costs. That is $79.19 per month more for the interest-only loan – all tangible things considered. So where's the benefit?

There are also some very important intangible elements that need to be factored into this type of cost-effectiveness analysis. What if you become unemployed or your credit score falls to a level that will not allow you to qualify for a refinance loan with a lower interest rate? What if your home loses value and becomes worth less than what you owe on it? What if all of these things happen at the same time, just as it is happening right now in every city across our great nation? How would you handle it?

How Do Interest-Only Rates Stack Up?

An important question you would want to answer involves the interest rate you would get with any proposed interest-only loan. If we assume that an interest rate identical to a comparable fixed rate may not be adequate to accomplish your goals, as seen in the previous example comparing identical interest rates, you would need to find a lower one. That, of course, would seem to be a fair trade-off to motivate you into taking an interest-only loan. But not so fast…

If you are going to accept a significantly shortened loan term and the potential risks associated with that term, there should be strong compensating financial factors to offset the added risk. One logical factor would be an interest rate that is lower than the comparable fixed rate. However, can you find a lower one?

To answer that question, you will need to pick up your phone and start calling around. You need to ask each lender that you call this question: what is your best 30-year fixed rate at par, and what is your best interest-only rate at par. As discussed in earlier sections, "par" refers to an interest rate with a zero discount fee.

Do not be surprised if some of the rates reported are not available at exactly par, due to the way rates are priced in the secondary markets. Just find the ones that appear to demonstrate a representative difference between the current interest-only rates and the current 30-year fixed rates.

To assist you in your evaluation, we have done some research on the subject. What we found was surprising and might be the result of current economic conditions or, to an unknown extent, the recent problems in the U.S. mortgage market. In a nut shell, the information we found shows that for a typical consumer looking to finance their home, there are virtually no advantages to be found with an interest-only loan.

Interest-only loans routinely blow up in the borrower's face. They are great for the first six months, or even a year, but when the interest rate starts adjusting, you better get ready for some hair-raising payment shock. It might be because your interest rate went from a 5.00% start rate to a 9.00% fully indexed rate, or you might freak out because your home has lost value in the face of an upside-down principal loan balance. You are always subjecting yourself to a serious financial crisis when you accept a loan that does not reduce your principal each time you make a payment. As recent history has taught us, there is no guarantee that home values will always increase – and that is always a major concern of every homeowner.

The following table compares interest-only rates to 30-year fixed interest rates over a nine-month period. The rates were from one of the largest mortgage lenders in the country, and should be considered competitive and representative of the mortgage market as a whole. We chose the rates that were as close to par as possible on a 30-day rate-lock. While some rates had pricing costs, most had rebates, undoubtedly, because they were wholesale prices destined for retail lenders.

Remember: The higher the cost, the less competitive it is. A 0.525% cost is more expensive, and less competitive, than a 0.225% cost. Conversely, the higher the rebate, the more competitive it is. A (0.575%) rebate is more competitive than a (0.235%) rebate.

Fixed Rates versus Interest-Only Rates

Date	Interest-Only Rate / Cost %	30-Year Fixed Rate / Cost %
07-17-2008	6.750 / 0.393	6.250 / 0.450
06-17-2008	6.750 / 0.271	6.250 / 0.428
05-16-2008	6.250 / (0.087)	5.750 / (0.051)
04-17-2008	6.375 / (0.494)	6.000 / (0.585)
03-17-2008	5.750 / (0.097)	5.375 / (0.346)
02-19-2008	6.250 / (0.014)	6.000 / (0.390)
01-17-2008	5.875 / (0.408)	5.375 / (0.336)
12-17-2007	6.500 / (0.433)	6.000 / (0.293)
11-16-2007	6.500 / (0.248)	6.000 / (0.442)
Average:	**6.333 / (0.124)**	**5.888 / (0.174)**

The above rates and cost/rebate pricing details reveal that you may have a difficult time finding an interest-only rate that is lower than a comparable fixed rate. In recent months, as a result of the catastrophic failures in the subprime mortgage market, most alternative home financing methods have come under heavy scrutiny. Interest-only loans are included near the top of the list and as a result, may have been rendered much less competitive.

The difference in the average rates and costs/rebates are significant. The average 6.333% interest-only rate is 0.445% higher than the average fixed rate of 5.888% (6.333 – 5.888 = 0.445). That difference would clearly indicate that there would probably be no logical reason to accept an interest-only loan. The average discount fee (a rebate in this case) difference between the two, (0.124) versus (0.174) is negligible (0.174 – 0.124 = 0.05).

These rate and cost comparisons only apply to the months surveyed. We cannot report what the differences were before or after that period. However, the fact that the interest-only rates were not only higher in every case, but were substantially higher in every case, serves notice that you need to investigate your current rates carefully before making a decision. The interest-only rates may be prohibitively higher than the market fixed rates of the day. If so, you will need a very strong compensating factor other than a positive interest rate differential to accept an interest-only mortgage loan.

Reasons to Use an Interest-Only Loan

Although it is advisable to avoid using an interest-only loan if you are buying a primary residence or vacation home that you intend to keep for many years, there are certain situations that may be well served financially by using one. Some of these situations may include:

A. You are a real estate developer and a sales profit is your only motivation. You do not care about generating any equity in the property through the traditional application of an amortization schedule because you intend to buy the house and flip it as soon as possible.

B. You have found an interest-only rate well below any current fixed rates, and you want to use the cash difference between the two payments to accelerate the payoff of the loan. You understand that most of a loan payment in the early years is composed of interest, so you elect to infuse that cash difference, during the early years, to pay down the loan balance, and after six or eight years you intend to refinance it to a lower fixed rate mortgage.

C. You are buying a property expecting a very high rate of appreciation in the appraised value in a short period of time. Maybe you purchased a moderately priced house in a neighborhood that will soon see numerous million-dollar homes built, which should cause a rapid appreciation of the smaller homes in the area.

Whatever the reason is, understand your financing and compare it to other alternative mortgages. Take your time and consider everything before making a decision.

Negative Amortization Loans

If you have a negative amortization loan, your loan payment will not be adequate to pay the required amount of interest that accrues. Each time you make a mortgage loan payment, the accrued and unpaid interest is deferred, and added back to your principal loan amount. Adding back the deferred interest causes your unpaid loan balance to increase with every payment made. This type of mortgage is one of the most dangerous loans available and should be avoided, unless you are fully prepared to accept the potentially devastating consequences.

As an example, assume that a lender will make a $250,000 loan with a note rate of 7.00%. Although the 7.00% note rate will be used to calculate the amount of interest charged on the loan, they advertise a 2.00% interest rate. The marketing trap that unsuspecting borrowers will fall into involves the rate that will be used to determine their monthly payment. Here's an example:

Fantastic Mortgage Deals

Rates as low as only

2.00%

IT'S TRUE! **Call us right *NOW* for a rate so low you won't even believe it...**

Why pay $1,663 every month on your $250,000 mortgage when you can pay only $924?

That's a 44% Discount – WOW!

WE MUST BE CRAZEEEEE!!!!

Any person that would fall for this advertising scam, and there are a lot of them out there, would be the one that must be crazeeeee!

The above is an example of the type of predatory lending advertising that has destroyed the financial security of consumers across the nation. Although it defies logic to assume that you could get a conventional mortgage with a 2.00% interest rate, people will believe it, because they want to believe it.

If the consumers that had accepted this type of mortgage had the opportunity to examine its payment schedule, they would have rejected it. You should always request a loan payment schedule, amortizing loan or not, before you agree to anything. The payment schedule for a loan like this, with a 7.00% note rate and a monthly payment based on a 2.00% rate is as follows:

First-Year Monthly Payment Schedule

$250,000 Loan – 7.00% Note Rate – 2.00% Payment Rate Cap

Payment Number	Monthly Payment	Principal $ Paid	Interest $ Paid	Unpaid $ Balance
1	924.05	– 534.28	1,458.33	250,534.28
2	924.05	– 1,071.68	2,919.78	251,071.68
3	924.05	– 1,612.21	4,384.36	251,612.21
4	924.05	– 2,155.90	5,852.10	252,155.90
5	924.05	– 2,702.76	7,323.01	252,702.76
6	924.05	– 3,252.81	8,797.11	253,252.81
7	924.05	– 3,806.07	10,274.42	253,806.07
8	924.05	– 4,362.56	11,754.96	254,362.56
9	924.05	– 4,922.29	13,238.74	254,922.29
10	924.05	– 5,485.29	14,725.79	255,485.29
11	924.05	– 6,051.57	16,216.12	256,051.57
12	**924.05**	**– 6,621.15**	**17,709.75**	**256,621.15**

As you see from the above payment schedule, the lender is charging the borrower at least $1,458.33 in interest every month, regardless of the size of the loan payment received. Since this payment of $924.05 is 5.00% below the 7.00% note rate, the difference of $534.28 is added to the unpaid loan balance each month, and is considered deferred interest – interest that you'll pay later.

During the first year of this loan, the borrower would have been upside-down in their unpaid principal balance by the amount of the deferred interest, or $6,621.15. If you, as a borrower, had a good enough reason to accept this type of increase to your loan balance, this loan might be for you. While the first twelve months look like it might be manageable, the second and successive years should scare anybody in their right mind. Take a gander at this ten-year annualized payment schedule:

Ten-Year Annualized Payment Schedule

$250,000 Loan – 7.00% Note Rate – 2.00% Payment Rate Cap

Month	Monthly Payment	Principal $ Paid	Interest $ Paid	Unpaid Balance
12	924.05	– 6,621.15	17,709.75	256,621.15
24	924.05	– 13,720.94	35,898.14	263,720.94
36	924.05	– 21,333.98	54,599.78	271,333.98
48	924.05	– 29,497.37	73,851.77	279,497.37
60	924.05	– 38,250.88	93,693.88	288,250.88
72	924.05	– 47,637.19	114,168.79	297,637.19
84	924.05	– 57,702.03	135,322.23	307,702.03
96	924.05	– 68,494.48	157,203.28	318,494.48
108	924.05	– 80,067.09	179,864.49	330,067.09
119	924.05	– 91,408.80	201,370.75	341,408.80
120	**453,362.20**	**250,000.00**	**203,362.30**	**0.00**

The totals listed on the previous page at the 120th month of this loan should prove the point that a negative amortization loan is not the best choice for long-term mortgage financing. As a recap of this table, the original unpaid principal balance of $250,000 has not changed, and still owed. When you add the $91,408.80 in combined deferred interest to the total, because of the negative amortization, the final unpaid principal balance, at 119 months, is a knee-shaking $341,408.80.

Verifying Your Mortgage Terms

In any evaluation of the types of loan amortization used in mortgage finance, it is important to understand the terms that apply, and how to verify them in your loan documentation. When you are sitting in the escrow company's conference room with a pile of legal documents stacked on the table, you need to examine them carefully. The following sections will show you how.

The Mortgage Note

The Mortgage Note is the financing instrument (your I.O.U.) that creates the promise to pay a sum of money at a stated interest rate during a specific loan term. You will need to identify and carefully examine the Note during your loan closing to verify that the mortgage terms specified are exactly as agreed to. If the Note does not reflect the terms that you agreed to, **Do Not Sign!** Once you have signed your loan closing documents, subject to any rescission period, you cannot successfully challenge the terms of an "incorrect" Note.

If you are applying for a fixed rate loan, your **Fixed Rate Note** should have the format shown on the next page and contain that, or similar, language. It is absolutely imperative that you scrutinize your Mortgage Note before you sign anything. The Note is the legal document that binds you to the terms of your mortgage. After you review it, and you are 100% satisfied that your loan terms are as promised, take one extra step: look for and make certain that there is no **Adjustable Rate Rider** in the closing document pile waiting for your signature.

If you find an Adjustable Rate Rider buried in the pile – **Stop Everything!** Discuss the error with your escrow officer and your lender immediately. If you agreed to accept a fixed rate mortgage, there should be nothing in your closing documents that commits you to any adjustable rate terms.

If you are uncertain as to how this document should be evaluated, ask your escrow officer to explain it to you. She should be happy to provide you with that help, or any other that you may need.

Example Fixed Rate Mortgage Note

FIXED RATE NOTE

November 4, 2008 145 S. Gladstone Avenue Aurora, Illinois

1. BORROWER'S PROMISE TO PAY

In return for a loan that I have received, I promise to pay U.S. **$375,000** (this amount is called "Principal"), plus interest, to the order of the Lender. The Lender is Intergalactic Mortgage, a bank which is organized and existing under the laws of the United States of America. I will make all payments under this Note in the form of cash, check or money order.

I understand that the Lender may transfer this Note. The Lender or anyone who takes this Note by transfer and who is entitled to receive payments under the Note is called the "Note Holder."

2. INTEREST

Interest will be charged on the unpaid principal until the full amount of Principal has been paid. I will pay interest at a yearly rate of **5.375** %.

The interest rate required by this Section 2 is the rate I will pay both before and after any default described in Section 6(B) of this Note.

3. PAYMENTS (See your Note for details)

4. BORROWER'S RIGHT TO PAY (See your Note for details)

5. UNIFORM SECURED CODE (See your Note for details)

If you are applying for an ARM, your Note will look like the following:

Adjustable Interest Rate and Monthly Payment Changes

4. INTEREST RATE AND MONTHLY PAYMENT CHANGES

(A) Change Dates

The interest rate I will pay may change on the first day of May, 2011, and on that day every 12th month thereafter. Each date on which my interest rate could change is called a "Change Date."

(B) The Index

Beginning with the first Change Date, my interest rate will be based on an Index. The "Index" is the average of interbank offered rates for one-year U.S. dollar-denominated deposits in the London market ("LIBOR"), as published in *The Wall Street Journal.* The most recent Index figure available as of the date 45 days before each Change Date is called the "Current Index."

If the Index is no longer available, the Note Holder will choose a new index which is based upon comparable information. The Note Holder will give me notice of this choice.

(C) Calculation of Changes

Before each Change Date, the Note Holder will calculate my new interest rate by adding Two and one-quarter percentage points (2.250 %) to the Current Index. The Note Holder will then round the result of this addition to the nearest one-eighth of one percentage point (0.125%). Subject to the limits stated in Section 4(D) below, this rounded amount will be my new interest rate until the next Change Date.

The Note Holder will then determine the amount of the monthly payment that would be sufficient to repay the unpaid principal that I am expected to owe at the Change Date in full on the Maturity Date at my new interest rate in substantially equal payments. The result of this calculation will be the new amount of my monthly payment.

(D) Limits on Interest Rate Changes

The interest rate I am required to pay at the first Change Date will not be greater than 9.000 % or less than 5.000 %. Thereafter, my interest rate will never be increased or decreased on any single Change Date by more than two percentage points from the rate of interest I have been paying for the preceding 12 months. My interest rate will never be greater than 13.000 %.

(E) Effective Date of Changes

My new interest rate will become effective on each Change Date. I will pay the amount of my new monthly payment beginning on the first monthly payment date after the Change Date until the amount of my monthly payment changes again.

(F) Notice of Changes

The Note Holder will deliver or mail to me a notice of any changes in my interest rate and the amount of my monthly payment before the effective date of any change. The notice will include information required by law to be given to me and also the title and telephone number of a person who will answer any question I may have regarding the notice.

5. BORROWER'S RIGHT TO PREPAY

I have the right to make payments of Principal at any time before they are due. A payment of Principal only is known as a "Prepayment." When I make a Prepayment, I will tell the Note Holder in writing that I am doing so. I may not designate a payment as a Prepayment if I have not made all the monthly payments due under the Note.

I may make a full Prepayment or partial Prepayments without paying a Prepayment charge. The Note Holder will use my Prepayments to reduce the amount of Principal that I owe under this Note. However, the Note Holder may apply my Prepayment to the accrued and unpaid interest on the Prepayment amount, before applying my Prepayment to reduce the Principal amount of the Note. If I make a partial Prepayment, there will be no changes in the due dates of my monthly payment unless the Note Holder agrees in writing to those changes. My partial Prepayment may reduce the amount of my monthly payments after the first Change Date following my partial Prepayment. However, any reduction due to my partial Prepayment may be offset by an interest rate increase.

6. LOAN CHARGES

If a law, which applies to this loan and which sets maximum loan charges, is finally interpreted so that the interest or other loan charges collected or to be collected in connection with this loan exceed the permitted limits, then: (a) any such loan charge shall be reduced by the amount necessary to reduce the charge to the permitted limit; and (b) any sums already collected from

The form below will help you understand how your mortgage payment can change. Ask your loan officer to fill it out and sign it. It's an extra layer of security for you.

Simplified Statement of Mortgage Payment Terms

Final Mortgage Payment Terms

Borrower(s): ______________________ Loan #: ______________

Loan Program: ______________________ Loan Amount: $ ________

Payment Basis: Fixed Rate _____ Adjustable Rate _____ Interest Rate: ______ %

Monthly Principal and Interest **PAYMENT AMOUNT**: $______________

Can this monthly payment **CHANGE IN THE FUTURE**? YES _____ NO _____

If Your Loan Is An Adjustable Rate Mortgage:

Your monthly payment will be automatically adjusted EVERY _____ MONTHS beginning with your _______th monthly payment – and it may INCREASE!

Your **FIRST** monthly payment **ADJUSTMENT** will occur on ______________

On that date, your annual interest rate may **INCREASE** to ______________ %

On that date, your monthly payment may **INCREASE** to $ ______________

Your annual interest rate may eventually **INCREASE** to as high as __________ %

Your monthly payment may eventually **INCREASE** to as high as $ __________

The **INDEX** used to adjust your interest rate is the ________________ Index

The lender's fixed **MARGIN** used to adjust your interest rate is ____________ %

______________________	______________________	____________
Loan Officer's Signature	Company Name	Date

Reminder: As previously discussed, if you have an adjustable rate mortgage, your periodic monthly payment is determined by adding the current average Index to your Margin, which is specified in your Mortgage Note.

INDEX + MARGIN = INTEREST RATE %

Example: For a $250,000 mortgage, if the loan payment is scheduled to adjust next month and your current index has an average, over the previous 45 days (or as specified in your Note) of 4.325%, and your Margin is 2.50%, your new payment would be based on a 4.325% + 2.500% = 6.825% interest rate. In addition, if your unpaid loan balance had been reduced to $232,500, which the new payment calculation would be based on, your new monthly payment would be $1,519.59.

If the interest rate for the most recent payment period was 5.00%, your previous principal and interest payment would have been $1,342.05. As such, your new payment would have increased by $177.54 per month, which is a 13.23% increase.

After your loan officer has prepared and signed your Simplified Statement of Mortgage Payment Terms, and before you sign your loan closing documents, compare it to the terms specified in your Mortgage Note and Adjustable Rate Rider. If the terms do not match, you need to find out why before you sign anything. This is critical because once you sign the documents, you're stuck with whatever terms are specified, unless of course your loan was for the purpose of a refinance and you are within the time frame of a rescission period. So verify, verify, and then verify again.

Loan Amortization Schedules

A loan payment amortization schedule gives you several important pieces of information that you can use to manage your mortgage. It includes what your unpaid principal balance will be at different future dates, how much periodic accumulated interest you have paid on your loan, and how much accumulated equity your monthly payments have generated. It is important that you obtain one from your loan officer at the same time you receive your Good Faith Estimate, and any time subsequent when the terms of your loan change.

Chapter Eight – Loan Amortization Schedules

When your loan is ready for the closing documents to be drawn, request a final amortization schedule from your loan officer and have them sign and date it. At closing, scrutinize it and ask any questions that you may have. Compare it closely to the final loan terms you agreed to, and those in your Good Faith Estimate. The total interest charged, as reflected on the final amortization schedule, should agree "to the penny" with the total interest charged that is reflected on your final Truth in Lending Disclosure. If it doesn't, you better find out why.

Provided below is an example of an amortization schedule. This schedule pertains to a $400,000, 15-year fixed rate loan with a 6.00% interest rate. As an example of the information that these schedules contain, notice that, in this case, a much larger portion of the monthly payment goes toward interest than principal until the 84th month. It also shows, by examining the loan balance column, that soon after the 60th month about $100,000 in equity was generated.

Example Loan Amortization Schedule

No	Pmt Date	Int Rate	Monthly Payment	Principal Paid	Interest Paid	Mtg Insurance	Balance
12	09/01/2008	6.000	3,375.43	16,966.71	23,538.45		383,033.29
24	09/01/2009	6.000	3,375.43	34,979.89	46,030.43		365,020.11
36	09/01/2010	6.000	3,375.43	54,104.07	67,411.41		345,895.93
48	09/01/2011	6.000	3,375.43	74,407.79	87,612.85		325,592.21
60	09/01/2012	6.000	3,375.43	95,963.80	106,562.00		304,036.20
72	09/01/2013	6.000	3,375.43	118,849.35	124,181.61		281,150.65
84	09/01/2014	6.000	3,375.43	143,146.44	140,389.68		256,853.56
96	09/01/2015	6.000	3,375.43	168,942.12	155,099.16		231,057.88
108	09/01/2016	6.000	3,375.43	196,328.81	168,217.63		203,671.19
120	09/01/2017	6.000	3,375.43	225,404.64	179,646.96		174,595.36
132	09/01/2018	6.000	3,375.43	256,273.80	189,282.96		143,726.20
144	09/01/2019	6.000	3,375.43	289,046.90	197,015.02		110,953.10
156	09/01/2020	6.000	3,375.43	323,841.38	202,725.70		76,158.62
168	09/01/2021	6.000	3,375.43	360,781.91	206,290.33		39,218.09
179	09/01/2022	6.000	3,375.43	396,642.20	207,559.77		3,357.80
180	08/01/2023	6.000	3,374.59	400,000.00	207,576.56		0.00
TOTAL			**607,576.56**	**400,000.00**	**207,576.56**		

Chapter Nine

The Secondary Mortgage Market

The Driving Force Behind the Mortgage Industry

The early days of home financing were established in local markets. These markets were comprised of local banks and private mortgage investors. When your grandfather needed a loan to buy a home, he went down to his hometown bank, filled out an application with his friendly hometown banker, who was also, perhaps, the local constable, and got his loan. Then, the bank filed his mortgage papers away in their vault and kept the loan until the final payment was made. Things were a lot less complicated in those days, as well as a lot riskier.

The banks of yesterday could approve your loan on a handshake and apply whatever underwriting standards they chose, or even none at all in many cases. They could also "call" your loan "due-in-full" without notice if they chose to, based entirely on subjective standards or rationale. While the intentions of the bankers of that time were usually honorable, their practices and policies lacked something to be desired.

Maybe they heard your job at the grain store might not last, due to a drought, or they decided to reallocate the funds committed to your loan for a more profitable venture. Just about any objective or subjective reason could be employed to end your loan, and that was a problem in much the same way as your loan may have been originated – with no clear standards. And since borrowers usually had no contractual recourse to prevent it, they could find themselves facing a difficult foreclosure.

Local and regional mortgage banking would soon change in response to volatility in their economies and greater demand for mortgage money. Changing regional weather patterns, "boom-to-bust" housing construction, and disparities in the allocation of mortgage capital made it necessary. These problems contributed to the realization that local and regional mortgage markets could not be sustained without fundamental change, and as a result, governmental reform was needed.

Economic Reforms for the Housing Industry

It was time for the U.S. Government to create a mortgage intermediation process that would provide the capital markets with greater liquidity, and more efficient loan pricing, for home loans. It was believed that through a government regulated mortgage securitization process, interest rate risk could be shifted from banks and thrifts to a broad spectrum of investors. The large-scale efficiencies produced would lead to lower interest rates for borrowers, expand home ownership, and stabilize the U.S. housing finance system.

The result was the creation of the Secondary Mortgage Market and its key agencies: Fannie Mae, Freddie Mac, and Ginnie Mae. These secondary mortgage market agencies hold trillions of dollars in interest rate risk and are directly responsible for diversifying that risk by creating "pools" of mortgages from lenders across the country and offering them to the public as marketable securities. In their capacity as an issuer of mortgage-backed securities (except Ginnie Mae), they are a Real Estate Mortgage Investment Conduit (REMIC) for taxation purposes.

Secondary Mortgage Market Participants

FANNIE MAE	**FREDDIE MAC**	**GINNIE MAE**	**PRIVATE SECTOR**

The secondary mortgage market is composed of four separate, but interrelated, organizations as shown above. The names Fannie Mae, Freddie Mac, and Ginnie Mae, which were adopted for simplicity's sake, are acronyms for their full names. These organizations cooperate with each other to serve the needs of the U.S. housing market by providing for the efficient distribution of mortgage funds to the primary mortgage markets on a national basis.

Fannie Mae and Freddie Mac represent the lion's share of "conventional" home loans – those loans not insured by FHA or guaranteed by the VA. The combined debt of these two Government Sponsored Enterprises (GSEs) has been estimated to equal 45% of the entire U.S. national debt. Even with that level of risk exposure to their "Mount Everest" of debt-loads, Fannie and Freddie are the only two Fortune 500 companies exempt from SEC rules mandating the public reporting of any financial distress. We will not discuss their current status as a private entity.

Secondary Mortgage Market Loan Pricing Primer

The methods used to price interest rates in the secondary mortgage markets are fundamentally the same as in the retail and wholesale mortgage markets. Although the loan pricing concepts of "cost" and "rebate" were explored in previous chapters, this section will add further clarity by relating the terms more closely to the terms used in the secondary markets. At the end of this chapter, you should be able to use the terms "par," "above par," and "below par" like a seasoned mortgage professional.

Predatory loan officers routinely abuse the concept of "par." Although few of them can give you a correct definition of the term, they throw it around like an old shoe. The problem for you, as a borrower, is that they can manipulate the term to create a smoke screen for their abuses of Yield Spread Premiums. If they tell you that a certain interest rate is the par wholesale rate, when in fact it produces a nice YSP rebate, how would you know the difference?

One way to discover a loan officer's intent to deceive you about the term is to ask them to give you their definition. Or, you can give them the correct definition, which applies exclusively to wholesale loan pricing. Make sure you use the same definition.

Regardless of the type of lender you choose for your mortgage needs, the terms used in loan pricing are the same. When a lender negotiates with Fannie Mae, or any other secondary mortgage market participant, they intend to "buy," in effect, mortgages and their corresponding interest rates. If they want to buy a rate at par, they will know exactly what they mean. When the term is used correctly in a loan pricing discussion, there is no ambiguity whatsoever. By understanding these concepts, you will be able to detect any ambiguities used and recognize them as a potential effort to rip you off.

Chapter Nine – Loan Pricing Terms

Secondary Mortgage Market Loan Pricing Terms

It is important to understand that the relationship between a borrower and a lender is similar to the relationship that exists between the lender and the secondary mortgage market. If you qualify to obtain a mortgage, you must buy an interest rate to go with it. The method used to validate the purchase of an interest rate is the "rate-lock." Some of the pertinent terms are:

A. **Price:** The cost in "points" associated with the acquisition of a mortgage. If a $100,000 mortgage is bought at a price of 100% (par), the "price" is $100,000. The price of a mortgage depends on its corresponding interest rate alone. When you obtain a mortgage, you are actually buying an interest rate at a certain price.

B. **Required Net Yield:** The interest rate required for a certain loan, on a specific day, which gives a lender or secondary mortgage market participant, the profit they expect on the loan over time. The Required Net Yield is the smallest profit they are willing to accept for a certain loan at a certain interest rate.

C. **Par:** Equal; equality; when the values are thus equal; when the face value of a mortgage exactly equals its selling price. When you get a mortgage at par, the points charged to acquire that rate are zero. Loan origination fees are separate from the price paid to acquire the rate.

D. **Par Price:** A price of 100% to purchase a mortgage, or the price you will pay when the principal amount equals the sales price and no "discount" fee is required. When a lender buys an interest rate at par from Fannie Mae or any other secondary market participant, they will not be required to pay anything extra to obtain that specific rate. This is also true when a borrower buys an interest rate from a lender at par, presuming they don't mess with the term.

   Example: Assume that a lender was going to pay the *par price* for a loan with a principal amount of $100,000 and a 6.00% note rate. Their full price for the loan would be $100,000.00 – exactly the same as the principal amount.

E. **Discount:** When a lender sells an interest rate to a customer that is lower than the *par rate*, or the rate that represents their minimum required net yield for a particular loan on a particular day, they charge an extra fee called a "discount."

The discount fee, when amortized over the term of the loan, will increase the loan's base interest rate yield so that it equals their minimum required net yield.

Example: ABC Mortgage Lender's *par rate* (zero cost) for the day applies to a 6.250% note rate. This note rate represents the company's minimum required net yield for that loan, on that day. A customer wants to obtain a loan at 5.875%, but this rate is lower than the lender's minimum required net yield for that loan, on that day. Because of this difference, the customer must pay, as an example, a 1.375% discount fee to offset the lender's loss produced by selling the lower interest rate.

F. Discount Point: One *point* equals 1.00%. If one *discount point* is required to buy a specific interest rate on a $100,000 loan, that discount cost would be $100,000 x 1.00% = $1,000. Often, discount costs are expressed in terms of "basis points." One basis point is equal to 1/100 of one percent, and there are 100 basis points in 1.00%. So, if your discount fee on a loan was 375 basis points, you'd pay 3/8% (0.375%) as a cost, or: $100,000 x 0.375% = $375.00.

G. Below Par Price: The price a borrower would pay for a loan bearing an interest rate that is lower than the note rate representing the lender's minimum required net yield for that loan on a certain day. If a certain *par price* applies to a 6.375% loan, then a *below par price* would apply to any similar loan bearing an interest rate less than 6.375%. To obtain that lower interest rate, you would need to pay a discount fee.

Example: A lender's par rate ($0 cost) on a loan is 6.375%. A customer wants a $100,000 loan with a 6.00% note rate. Since the requested rate is lower than the rate that equals their minimum required net yield of 6.375%, the borrower would need to pay a discount fee to equalize their minimum required net yield. If the 6.00% interest rate required a 0.75% discount, or $750.00, the *below par price* would be $100,750.00.

H. Above Par Price: When a lender sells an interest rate to a customer that is higher than the rate that corresponds to their minimum required net yield for that loan, on that day, they will be paid a cash rebate when they sell the loan to the secondary mortgage market.

Example: A lender's par rate ($0 cost) on a loan is 6.375%. A customer accepts a loan with a note rate of 6.625% on a loan with a principal balance of $100,000. Since the note rate accepted is above (higher) than the 6.375% par rate, no additional discount cost would be required because that rate is higher than that which is needed to equal their minimum required net yield of 6.375%.

In this case, the lender would receive a cash rebate when the loan is sold to the secondary mortgage market and they could either keep it, or pass the savings on to their borrower to offset some of their closing costs. If the rebate was 0.625%, for example, then the *above par price* would be $99,375.00 or:
$100,000 – $625.00 (the rebate) = $99,375.00.

The concept of par loan pricing is one of the critical aspects that you will need to understand if you want to play "hardball" successfully when you apply for your home loan. You will have many conversations with your loan officer about pricing, and in order to get the best price, you may need to beat them over the head with your great knowledge of loan pricing. Stand your ground! If they try to confuse you with their tricky pricing jargon, write it all down and tell them you will need to sit down with a Starbucks and evaluate it.

How Above and Below Par Prices Stack Up

On the next page is an excerpt from a wholesale lender's rate sheet. You will notice that the *rebate prices* (YSPs) are in parentheses, and decrease as the length of their corresponding rate-locks increase. Also, as the length of the rate-lock periods increase for the *discount prices*, so do their fees. As the length of a rate-lock increases, so does the associated risk to the lender that it might be cancelled in favor of a loan with better terms – possibly even from another lender.

Many wholesale rate sheets will include a greater number of rebate prices than actual costs. This is due to two main reasons: first, American borrowers have a propensity for borrowing as much as allowable on a home loan. Many would rather preserve their liquid assets than use them for a home purchase. Secondly, lenders commonly push borrowers to include loan fees in their financing, which necessitates using rebate pricing to a greater extent. The borrowing patterns of consumers always dictate the way mortgage loans are priced in the open market.

Sample Wholesale Rate Sheet

30-Year Fixed Rates
FNMA and FHLMC

[Rate-Lock Period]

Rate	15 Days	**30 Days**	45 Days	60 Days	75 Days
5.250	2.555	**2.635**	2.678	2.744	2.803
5.375	2.261	2.334	2.386	2.448	2.511
5.500	2.000	**2.020**	2.074	2.156	2.198
5.625	1.476	1.533	1.751	1.878	1.996
5.750	1.205	**1.332**	1.628	1.700	1.911
5.875	0.674	0.818	1.159	1.384	1.724
6.000	(0.038)	**0.000**	0.071	0.909	1.201
6.125	(0.955)	(0.735)	(0.678)	(0.444)	(0.303)
6.250	(1.861)	**(1.734)**	(1.486)	(1.248)	(1.000)
6.375	(1.999)	(1.707)	(1.500)	(1.269)	(1.011)
6.500	(2.476)	**(2.413)**	(2.321)	(2.200)	(2.000)
6.625	(2.698)	(2.502)	(2.300)	(2.001)	(1.988)
6.750	(2.989)	**(2.792)**	(2.611)	(2.504)	(2.034)

On the above rate sheet excerpt, the 5.875% interest rate is a "below par price," as is the 6.00% rate with a 45, 60, or 75-day rate-lock, and all of the other rates down to 5.250%. As such, they all require the payment of a discount fee. The 6.00% interest rate on the 30-day rate-lock is the "par" rate with a cost of 0.00%. Notice that the 15-day lock for the 6.00% rate pays a rebate of (0.038%), while the 45-day rate-lock requires the payment of a 0.071% discount fee. Interest rate costs and rebates always increase and decrease, often with high volatility.

The following table uses the pricing from the rate sheet on the previous page and is a rehash of this important loan pricing concept. The only way you can avoid letting a predatory loan officer jack-up your interest rate to pad their pocket with a Yield Spread Premium (the cash rebate), is to become an expert on the difference between a loan pricing cost and a loan pricing rebate. For that reason, we are emphasizing this critical subject.

Below Par – Par – Above Par
$100,000 Loan Amount

	% Rate	Price %	$ Cost	$ Rebate
	5.250	2.635	2,635	
Below Par	5.500	2.020	2,020	
	5.750	1.332	1,332	
PAR	**6.000**	**0.000**	**0.000**	**0.000**
	6.250	(1.734)		1,734
Above Par	6.500	(2.413)		2,413
	6.750	(2.792)		2,792

Rebates (YSPs) are shown in parentheses

The pricing options above and from the previous page, i.e. buying an interest rate above or below par, is important because it shows you how a lender can increase their commission on your loan without your knowledge, unless of course you can see their wholesale, or secondary mortgage market, rate sheet before you pick your rate.

You should fully understand the concepts of *par*, *above par*, and *below par*, in order to negotiate the best terms for any mortgage. These concepts are at the root of every interest rate that is bought-and-sold in the secondary mortgage market, and the ones used in every loan pricing discussion.

The significance of the *above par* pricing variations is that they produce cash rebates. The first question arises: who gets the rebates? That's the sixty-four dollar question, and it depends completely on the lender. The next question is whether you will even know that there are loan pricing rebates available for your loan, and will they create a benefit for you.

When you apply for your next loan, you should show the loan officer your level of loan pricing knowledge by making comments such as:

A. What's your par rate today on a 30-year fixed?

B. Is that the wholesale par rate, or just your retail rate?

C. If I wanted to put one point into this loan, what rate would I get?

D. If I buy-up my rate, what's my maximum Yield Spread Premium?

E. Does this loan use Fannie Mae pricing?

Fannie Mae is the original, the largest, and the most well known agency in the secondary mortgage market. If you meet a loan officer who does not seem to know much about Fannie Mae, you need to find another loan officer. Fannie Mae leads the way when it comes to loan pricing and is the lowest available from any source on a regular basis. Fannie and Freddie are the only games in town.

How the Secondary Mortgage Market Affects You

An understanding of mortgage-backed securities, loan pricing calculations, Fannie Mae, Freddie Mac, Ginnie Mae, and the secondary mortgage market in general, will give you a powerful conversational knowledge of mortgage finance. You should use it, perhaps modestly, to demonstrate to your loan officer that you are not an easy touch. In that respect, a little knowledge will go a long way.

For your own information, the following list of secondary mortgage market aspects identifies some of the important aspects of this discussion as they pertain to your application for any new home loan.

Chapter Nine – Secondary Mortgage Market Aspects

A. Neither Fannie Mae, Freddie Mac, nor Ginnie Mae makes home loans directly. In order to access their loan programs, you must apply for your loan through a bank or mortgage company approved to sell loans to them in the secondary mortgage market. Ginnie Mae does not buy loans – they only insure them. They are, nonetheless, monstrously important in the secondary mortgage market.

B. When you get a mortgage, it will become part of a pool of similar mortgages, issued as a mortgaged-backed security by Fannie Mae, Freddie Mac, or other private sector securities dealers.

C. Home loans priced according to these key players in the secondary mortgage market are the most competitive available in the industry.

D. Fannie Mae and Freddie Mac loans are the #1 preferred types offered by all banks and mortgage companies.

E. Fannie Mae and Freddie Mac offer the greatest assortment of loan products, the most consistent underwriting standards, and the highest level of flexibility. If you are looking for an adjustable rate mortgage – they offer the lowest margins with the tightest controls. Most of their adjustable rate loans offer a margin of only 2.250%. Most other ARM margins will start at 2.750% and can go even higher.

F. The massive volume of mortgage money created in the secondary mortgage market, and made available to lenders in every state, drives down mortgage interest rates by at least a half-point (0.500%). That one half-point translates into big savings for homeowners. On a $150,000 loan, a borrower will save, on average, $18,000 in interest charges over the life of the loan.

Because of the interest rate savings created by the secondary mortgage market, more families can buy a nice home and won't need to live in the crime-ridden, broken-down, over-priced neighborhoods that they may have otherwise been forced to endure.

Chapter Ten

Fannie, Freddie, and Ginnie

America's Mortgage Bankers

By the time this book goes to press, just about anybody that has turned on their TV recently will know the names Fannie Mae and Freddie Mac. Ginnie Mae is the government agency that insures FHA mortgages. All three of these organizations provide important secondary mortgage market functions to the real estate industry.

Fannie Mae, Freddie Mac, and Ginnie Mae are the three dominant forces behind the secondary mortgage market, and are responsible for providing liquidity to the housing industry. Wall Street companies like Bear Stearns and Lehman Brothers can come and go, but these "big-three" players need to stick around or our entire real estate industry might come to a screeching halt. If our government were to allow these three important institutions to fail, as some in the liberal media have recently proposed, it would create a cascade failure in the housing industry. That is something our government, hopefully, would never allow, although at the time this book was published, Fannie and Freddie were still nationalized and rumors were flying that the government may not return them to the private sector. Time will tell…

While Fannie Mae and Freddie Mac are private corporations, accountable only to their own directors and shareholders, Ginnie Mae is an actual agency of the U.S. government. Although Ginnie Mae differs from Fannie Mae and Freddie Mac, in that they do not buy mortgages or issue mortgage-backed securities, all three share the same goal of providing liquidity to the mortgage industry so that Americans will be able to buy a home at competitive interest rates and terms. They are the builders of the Great American Dream.

Federal National Mortgage Association (FNMA) aka "Fannie Mae"

Mortgage Consumer Bill of Rights

This Bill of Rights says a consumer has:

- The right to have access to mortgage credit
- The right to the lowest-cost mortgage for which the consumer can qualify
- The right to know the true cost of a mortgage
- The right to be free of regulatory burden
- The right to know what is behind a lender's mortgage decision

FANNIE MAE

Fannie Mae (a.k.a. "Fannie") is the largest mortgage bank in the world. It was organized by Congress in 1938 for the purpose of creating a secondary market to purchase FHA mortgages from lenders. In 1948, they started buying VA home loans guaranteed by the Veterans Administration. In 1954, Fannie Mae was authorized to perform even more secondary mortgage market functions that would dramatically increase the liquidity needed for the burgeoning mortgage investments industry.

In 1968, Fannie Mae was reorganized as a privately owned corporation, which freed them from many government-imposed restrictions and allowed them to become a more competitive force in the mortgage finance industry. It also allowed them to raise mortgage capital by selling stock, discount notes, and debentures to the U.S. Treasury, or to the general public, as they choose, through securities dealers operating in the open market.

Although Fannie Mae had now become a self-directing corporation, they retained many advantages of government sponsorship. A 15-member board of directors administers them. Ten of the directors are elected by their corporate stockholders and five are appointed by the President of the United States. Fannie Mae, along with Freddie Mac and the Federal Reserve banking system, account for the financing of 80% to 90% of all mortgages in the U.S. Fannie Mae and Freddie Mac either own, or are directly responsible for more than $5,500,000,000,000 (5½ trillion dollars) in outstanding home mortgages.

Loan Purchase Program

When Fannie Mae buys a loan from an authorized seller, they do so according to their own underwriting and profitability standards, just as any other private corporation would. They purchase individual mortgage loans at a reasonable rate of return, and since the advent of computer based loan pricing models, a wide variety of discounted prices are available each day.

Today, secondary mortgage market players can offer individual interest rates to lenders at a dozen or more associated prices at par, above par, and below par, as described in the previous chapter.

Standby Mortgage Commitments

Before a lender can sell their loans to Fannie Mae, they must become an approved Seller/Servicer. Next, they must periodically negotiate a loan purchase "standby commitment," which is a contract that specifies the types of loans that Fannie will purchase from them, under what terms, and during what time-period. The standby commitment gives the mortgage seller (the bank or lender) the right, but not the obligation, to deliver loans to the buyer, Fannie Mae. The length of a typical standby commitment will vary from 60 days to 12 months.

When a lender has a group of individual (aka "whole") loans, or a pool of loans ready to be purchased, their commitment will be reduced by the combined dollar face value of the loans being sold. If the lender does not sell enough loans to exhaust their commitment, any unused portion can lapse at the seller's discretion.

Depending on whether interest rates are increasing or decreasing during the term of a standby commitment, the selling lender can utilize a mortgage "repurchase option" which is, in effect, the opposite of a standby commitment. Instead of having the right to sell a loan to Fannie, the lender can pay a fee to obtain the right to repurchase a loan already sold to them, for a period of nine months at the original secondary mortgage market price.

If a lender sold a 6.00% loan to Fannie Mae with a discount price of 1.500 points a month ago, and now interest rates are declining, that loan has a greater value now than it did a month ago. In that event, the lender might elect to repurchase the loan from Fannie and resell it to Freddie for a higher price. This can also be done with a pool of mortgages. This scenario is a common event in the mortgage business and is the reason why the banks and many mortgage companies employ secondary mortgage market traders. Their job is to create profits through the intuitive trading of mortgage financing debt instruments.

An example of terms that might be used in a standby commitment is: a lender might negotiate to sell Fannie Mae 15-year and 30-year fixed rates at 95% loan-to-value (LTV) for customers with a minimum FICO credit score of 680. Another lender, with a larger production volume, might negotiate a similar commitment, but get Fannie to reduce their minimum credit score to 660 if this lender agrees to indemnify them for the top 25% of the loan balance in case of a default within the first 24 months.

Negotiating loan parameters is customary, but subject to the pooling requirements of the associated mortgage-backed securities. If a lender wants to sell a unique type of loan to Fannie Mae, they may have to wait longer to fill their pool if the loan sales are slow, which can affect the sale price of the security.

As you can see, it can become a very complex negotiation and there are a bunch of underwriting and marketing variables that need to be taken into careful consideration. In order to be highly competitive, lenders need to negotiate the best deal they can. If they cannot obtain an acceptable deal on a certain type of loan product from Fannie, they will negotiate terms for that product with the Federal Home Loan Mortgage Corporation – "Freddie Mac," which is described in the next section. If they are able to successfully negotiate more favorable terms for the product with Freddie Mac, they will offer it alongside their Fannie Mae mortgage products.

Almost all lenders offer both Fannie Mae and Freddie Mac loan products in order to be competitive in the marketplace. An example of the importance of a competitive loan purchase commitment in the marketplace might be as follows:

ABC MORTGAGE COMPANY	**XYZ MORTGAGE COMPANY**
30-year Fixed Rate – 97% LTV	30-year Fixed Rate – 95% LTV
Cash-Out Refinance – 90% LTV	Cash-Out Refinance – 75% LTV
Minimum 660 Credit Score	Minimum 680 Credit Score
Today's Rate: 5.625%	Today's Rate: 5.750%
Points: 1.000%	Points: 1.250%

Which of the above loan programs has the most aggressive terms? It would be expected that ABC Mortgage Company had negotiated a more competitive standby commitment from Fannie Mae and as such, they might attract more loan business based on the strength of that commitment.

Free Market System Auction

Although Fannie Mae has vast financial resources to purchase mortgages, those resources are finite. As a result, they need to distribute the funds they make available to lenders in a fair and efficient manner. In 1968, the Fannie Mae Free Market System Auction was introduced. Lenders wishing to sell mortgages to Fannie Mae would be required to submit auction bids for the mortgage funds, which would be used to purchase their loans.

To facilitate fairness in the auction process, and to guarantee that the largest lenders would not dominate the allocation of mortgage funds, Fannie Mae limits the maximum amount that any one lender can secure during any one auction. When a lender wins a certain dollar amount of auctioned funds, Fannie Mae retains those funds for the benefit of the lender in a "warehouse line of credit" for a specific length of time. That length of time will usually correspond to the lender's anticipated delivery date of the pool of mortgages that will be securitized by Fannie Mae.

When a lender wins an auction bid, which they all do, they receive the written standby commitment as previously discussed. The cost to the lender for the commitment fee depends on its length. Longer commitments require higher fees, usually in the 1-2% range.

Automated Underwriting

Fannie Mae was instrumental in creating and implementing one of the nation's first automated mortgage loan underwriting interfaces for lenders. Desktop Underwriter® is now the preferred, and often mandated, loan underwriting method of all lenders.

When you apply for a home loan that will be sold to Fannie Mae, it will be entered into Desktop Underwriter® (DU) to obtain an immediate underwriting response. The *DU Underwriting Findings Report* will give the lender a detailed analysis, including the initial conditions that will be required to close, as well as one of these decisions:

Desktop Underwriter® Decisions

A. **Approve / Eligible**: Based on the data submitted, the loan case file appears to satisfy both DU's credit risk assessment criteria, as well as Fannie Mae's delivery eligibility requirements.

B. **Approve / Ineligible:** Based on the data submitted, the loan case file appears to satisfy DU's credit risk assessment; however, the loan case file does not appear to meet Fannie Mae's delivery eligibility requirements.

C. **Refer / Eligible:** Based on the data submitted to DU, the loan case file does not appear to satisfy DU's credit risk assessment criteria; however, the loan case file appears to meet Fannie Mae's delivery eligibility requirements.

D. **Refer / Ineligible:** Based on the data submitted, the loan case file does not appear to satisfy DU's credit risk assessment criteria and does not appear to meet Fannie Mae's delivery eligibility requirements.

Federal Home Loan Mortgage Corporation (FHLMC) aka "Freddie Mac"

To further expand the role of the secondary mortgage market, Congress enacted the Emergency Home Finance Act of 1970. Not only did this law give Fannie Mae new authority to buy conventional mortgages – those not guaranteed by the government – it brought into existence Freddie Mac. Freddie Mac's role was to provide for the secondary mortgage market demands of hundreds of savings and loan associations, and thrifts that were members of the now extinct Federal Home Loan Bank Board.

After the FHLBB was abolished by the Financial Institutions Reform, Recovery and Enforcement Act of 1989 (FIRREA), Freddie Mac became a public corporation, issued shares of stock, and instantly became Fannie Mae's main competitor. That action must have thrilled Fannie Mae's board of directors, as up until that time they were a virtual mortgage money monopoly.

As a bit of unimportant trivia, the deployment of the FIRREA property disposition machine created a temporary position for the author of this book as a credit analyst, assisting in the auction of hundreds of properties being disposed through foreclosure in Mississippi and Louisiana. Many of those properties were sold, incredibly enough, for less than $100.00.

As one of the two Government Sponsored Enterprises (GSE), the other being Fannie Mae, and under the oversight of HUD, Freddie Mac, for all intent and purposes, serves the same liquidity function as Fannie Mae. During 2007, Freddie Mac purchased 578 billion dollars in mortgages, bringing their total loan portfolio to 1.5 trillion dollars. Even so, they are still much smaller than rival Fannie Mae.

For a borrower, there is no noticeable difference between Fannie and Freddie, particularly since they never know, or care, which GSE winds up buying their mortgage. That is the responsibility of the lender. In most cases, even your loan officer will not be able to tell you the difference between the two. For a savvy borrower who is ready to play "hardball" in order to get the best possible deal, an understanding of Fannie Mae and Freddie Mac will pay dividends on the day you lock in your interest rate.

Chapter Ten – Freddie Mac

When you apply for your mortgage and the loan officer starts talking about their loan programs, watch his or her jaw hit the floor when you ask them: who will my loan be sold to, Fannie or Freddie? Many loan officers will probably say "Fannie who?"

Conforming Loan Limits

"Conforming" (loan parameters that conform to GSE guidelines) loan amounts apply to both Fannie Mae and Freddie Mac loan products. FHA and VA loans have their own set of loan limits. Conforming loan amounts represent the maximum principal balances acceptable for sale to Fannie Mae or Freddie Mac on any loan product.

Any loan amount above the conforming loan limit is called a "non-conforming" loan amount, or a "jumbo" loan, and must be originated using a "non-agency" mortgage product. A non-agency mortgage product is one that is not eligible for sale to Fannie or Freddie, and must therefore be sold to a private mortgage investor.

Ten-Year History of Conforming Loan Limits

Year	1 Unit	2 Units	3 Units	4 Units
2000	252,700	323,400	390,900	485,800
2001	275,000	351,950	425,400	528,700
2002	300,700	384,900	465,200	578,150
2003	322,700	413,100	499,300	620,500
2004	333,700	427,150	516,300	641,650
2005	359,650	460,400	556,500	691,600
2006	417,000	533,850	645,300	801,950
2007	417,000	533,850	645,300	801,950
2008	417,000	533,850	645,300	801,950
2009	417,000	533,850	645,300	802,950

Limits for Alaska, Guam, Hawaii, U.S. Virgin Islands are 50% higher.

These loan limits apply to all occupancy types and property locations. Interest rates for specific occupancy types will vary. A lender cannot sell a loan to Fannie or Freddie that exceeds these limits, no matter what the reason – unless perhaps you are a high-powered politician sitting on the U.S. Senate Committee on Banking, Housing, and Urban Affairs, and you enjoy doing little favors for lobbyists.

If you want a loan of $417,001, you will have to accept a Jumbo loan. And since the GSEs do not securitize loans over their maximum amounts, you'll get an interest rate that is at least 0.50% higher than the conforming rate for the same type of loan program. Jumbo loans are securitized by private sector issuers, but not by Fannie Mae or Freddie Mac, and certainly not Ginnie Mae.

Conforming loan limits are adjusted annually by Fannie Mae and Freddie Mac's regulator – The Office of Federal Housing Enterprise Oversight (OFHEO). The percentage increase or decrease that is applied to the loan limit adjustment is tied to the average home price as reported by the Federal Housing Finance Board (FHFB). The current 2009 loan limits are unchanged from 2006, 2007 and 2008.

Economic Stimulus Loan Limits

Due to the recent mortgage meltdown, the *Economic Stimulus Act of 2008* was enacted during the writing of this book. One of the elements affecting the housing industry was the provision that temporarily increased the conforming loan limits. The law raised the maximum principal amounts used by Fannie Mae, Freddie Mac, and FHA to 175% of the pre-legislation limits. The limits expired December 31st, 2008.

This temporary increase changed the maximum allowable loan amount for a single-family home from the current $417,000 to $729,750. However, that loan limit was not available for all properties in all locations. Actual loan limits were determined by the location of the property, and were based on the median sale price of the Metropolitan Statistical Area (MSA).

This legislation demonstrated the authority that the federal government has to exercise over the GSEs during times of economic distress. It was a shame that the same type of authority couldn't be used to temporarily influence the forces that were causing oil prices to soar at the same time that millions of families were losing their homes due to the mortgage meltdown.

At the time this book was written, most economists agreed that the George Bush economic stimulus plan was a complete failure. They believe that simply throwing money at the problem does not address the underlying cause. After Barack Obama was elected President, he immediately started throwing trillions of dollars at our economic problems in an attempt to fix the problem. His approach was tried previously by other countries in economic turmoil to no avail. Despite arguments by many economists, the printing presses keep stamping out the dollars. Only time will tell if the Southsider's plan will dig us out of this financial abyss.

Automated Loan Underwriting

From a home loan underwriting perspective, there are only subtle differences between Fannie Mae and Freddie Mac, particularly in terms of acceptable loan-to-value considerations, seasoning requirements for mortgage refinances, and some loan purchase eligibility requirements. Like Fannie Mae, Freddie Mac has a proprietary automated underwriting engine – Loan Prospector®.

Although you will probably never see the printed results from a lender's automated underwriting system, your loan officer can use them as a prequalification tool. After you have screened your lenders, you know whom you are going to apply to, and as soon as you know what type of loan will best fit your needs, ask your loan officer to run your application data through Loan Prospector® or Desktop Originator®. The choice is up to them, but it should be based on which GSE will purchase your loan after it closes. If they tell you they can't submit it to their automated underwriting engine before your loan is entirely processed, either they don't know what they are talking about, or they are too lazy to go to the trouble. In that case, you should ask them again – maybe in a louder voice.

The most that Fannie or Freddie would ever charge for a DU or LP response is 25 bucks. And for that price, they can re-run your data, and vary your loan parameters, up to fifteen times. DU and LP are designed to be the ultimate prequalification tool. Any loan officer not using them as the invaluable tool that they are designed to be, is not doing their job.

Government National Mortgage Association (GNMA) aka "Ginnie Mae"

Ginnie Mae opened their doors for business in 1968 and is under the direction of the Department of Housing and Urban Development (HUD). Their mission is to "make affordable housing a reality for millions of low-and moderate-income households across America by channeling global capital into the nation's housing markets."

If you apply for an FHA-insured loan or a VA-guaranteed loan, your mortgage will find its way into a Ginnie Mae mortgage-backed security. Ginnie Mae guarantees FHA and VA mortgage-backed securities (Ginnie Maes), although they do not act as an issuer – they leave that to the private sector. Their mortgage-backed securities program is not only backed by the full faith and credit of the U.S. Government, it has virtually unlimited credit with the U.S. Treasury.

Like the Fannie Mae and Freddie Mac mortgage-backed securities, Ginnie Maes must possess homogeneous interest rates and property types. Also, like the Fannie and Freddie varieties, GNMA pools must be issued with principal balance face values of at least $2 million. However, since Ginnie Mae does not issue these securities themselves, and because they still guarantee the timely payments of the principal and interest cash flows produced, issuers include banks, mortgage companies, credit unions, pension funds, housing finance authorities, and many others.

Since Ginnie Mae does not buy or sell mortgages, or act as an issuer of mortgage-backed securities as does Fannie and Freddie, they do not need to use any risky derivatives as a hedge instrument against risk, or carry any long-term debt. A derivative is a financial instrument that "derives" its value from some other underlying asset and usually carries a higher level of risk.

In the past 35 years, Ginnie has provided mortgage assistance through participating lenders to more than 30 million homeowners. Their mortgage programs help the elderly, urban renewal projects, and even experimental housing developments. Ginnie Mae serves a vital role in providing home financing to borrowers with not so great credit, an inability to save enough money for a large down payment, irregular income, and many other issues that could prevent them from obtaining conventional financing.

Chapter Ten – Ginnie Mae

In an interview with Fox Business News on January 9, 2009, the President of Ginnie Mae, Joseph Murin, stated that his organization, which he referred to as a "utility," was untouched by the economic problems that forced Fannie Mae and Freddie Mac into receivership. He went on to say the volume of mortgages securitized by Ginnie Mae approved issuers had exceeded those of Fannie Mae and Freddie Mac.

Chapter Eleven

Mortgage-Backed Securities

Creating Liquidity for the Mortgage Industry

Mortgage-Backed Securities (MBS) are the fundamental tools of the secondary mortgage market. Without them, there would be no secondary mortgage market as we know it today. They are the primary vehicle used to provide mortgage money to banks and lenders, and the primary way you can finance your home with a competitive interest rate. They provide the liquidity we need to support our housing industry, which drives our national economy. They tend to be a complicated variety of investments, but they serve a vital role in mortgage finance.

When you invest your money in a mortgage-backed security, you are essentially loaning money to someone who wants to buy or refinance a home. An investment in a mortgage-backed security gives the owner a part-interest in the cash flows produced by the mortgage pool. In other words, they get a "piece of the pie." Not only do mortgage-backed securities help homeowners across our nation by providing mortgage money, as an investment vehicle they are, historically, among the safest securities available in the market. That fact has recently become a little questionable because of a number of Wall Street crooks. However, the fact remains that there is no currently acceptable alternative to their use in the secondary mortgage market.

According to The Bond Market Association, the total market value of U.S. Mortgage-Backed Securities was 6.1 trillion dollars at the end of the first quarter in 2006. During the year 2000, the MBS market exceeded the market for U.S. Treasury notes and bonds. These statistics point to the fact that mortgage-backed securities have experienced explosive growth in recent years, and will continue to do so in the future.

The REMIC

The Tax Reform Act of 1986 created the Real Estate Mortgage Investment Conduit (REMIC) to facilitate the creation of liquidity in the secondary mortgage market. Fannie Mae and Freddie Mac, as government sponsored enterprises, and Ginnie Mae as an agency of HUD, are the three "agency" REMICs. In addition to the agency REMICs, corporations, trusts, and especially banks and securities dealers can operate as REMICs.

The explosive growth of REMICs, coupled with weaknesses in regulatory oversight, created frenzy among Wall Street traders like Bear Stearns and Lehman Brothers. These two, and many other REMIC securities traders, could not find enough mortgage pools to satisfy their quench for these investments, so they provided the initiative for lenders like Countrywide and Washington Mutual to invent new types of loans that could be "pooled" into different MBS classes. These investment "classes" can be stripped into tranches, cross-collateralized, and generally transformed into anything that would produce a trader's profit. Somewhere along the line, many of the traders seemed to lose sight of the risk factors involved in their exploitation of their investment products. Check out the $P=\varphi(A,B,\gamma)$ story on page 181 – it's outrageous!

Types of Mortgage-Backed Securities

There is a wide variety of mortgage-backed securities available today, and the list continues to grow. As the list grows, so does the inherent complexity and risk of the product assortment. This section explains the most common types, which are readily available from your favorite stock broker.

Pass-Throughs

Pass-Throughs are mortgage-backed securities that "pass-through" the regular monthly principal and interest payments from the mortgages contained in the security, to the investor. These collateralized debt obligations represent contractual claims to the cash flows produced by pools of residential home mortgages. Each *pass-through* is serviced by the originator, who collects a monthly fee which is usually 0.25% to 0.50% annualized, based on the remaining balance in the pool.

MBS pools must be homogeneous according to their interest rates and property types. One MBS, for example, might contain a pool of 1,000 single-family home loans, all bearing 6.750% interest rates. Adjustable rate home loans are not well suited for mortgage-backed securities because their interest rates change frequently according to unpredictable indices and volatile economic fluctuations.

There are three basic guarantee types for mortgage-backed securities: (1) straight pass-throughs, (2) partially modified pass-throughs, and (3) fully modified pass-throughs. Fannie Mae and Freddie Mac provide their own guarantee structures, while Ginnie Mae guarantees are provided by the U.S. Government, as mentioned earlier.

Straight Pass-Throughs make payments to securities buyers just as they are received from the loan pools, with no adjustments made for late or partial-payments. No guarantees are made regarding the monthly interest cash-flows produced, and if a default by a mortgagor occurs, the owner's cash flow is reduced by an amount equal to the defaulted payment.

Partially Modified Pass-Throughs make guaranteed monthly interest payments to participating owners, regardless of whether the full principal and interest payment was received by the mortgage pool. This type of MBS represents a stronger investment value than the straight pass-through, which offers no guarantee to the investor at all.

Fully Modified Pass-Throughs guarantee both the monthly interest and the principal payments. If all of the mortgagors in the pool default on their loans, the investors are still *paid in full*, or so it promises. This is the strongest form of MBS investment available, and the one preferred by most mortgage investors in today's securities marketplace.

Collateralized Mortgage Obligations (CMO)

CMOs involve the creation of certain types of bonds that offer varying levels of risk and investment yields. Unlike a Pass-Through MBS, which maintains its basic characteristics intact, the CMO type of mortgage-backed security can be carved into different segments, or "tranches," from their *pass-through* counterparts. These carved-out tranches allow the bond issuer to offer investors a variety of maturities, yields, and risk tolerances that are not available with a standard *pass-through*.

Flexibility is the key marketing element associated with a CMO. A buyer's specific investing goals can be more effectively managed with a CMO than other asset-backed securities within this type of MBS class, because of its wide range of diversified features and levels of sophistication.

Stripped Mortgage-Backed Securities

These securities strip the cash-flows out of a standard *pass-through* and issue a new variety of security. The degree to which the *pass-through* is stripped determines the form that the new security takes. With the "PO" (Principal Only) version, an investor receives a cash flow based only on the principal payments, and nothing from the interest payments. As a result, an investor can purchase this type at a significant discount. In addition, if the MBS pool prepays early, the investor can realize a yield higher than one produced by the interest payments over time.

The "IO" (Interest Only) version gives the investor a cash flow only from the interest payments. As a result, the prepayment speed (how fast the loans in the pool are paid off) of the security is an import risk factor for them to consider. These investors want to see large outstanding principal balances in the pool with long maturities. Both types are sensitive to prepayment speeds and therefore sensitive to interest rate changes in the capital markets.

The essential function of the secondary mortgage market is to "pool" mortgages and package them into mortgage-backed securities for sale to the general public in order to produce liquidity for future home mortgage lending. The pooling function can be accomplished either by the lender originating the loans, one of the secondary mortgage market entities, or any of the private sector securities dealers.

This important economic function not only provides the motivation for lending institutions to place home mortgages, it provides all of the underwriting tools that are necessary to approve saleable products for their customers. Making it easy for home lenders to do their jobs is a fantastic motivator. When mortgage lenders know that their loan products are approved for sale before they even close, they have all the encouragement they need to originate every type of mortgage available.

The flow chart on the next page shows the securitization process in action:

The Flow of Mortgage Funds into Mortgage-Backed Securities

Borrower Applies for a Home Mortgage → **The majority of home loans to be securitized are sold to Fannie Mae and Freddie Mac. Other types of mortgages can also be securitized.**

↓

Lender Approves and Closes the Mortgage → **Loans to be securitized by GSEs can be sold into secondary market only by approved Fannie-Freddie Seller/Servicers.**

↓

Lender Sells 1,000 Mortgages to Secondary Mortgage GSE → **1,000 is just an example. Lenders sell as many loans as they need to fill a specific MBS. The number is a function of their loan production.**

↓

Secondary Market GSE Packages the Pool of Loans and Issues the MBS → **A MBS will contain similar loans from a single lender, or a group of lenders, depending on availability and Bond class requirements.**

↓

GSE offers MBS Sales Through Securities Brokers such as Merrill Lynch → **Brokers also sell variations of the basic MBS such as Collateralized Mortgage Obligations CMO and other Real Estate Mortgage Investment products.**

↓

Investors of all types Invest in a Variety of MBS bonds and Receive Fixed Income → **Investors will own an interest in a pool of mortgages that represent the underlying asset for the MBS, and the monthly interest produced is "passed-through" to the them.**

Mortgage-Backed Securities and the Meltdown

Mortgage-backed securities are susceptible to a variety of risks, including credit risk, prepayment risk, and default risk. These forms of risk have been manages without problem for many years, due mainly to the fact that most mortgages have historically used fixed interest rates. When adjustable rates started gaining popularity, those risks were increased. When the subprime market expanded during the 1990s, these risks increased even more.

When Wall Street discovered the profit potentials in the subprime mortgage market, and decided they could sell loan products bearing adjustable rate increases that defied logic, the mortgage market started to melt. The melting process was tempered only by the fact that most of the ugliest loans had not yet experienced their first payment adjustment, or "reset."

Finally, when millions of subprime mortgages starting adjusting, and people soon found out that they could not afford the new payments, the level of default risk hit the ceiling. If you have a couple of trillion dollars invested in mortgage-backed securities that are not receiving any payments, the value of that security implodes to zero. And that is the way default risk stings those who own the securities, like Bear Stearns, Lehman Brothers, and too many others.

Credit Default Swaps

Credit Default Swaps have been identified as one of the leading causes of the recent mortgage meltdown and ensuing economic crisis. In simplest terms, it is an insurance policy, or hedge instrument, that protects the buyer in case of a default of a named investment assets, such as a bond, mortgage-backed security or some other financial instrument. It is a contract between two "counterparties," which can be a person or corporation, or any other entity with the capacity to enter into a binding contract.

The buyer of the CDS makes regular payments to the seller, who assesses the default risk involved and gambles that the investment will not fail. If there is a default, the seller is obligated to pay off the buyer for the contractual value of the investment. Unlike an insurance policy, however, the seller offering the CDS does not have to be regulated, as all insurance companies do. And, therein lies part of the problem.

The growth of the CDS market was outrageous. At the end of 2001, there were about $920 billion in credit default swaps floating around. By the end of 2007, the number had exploded to more than $62 trillion. With this type of monstrous risk exposure, the counterparties must have been asleep at the switch, or in serious denial about the possibility that home prices might decline and decimate the market, which is exactly what happened. Billions of dollars in mortgage-backed securities defaulted and the CDS sellers took a beating. They paid off as much as possible, but in the end, even they defaulted, and as a result, the stock market took a nose-dive. The rest is history.

P=φ(A,B,γ): *The Meltdown Formula*

Would you believe that the mortgage meltdown and economic implosion could have been caused by one skinny little Chinese guy with a bogus mathematical equation? Well, this may fall under the heading *Ripley's Believe It Or Not!*, but a story in the March 2009 edition of *Wired* magazine claims that it is true. Here is an overview of the story – and it will make your jaw hit the floor:

David X. Li was raised in China and became a mathematician with a PhD in statistics. While working as a quantitative analyst (a "quant") at JPMorgan Chase in 2000, Li published a paper entitled "*On Default Correlation: A Copula Function Approach.*" A "copula" is a term used in statistics that merges the behavior of two variables so they can be incorporated into a statistical model as one. The paper proposed a simple way to model default correlation without even using the historical default data of the investment being modeled. In other words, he claimed he had discovered an equation that would accurately predict the default risk of any investment without even knowing anything about its past performance. Ever hear of snake oil? Instead of relying on the past performance of the specific investment to be sold, as statisticians should, he relied exclusively on the market data prices of Credit Default Swaps (CDS).

His formula: P=φ(A,B,γ) gained immediate acceptance on Wall Street and across the globe in short order. Although credit default swaps, as discussed above, were new to Wall Street, they experienced explosive growth, even eclipsing the total market value of the underlying bond asset upon which they were derived. His formula, called the Gaussian Copula Function, played on the greed of investment banks near and far, by way of its claimed ability to accurately predict when <u>any</u> investment would default.

Chapter Eleven – P=φ(A,B,γ): The Meltdown Formula

Wall Street is not afraid of risk, as long as they can price it. And that's exactly what Li's P=φ(A,B,γ) formula claimed to do – show them when an investment will default so they can calculate the loss premium. Understanding the default risk of a CDS is critical to determining the market price. When the risk increases, so does the price of the CDS, and vice versa. Li claimed his equation was 99% accurate, so there was no reason to doubt its ability to predict risk. They were drooling all the way to the bank.

His bogus formula generated billions in profits for investment houses for five years, but then something unexpected happened: subprime mortgage interest rates began to reset and people stopped making their mortgage payments. And, as any expert in cascade failures would expect, banks and mortgage companies started reporting increased delinquency rates, foreclosure filings got crazy, and home values across the country began to fall. These unforeseen variables demonstrated a weakness in the equation – oops! Li's brilliant risk formula had taken into consideration only the historical CDS data that existed solely during a time when home prices were soaring. It did not include any data from a down housing market.

By not taking into consideration the historical CDS data during a time when home prices were falling (because there was no such data), Li's now infamous formula had revealed a little flaw – it didn't work. Even though it was presumably 99% accurate, it was that variable, hidden in the 1% unknown, that killed its ability to accurately predict investment defaults. All of the Wall Street firms that had lauded Li's genius now wanted his head on a platter. Few of their CDS premiums were calculated correctly, few of their default timing indicators were accurate, and a multitude of investors were knocking on their door looking to be paid off. It was the financial "bubble" disaster that had been predicted for years, and now it was here – with a fiery vengeance. The rest of the story is history…

So what about the genius David X. Li? He made a hasty retreat back to China where he's hiding out, probably for fear of his life. He no longer talks to the media, but his current employer states that he no longer does that kind of work. Prior to departing from the public eye, David Li's post-apocalyptic final word regarding his model was: "The most dangerous part is when people believe everything coming out of it." Isn't that like saying: here's a great new drug that will cure 99% of all cancer patients, but if it kills most of them, don't blame me?

Chapter Twelve

Choosing the Right Lender

Be Smart, Be Choosy, and Negotiate Hard

Selecting the right lender to do your home loan is an important aspect in negotiating the terms of your mortgage. If you go down to your local mortgage broker without doing your research, they will have a really easy time taking you for a ride, if they choose to. They may still figure out a way to take you for a ride, but if you do your research first, it will not be easy for them – and it will probably be a short ride. So get ready to play some serious hardball, because your financial security may depend on it.

Playing hardball at this stage of the process is not only easiest, because you have the clear upper hand, you have the most advantage with a loan officer because they do not have your loan yet – and they really want it. You will be able to tell by the look on their greedy little faces that, right now, they are at their most vulnerable.

You owe it to yourself and your family to push them as hard as you can. And when you think you have scored the best deal they can offer, take it to another lender and see if they can improve on it. And when that lender gives you their absolute best deal, take that one to another lender and see if they can beat it. Don't feel that you owe an ounce of loyalty to any of them – because they don't feel they owe any to you. You get the picture…

Don't hesitate to play hardball. There is no downside to making reasonable demands on a lender. Just make your demands with a smile on your face and a resolve not to take "no" for an answer.

The Lender Selection Process

Organizing your research tools to find the best lender is simple – just make a bunch of lists. You can start by making a list of lenders that you want to consider. Include a few banks and national mortgage companies, a couple of local mortgage brokers, and maybe even an Internet lender. Your objective at this point is to isolate your market. The larger the number of lenders included, the greater the likelihood that you will be able to quantify your level of success.

Here are some samples of lists that you might use:

Example Lender List

Lenders – Page One

Lender	Phone	Loan Officer	Contacted
Wells Fargo Wilshire Blvd Los Angeles	204-432-5683	Jimmy Smith	12-14-2008

Notes:

____

____

____

____

Add a few more lenders to each sheet if desired, or give each lender a full page. Paper is cheap…

After you have isolated the lenders you will consider to do your loan, the first thing you need to do is request your Good Faith Estimates. When you call for your loan quotes, you should give the loan officers plenty of lead-time for the preparation of their GFEs – 24 hours is reasonable. Make all of your contacts on the morning of the first day, and tell them to make their quotes using the pricing information effective at noon on the second day.

If you try to call and receive your quotes on the same day, you may cut into the loan officer's lunch break, and it might screw up the timing of your pricing. Remember that it is critical that <u>all</u> of your GFEs are priced within minutes of each other. Feel free to impress upon each loan officer that you are evaluating several quotes and you need them to reflect consistent timing to eliminate possible mid-day price changes.

When you receive the GFEs, log them into a form similar to the one below. You will need to confirm that they were prepared exactly as requested, and that their pricing was incorporated into your GFE at approximately the same time. You do not want to give them an opportunity to scream "foul" based on a mid-day price change, which is a common loan officer sales tactic. Only by demanding that they stick to your rules, will you be able to minimize any game playing that can skew your results. Double-check all the times and dates on the GFEs, and make sure none were completed after a mid-day price change.

Good Faith Estimates Log

Lenders – Page Two

Lender	GFE Requested	GFE Received	GFE Date / Time
Wells Fargo Burbank, CA	12-14-2008	12-16-2008	12-15-08 / 11:44

Notes: ______________________________

____

____

____

Chapter Twelve – Choosing the Right Lender

When you have received all of your loan quotes, open this book to the chapter on *Loan Costs and Disclosure*, and flip to the section on *The Good Faith Estimate* on page 192. Here you will find all of the tools you will need to compare and understand your quotes. This section will show you how to do side-by-side evaluations in order to determine which lenders "appear" to offer you the most favorable loan pricing costs and terms.

Save all of the information that you collect during this evaluation. You will need it all later in the process in order to make certain that you have not been "low-balled," or subjected to any "bait-and-switch" predatory lending practices. When you get ready to "lock" in your interest rate, refer to the *Locking Your Loan* chapter.

It Can Be Like Throwing Darts

Would you like to see first-hand how inconsistent loan pricing can be? If so, call for loan quotes from two or three different branches of the same bank, but located in different towns, in addition to your other choices. Ask them for a quote using exactly the same terms, i.e. "I'd like a Good Faith Estimate on a $400,000, 30-year fixed rate loan at 6.00% with a one point loan origination fee." If they start asking a bunch of pricing questions, make sure that those details are the same for each loan officer's GFE. Keep it simple because you need to compare apples-to-apples.

Do not answer any questions that pertain to loan qualifying – that comes later. If they ask any, tell them to presume that you'll qualify easily. Make sure all of the GFEs are prepared on the same day, within a very close timeframe, to minimize market changes. It might make your task easier if you call each branch to get their loan officers' email addresses, and send the requests online. Make sure they understand that "timing" is of the essence. Follow up each email with a phone call.

Tell each loan officer that you are buying a home with 20% down, you are a salaried employee, and your middle credit score is 735. Would you think that all of the bank's GFEs would be identical? One or two might be very close, but the chances that they will all be identical, are poor to none. If you are refinancing, use the same method. Since you are just looking for the best loan terms at this point, it doesn't matter if you are buying or refinancing. Purchase and refinance base rates are generally about the same, unless you want to withdraw some of your equity.

When You are Ready to Apply

When you are ready to apply for your loan, the loan officer will guide you through a series of steps that will lead to your loan approval. Regardless of the lender you select, the loan origination process will be the same. Your lender needs to check you out thoroughly to ensure that your closed loan will qualify for sale to the secondary mortgage market.

The Initial Interview

At your initial interview with the lender, you will meet the loan officer that will handle your loan. This interview should allow you check out the loan officer, as well as allowing them to check you out. Remember – this interview should be just as much about the loan officer as it is about you.

Plan to spend about 45 minutes to an hour with the loan officer. Loan officers are also referred to as loan consultants, advisors, loan representatives, and other fancy titles used in an attempt to make them seem smarter or more professional than their competition. Ignore any differences in their titles – they are all just loan originators.

Before you let the loan officer take charge of the conversation, ask them some polite questions that will give you an indication of their experience level in mortgage lending. The answers to your questions will confirm whether you should rely on them, as an individual, to handle the confidential and technical aspects of what may be the most important financial decision of your life.

Blame It on the Book

You can bring this book with you to the interview and read the questions directly, if you like. You can preface your questions by telling the loan officer that you are relying heavily on this book for the questions you need to ask, so that you will be sure to get the best deal available. This also alerts the loan officer that they had better play fair with you, or risk losing your loan.

Following are some reasonable questions that you can ask:

A. Do you mind if I ask some questions about you and your company?

This question, which they will certainly agree to if they want your loan business, will break the ice for the rest of your questions. Once they agree to answer your questions, they are fair game. Your intuition will tell you if they try to hide anything with their answers, and alert you to any potential problems. Watch their eyes and their mannerisms for clues that something may be wrong. If you feel they are not being completely honest and forthright, challenge them.

B. How long have you been originating home loans?

If they have been a loan originator for less than a year, you should consider them inexperienced. Of all experience levels, a loan officer with less than one year on the job is the most likely to make a mistake in your loan file. They might accidentally include a piece of information that may not be necessary, and even result in a loan rejection. They could easily overlook a loan program or pricing option that would create a benefit for you, or accidentally, or even intentionally, expose you to a predatory lending practice. Do not fall for the old "we work here as a team" ploy. Loan officers work alone, and if they can't – they get fired.

Although they might talk as though they have been in the business for many years, remember that loan officers like to throw around a stock vocabulary of buzzwords, of which most borrowers are not familiar. Do not be fooled by their surroundings or "professional" demeanor, because last year they may have been selling used cars. You need to ask yourself if you really want to trust this particular person, when there are thousands of more experienced loan officers available and begging for your business.

If your instincts tell you that you can't work with them, you can feel free to make any demands on information or rates that you choose, just before you head for the door. Why not? At that point you have absolutely nothing to lose.

C. How long have you been a loan officer for this company?

If they have only been a loan officer for a year or two, and on their present job for only a short time, you should ask why they left their last job. You don't have to pull any punches with your questions. You have the absolute right to know whom it is that you are dealing with, so ask away. They do not have the right to refuse to answer your questions, and if they misrepresent the truth in any way, they may lose their job.

It should be understood that loan officers occasionally change employers just like everyone else. However, if your loan officer previously worked for a subprime lender, you have a legitimate reason to be concerned. As long as they have been continuously employed as a loan officer for a few years, preferably more, they "might" have an adequate amount of lendingexperience. You need to be comfortable with their ability to handle your loan like a professional, and experience is the best indicator of that ability.

D. Can you give me the names and phone numbers of two or three of your most recent loan customers as references?

This is a question rarely asked of loan officers. But if you think about it, why not ask it? Would you ask a plumber, electrician, or a babysitter for a reference? A loan officer can do something that can affect your pocketbook every month for years to come. What if you wind up sitting in front of a loan officer that takes a half-point YSP on every single loan that he or she originates? Where might that leave you?

Asking this question can be very telling. If the loan officer says "sure – no problem" without reservation, that would tell you he or she is very proud of their on-the-job performance. If they "hem and haw" or give you the old "customer privacy issues" smoke screen, perhaps they've had serious problems in the past that they don't want you to know about.

You don't even necessarily need to obtain the names of the references. Just knowing if they are willing to provide them, or not, can give you a good indication of their ability to make customers happy.

E. In case I have an important question, and you are not immediately available, who is your loan processor and what is their number?

A responsible loan officer will gladly give you this information. If they don't want to give it to you, or seem to beat-around-the-bush, you should seriously consider going to another lender. If the loan processor is located in the same building as the loan officer, which is usually not the case, you can ask for an impromptu personal introduction.

F. Have you ever been disciplined by your company or any regulatory agency for any improper practice used in connection with a mortgage application?

Getting the best deal on a mortgage, while at the same time avoiding any type of predatory lending practice, requires that you ask very tough questions of those that will have access to your personal and confidential financial information. If they refuse to answer, or give you an indignant stare because of the question, ask them if they would prefer that you go to another lender.

Remember: It is all about your family's financial security, not <u>any</u> loan officer's feelings. Loan officers are there to serve you, not the other way around, and it is absolutely a unilateral relationship for your benefit.

Generally, you do not need to bring much paperwork to the initial interview, but you should be prepared to answer a variety of questions regarding your income and credit in order for them to calculate your debt ratios and consider your creditworthiness.

By the end of this interview, you should either be off and running for your new loan, or just running for the door. Go with your instincts. If you are not 100% confident that this lender is right for you, tell them you need to investigate a few more before you make up your mind. This is particularly true if this was the first lender that you interviewed.

Chapter Thirteen

Loan Costs and Disclosures

How to Evaluate the Terms of Your Loan

RESPA, the Real Estate Settlement Procedures Act, is the federal law that provides certain protections for consumers of mortgage credit and is administered by the Department of Housing and Urban Development (HUD). RESPA requires that consumers receive certain disclosures at various times during a credit transaction. These disclosures are intended to give the consumers adequate information regarding the costs and terms of the credit they have applied for. It allows them to compare the loan programs offered by different lenders so that they can make an informed decision regarding the loan they need.

While federal law requires lenders to provide these timely disclosures, it does not require them to sit down with a borrower to explain them, and they never do. If a borrower wants an explanation of any disclosure, they need to ask for it.

Lenders Must Disclose

Section 3500.7 of RESPA states: "(a) Lender to provide. Except as provided in this paragraph (a) or paragraph (f) of this section, the lender shall provide all applicants for a federally related mortgage loan with a **Good Faith Estimate (GFE)** of the amount of, or range of charges for the specific settlement services the borrower is likely to incur in connection with the settlement. The lender shall provide the Good Faith Estimate required under this section either by delivering the Good Faith Estimate, or by placing it in the mail to the loan applicant, not later than three business days after the application is received or prepared."

The Good Faith Estimate (GFE)

Before you request any GFEs, you should understand how to evaluate them. If you were successful in finding a loan officer that will share their wholesale rate sheet information, you can compare their GFE to their wholesale loan pricing. You will also want to compare each of the GFEs to all of the others in order to determine which is most competitive.

When you receive your first Good Faith Estimate, ask your loan officer for a detailed explanation. GFEs will vary in design and content and can be very confusing. For that reason, you will benefit from the following details.

In good economic times, loan officers are typically very busy trying to close their loans in a timely manner. Because your loan officer may not be able to give you a thorough understanding of every line-item cost on the GFE, we are including the following compendium. It will explain it all in detail, as well as showing you where the predatory lenders may be lurking.

Understanding Your

GOOD FAITH ESTIMATE

A key element in evaluating competitive Good Faith Estimates is patients. You should take plenty of time to understand the nature of each line-item charge in order to evaluate their appropriateness when applied to your specific loan. While most charges will be appropriate, some will not. Above all, you will need to study the numbers, just as if you were buying a stock or a bond. It is your money and you are the only one responsible for making the right decision. Your financial security depends on it.

The sample Good Faith Estimate below is the type approved by Fannie Mae, Freddie Mac, Ginnie Mae and just about everybody else. The loan fees and charges listed, also called "settlement costs," cover every known expense associated with a typical home loan. They include points, appraisal fees, credit report fees, escrow charges, inspection fees, title insurance costs, taxes, insurance, surveys, loan processing, and many others.

Page 94 begins a line-by-line explanation of the various charges you will find on your GFE. We have dissected a sample GFE and have explained the individual sections under their appropriate line numbers. Although it is unlikely that any single GFE will contain every line-item charge listed here, we have included them for your reference. If your GFE does reflect every charge listed here, you should probably find a new lender.

To the right of the charges, you will see the abbreviations PFC, S, F, and POC. "PFC" means Prepaid Finance Charge, which are the charges that are included in the APR. "S" refers to the charges that are paid by the Seller. "F" refers to the charges that are allowable for an FHA loan, and "POC" refers to the charges that, while required, were Paid Outside of Closing.

Section 800 – Items Payable In Connection With Loan

GOOD FAITH ESTIMATE

Applicants: **Richard D Felts / Helga A Felts**
Property Addr: **123 Downer Place, Aurora, IL 60506**
Prepared By: **San Juan Mortgage**

Application No: **Richard D Felts**
Date Prepared: **06/30/2008**
Loan Program: **30-Year Fixed Rate**

The information provided below reflects estimates of the charges which you are likely to incur at the settlement of your loan. The fees listed are estimates - actual charges may be more or less. Your transaction may not involve a fee for every item listed. The numbers listed beside the estimates generally correspond to the numbered lines contained in the HUD-1 settlement statement which you will be receiving at settlement. The HUD-1 settlement statement will show you the actual cost for items paid at settlement.

Total Loan Amount $ **400,000** Interest Rate: **6.000** % Term: **360 / 360** mths

800	**ITEMS PAYABLE IN CONNECTION WITH LOAN:**				**PFC**	**S**	**F**	**POC**
801	Loan Origination Fee	Paid To Lender: Your Choice	1.000 %	$ **4,000.00**	✓			
802	Loan Discount	Paid To Lender: Your Choice	1.250 %	**5,000.00**	✓			
803	Appraisal Fee	Paid To Other: The Appraiser		**450.00**				
804	Credit Report	Paid To Other: The Credit Reporter		**25.00**				
805	Lender's Inspection Fee	Paid To Lender: Your Choice		**425.00**	✓			
808	Mortgage Broker Fee	Paid To Broker: ABC Mortgage	1.000 %	**4,000.00**	✓			
809	Tax Related Service Fee	Paid To Lender: Your Choice		**74.00**	✓			
810	Processing Fee	Paid To Lender: Your Choice		**325.00**	✓			
811	Underwriting Fee	Paid To Lender: Your Choice		**450.00**	✓			
812	Wire Transfer Fee	Paid To Lender: Your Choice		**25.00**	✓			
813	Yield Spread Premium	Paid To Lender: Your Choice		**1,875.00**				
814	Courier Service	Paid To Broker: ABC Mortgage		**55.00**	✓			
815	Rate Lock Fee	Paid To Lender: Your Choice		**125.00**	✓			
816	Impound Account Waiver Fee	Paid To Lender: Your Choice		**1,000.00**	✓			
817	Loan Document Preparation	Paid To Lender: Your Choice		**350.00**	✓			
818	Flood Certification Fee	Paid To Lender: Your Choice		**25.00**	✓			

Line 801 – Loan Origination Fee

If your lender originates and funds your loan directly, they will enter their fee on this line. The traditional loan origination fee is 1.00% of the loan amount. Mortgage brokers should not use this line. If they do, then they should not charge a Mortgage Broker Fee. Be careful of double-dippers, and we are definitely not talking about the ones working in your local ice cream parlor.

It is very common for loan officers to pile up the charges in an unethical and often illegal practice called "unbundling." While most borrowers will take issue with one very large charge on their GFE, they will be less likely to challenge several small charges, even if the total of the smaller charges exceed the single large charge. It depends how observant they are, and how much time they spend examining the details.

Pay special attention to the percentage of the loan origination fee, as well as the dollar amount. A 1.00% loan origination fee is typical, presuming that they have not stung you with a Yield Spread Premium, which would be listed, in some cases, on Line 813. If they have listed a YSP, in addition to a 1.00% loan origination fee, they may be ripping you off.

Legitimate Fee Splitting

If you have requested a loan with no loan origination fee, then a 1.00% YSP may be appropriate. In that case, you need to look at their wholesale rate sheet to make sure you aren't being gouged. Depending on your financing needs, you may need to blend a partial loan origination fee with a YSP.

This type of "fee splitting," not to be confused with "unbundling," is a very common and an appropriate lending practice, as long as the dollar amount of your 1.00% loan origination fee is not exceeded by an unethical manipulation of your interest rate. Be very careful and don't be afraid to challenge their pricing methods. One thing is for certain: loan officers need borrowers a lot more than borrowers need loan officers.

See the chapter on *Yield Spread Premiums* for more detail on this critical aspect of mortgage lending. If you don't know how the game is played, you'd better stay on the bench.

Line 802 – Loan Discount

This line-item is used to disclose the wholesale price, or primary lender's *"points,"* which are required to purchase the interest rate chosen for the loan program. It is a one-time fee and the leading source of loan origination pricing manipulation – and the line you should scrutinize. Under many State laws, only the lender advancing the loan funds in a transaction can list a charge on this line. Mortgage brokers charge mortgage broker fees.

Mortgage Brokers and Loan Discount Fees

In many states, mortgage brokers are prohibited from entering a number on this line. If they do enter a charge on this line, and they still do every day, they are subject to sanctions or even suspension or revocation of their license. If you are dealing with a mortgage broker and you receive a GFE that lists a loan discount, you should immediately challenge it. It may be appropriate, as long as it is payable to the "lender," or it may just be an oversight, or they might be subjecting you to an illegal predatory lending practice.

Predatory lenders will inflate a loan discount fee to cover other hidden costs, as well as a Yield Spread Premium. Even though your lender may tell you these loan discount "points" represent the wholesale price of your loan, how will you really know unless you can see their wholesale rate sheet? You won't know – and that's the problem you need to overcome.

Compare Everything

Whenever you evaluate a Good Faith Estimate, you should request a copy of the wholesale rate sheet to verify the accuracy and integrity of their price quote. If the loan officer won't even let you view it in their office, they may be up to no good. With your loan pricing information in hand, you can see how it compares to other lenders who post their data online. The following links provide excellent research tools:

BankRate: http://www.bankrate.com/gookeyword/rate/mtg_ratehome.asp?params=250000,WA,28&product=1&points=6&pType=f&refi=0&pct=0

MSN Money: http://moneycentral.msn.com/loan/loan.aspx

Both of these websites are excellent resources for comparing lender rates. Make sure to compare your GFE pricing with others using the same date. Neither BankRate nor MSN Money has archived rate information online, so to compare apples-to-apples, you should get your GFE early in the day and compare it, or print their web page before they change their rates.

All things being equal, timely, and honest, as your interest rate increases, your loan discount will decrease. Theoretically, an interest rate and fee comparison should be made within one second. Things change fast and if you wait several hours to compare one lender to another, you may not get a true comparison. On the other hand, you need to be aware that predatory loan officers will try to use these abrupt rate changes to obscure the fact that their rates and prices may be higher than those of their competitors. The only thing you can do is try to get the information you need in as tight a window of time as possible.

Line 803 – Appraisal Fee

Every home purchase and refinance requires that an appraisal of value is included in your loan file. The appraiser's fee will vary according to the size of the home, its location, and other variables. Many lenders now use online appraisal services to reduce costs, and speed the time of the report delivery – which can be a good thing.

In most states, lenders cannot charge you more for an appraisal fee than the appraiser or appraisal service charges them. Generally, you can expect to pay $400 to $600 for an appraisal on a site-built 3,000 square foot house, as an example. The amount you will pay depends on local custom. You might pay $400 for your appraisal on a house in Bakersfield, CA, but $800, or more, for the same house in Beverly Hills or Sedona.

Line 804 – Credit Report

Lenders define a *Standard Factual Data Credit Report* as one that includes credit data from the three major credit repositories: Trans Union, Equifax, and Experian. Most individual "stand-alone" credit reports cost $45 - $55, depending on the credit reporter used. Lenders will receive your credit data from all three repositories, which are merged electronically into one report. This type of report is called a "tri-merge" credit report.

If your lender uses an automated mortgage underwriting service, such as Fannie Mae's *Desktop Originator*® or Freddie Mac's *Loan Prospector*®, you may pay as little as $15-$20 for your report. When included as an internal feature of an automated underwriting engine, credit report fees always cost less than those compiled manually.

Line 805 – Lender's Inspection Fee

Periodic inspection fees are charged when you build a home, or buy one under construction. It pays for routine inspections which the lender requires to monitor construction and release funds as work progresses. Although the cost of a single inspection fee varies from lender to lender, you can reasonably expect to pay at least $125.00. In most cases, a lender will hire a local appraiser with construction estimating knowledge to do their inspections.

The lender's inspection is not the same as a *home inspection.* It is one specifically associated with new construction or a remodel. Unless there are structural problems noted on the appraisal, a lender will not require a *home inspection* to be performed as a condition of your loan approval. A *home inspection* is the choice of the homebuyer. The fee for that type of inspection is their responsibility and usually negotiated with a local licensed home inspector.

Line 808 – Mortgage Broker Fee

This one-time fee is charged for the loan origination services rendered by a mortgage broker. It is referred to as a "point," or "points," and is calculated as a percentage of the loan amount. One "point" is equal to 1.00%. It is also referred to in terms of "basis points." One basis point is equal to 1/100 of a percent, so there are 100 basis points in one "point." If you were charged one point (1.00%) on a $250,000 loan, the associated cost would be $2,500.00.

If a mortgage broker charges this fee, there should not be a charge listed on Line 801 - Loan Origination Fee. If there is, you may be getting double-dipped on your loan costs. Refer to the "*Covert Home Loan Pricing Practices EXPOSED*" page on our website for more information on this practice.

When you apply for a loan with a mortgage broker, you should expect to see a Mortgage Broker Fee Disclosure, and be required to sign a Mortgage Loan Origination Agreement. This agreement, established by State law, is required to disclose the nature of your relationship with the mortgage broker, and how they will be compensated for processing and closing your mortgage loan.

Mortgage Broker Fees are Not "Strictly" Limited by Law. Although a mortgage broker may tell you that their 1.00% mortgage broker fee is traditional, customary, or even prescribed by law, it is not. A mortgage broker, like any loan officer in a bank, will try to collect as much as they can possibly get from you. If they can talk you into paying a 5.00% fee, they can take it – legally.

On the other side of the coin, you have the right, and even the obligation, to negotiate the lowest fees you can get. Many mortgage brokers will accept a flat fee of 0.50% to do your loan. If you do your homework and make plenty of phone calls, there is a reasonable likelihood that you will only need to pay a half-point for your loan.

Line 809 – Tax Related Service Fee

Lenders often engage a third-party company to monitor and/or handle the payments of your property tax bills. The Tax Service Fee is a one-time fee set by the lender, and generally costs $50 to $120 to cover the cost of the ongoing service. The purpose of the service is to ensure that your real estate taxes are always paid on time, and to prevent possible tax liens from occurring.

If your taxes are impounded, the Tax Service Agency provides your loan servicer with your tax bills so they can pay your taxes on time. If you pay the taxes yourself, the agency will monitor the tax rolls for the life of your loan, and will inform the lender if they become delinquent.

Line 810 – Processing Fee

Most lenders charge $300 to $600 as a loan processing fee, depending on applicable law, to increase their loan origination compensation. If you cancel your loan in the face of a legally disclosed loan processing fee, they may attempt to collect it from you before they transfer their loan package to your newly selected lender. These loan processing fees are "junk" fees, and the amount that they charge is purely subjective. If you have sharpened your negotiating skills, you should be able to eliminate it. In mortgage lending, just about any charge can be negotiated, to a certain extent.

Line 811 – Underwriting Fee

The wholesale lender, or the lender funding your loan, will charge this fee. Mortgage brokers typically do not close home loans with their own funds, so it would not be appropriate for them to collect this fee in their own name. Most lenders charge between $250 and $650 for their underwriting fee. Many lenders combine their underwriting fee with other fees and call it a Loan Administration Fee. Instead of paying several fees, you may pay $750 to $950 to cover everything. Generally, the big lenders will not negotiate this fee, although you can certainly try to get it lowered, or removed all together.

Line 812 – Wire Transfer Fee

After your loan is approved, and you have signed your closing documents, the lender will fund it. To speed up the closing of your loan, the closing funds are sent from the lender's bank account to the escrow company via an electronic "wire." The wire transfer usually takes a few hours to get to your escrow company – longer on Fridays and toward the end of the month. The receiving account charges a nominal fee, usually between $15 and $50.

Line 813 – Yield Spread Premium

Yield Spread Premiums can burn a giant hole in your pocketbook. Our website is dedicated to the education of our customers regarding the abuses of these rebates. It is the single most controversial form of lender compensation utilized in the loan origination of a mortgage.

If you apply for your loan at a bank, you may not see a reference to a YSP on your Good Faith Estimate or your escrow Settlement Statement (HUD-1). If you apply with a mortgage broker, they are required to disclose it on both. In addition to the YSP information provided on our website, the Internet is loaded with very useful information. If you google "Yield Spread Premium," you will find more information than you can possibly read.

If your loan officer promised you that they would only charge a 1.00% loan origination fee, but you discover a 0.50% YSP listed on your GFE, you are actually paying much more than the 1.00%. Try the following link for a detailed analysis of how they work:

http://www.justhotrates.com/How_20_They_20_Manipulate_20_Costs.html

Line 814 – Courier Service

Your mortgage broker, bank, or lender may send you their loan package using an overnight service such as UPS or FedEx, and most will charge you for it. After your loan is processed, they will send it to their underwriter, also using an overnight courier service. Most will also charge you for that delivery.

Line 815 – Rate-lock Fee

Most lenders do not charge a fee for locking in your interest rate. Some will impose a rate-lock fee on refinances during times when interest rates are experiencing high downward market volatility. Some of these fees may even be non-refundable. A charge for this purpose would be imposed subjectively by the lender, and could cost as much as 1.50% of your loan amount. Generally, it would be imposed only to discourage refinance borrowers from canceling an existing loan to get a lower rate from another lender.

If you are refinancing your primary residence and find yourself in just such a situation, the federal Truth in Lending Act provides a strong safeguard – one that a lender will not voluntarily discuss with you. It is your **Right of Rescission**. If you have entered into a loan agreement with a lender, and possibly even locked-in your interest rate, this law allows you to rescind the transaction and get all of your money refunded. Be aware of the difference between cancelling a loan and rescinding it.

If you want to get out of a loan that has not yet closed, the lender will tell you to just cancel it. Don't do it! If you cancel, the lender has no obligation to refund any of the money that you may have paid to obtain the mortgage. If there is a lower interest rate available from another lender, tell them to "go for it."

Just Let it Close

While the new lender is processing your replacement refinance loan at the lower rate, let the first lender close the one they have. That's right – go ahead and sign your docs and let it close. Then, within three business days of the close, rescind it. Under a rescission, they are required to refund all of your money. Make certain that you give them a written instruction to rescind your loan. You can hand carry it to your escrow officer, or send it certified mail, but it must be done according to the law.

For example, if your mortgage closes and records on Friday, June 1st, and the disclosures and notice of the right to rescind were given on Thursday, May 31st, the rescission period will expire at 12:00 midnight of the third business day after June 1st, which would be Tuesday, June 5th. You must have provided your letter of rescission by that time, or you are too late, in which case you are stuck with the loan.

For more information on this subject, you can google "Right of Rescission."

Line 816 – Impound Account Waiver Fee

Long ago, the Supreme Court ruled that mortgage lenders cannot require mortgagees to use impound accounts for the collection of their property taxes and/or insurance. If you want to be responsible for the payment of your own taxes and insurance, that is your right.

If you opt not to have your payments "impounded" for taxes and insurance, however, your lender has the right to charge you a fee. Most charge 0.25%, so on a $100,000 loan, the fee would be $250.00. The actual amount of the fee for an "impound waiver" is established by individual lenders.

Line 817 – Loan Document Preparation

The lender that prepares your loan closing documents charges this fee. Those closing documents include your final loan disclosures, closing instructions, and all others required to ensure that title to the property passes successfully. The fee depends on the lender and ranges from $150.00 to $350.00. This fee is not the same as the Loan Processing fee, which is charged by the loan originator.

Line 818 – Flood Certification Fee

Lenders need to confirm that the property they are financing does not lie in a flood zone, as defined by FEMA. If your property is subject to a possible flood hazard, the lender will require that you obtain flood insurance in addition to your homeowner's insurance. This fee covers the cost of a report to determine if the property is in a flood-risk area. The Federal Emergency Management Agency (FEMA) designates flood zones to indicate that certain areas have a high risk of flood damage, such as those near lakes and rivers, for example.

Section 1100 – Title Charges

1100	TITLE CHARGES:			PFC	S	F	POC
1101	Closing/Escrow Fee:	Paid To Other: The Escrow Company	$ 266.00	✓			
1105	Document Preparation Fee						
1106	Notary Fees	Paid To Other: The Escrow Company	37.00	✓			
1107	Attorney Fees						
1108	Title Insurance:	Paid To Other: The Escrow Company	698.00	✓			

Line 1101 – Closing or Escrow Fee

Title charges may cover a variety of services performed by title companies, as well as others involved in your transaction. Your particular settlement may not include all of the items below, or may include others not listed. The closing fee is paid to the settlement agent or escrow holder (Title Company). Responsibility for the payment of this fee should be negotiated between the Buyer and the Seller. Consult your escrow officer for information on their escrow service charges.

For complete details on the escrow process and their fees, try this link: Chicago Title: - http://www.chicagotitle.com/DesktopDefault.aspx,

Line 1105 – Document Preparation Fee

This is a fee charged by some title companies to cover their costs for the preparation of certain legal documents, such as a mortgage, deed of trust, note, etc. These documents may have been required, but were not prepared by the lender. Consult your escrow officer for any costs that may be associated with their document preparation services.

Line 1106 – Notary Fees

Notary fees are customarily provided free of charge by the escrow company.

Line 1107 – Attorney's Fees

You may be required to pay for legal services provided to the lender such as an examination of the title binder. Occasionally, the Seller will agree in the sales contract to pay part of this fee. The cost of your attorney and/or the seller's attorney may also appear here. If the lender requires an attorney's involvement, the fee will appear on this part of the form, or on lines 1111, 1112, or 1113. Consult your attorney for a cost estimate.

Line 1108 – Title Insurance

The total of "Lender's Title Insurance" and "Owner's Title Insurance" is shown here. The lender requires a loan policy to insure that their interest in your property is protected from title defects and other risks. Although the premium for this *lender's policy* is usually included in your closing costs, this policy does not protect you, only the lender. Your best protection against the potential title defects that could deprive you of your ownership rights is an owner's title insurance policy, or an *owner's policy*.

For a one-time premium, an owner's policy remains in effect for as long as you or your heirs own the property. When you want to sell or refinance your property, the policy insures against any loss or damage that you might suffer if the new buyer or lender challenges your title as unmarketable. In the event of a claim, the title insurance company will either correct covered title problems, or reimburse you for insured losses, and will defend against any lawsuits attacking the quality of your title.

An owner's policy may save you thousands of dollars in legal costs. Owner's title coverage takes the risk out of acquiring property and gives you the ultimate in peace of mind. Generally, an owner's title insurance policy is less expensive when purchased at the same time, and from the same company, as the lenders title policy.

Section 1200 – Government Recording & Transfer Charges

1200	GOVERNMENT RECORDING & TRANSFER CHARGES:			PFC S F POC
1201	Recording Fees:	Paid To Other: The Escrow Company	$ 25.00	✓
1202	City/County Tax/Stamps:			
1203	State Tax/Stamps:			

Lines 1201-1204 – Recording Fees and Tax Stamps

These fees may be paid by you, by the Seller, or split, depending upon the terms of your sales contract. The Buyer usually pays the fees for recording the new deed and other mortgage documents (line 1201). Transfer taxes, which in some localities are collected whenever property changes hands, or a mortgage loan is made, can be quite large and are set by State and/or local governments. City, county and/or State tax stamps may have to be purchased as well (lines 1202 and 1203.) Usually these costs are shared equally between the Buyer and the Seller, but can be negotiated.

Section 1300 – Additional Settlement Charges

1300	ADDITIONAL SETTLEMENT CHARGES:			PFC S F POC
1302	Pest Inspection	Paid To Other: Bug Catchers	$ (125.00)	✓

There are a variety of settlement charges that might be specific to a lender or their loan programs. If so, they will itemize the charges in this 1300 section. The following charges are examples of the ones you can expect to find here.

Line 1301 – Survey

Your lender may require that a surveyor conduct a property survey if there are any questions raised by the title report. The title report might indicate, for example, multiple easements and rights-of-way surrounding the property. Although very rare, an underwriter may require a survey if they feel their lien priority could be challenged at some time in the future because of a property line dispute.

This is a protection for the Buyer as well as the lender. Usually the Buyer pays the surveyor's fee, but sometimes the Seller may pay it. The price of a survey depends on the location of the property and the number of corners to be located. It is very common for a survey to cost at least $2,500.00.

Line 1302 – Pest and Other Inspections

Generally, an underwriter relies on information contained in the appraisal to indicate the possible need for a pest inspection, if not automatically required by the loan guideline. If your home were a 30-year old wood structure in a wooded area, for example, the underwriter would have reason to believe that termites might be present. If required by the lender, this fee would cover inspections for termites and other pest infestations of the home. Depending on the type of inspection ordered, the cost can run between $100 and $300.

Section 900 – Items Required By Lender To Be Paid In Advance

900	ITEMS REQUIRED BY LENDER TO BE PAID IN ADVANCE:				PFC S F POC
901	Interest	Paid To Lender: Your Choice	for	40 days @ $ 65.7534 / day $ 2,630.14	✓
902	Mtg Ins. Premium				
903	Hazard Ins. Premium	Paid To Other: AAA Insurance		936.00	
904					
905	VA Funding Fee				

Your lender will require the advance payment of certain fees, such as interest, homeowner's insurance premiums, etc., in order to make sure that the property financed is protected. It would be atypical for any mortgage broker to list a charge in this section. If your Good Faith Estimate has a charge here that you do not fully understand, or think it may not be appropriate, you should question it immediately. The following pages itemize the section 900 items.

Line 901 – Interest for _____ days

Because a borrower's first loan payment is not due on the same day that their loan closes, even though the interest starts accruing, there is an interval between the time that interest is owed, and the time the lender starts receiving loan payments. If, for example, the borrower's loan closes on June 3rd and their first regular payment is due July 1st, there are 28 days of unpaid interest that will not be included in the first payment. Since the borrower's regular monthly payment won't include the initial outstanding interest accrued during the interval period, they collect it up-front at closing and hold onto it until the first payment is due. Then they snag it.

To calculate the amount of this interest "impound," subtract the proposed settlement date from the end of the month, times your proposed interest rate divided by 365. Or, you can just ask your escrow officer for the number of days that will elapse between the closing date and the date of your first payment, and multiply it by the "per diem interest" amount. Remember that you owe interest on your loan from the day it closes, not from the day you make your first regular payment.

Line 902 – Mortgage Insurance Premium

If your loan exceeds 80% of the purchase price or value (whichever is lower), the lender may require you to pay for mortgage insurance. You will need to pay your first year's mortgage insurance premium, or a lump sum premium that covers the life of the loan, in advance at settlement. To learn more about Private Mortgage Insurance, go online and google it.

Line 903 – Hazard Insurance Premium

Hazard insurance (homeowner's insurance) protects you and the lender against loss due to fire, windstorm, and other natural hazards. Lenders often require the borrower to bring to settlement, a "paid-up" first year's policy, or to pay for the first year's insurance premium at settlement.

When your lender makes their underwriting requirement for hazard insurance, which is based on the loan amount, it will not include any coverage amounts for the value of the land. As an example: if your loan was for $500,000, and the appraisal valued it at

$500,000 with a land value of $100,000, the lender can only require coverage in an amount of $400,000.00. This is because land, presumably, cannot be destroyed by natural hazards. The lender determines the amount of insurance coverage required, and the selection of the insurance company belongs to the borrower.

Line 904 – Flood Insurance

If the lender requires flood insurance, it will be listed on this line. You can double-check any requirement for flood insurance by examining your property appraisal. On page one of your appraisal under "*SITE,*" there are two boxes next to *FEMA Special Flood Hazard Area*. If your appraisal has a "check" in the "*YES*" box, you will be required to purchase flood insurance.

Even if the lender does not require flood insurance, you should consider having it anyway if your property is close to a flood prone area. Remember the lessons learned from *Hurricane Katrina,* and the resulting legal fiasco that occurred when the cheap insurance companies refused to pay thousands of legitimate claims because they decided much of the damage was caused by flooding, and not wind. There were many homeowners who could not understand their rationale, particularly since their homes had been blown completely away and their lots were now vacant.

Line 905 – VA Funding Fee

If you are a Veteran, or on active duty, the lender requires this fee to offset the cost of the extra paperwork required for VA loans. This cost ranges from 3% to 5% of the new loan amount.

Section 1000 – Reserves Deposited With Lender

1000	RESERVES DEPOSITED WITH LENDER:				PFC S F POC
1001	Hazard Ins. Premium	Paid To Lender: Your Choice	2 mths @ $ 78.00 / mth	$ 156.00	
1002	Mtg Ins. Premium Reserves		mths @ $ / mth		
1003	School Tax		mths @ $ / mth		
1004	Taxes & Assessment Reserves	Paid To Lender: Your Choice	5 mths @ $ 203.00 / mth	1,015.00	
1005	Flood Insurance Reserves		mths @ $ / mth		
			mths @ $ / mth		
			mths @ $ / mth		
			Estimated Prepaid Items/Reserves	4,737.14	
TOTAL ESTIMATED SETTLEMENT CHARGES				16,130.14	

Lines 1001-1004 – Reserves Deposited with Lender

If you are required to "impound," you will need to give 1 to 6 months of your hazard insurance, property taxes and, if required, Mortgage Insurance monthly premiums to the lender at time of settlement. Your Title Company will give you this number, along with all other costs, before you go to settlement.

Total Estimated Settlement Charges

TOTAL ESTIMATED FUNDS NEEDED TO CLOSE:				TOTAL ESTIMATED MONTHLY PAYMENT:	
Purchase Price/Payoff (+)	500,000.00	New First Mortgage(-)		Principal & Interest	2,398.20
Loan Amount (-)	400,000.00	Sub Financing(-)		Other Financing (P & I)	
Est. Closing Costs (+)	11,393.00	New 2nd Mtg Closing Costs(+)		Hazard Insurance	78.00
Est. Prepaid Items/Reserves (+)	4,737.14			Real Estate Taxes	203.00
Amount Paid by Seller (-)				Mortgage Insurance	
Cash Deposit	-35,000.00			Homeowner Assn. Dues	
				Other	
Total Est. Funds needed to close			81,130.14	Total Monthly Payment	2,679.20

These estimates are provided pursuant to the Real Estate Settlement Procedures Act of 1974, as amended (RESPA). Additional information can be found in the HUD Special Information Booklet, which is to be provided to you by your mortgage broker or lender, if your application is to purchase residential real property and the lender will take a first lien on the property. The undersigned acknowledges receipt of the booklet "Settlement Costs," and if applicable the Consumer Handbook on ARM Mortgages.

Applicant **Richard D Felts** Date Applicant **Helga A Felts** Date

Calyx Form - gfe2.frm (09/07)

The above GFE section gives you the bottom line on your settlement charges. In this case, as specified on the "Total Est. Funds needed to close" line, Richard and Helga needed to come up with $81,130.14 to close their loan. That number is an important one, to be sure, but do not let it minimize the importance of the Section 800 charges. The Section 800 itemized charges will show you which lender offers you the best deal. Compare all of those charges side-by-side with each of the other GFEs in order to verify which lender will really give you the best deal. Take your time – it's all about <u>your</u> money.

When you see how much cash you need to close your deal, do not immediately presume that the numbers on your GFE will be the final numbers at closing. Things always change that can affect the cash you will need to get your loan done. If the number presented seems too high, ask your loan officer to go over every single charge, in detail. If they go through the numbers too fast, tell them to slow down. They work for you, and you call-the-shots when it comes to accepting, or rejecting, the totality of the charges.

When you see the total charges on your GFE – it's game time. That will be the time when you must decide if you and your family can afford them. Maybe it's time for a family meeting to evaluate every penny that you will need to spend to do the deal. Don't be shy about telling the loan officer that you do not want to spend that much loot. Tell them what your financial comfort zone is, and let them know that they need to come up with a plan that will fit your needs. If you do not ask them for it, they will not spend a second of their time working on it.

Do not let them push you into something that you're not 100% comfortable with because: interest rates are going up, this is the best we can do for your credit grade, or, I'm afraid the underwriter might not like it, if we make any changes at this time. Do not be fooled by these bogus sales tricks. Take your time and make absolutely certain of what you need, and what you can afford.

You can accept a Good Faith Estimate, with a grain of salt, as long as you do not immediately lock in your interest rate. The loan program you have initially agreed to, the terms, and the length of the loan can change whenever you choose. You can take any Good Faith Estimate and fax it to any other lender that may be able to improve on it. They are not secret, copyrighted, or restricted in any way. When you get a Good Faith Estimate, you own it.

If you receive a Good Faith Estimate that is clearly less competitive than others that you may have received, you can simply toss it in the trash, feed it to your dog, or just for fun call the lender and demand terms that are better than any other you have received. It is perfectly acceptable to play one lender against another. You do not need to make any apologies for trying to obtain the best deal on your mortgage. If the loan officer gets angry and feels hurt – tough luck, sucker.

A New Version of the Good Faith Estimate

During 2008, HUD released the following new version of the GFE. They believe that this modified disclosure will add clarity to a borrower's understanding of their settlement charges, and reduce predatory lending practices.

On the following three pages, you will find the new Good Faith Estimate.

OMB Approval No. 2502-0265

Good Faith Estimate (GFE)

Name of Originator	Borrower
Originator Address	Property Address
Originator Phone Number	
Originator Email	Date of GFE

Purpose

This GFE gives you an estimate of your settlement charges and loan terms if you are approved for this loan. For more information, see HUD's *Special Information Booklet* on settlement charges, your *Truth-in-Lending Disclosures*, and other consumer information at www.hud.gov/respa. If you decide you would like to proceed with this loan, contact us.

Shopping for your loan

Only you can shop for the best loan for you. Compare this GFE with other loan offers, so you can find the best loan. Use the shopping chart on page 3 to compare all the offers you receive.

Important dates

1. The interest rate for this GFE is available through ☐. After this time, the interest rate, some of your loan Origination Charges, and the monthly payment shown below can change until you lock your interest rate.
2. This estimate for all other settlement charges is available through ☐.
3. After you lock your interest rate, you must go to settlement within ☐ days (your rate lock period) to receive the locked interest rate.
4. You must lock the interest rate at least ☐ days before settlement.

Summary of your loan

Your initial loan amount is	$
Your loan term is	years
Your initial interest rate is	%
Your initial monthly amount owed for principal, interest, and any mortgage insurance is	$ per month
Can your interest rate rise?	☐ No ☐ Yes, it can rise to a maximum of %. The first change will be in
Even if you make payments on time, can your loan balance rise?	☐ No ☐ Yes, it can rise to a maximum of $
Even if you make payments on time, can your monthly amount owed for principal, interest, and any mortgage insurance rise?	☐ No ☐ Yes, the first increase can be in and the monthly amount owed can rise to $. The maximum it can ever rise to is $.
Does your loan have a prepayment penalty?	☐ No ☐ Yes, your maximum prepayment penalty is $.
Does your loan have a balloon payment?	☐ No ☐ Yes, you have a balloon payment of $ due in years.

Escrow account information

Some lenders require an escrow account to hold funds for paying property taxes or other property-related charges in addition to your monthly amount owed of $☐.
Do we require you to have an escrow account for your loan?
☐ No, you do not have an escrow account. You must pay these charges directly when due.
☐ Yes, you have an escrow account. It may or may not cover all of these charges. Ask us.

Summary of your settlement charges

A	Your Adjusted Origination Charges *(See page 2.)*	$
B	Your Charges for All Other Settlement Services *(See page 2.)*	$
A + B	Total Estimated Settlement Charges	$

Understanding your estimated settlement charges

Your Adjusted Origination Charges	
1. **Our origination charge** This charge is for getting this loan for you.	
2. **Your credit or charge (points) for the specific interest rate chosen** ☐ The credit or charge for the interest rate of [ ] % is included in "Our origination charge." (See item 1 above.) ☐ You receive a credit of $[ ] for this interest rate of [ ] %. This credit **reduces** your settlement charges. ☐ You pay a charge of $[ ] for this interest rate of [ ] %. This charge (points) **increases** your total settlement charges. The tradeoff table on page 3 shows that you can change your total settlement charges by choosing a different interest rate for this loan.	
A Your Adjusted Origination Charges	$

Some of these charges can change at settlement. See the top of page 3 for more information.

Your Charges for All Other Settlement Services	
3. **Required services that we select** These charges are for services we require to complete your settlement. We will choose the providers of these services. *Service* *Charge*	
4. **Title services and lender's title insurance** This charge includes the services of a title or settlement agent, for example, and title insurance to protect the lender, if required.	
5. **Owner's title insurance** You may purchase an owner's title insurance policy to protect your interest in the property.	
6. **Required services that you can shop for** These charges are for other services that are required to complete your settlement. We can identify providers of these services or you can shop for them yourself. Our estimates for providing these services are below. *Service* *Charge*	
7. **Government recording charges** These charges are for state and local fees to record your loan and title documents.	
8. **Transfer taxes** These charges are for state and local fees on mortgages and home sales.	
9. **Initial deposit for your escrow account** This charge is held in an escrow account to pay future recurring charges on your property and includes ☐ all property taxes, ☐ all insurance, and ☐ other [ ]	
10. **Daily interest charges** This charge is for the daily interest on your loan from the day of your settlement until the first day of the next month or the first day of your normal mortgage payment cycle. This amount is $[ ] per day for [ ] days (if your settlement is [ ]).	
11. **Homeowner's insurance** This charge is for the insurance you must buy for the property to protect from a loss, such as fire. *Policy* *Charge*	
B Your Charges for All Other Settlement Services	$
A + B Total Estimated Settlement Charges	$

Instructions

Understanding which charges can change at settlement

This GFE estimates your settlement charges. At your settlement, you will receive a HUD-1, a form that lists your actual costs. Compare the charges on the HUD-1 with the charges on this GFE. Charges can change if you select your own provider and do not use the companies we identify. (See below for details.)

These charges **cannot increase** at settlement:	The total of these charges **can increase up to 10%** at settlement:	These charges **can change** at settlement:
▪ Our origination charge ▪ Your credit or charge (points) for the specific interest rate chosen *(after you lock in your interest rate)* ▪ Your adjusted origination charges *(after you lock in your interest rate)* ▪ Transfer taxes	▪ Required services that we select ▪ Title services and lender's title insurance *(if we select them or you use companies we identify)* ▪ Owner's title insurance *(if you use companies we identify)* ▪ Required services that you can shop for *(if you use companies we identify)* ▪ Government recording charges	▪ Required services that you can shop for *(if you do not use companies we identify)* ▪ Title services and lender's title insurance *(if you do not use companies we identify)* ▪ Owner's title insurance *(if you do not use companies we identify)* ▪ Initial deposit for your escrow account ▪ Daily interest charges ▪ Homeowner's insurance

Using the tradeoff table

In this GFE, we offered you this loan with a particular interest rate and estimated settlement charges. However:

- If you want to choose this same loan with **lower settlement charges,** then you will have a **higher interest rate.**
- If you want to choose this same loan with a **lower interest rate,** then you will have **higher settlement charges.**

If you would like to choose an available option, you must ask us for a new GFE.

Loan originators have the option to complete this table. Please ask for additional information if the table is not completed.

	The loan in this GFE	The same loan with lower settlement charges	The same loan with a lower interest rate
Your initial loan amount	$	$	$
Your initial interest rate[1]	%	%	%
Your initial monthly amount owed	$	$	$
Change in the monthly amount owed from this GFE	No change	You will pay $ **more** every month	You will pay $ **less** every month
Change in the amount you will pay at settlement with this interest rate	No change	Your settlement charges will be **reduced** by $	Your settlement charges will **increase** by $
How much your total estimated settlement charges will be	$	$	$

[1] *For an adjustable rate loan, the comparisons above are for the initial interest rate before adjustments are made.*

Using the shopping chart

Use this chart to compare GFEs from different loan originators. Fill in the information by using a different column for each GFE you receive. By comparing loan offers, you can shop for the best loan.

	This loan	Loan 2	Loan 3	Loan 4
Loan originator name				
Initial loan amount				
Loan term				
Initial interest rate				
Initial monthly amount owed				
Rate lock period				
Can interest rate rise?				
Can loan balance rise?				
Can monthly amount owed rise?				
Prepayment penalty?				
Balloon payment?				
Total Estimated Settlement Charges				

If your loan is sold in the future

Some lenders may sell your loan after settlement. Any fees lenders receive in the future cannot change the loan you receive or the charges you paid at settlement.

The Truth in Lending Disclosure (TIL)

Understanding Your

Truth in Lending Disclosure

Obtaining a mortgage loan can be a complicated process. It is very important to understand all of the costs and information offered when you are shopping for your new loan. Among the various loan documents you will receive during the mortgage process, will be two financial disclosures required by law – the **Truth in Lending Disclosure** and the **Good Faith Estimate**. These loan disclosures are two of the most important pieces of information that you will receive when you shop, or apply, for your new mortgage.

The **Truth in Lending Disclosure** is designed to give you information about the costs of your loan, so that you can compare them to those of other loan programs or lenders. The basic Truth in Lending Disclosure (TIL) form has four boxes that are of primary concern:

Box A

ANNUAL PERCENT RATE

The cost of your credit as a yearly % rate

Box B

FINANCE CHARGE

The dollar amount that your credit will cost you

Box C

AMOUNT FINANCED

The amount of credit provided to you or on your behalf

Box D

TOTAL PAYMENTS

The total amount of all of your scheduled monthly payments

Box A: <u>Annual Percentage Rate (APR)</u>

The concept of the Annual Percentage Rate (APR) is based on a very complex mathematical formula. That formula, which is used as the basis for the APR calculation, is detailed in the Federal Deposit Insurance Corporation Regulation Z. The APR is a measure of the cost of credit and expressed as a yearly interest rate. The APR allows the borrower to compare the loan programs and costs offered by a variety of home mortgage lenders.

As an example, suppose your "note rate" (the interest rate you negotiated and "locked-in" with your lender) is 7.00%. Your monthly loan payment will be calculated using that exact rate. However, you must take into consideration all of the charges you incurred to get your loan, such as the points, appraisal fee, credit report fee, private mortgage insurance, etc.

The best way to understand these costs, so that you can use the information accurately to compare loans from different lenders, is to express them as a unique percentage rate. So, if your combined loan charges were factored into the APR formula as a separate interest rate over the term of the loan at 0.234%, for example, then your APR would be: 7.00% + 0.234% = 7.234%.

The actual formula used for the calculation of the APR includes the amount being financed, the interest rate, the timing of the payments, and any other prepaid charges that were required as a condition of the mortgage loan. It also includes certain other costs payable by the borrower such as points, loan fees, origination fees, application fees, and insurance, to name a few.

After the appropriate components are combined and factored into the formula, the APR can be determined using one of many online calculators. Because the APR takes into consideration the various fees that are required as part of the loan, the APR is always higher than the actual "effective" rate of interest for the loan.

Keep in mind that the APR is a somewhat presumptuous measurement of the relative cost of the loan transaction because it assumes that an unpaid principal balance will remain outstanding for the entire term of the loan. Most mortgages rarely stay in effect for the full term; they are generally paid-off early.

The APR does not have a bearing on the monthly rate of interest negotiated on any particular loan, but it does take that rate of interest into account. Your loan officer can calculate the APR of various loan programs for you, and can also explain the difference between your interest rate and the APR. If your loan is an FHA ARM, the APR is calculated based on the life cap, not the note rate. If your loan is based on the COSI (or COFI or CODI), the APR is calculated at the current note rate. Please note that your monthly principal and interest payments are calculated at the note rate, and not the APR.

APR versus Note Rate

The APR reported is not the same as the Note Rate. The APR is calculated by adding all of the buyer's costs (even if the seller is paying them, but excluding seller's points) to the original loan amount, and dividing that sum by the term of the loan. The Note Rate is the rate which the regular monthly payments are based on, exclusive of any costs which are paid to obtain the mortgage.

Because the APR expresses the overall costs of the loan as a percentage rate, comparing the APR of a particular mortgage loan with a similar loan is one way to measure the relative costs of the loans. While this is not the only factor to consider when evaluating a mortgage loan, it can be very useful in helping you decide which loan is best, based on the known factors.

Be sure to take into account all of the other information that is provided to you, by your loan officer, including the interest rate and any fees or charges that you may have to pay. Do not forget to ask about their use of Yield Spread Premiums. Just because an APR is lower on one loan, than on another, it does not necessarily mean that the particular mortgage is the best one for you.

Box B: <u>Finance Charge</u>

The Finance Charge is the dollar amount that the credit will cost you, or the amount of interest that a borrower would pay if they made the required minimum payments over the entire term of the loan. That figure is calculated by adding the prepaid finance charge total to the total interest to be collected over the term of the loan (including interim interest), along with the total of any PMI (Private Mortgage Insurance) due for the term of loan.

The charges totaled here include any charge payable directly or indirectly by the consumer, and imposed directly or indirectly by the lender, as an incident to, or as a condition of the extension of the credit. It does not include charges that would occur in a comparable cash transaction.

Because the loan Finance Charge represents a critical element in the calculation of the APR, we are including below the Federal Deposit Insurance Corporation (FDIC) Regulation Z statutory language on the issue. It's dry as dust, but it is the final word if you need it.

§ 226.4 Finance Charge

(A) ***Definition.*** The finance charge is the cost of consumer credit as a dollar amount. It includes any charge payable directly or indirectly by the consumer and imposed directly or indirectly by the creditor as an incident to, or as a condition of the extension of credit. It does not include any charge of a type payable in a comparable cash transaction.

(1) ***Charges by third parties.*** The finance charge includes fees and amounts charged by someone other than the creditor, unless otherwise excluded under this section, if the creditor: (i) requires the use of a third party as a condition of or an incident to the extension of credit, even if the consumer can choose the third party; or (ii) retains a portion of the third-party charge, to the extent of the portion retained.

(2) ***Special rule; closing agent charges.*** Fees charged by a third party that conducts the loan closing (such as a settlement agent, attorney, or escrow or title company) are finance charges only if the creditor:
(i) Requires the particular services for which the consumer is charged; (ii) Requires the imposition of the charge; or (iii) Retains a portion of the third-party charge, to the extent of the portion retained.

(3) ***Special rule; mortgage broker fees.*** Fees charged by a mortgage broker (including fees paid by the consumer directly to the broker or to the creditor for delivery to the broker) are finance charges even if the creditor does not require the consumer to use a mortgage broker and even if the creditor does not retain any portion of the charge.

(B) ***Example of Finance Charge:*** The finance charge includes the following types of charges, except for charges specifically excluded by paragraphs through (e) of this section: {10-31-96 p.6647}

(1) Interest, time price differential, and any amount payable under an add-on or discount system of additional charges.

(2) Service, transaction, activity, and carrying charges, including any charge imposed on a checking or other transaction account to the extent that the charge exceeds the charge for a similar account without a credit feature.

(3) Points, loan fees, assumption fees, finder's fees, and similar charges.

(4) Appraisal, investigation, and credit report fees.

(5) Premiums or other charges for any guarantee or insurance protecting the creditor against the consumer's default or other credit loss.

(6) Charges imposed on a creditor by another person for purchasing or accepting a consumer's obligation, if the consumer is required to pay the charges in cash, as an addition to the obligation, or as a deduction from the proceeds of the obligation.

(7) Premiums or other charges for credit life, accident, health, or loss-of-income insurance, written in connection with a credit transaction.

(8) Premiums or other charges for insurance against loss of or damage to property, or against liability arising out of the ownership or use of property, written in connection with a credit transaction.

(9) Discounts for the purpose of inducing payment by a means other than the use of credit.

(10) Debt cancellation fees. Charges or premiums paid for debt cancellation coverage written in connection with a credit transaction, whether or not the debt cancellation coverage is insurance under applicable law.

(C) ***Charges Excluded From The Finance Charge:*** The following charges are not finance charges:

(1) Application fees charged to all applicants for credit, whether or not credit is actually extended.

(2) Charges for actual unanticipated late payment, for exceeding a credit limit or for delinquency, default, or a similar occurrence.

(3) Charges imposed by a financial institution for paying items that overdraw an account, unless the payment of such items and the imposition of the charge were previously agreed upon in writing.

(4) Fees charged for participation in a credit plan, whether assessed on an annual or other periodic basis.

(5) Seller's points.
(6) Interest forfeited as a result of an interest reduction required by law on a time deposit used as security for an extension of credit.
(7) ***Real-estate related fees.*** The following fees in a transaction secured by real property or in a residential mortgage transaction, if the fees are bona fide and reasonable in amount: (i) Fees for title examination, abstract of title, title insurance, property survey, and similar purposes. (ii) Fees for preparing loan-related documents, such as deeds, mortgages, and reconveyance or settlement documents. (iii) Notary, and credit report fees. (iv) Property appraisal fees or fees for inspections to assess the value or condition of the property if the service is performed prior to closing, including fees related to pest infestation or flood hazard determinations. (v) Amounts required to be paid into escrow or trustee accounts if the amounts would not otherwise be included in the finance charge.
(8) Discounts offered to induce payment for a purchase by cash, check, or other means, as provided in § 167(b) of the act.

Box C: Amount Financed

The Amount Financed is defined under the Federal Deposit Insurance Corporation Regulation Z as the loan amount minus any Prepaid Finance Charges. Your principal and interest payments will be calculated on the loan amount, not the amount financed.

Essentially, to calculate the Amount Financed for the purposes of a mortgage secured by real property, you first subtract all finance charges included in the Note amount, as well as any other charges exempted. As an example, if your loan had a Note amount of $103,500, which includes finance charges of $2,500.00 and a credit report fee of $50.00, your amount financed would be $103,500 – $2,500 – $50.00 = $100,950.00. The credit report fee is exempt from the calculation because the transaction is secured by real property.

Box D: Total Payments

The amount of Total Payments listed in this box are equal to the amount that will have been paid after all of your monthly payments are made. This amount includes the original loan amount, interest (regular and interim), and private mortgage insurance, if applicable.

Additional Disclosures:

In addition to the above four major figures, an *amortization schedule* is usually provided for your future reference. It is a payment schedule that includes the monthly payments you will make on the loan, including principal and interest, and mortgage insurance, if applicable. The amounts for taxes and insurance are not included in these figures.

Below is a list of questions that will help clarify any confusing issues that are associated with this subject:

Why is my Annual Percentage Rate different than the Interest Rate I was initially quoted?

Example Loan

Initial Interest Rate	12.00%
Loan Term	30 Years
Loan Amount	$ 150,000.00
Total Prepaid Charges	$ 3,000.00

The APR is computed using the amount financed, and is based on what your proposed payments will be on the actual loan amount credited to you at settlement. As an example, on a $150,000 loan with $3,000 in Prepaid Finance Charges, a 30-year term and a fixed interest rate of 12%, the payments would be $1,542.92 (principal and interest), since the APR is based on the amount financed of $147,000 while the payments are based on the actual loan amount given as $150,000.00.

Using the regulation's formula, the 12.278% APR is higher than the note rate, which will generally be the case. However, under certain circumstances, your APR can actually be lower that the note rate. For more information on this, refer to the chapter on *Yield Spread Premiums* and learn how your loan is affected when the YSP is paid to the lender, instead of being credited, in whole or in part, to the borrower, as it would be in a perfect world.

Does this mean I will get a smaller loan than the one I applied for?

Nope. If your loan was approved in the amount that you requested, you will receive credit toward your home purchase or refinance for the full amount for which you applied. In the example on the previous page, you would therefore receive a $150,000 loan – not a $147,000 loan.

My Disclosure statement says that if I pay the loan off early, I will not be entitled to a refund of part of the finance charge. What does that mean to me?

It means that you will be charged "per diem" interest for the number of days that you used the loan funds provided by your lender. Your prepaid finance charges are generally not refundable unless you were refinancing, and you decided to exercise your right of rescission. This includes any interest which has already been paid. If you pay the loan off early, you will not be obligated to pay the full amount of the "finance charges" shown on the loan disclosure.

What is the Filing Fee?

The Filing Fee is an estimate of the cost of recording the lender's documents (mortgage, deed of trust, deed, etc.) that make your new mortgage legal and binding. The fee will be collected at the settlement of your loan and reflected on your HUD-1 Settlement Statement.

Estimates

All of the figures used are estimates and subject to change at the time of your loan settlement. Their accuracy depends on several factors, including the type of lender imposing the charges, a change in loan amount that results in a requirement for private mortgage insurance, as well as the final settlement date of your loan closing, which may result in a change to the amount required for impounded interest.

Chapter Fourteen

Locking Your Loan

How, What, and When to Lock Your Interest Rate

When you apply for your mortgage, you will either "float" or "lock" your interest rate. Once you lock in your interest rate, as described in this chapter, your interest rate will not change. For your own benefit, it is important to accept the reality that, in most cases, your loan officer will not give you adequate advice on when to lock in your interest rate, or for how long. You will need to take full responsibility for those decisions yourself, or suffer the potential consequences.

At the time of your application, you will be busy collecting and filling out paperwork, and working on numerous other details. The decision to lock your loan can be easily overlooked amid all of the confusion and turmoil. If you do not lock an interest rate on the day you apply, your rate will float until you decide to lock it in. That means it will increase or decrease every day, or even more than once every day, depending on the volatility in the capital markets at that time.

Preparation is the Key to a Successful Rate-Lock

Before you apply for your mortgage, get all of your ducks in a row. Start by finding a good online source of competitive mortgage rate information. Bankrate.com will give you what you need, as will msn.com (MSN Money). For Bankrate.com, open their website, click on the Mortgage tab, follow the links for either a purchase or refinance loan, select your state, choose the city nearest to you, and you will finally wind up on the page that displays a list of the mortgage lenders for your location.

Each time you use the online information in an evaluation, print the web page and keep it for reference. Save their web page on your home computer or laptop as a favorite. You'll need to refer to it often – even after you lock your rate – particularly when you inspect your settlement statement at closing.

You can also refer to the National Average Mortgage Rates section, but those rates are not always compiled daily, and often include their points, which will skew the data. You will discover that it's best to evaluate only the competitive interest rate information that is fresh daily, just like your gramma's homemade bread.

The E-Valuation Method

With your new website saved as a favorite, you can use a simple method, which we call our E-Valuation Method (EVM), to evaluate a quote for your rate-lock, or any other interest rate quote for that matter. This method allows you to compare your quote to the average online rate/point combinations from a reasonable sampling of mortgage lenders. You can make your comparisons side-by-side to the lenders as a group, one-on-one individually, or in just about any combination you may choose.

Select Your Lender Sample Group

First… Select six or eight of the lowest rates on the list – all with the same date and, preferably, a 30-day rate-lock period. The larger the number selected, the more reliable your results will be. As a statistical consideration, try to avoid including any lenders that are significantly higher or lower than your average results, as they may skew the accuracy of your E-Valuation. Keep them for later, as you may want to give them a look after you have completed your initial evaluation.

As an example, if Bankrate.com posted a dozen rates on some given day in the range of 5.500% to 6.00%, and one straggler at 5.125% from a lender you never heard of, you should probably omit it, unless you can verify its factual authenticity. If you can verify that it is a real deal, grab it. However, if you observe only one or two rates that are significantly better than anything else posted on that day, you should be skeptical. Before accepting any "too good to be true" offers, review the chapters on *Wholesale Loan Pricing*, *Yield Spread Premiums*, and *Predatory Mortgage Lending*.

On the day this page was written, we observed the following rate and point combinations posted online:

E-Valuation Worksheet

Internet Rates and Points **Posted** on: ____________________

Lender	APR %	[1] Total Points %	Interest Rate %	[2] Lock Days
Quicken Loans	5.871	2.000	5.625	30
Bank of America	6.778	1.000	6.625	30
Express Loan	5.594	2.000	5.375	30
Aasent Mortgage	5.617	1.000	5.500	30
AimLoan	5.500	1.945	5.250	30
Wash. Mutual	6.000	1.125	5.875	30
Averages:	**5.893%**	**1.512%**	**5.708%**	

Now, get your lender rate quote numbers ready…

Lender Rates and Points **Quoted** On: ____________________

Lender One	________	________	________	____
Lender Two	________	________	________	____
Lender Three	________	________	________	____

[1] Total Points % = Loan origination fee + discount points

[2] The number of lock days MUST be the same in all cases

Next… Once you have established the average E-Valuation Total Points %, you are ready to start requesting your Good Faith Estimates. To simplify your E-Valuation, ask each lender to give you a GFE for that precise point total, or as close as you can get it. If the average was 1.512%, as in the above table, request GFEs reflecting an interest rate that corresponds to a total of 1.500 points.

Don't worry about the 0.012% difference between the 1.512% average and the 1.500% points that you will request for your GFEs – it's not significant. All lenders can quote an interest rate based on <u>any</u> given point structure. It is all academic, and any loan officer that tells you that they cannot do it, should be summarily eliminated from your E-Valuation.

Finally… Compare the APR, points, and interest rate quoted by the lender you wish to evaluate, to your E-Valuation sample group averages, as in the previous table. If their rate/point combination quote was reasonably close to the 5.893% APR, 1.512% points, and a 5.708% interest rate, for example, it is probably a "market" rate/point combination. However, if their total points were 1.750% or more, compared to the sample group average of 1.512%, you should take your E-Valuation Method numbers to you loan officer and ask why their quote is so much higher.

If, in this case, your points were about the same as the sample group average of 1.512%, but your APR was 6.125% or higher, then it may include a Yield Spread Premium or some other possibly undisclosed charge. They can hide undisclosed loan costs in a mountain of confusing mortgage documents, but you cannot hide them from the APR calculation. Federal law considers the APR to be the most important factor in any evaluation of competitive mortgage interest rates, so you should rely on it with a high degree of confidence.

The E-Valuation Method is more of a down-and-dirty evaluation tool, than a precise statistical model. The purpose of using it, is to determine if the rates and points you were quoted appear reasonable, or at least in the ballpark of current market rates. If they are, you are not only doing pretty good, you may not need to worry about being ripped off – and that's the name of the game.

The E-Valuation Method cannot tell you, with 100% accuracy, if you are getting the best deal on your loan or not, because there are too many variables to be considered. However, presuming you have qualified for the best conventional financing terms offered by your lender, you can make a reasonable assessment by considering the following questions:

A. Is the rate/point combination and APR offered by this lender for your rate-lock generally competitive with similar loans offered by other local and/or national lenders, including those online?

B. Is the rate/point combination and APR offered by this lender for your rate-lock comparable to the one quoted on your original, or updated, Good Faith Estimate and Truth in Lending Disclosure?

C. Is the rate/point combination offered by this lender reasonable for your income level and credit score?

When You "Lock" Your Loan

This is it – you're on the two-yard line and it's fourth-down. All you need to do is mount your strongest defense for one more play, and you can win the game. Your loan officer is standing in your end zone with a smirk on his face. He's thinking: can I spring the old YSP trap-play on this sucker, or will they be too smart for me, and check my final interest rate quote on the internet? Should I go for it, or not?

When you believe that it is time to lock in your rate, you need to double-check your loan pricing. Before you authorize the rate-lock, you should get the wholesale rate sheet and examine it carefully. If you cannot obtain the wholesale rates, you should talk them into letting you peek at it in their office. Once your rate is locked-in, there is no turning back, no mulligans, and no do-overs. You got what you got!

Although some lenders will allow a one-time renegotiation of a rate-lock, most will not, so confirm in advance of registering your rate-lock that your lender does, or does not offer one – or don't count on it. If they do offer it, you may be able to be a little more aggressive in your negotiations, just be smart and careful.

Watch Out For "Low-Ball" Tactics

In this section, we are going to show you a little known method that can be used to avoid "low-ball" tactics. Low-ball and bait and switch tactics involve a specific chronology. When they are employed in mortgage lending, the chronology begins with the Good Faith Estimate. A loan officer is free to give you a low-ball interest rate quote because there is no legally required audit procedure that would verify that the terms offered are actually available at the time of the quote. Although they are completely ***ILLEGAL***, low-balls are still pitched every day.

When a loan officer prepares a GFE, they do not have to send a copy of it to the Department of Housing and Urban Development (HUD) and include a copy of their wholesale rate sheet to prove that it is an honest quote. In most cases, even the lenders themselves do not monitor the GFEs that their loan officers are handing out.

Basically, loan officers are on their own when it comes to the interest rates and points quoted in a GFE, even though they are governed by state and federal laws. They can easily justify the use of erroneous numbers by using time-tested forms of lip service such as: I prepared your GFE before I knew your credit was so bad; your GFE was based on a loan program that has changed; I thought you would qualify for our best rate, but now you won't, bla..., bla..., bla. Who is to say that it was accidental or intentional? If you do not recognize it and take steps do something about it, nobody else will. The only thing you can do, is stop it before it happens.

Although lenders will never acknowledge that they would use low-ball or bait and switch sales tactics, the "shoot from the hip" way in which loan officers routinely quote rates keeps that door wide open. It doesn't matter if a low-ball or bait and switch tactic is used intentionally, by accident, or by a loan officer that recently had a lobotomy, it's still fraud.

Few lenders take the time to fully educate their loan officers on the laws that affect the way they prepare their Good Faith Estimates. Most lenders take a "see no evil, hear no evil, speak no evil" attitude, and ignore the "do no evil."

Loan Pricing "Bait and Switch" Tactics

Beware of loan officer **"bait and switch"** tactics. When a lender throws you a low-ball quote, it is the first step in a "bait and switch" scheme. According to most state laws, a low-ball rate is an interest rate that a lender cannot deliver to a borrower, at the promised discount fee, on the day the interest rate was quoted.

Example: If a lender is competing for your loan, they might quote you the same rate quoted by a competitor, but at a lower discount fee. You tell them that Intergalactic Financial has offered you a 30-year fixed rate at 5.750% for a 1.00% discount fee and that is the best deal you have seen, so far.

Next, you call AmeriCrook Mortgage and their loan officer quotes you the same 5.750%, but tells you that their discount fee will be only 0.500%. That is a big savings for any borrower, and one that would probably convince them to apply for a loan with them. The loan officer might even sweeten the deal by making offers of a free appraisal or "we can close in only ten days."

Unscrupulous lenders believe they can get your loan with a low-ball quote, as long as they do not have to lock in your rate for a while, because they know four things that are common to most loan shoppers:

1. After a borrower applies for a loan with a particular lender, they usually stop shopping around for the best rate or terms.

2. After loan processing begins, most loan shoppers stop paying attention to changes in the mortgage markets and interest rate patterns.

3. Borrowers have short memories. Differences between the discount fees offered for particular rates, by specific lenders, are very soon forgotten.

4. Borrowers do not know how to catch a lender in the act of using an illegal low-ball interest rate quote to attract their loan business.

The 0.500% discount fee offered by AmeriCrook can easily turn into a 1.500% discount fee later by blowing smoke about interest rate volatility, your credit score, a recent change in a loan guideline, or a "take it – or leave it" attitude, now that they have your loan. So – **BEWARE!**

Lock Your Rate Conservatively

Do not let your loan officer make you "penny-wise and pound-foolish." If your loan is not 100% approved with all of your "prior-to-docs" underwriting conditions satisfied and "signed-off," you should never lock your rate for less than 30 days. Too many loan officers will lock a borrower's interest rate with multiple conditions still outstanding. Then, if it takes longer than anticipated to get their underwriter to sign-off on the conditions – and the rate-lock expires, who pays the price? Certainly not the loan officer – all they'll give you is lip service.

A close examination of any rate sheet will reveal that a 30-day rate-lock for a given interest rate costs only a little more than a 15-day rate-lock. You should consider the payment of such a small difference an insurance policy that will protect you from a sudden spike in interest rates.

For the 5.875% interest rate below, the difference, as a cost, between a 15-day rate-lock and the 30-day lock is only 0.876% – 0.813% = 0.063%. On a $350,000 loan, that added cost would be only $350,000 × 0.063% = $220.50. Compare that small one-time cost to the possible increase in your monthly payment caused by the higher rate you could get stuck with, if your 15-day rate-lock expired, and the 220 bucks becomes insignificant.

Example Rate-locks and Fees

Rate	15 Days	30 Days	45 Days	60 Days
5.875	**0.813**	**0.876**	1.001	1.126
6.000	0.285	0.347	0.472	0.597
6.125	(0.205)	(0.142)	(0.017)	0.108
6.250	(0.726)	(0.664)	(0.539)	(0.414)

When you research interest rates, you might also consider how the price of a rate-lock compares between the lenders you are considering. Ask them right up front, before you even pick your rate, what the costs are for a 30-day, 45-day, and 60-day lock.

The Rate-Lock Registration Form

With the current wholesale rate sheet, or other proof-positive documentation in hand, you can request a copy of your rate-lock confirmation form from the loan officer. If you were unable to verify the wholesale rate/point facts, you won't be able to easily detect, or challenge, any pricing abuses that would otherwise jump out at you on the lock form. The rate-lock confirmation form lists all pertinent rate and discount fee information, including the dreaded Yield Spread Premium.

A sample of a rate-lock confirmation form appears on the following page.

Jesse James Mortgage Company

Loan Registration and Rate Lock Confirmation

Regional Office: Aurora, IL	Fax Number: (312)896-1189
Account Executive: Tom McCabe	Fax Number: (312)896-8194
Borrower's Name(s): Richard Ritenour	Loan Number: R8921496
Property Address: 123 Downer Place	City: Aurora, IL 60506
Loan Amount: $400,000.00	Purchase Price: $500,000.00
Loan Program: 30-year Fixed	LTV: 80%
Interest Rate: **6.000%**	Total Price: **1.250%**
Lock Option: **30 Days**	YSP: **0.000**
ARM Start Rate:	ARM Note Rate:
ARM Margin:	Total YSP:
Date Locked: **07/12/2008**	Expiration Date: **08/11/2008**
Time Locked: 11:54 AM CST	Locked By: Jesse James

If the information provided to Jesse James to price this loan is incorrect or changes for any reason, Jesse James reserves the right to reprice this loan.

With the actual rate-lock confirmation form, completed by the wholesale lender or secondary mortgage marketing department, and the wholesale rate sheet used by the loan officer to lock your rate, you're ready to compare the numbers and the details.

A. Confirm that the interest rate agreed to verbally with your loan officer is the exact rate that was locked-in.

B. Confirm that the discount cost or rebate locked-in is the same as the one quoted on your original or updated Good Faith Estimate. Although your final interest rate may have increased or decreased, your loan officer should honor the point structure as originally offered and accepted. As an example of how rates may change, for the better or the worse based on market changes, here's the scoop:

Market Status	GFE Rate	GFE Points	Final Rate	Final Points
No change	6.000%	1.250%	6.000%	1.250%
Better	6.000%	1.250%	5.750%	1.250%
Worse	6.000%	1.250%	6.250%	1.250%

In other words: If interest rates got **Better** (lower) after you received your initial Good Faith Estimate, you should have been offered a better market rate for the exact same points (or as close as possible according to the rate sheet). Just because interest rates may have increased, it does not mean that a loan officer's commission should also increase, although that is what many loan officers would like to believe.

If interest rates got **Worse** (higher) after you received your original Good Faith Estimate, your loan officer should inform you of that fact right away to curtail any further damage caused by an interest rate market "goin-south."

C. Confirm any **Yield Spread Premiums** that were applied to your loan. If you requested a zero-point, or reduced-point loan, make sure that the YSP applied is the exact percentage that you requested. If it is not, request an explanation from your loan officer.

If you did not request any specific YSP discount percentage, but agreed to accept one sufficient to cover certain loan costs specified to the loan officer, do the math to make sure there was nothing left over after your loan costs were paid. If the YSP number reflects a cash equivalence amount in excess of your loan costs, ask for an explanation. Even an extra (0.125%) YSP can jack- up your interest rate and cost you a bundle down the road.

D. Confirm that the number of days your rate was locked-in for is the same as that which you agreed to, and that it is long enough to get your closing documents drawn, signed, and your loan funded before the lock expires. Be skeptical of any suggestion that you lock your rate for anything less than thirty days.

There are two types of underwriting conditions that will affect the length of any rate-lock. Make sure you understand which type pertains to your loan, and what the likelihood is for any possible rate-lock expiration.

(1) "Prior to Docs" conditions must be satisfied before the lender will prepare your closing documents, and **(2) "Prior to Funding"** conditions will allow your documents to be prepared and you can sign them, but the lender will not send your loan funds until they have been satisfied. Your loan officer should explain these conditions to you in detail, and determine which rate-lock period will be needed to ensure that there will be no lock expiration problems.

Remember: There is no logical reason to accept a 12-day or 15-day lock when you consider how inexpensive a 30-day lock is, as well as the fact that a slightly longer rate-lock period can act as a cost-efficient hedge against higher interest rates. If your lock expires, the new rate locked will be the lower of the current market rate, or the rate that just expired.

E. Confirm that your rate was locked on the exact date that it was supposed to be locked. Also, make sure that it was locked within a reasonable length of time after you directed the loan officer to lock it. Most lenders include the time of a rate-lock on their confirmation form.

Beware of **"the lock desk was closed"** game. This is a very dangerous game, also known as "playing the market," and one that a predatory loan officer will play in order to increase their loan commission.

Example: Let's say that it is Tuesday afternoon at 4:00 and you want your rate locked-in. You tell your loan officer to "git 'er locked" and he agrees. Your rate will be 6.00% and your discount fee will be 0.00% (you chose their par rate). In this scenario, the loan officer knows something that you don't – interest rates are falling, and falling fast.

At 4:15, as the borrower's par discount fee for their 6.00% rate has already turned into a (0.375%) rebate, the loan officer is faced with an ethical dilemma. Should he immediately lock-in the borrower's rate, as promised, and pass on the newly rebated pricing, should he lock-in now and keep the (0.375%) rebate for himself and let the borrower have the previously quoted par price, or should he "let it ride" until the following morning when interest rates might be even lower? Let's see: eeny, meeny, miny, moolah …?

The loan officer's thoughts of getting a bonus on this loan, equal to the down payment needed to buy his new "Beemer" gets the better of him. The following morning when the new rates come out, the borrower's 6.00% loan now offers a (2.625%) YSP rebate.

BINGO! It looks like somebody hit the jackpot. The question is: who gets the benefit of the lower pricing – you or the loan officer. If you never catch on to the game he played, all is great for the lender, but not for you. If you discover what the loan officer did, and challenge it, they could say: well, the lender's phone was busy, and when I finally got through, the operator told me that ***the lock desk was closed***. This lame and overused excuse works even better when rates go the wrong way and the loan officer has to explain why the borrower's loan costs had suddenly skyrocketed because he was, in fact, playing the market.

Remember: If the loan officer decided to keep it all, as long as the proper disclosures were provided at the time of your application, the (2.625%) gain would be considered a perfectly legal "secondary marketing gain." Legal – yes, but only you can decide if it is fair and ethical, and an acceptable way to treat a trusting customer.

Before You Lock an ARM Rate

Adjustable rate mortgages are more susceptible to predatory lending abuses than fixed rate mortgages because there are more variables that can confuse a borrower, and more that can be manipulated. It is within a framework of increased variables that a crooked loan officer can take advantage of a borrower's lack of mortgage knowledge. As a result, you need to take more time evaluating the terms of an ARM loan in order to ensure that you are getting a fair deal.

If you have applied for an Adjustable Rate Mortgage (ARM), confirm the **Start Rate**, **Index,** and **Margin**. Each of these variables can be manipulated, as shown in the tables below, in order to create a Yield Spread Premium for the lender. It is critical that you evaluate the Adjustable Rate Mortgage Disclosure that was provided for you when you applied for your loan, and you need to scrutinize its content. It will be a little complicated, for sure, but you need to understand it thoroughly so that you do not wind up with a payment, in a few years, that will break your piggy bank.

The following tables show the type of ARM pricing options available to loan officers that can drive up your loan costs and monthly payments.

Start Rate Pricing Options

Rate %	Price %
3.500	1.750
3.750	1.000
4.000	0.000
4.250	(1.000)
4.500	(1.750)

Margin Rebate Options

Margin %	Add-On %
2.250	0.000
2.500	(1.000)
4.000	(1.500)
4.250	(1.750)
4.500	(2.000)

As both tables above illustrate, when the ARM start rates and margins are increased, a Yield Spread Premium can be generated. It is for that reason that you need to verify that neither has changed for the worse since your original loan quote. If either, or both, have decreased, that's just great, as long as you reap the rewards and not the loan officer.

Adjustable Rates are Complicated and Sometimes Dangerous

After you confirm that your Start Rate, Index, and Margin are exactly the same as those originally quoted or agreed to, pay particular attention to the following example sections, and use them as a reference to compare your own ARM terms to the terms you were promised. We suggest that you evaluate your ARM terms using the Adjustable Rate Mortgage Payment Planner that we have provided for your convenience on Page 236.

The Fine Print "Payment" Section in an ARM Disclosure

> **PAYMENT.** Subject to any payment changes resulting from changes in the Index, I will pay this loan in accordance with the following payment schedule: **(A) 12 monthly consecutive principal and interest payments** in the initial amount of $3,659.08 each, beginning May 2, 2004, with interest calculated on the unpaid principal balances at an initial discounted interest rate of 4.750% per annum; **(B) 36 monthly consecutive principal and interest payments** in the initial amount of $4,192.28 each, beginning May 2, 2005, with interest calculated on the unpaid principal balances at an interest rate of 6.000% per annum;and **(C) 312 monthly consecutive principal and interest payments** in the initial amount of $4,192.28 each, beginning May 2, 2008, with interest calculated on the unpaid principal balances at an interest rate based on the weekly average yield on United States Treasury Securities, adjusted to a constant maturity of three years as published each week by the Federal Reserve Board, plus a margin of 2.500%, adjusted if necessary for the minimum and maximum rate limitations for this loan, resulting in an initial interest rate of 6.000%.

Simplified Fine Print "Payment" Section

The above example terms are from a $700,000 Three-Year Adjustable Rate Mortgage with a 4.750% Start Rate, a 2.500% Margin, and based on the Three Year Treasury Bill index. It has three payment legs: The first leg has 12 monthly payments, the second leg has 36 monthly payments, and the third leg has 312 monthly payments, adjusted every 36 months, as described below.

<u>From the above ARM Disclosure:</u>

PAYMENT (A), The First Leg: Subject to any payment changes resulting from the Index, I will pay this loan in accordance with the following payment schedule: **12 consecutive principal and interest payments** in the initial amount of $3,659.08 each, beginning May 2, 2004, with interest calculated on the unpaid principal balances at an **initial discounted interest rate of 4.750% per annum…** (continued on next page)…

Explanation: This loan has a 4.750 start rate (a.k.a. "teaser rate") for the first 12 months of the loan

Confirmation Needed: Make sure your start rate is exactly the same as the one that you agreed to accept.

PAYMENT (B), The Second Leg: 36 monthly consecutive principal and interest payments in the initial amount of $4,192.28 each, beginning May 2, 2005, with interest calculated on the unpaid principal balances at an **interest rate of 6.00% per annum…**

Explanation: The monthly payment adjusts in the 13th month of the loan and is then fixed for the next 36 months at a payment based on a 6.00% interest rate.

Confirmation Needed: Make sure that they method used to adjust your payments is the same as the one quoted, and the one you agreed to accept.

PAYMENT (C), The Third Leg: 312 monthly consecutive principal and interest payments in the initial amount of $4,192.28 each, and beginning May 2, 2008, with interest calculated on the unpaid principal balances at an interest rate based on the weekly average yield on United States Treasury Securities, adjusted to a constant maturity of three years as published each week by the Federal Reserve Board…

Explanation: Now, in the 49th month of the loan (the beginning of the third and final leg), the monthly payment changes again for another three years. This leg, instead of being fixed at the 6.00% "the minimum Note rate," the interest rate is calculated by: **INDEX + MARGIN = INTEREST RATE**.

Confirmation Needed: Make sure that the frequency of payment adjustments matches the frequencies quoted originally, and contained in your Adjustable Rate Mortgage Disclosure. If you find any discrepancies, call your loan officer immediately for an explanation.

Double-Check Everything! Your pocketbook depends on it…

It's Just Too Darn Complicated

If the above description is too difficult to understand, or if you think you may have <u>any</u> amount of difficulty controlling your personal income because of the uncertainty associated with the way your future payments will change, <u>get a fixed rate</u>.

Adjustable Rate Mortgage Planner

Ask your loan officer to provide you with a Loan Amortization Schedule specific to the terms of your loan. You should also go online and print the historical index data for whichever index is used for your loan. Since the amortization schedule for an ARM will only be able to estimate your future monthly payments, you will need to adjust your planner when your payment is within 60 days of an adjustment.

<u>Plan Ahead:</u> Use the Adjustable Rate Mortgage Disclosure provided by your loan officer to complete this planner **<u>before</u>** you accept any ARM loan.

ADJUSTABLE RATE MORTGAGE PAYMENT PLANNER

Scheduled First Payment: ____________ Scheduled Last Payment: ____________

Index Name: ________________________________ Margin: ____________ %

INDEX + MARGIN = INTEREST RATE %

Total Monthly Payment $ = Principal + Interest + Taxes + Insurance

☺= Actual Payment **Est. = Estimated Payment**

Mo. Pmt. #	% Index Used	% Margin	Monthly Prin & Int $	Monthly Taxes $	Monthly Ins. $	Total Monthly Payment $
1 – 12						
13 – 24						
25 – 36						
Etc…						

As this form is a little "busy," you may find it easier to let your loan officer do all of the calculations and enter all of the results. That's what they are getting paid for. Remember that your payments require an amortization calculator.

Budget Your Income: With the future estimated payments knowledge you will have gained from your planner, compare your anticipated "worst-case" monthly payment scenarios to the amount of future disposable income available for your mortgage payments. Will you have enough income to cover the payments without making sacrifices? Homeownership should not be about sacrifices – it should be about fun, kids, picnics, and gardens.

If your evaluation of the loan proposed by the lender has the "potential" of disrupting your future financial stability, find a different loan – or maybe a different lender. You do not have to accept the "expert" opinion of any loan officer at face value. Get angry, make some noise, and challenge their opinions. If your gut tells you that there is any reasonable chance that you might get into trouble with the loan they have suggested, tell them to "try again" until they can suggest one that you won't have to worry about – ever.

Rate-Lock Expirations Cost Money

If your rate-lock expires, you will probably need to take a higher rate, which will increase your monthly loan payment as well as the total amount of interest that you will pay. If you do everything that a competent loan officer tells you to do, from the time your interest rate is locked, there should be no problems. If you are not able to comply with the timing issues that are critical to closing your loan before your rate-lock expires, however, things may get really ugly – really fast. One example of the type of SNAFU that can make everyone crazy, trying to close your loan, is:

Show Me The Money…

The borrower has a sales job that requires him to travel extensively around the world, and he is always difficult to contact. After finally getting his loan approved, and the docs ready to draw, on his mortgage, the loan officer locked in his rate on a 30-day rate-lock term. Considering the fact that all of his approval conditions had been signed-off on, and all he had to do was cough up the loot he needed for his down payment and closing costs, a 30-day lock "should" have been plenty long enough.

The day that the escrow officer received his docs, he came in and signed everything as requested. During the signing, both the loan officer and the escrow officer stressed how important it was that he get all of his closing funds in, no later than the next day. He said that since he was leaving the country the following day on a sales trip abroad, his wife would bring in the money – no problem! Yup, famous last words!

The following day, the wife called the loan officer to let him know that their funds to close had been requested from their stockbroker, and should be available right away. The loan officer reminded her that the funds needed to be in their escrow account by 4:00 that day to avoid any problems, even though their rate-lock still had a full week before it expired. Once again, the loan officer hears "no problem!"

Well, their closing funds then went into the "twilight zone" because the escrow officer never got them in time to preserve their rate-lock, and they had to accept a higher interest rate. Plus, they even had to take a different loan program because the new higher interest rate caused their debt ratios to shoot past the maximum allowed under the original loan guidelines. Now it's really ugly, and even though the sharp loan officer was able to get it closed, there were lots of hard feelings.

The moral of the story is this: when your loan officer and/or escrow officer tells you when to do something – just do it! If you care about the success of your loan closing and don't want to take a chance on screwing up your deal, you should not presume that you can ignore their advise, and do things according to your own schedule.

Chapter Fifteen

Closing Your Loan

The Final Step on Your Path to Homeownership

Get ready to close! You are almost done, but there is one more important step in the loan process – the Close of Escrow. Once you have signed all of your closing documents, you fly past any rescission period, and then everything gets recorded, you are done. You can't go back to renegotiate anything. This is your absolute last chance to fix anything, and to protect yourself from any predatory lending surprises, or human errors, that may have slipped through the cracks and are waiting to bite you.

You need to take your time examining every little detail, and refuse to be rushed by anyone. You will soon discover that your escrow officer will try to slam-dunk your closing because they have no liability in the content of the lender's documents. Too many borrowers believe that the escrow officer has a special responsibility to verify all of the mortgage elements that you are about to accept. They are wrong – it's all up to you.

In preparation for the signing of your loan closing documents, you should consider the following:

A. Make a final check of competitive interest rates using Bankrate, MSN Money, or any other, and compare them to the ones that will appear in your loan closing documents. Don't be too concerned if the current market rates are a little better than the ones you have locked-in. If your rate is 6.00%, and your loan discount was 0.500%, it may not be worth the trouble and risk to switch lenders to get a 6.125% rate with a 0.750% discount.

On the other hand, if you could get a 5.750% rate at a 0.125% discount locked-in immediately with another lender on a large loan amount, you might want to make some noise with your current lender about possibly renegotiating your rate, or talk about transferring your loan package. It all depends how much you'll save.

B. Get your reference tools together. These tools include your original Good Faith Estimate, Truth in Lending Disclosure, Lock Registration Form, and anything else that will help with the evaluation of your final loan terms.

C. As soon as your escrow officer receives your document package from the lender, tell them you want to inspect the following ones <u>before</u> you make your signing appointment:

1. The HUD-1 Settlement Statement
2. The Final Lender Truth in Lending Disclosure (TIL)
3. The Mortgage Note or Adjustable Rate Note
4. The Deed of Trust
5. Your First Payment Letter
6. Any other lender specific documents that your escrow officer believes will be of benefit to your pre-signing document inspection

Make sure that they provide you only with <u>copies</u> of the documents, so that the original set will not become disorganized, and because you will probably be making a lot of notations on them.

D. Evaluate your documents using the following tips:

Examining Your Closing Documents

Clear off the kitchen table, turn down the TV, and give yourself plenty of time for the final examination of your loan documents – because it is really important. Pile up the document copies provided by your trusty escrow officer in the order of those shown on the previous page, and put on your Sherlock Holmes hat. Start with your HUD-1 Settlement Statement and you might as well do what everyone else does, drop down to Line 303 and see how much cash you need to come up with to close your deal. Now, if you're still conscious, proceed to the next page.

We do not recommend that you review these documents in the escrow office "only" during your signing appointment. If you do so, your time will be rushed, and you will not be able to fully scrutinize each of the closing documents. We recommend that you review them in the comfort of your own home "first," and then in the presence of your escrow officer. Doing it this way will better prepare you for the final signing, and equip you with a number of questions that you probably would not have been otherwise able to think of.

Although there are many elements that need to be confirmed during your closing, these tips involve only those that involve your mortgage terms.

Your Settlement Statement – The "HUD"

Regardless of the lender or the escrow company chosen to handle your loan transaction, they are required by federal law to provide you with the following standardized settlement statement, commonly referred to as the "HUD" (for the Department of Housing and Urban Development). RESPA (Real Estate Settlement Procedures Act), which is administered and enforced by HUD, requires the use of this form with any federally related mortgage loan.

The form used by escrow companies is the HUD-1 Settlement Statement. Although most escrow officers will give you as much time as you need to review your HUD before your transaction must close, RESPA's Section 3500.10 requires that they give you one full day before settlement. Try to get plenty of time.

Examine Page One of the HUD

The HUD represents the final accounting of the funds involved in your real estate transaction. It includes all of the funds required in connection with the terms of your purchase contract, the funds provided by your lender, the prorated property taxes, insurance, special assessments, homeowner's association dues, and all others.

Because it is the final settlement statement and reflects all of your costs and credits, you need to take a sufficient amount of time to examine every line on each page. If you have any questions whatsoever, do not let them slide – drag your escrow officer in by her hair, if need be, and get an explanation.

The HUD-1 Settlement Statement
Page One

OMB NO. 2502-0265

A. U.S. DEPARTMENT OF HOUSING & URBAN DEVELOPMENT **SETTLEMENT STATEMENT**	B. T OF LOAN: 1. ☐ FHA 2. ☐ FmHA 3. ☒ CONV. UNINS. 4. ☐ VA 5. ☐ CONV. INS. 6. FILE NUMBER: 7. LOAN NUMBER: 8. MORTGAGE INS CASE NUMBER:

C. NOTE: *This form is furnished to give you a statement of actual settlement costs. Amounts paid to and by the settlement agent are shown. Items marked "[POC]" were paid outside the closing; they are shown here for informational purposes and are not included in the totals.*
1.0 3/98 (0108-02.PFD/0108-02/125)

D. NAME AND ADDRESS OF BORROWER:	E. NAME AND ADDRESS OF SELLER:	F. NAME AND ADDRESS OF LENDER:
G. PROPERTY LOCATION:	H. SETTLEMENT AGENT: 75-3061331 PLACE OF SETTLEMENT	I. SETTLEMENT DATE:

J. SUMMARY OF BORROWER'S TRANSACTION				
100. GROSS AMOUNT DUE FROM BORROWER:				
101. Contract Sales Price				950,000.00
102. Personal Property				
103. Settlement Charges to Borrower (Line 1400)				24,267.84
104.				
105.				
Adjustments For Items Paid By Seller in advance				
106. County Taxes	04/19/08	to	01/01/09	2,026.23
107. March ES Sewer Fee	04/19/08	to	04/01/09	41.62
108. April ES Sewer Fee	04/19/08	to	05/01/08	19.00
109.				
110.				
111.				
112.				
120. GROSS AMOUNT DUE FROM BORROWER				976,354.69
200. AMOUNTS PAID BY OR IN BEHALF OF BORROWER:				
201. Deposit or earnest money				50,000.00
202. Principal Amount of New Loan(s)				617,500.00
203. Existing loan(s) taken subject to				
204.				
205.				
206.				
207.				
208.				
209.				
Adjustments For Items Unpaid By Seller				
210. County Taxes		to		
211. March ES Sewer Fee		to		
212. April ES Sewer Fee		to		
213.				
214.				
215.				
216.				
217.				
218.				
219.				
220. TOTAL PAID BY/FOR BORROWER				667,500.00
300. CASH AT SETTLEMENT FROM/TO BORROWER:				
301. Gross Amount Due From Borrower (Line 120)				976,354.69
302. Less Amount Paid By/For Borrower (Line 220)				(667,500.00)
303. CASH (X FROM) (TO) BORROWER				308,854.69

FINAL COPY

K. SUMMARY OF SELLER'S TRANSACTION				
400. GROSS AMOUNT DUE TO SELLER:				
401. Contract Sales Price				950,000.00
402. Personal Property				
403.				
404.				
405.				
Adjustments For Items Paid By Seller in advance				
406. County Taxes		to		
407. March ES Sewer Fee		to		
408. April ES Sewer Fee		to		
409.				
410.				
411.				
412.				
420. GROSS AMOUNT DUE TO SELLER				950,000.00
500. REDUCTIONS IN AMOUNT DUE TO SELLER:				
501. Excess Deposit (See Instructions)				
502. Settlement Charges to Seller (Line 1400)				17,789.20
503. Existing loan(s) taken subject to				
504. Payoff First Mortgage				94,392.45
505. Payoff Second Mortgage				
506.				
507. (Deposit disb. as proceeds)				
508.				
509.				
Adjustments For Items Unpaid By Seller				
510. County Taxes	01/01/08	to	04/19/08	859.37
511. March ES Sewer Fee	03/01/08	to	04/19/08	5.88
512. April ES Sewer Fee	04/01/08	to	04/19/08	28.50
513.				
514.				
515.				
516.				
517.				
518.				
519.				
520. TOTAL REDUCTION AMOUNT DUE SELLER				113,075.40
600. CASH AT SETTLEMENT TO/FROM SELLER:				
601. Gross Amount Due To Seller (Line 420)				950,000.00
602. Less Reductions Due Seller (Line 520)				(113,075.40)
603. CASH (X TO) (FROM) SELLER				836,924.60

The undersigned hereby acknowledge receipt of a completed copy of pages 1&2 of this statement & any attachments referred to herein.

Part J. - Summary of Borrower's Transaction

This section pertains only to the borrower's loan costs and credits, such as their down payment, new loan amount, and taxes.

Line 101 – Contract Sales Price

Verify that the sales price listed on this line is identical to the one that you agreed to on your real estate purchase contract.

Line 102 – Personal Property

If your HUD has a number listed on this line, you had better think twice about leaving it there. The value of personal property, over a certain amount, cannot be included in the appraised value of a home. As a result, most underwriters will reduce the amount of the appraisal by the value of any "listed" personal property, and recalculate your loan amount based on the revised appraised value. The recalculated loan amount will be lower than the one you thought you would get.

Line 103 – Settlement Charges to Borrower (Line 1400)

After you have confirmed the correctness of the information listed on page two of your HUD, check this Line 103 to make sure that it has the same amount that is listed on Line 1400, on page two. This line is the total of all the charges that you have incurred in connection with your loan. Before you sign-off on the accuracy of your HUD, you will need to scrutinize each of the "Paid From Borrower's Funds At Settlement" lines. Do not be afraid to question each, and every, line.

Recheck your original or revised Good Faith Estimate to confirm that the amounts provided at that time, in Section 1000 – Total Estimated Settlement Charges – are very close to those listed on Line103. If there is a large significant difference, you need to investigate the reason. Federal law requires any mortgage lender to redisclose loan costs if there is an increase of more than $100.00 from any previous Good Faith Estimate. If there is a decrease in the costs, no additional loan disclosure is required.

Lines 106 - 112 – Adjustments For Items Paid By Seller in Advance

Ask your escrow officer to explain all of the items listed in this section, and confirm that your agreement to the adjustments is verified by your purchase contract.

Line 120 – Gross Amount Due From Borrower

Verify individually, and add together lines 101 through 112. That exact total should be listed on this line.

Line 201 – Deposit or Earnest Money

Verify that every penny you deposited toward your purchase has been accounted for. It is very common for buyers to make more than one deposit, so make certain that your escrow officer has not missed any.

Line 202 – Principal Amount of New Loan(s)

Verify that the loan amount you requested in listed correctly on this line.

Line 203 – Existing Loan(s) Taken Subject To

If you are purchasing your home and are taking the property "subject to" an existing mortgage, it means that you will get the deed, but you will not assume the current owner's loan and, for whatever reason, it will not be paid off. That loan will stay in the name of the original owner, but you will take control of the property and make the payments on their loan. This practice is called "wrapping" the existing mortgage, and if your mortgage is a conventional type, your lender will be unhappy about it.

This issue creates potential problems because of the "due-on-sale" clause, which is a part of every conventional loan agreement. If you intend to buy a home and take the property "subject to," you should understand all of the problems before you allow it to close. If you have applied for a new "first" mortgage to buy the home, the prior owner's loan will remain in "first" position on title, unless they complete a subordination agreement. That agreement, which would certainly be sent to your lender by the escrow officer, will torpedo your new loan in a heartbeat.

Line 220 – Total Paid By/For Borrower

This line includes your down payment, the principal amount of your new loan, and any credits received from the Seller or other parties, including any seller carry-back amounts.

Line 301 – Gross Amount Due From Borrower (Line 120)

This line needs to agree with Line 120 above. If it does not, your settlement statement will not balance.

Line 302 – Less Amount Paid By/For Borrower (Line 220)

This Line 302 must be the same as Line 220.

Line 303 – Cash (From) or (To) Borrower

This line specifies the amount of additional cash the borrower needs to come up with in order to close the transaction, or the amount of their refund. It is calculated by subtracting Line 220 from Line 120. It should coincide with the Total Estimated Funds Needed To Close line on the bottom of your original or updated Good Faith Estimate. If there is a significant difference, you should verify it. If you cannot determine the difference yourself, call your loan officer and have them explain it to you.

Part K. - Summary of Seller's Transaction

You will probably find it helpful to contact your escrow officer, while you are at home examining your documents, to confirm the amounts listed in this section. It includes all of the amounts that will be paid by, or to the Seller. Are the charges listed on page two of the HUD, under the column "Paid From Seller's Funds At Settlement," accurate? Are they the amounts you agreed to? If any do not look correct, review your purchase contract. In the case of a refinance, this column would be blank.

Line 401 – Contract Sales Price

This line should be the same as the amount listed on Line 101, and agree with the final terms of your real estate purchase contract.

Line 420 – Gross Amount Due To Seller

This amount is the base amount due to them, and will be reduced by the amounts listed below in Section 500.

Line 502 – Settlement Charges To Seller (Line 1400)

The amount shown on this line should be the same as the amount listed on the "Paid From Seller's Funds At Settlement" column of Line 1400.

Line 504 – Payoff First Mortgage

This line does not affect the borrower's proceeds. It is only for the Seller's information. If the number on this line is incorrect, it will be corrected.

Lines 510 - 519 – Adjustments For Items Unpaid By Seller

This section itemizes additional costs, some prorated, which are the responsibility of the Seller. You should ask your escrow officer to verify that they are correct, and they agree with the terms of your purchase contract.

Line 520 – Total Reduction Amount Due Seller

The amount listed on this line is calculated by adding together all of the line-items in Section 500.

Line 603 – Cash (To) or (From) Seller

This line-item lists the net amount payable to the Seller, or that which will be collected from the Seller in connection with the closing of the transaction. It is calculated by subtracting Line 520 from Line 601.

The HUD-1 Settlement Statement

Page Two

Page 2

L. SETTLEMENT CHARGES

	Paid from Borrower's Funds at Settlement	Paid from Seller's Funds at Settlement
700. TOTAL COMMISSION Based on Price $ @ %		
Division of Commission (line 700) as Follows:		
701. $ to		
702. $ to		
703. Commission Paid at Settlement		
704. to		
800. ITEMS PAYABLE IN CONNECTION WITH LOAN		
801. Loan Origination Fee 0.4000 % to	2,470.00	
802. Loan Discount % to		
803. Appraisal Fee to POC $550.00b		
804. Lender's Inspection Fee to	467.00	
805. Tax Service Fee to	84.00	
806. Flood Determination Fee to	9.00	
807. Flood Certification to	5.00	
808. Administration Fee to	450.00	
809. Doc Re-Draw to	200.00	
810		
811. Broker Fee to San Juan Mortgage	6,175.00	
900. ITEMS REQUIRED BY LENDER TO BE PAID IN ADVANCE		
901. Interest From 04/18/08 to 05/01/08 @ $ 118.420000/day (13 days %)	1,539.46	
902. Mortgage Insurance Premium for months to		
903. Hazard Insurance Premium for 1.0 years to Enterprises, LLC	837.41	
904.		
905.		
1000. RESERVES DEPOSITED WITH LENDER		
1001. Hazard Insurance 4.000 months @ $ 69.79 per month	279.16	
1002. Mortgage Insurance months @ $ per month		
1003. County Taxes months @ $ per month		
1004. March ES Sewer Fee 3.000 months @ $ 253.21 per month	759.63	
1005. April ES Sewer Fee months @ $ per month		
1006. months @ $ per month		
1007. months @ $ per month		
1008. Aggregate Adjustment months @ $ per month	-69.96	
1100. TITLE CHARGES		
1101. Escrow Fees to Title Company	675.00	675.00
1102. Sales Tax on Escrow Fees to Title Company	51.98	51.98
1103. Title Examination to		
1104. Title Insurance Binder to		
1105. Document Preparation to		
1106. Notary Fees to		
1107. Attorney's Fees to		
(includes above item numbers:)		
1108. Title Insurance to Pacific Northwest Title	619.00	2,295.00
(includes above item numbers:)		
1109. Lender's Coverage $ 617,500.00 601.00		
1110. Owner's Coverage $ 950,000.00 2,295.00		
1111. Sales Tax on Title Insurance to Title Company	47.66	176.72
1112.		
1113.		
1200. GOVERNMENT RECORDING AND TRANSFER CHARGES		
1201. Recording Fees: Deed $ 46.00; Mortgage $ 108.00; Releases $	131.00	23.00
1202. City/County Tax/Stamps: Deed ; Mortgage	2.50	2.50
1203. State Tax/Stamps: San Juan County 9,500.00; Land Bank	9,500.00	
1204. Local Excise Tax to San Juan County Treasurer		2,375.00
1205. State Excise Tax to San Juan County Treasurer		12,160.00
1300. ADDITIONAL SETTLEMENT CHARGES		
1301. Survey to		
1302. Pest Inspection to		
1303. Courier Fees for Loan Pkg. to Title Company	35.00	
1304. Wire Fee for Mtg. Payoff to		15.00
1305. Wire Fee to Return Funds to Title Company		15.00
1400. TOTAL SETTLEMENT CHARGES (Enter on Lines 103, Section J and 502, Section K)	24,267.84	17,789.20

FINAL COPY

By signing page 1 of this statement, the signatories acknowledge receipt of a completed copy of page 2 of this two page statement.

Examine Page Two of the HUD

Line 703 – Commission Paid at Settlement

If you purchased a home and you are responsible for the payment of a real estate commission, verify the amount on this line. Were you responsible for the entire amount? Does the dollar amount listed correspond to the correct sales commission percentage? Paying a real estate commission that is higher than the one you agreed to can negatively affect your mortgage amount. Paying an extra $10,000 to a realtor in error could reduce your effective loan amount.

Line 801 – Loan Origination Fee

This line is critical. Check your original and/or revised Good Faith Estimates, and your Registration and Rate-lock form to verify the accuracy of this amount. If your loan was originated by a mortgage broker, they should not include any amounts on this line that would be payable to them directly.

Under most State laws, mortgage brokers must list their loan origination fee as a "mortgage broker fee" on Line 811, as was done in this case. Line 801 is to be used only for amounts payable to the lender advancing the funds to close your loan. In this case, even though the escrow officer listed it on the wrong line, the lender charged a 0.400% discount fee for the rate selected. The 0.400% should have been listed on Line 802. You always gotta keep your eyes on 'em.

Line 802 – Loan Discount

This line reflects the unique amount that you pay to obtain a specific interest rate for your mortgage. If you agreed to a 6.00% rate, for example, your discount fee might be 1.00%. If, on the same day, you could get a 6.125% loan, perhaps your discount would be 0.750%. In either case, the discount fee percentage, and its corresponding dollar amount, will appear on this line. The lender should not combine any other fees here, nor should any mortgage broker claim a discount for this line, unless they will advance the funds to close the loan using their own resources. Make sure you don't overlook this line – it is one of the most commonly abused by mortgage brokers.

Recheck your original and/or revised GFE to confirm that this fee was your agreed upon loan discount fee. If the discount fee listed on this line differs with the one you agreed to, you should challenge it. You need to be certain that the loan officer has not changed any of the loan terms without your knowledge or permission. If they did – shame on them. If they did, and you let them get away with it – shame on you.

Line 803 – Appraisal Fee

Although your lender has the responsibility for ordering your appraisal, you have to pay for it. You also have the right to receive a copy of it, so tell your loan officer you want your copy as soon as it is complete. When you receive it, confirm how much the appraiser charged, and compare it to the amount listed on this line. Your lender is obligated to charge you only the amount they paid for it – and nothing extra.

Line 804 – Lender's Inspection Fee

In this escrow, the lender's underwriter required a review of the original appraisal. The appraiser performing this particular review charged $467.00. Appraisal reviews are common, particularly in uncertain economic times, and you can neither effectively fight the requirement or the amount charged. If you object to the charge for any reason, you should request a copy of the invoice in order to verify that all you are paying is the actual amount charged by the appraiser.

Lines 805 - 808 – Lender's Fees

These fees are charged by the lender and are common to most mortgage loans. Most of the charges are comparable in cost and are seldom the source of predatory lending.

Line 809 – Doc Re-Draw

This fee is charged if your rate-lock expires before your loan funds. When you sign your docs, you need to be aware of their individual expiration dates, and have all of your money in your escrow account before then. In this particular case, the borrower was unable to secure the funds needed to close before her lock expired, resulting in a new interest rate, lock period, and of course a new set of closing documents. This New Yorker was not happy.

Line 810 – Yield Spread Premium

If your loan was originated by a mortgage broker, they are required by law to list any Yield Spread Premium that was paid to them by the lender making your loan. If your HUD reflects a YSP in this section, and you are also being charged a loan origination fee, you may be getting ripped off.

Recheck your GFE and the Registration and Rate-lock form that you obtained, and confirm the information. If you are paying both, you need to find out why, because there is probably not any good reason for it. Do not sign anything until you have an acceptable explanation from your loan officer.

For more information on this critical subject, refer to the chapters on *Retail Loan Pricing* and *Yield Spread Premiums.*

Line 811 – Broker Fee

✓ If your loan was originated by a mortgage broker, as this one was, their fee should be listed here. A traditional and reasonable fee is 1.00%, presuming they are not also taking a YSP. If they are taking a YSP, their 1.00% mortgage broker fee should be reduced by that amount. Don't let them gouge you. Stand your ground and think of your family.

You will notice by an inspection of page two of this HUD, that this mortgage broker did not impose any other charges or fees for their loan origination activities. That is the way a WLO should conduct their business – a flat rate fee. It is certainly fair to the lender, and even more importantly, it is fair to the borrower. Hurray! Let's hear it for San Juan Mortgage…

Line 901 – Interest From …

Line 901, in this loan, required that 13 days of property taxes were impounded to cover the period from the close of escrow until the date of the first payment on the loan – in this case May 1st. The $118.4200 per diem (per day) amount was calculated by dividing their annual property tax amount by 365. Nothing on this line represents a fee to the lender.

The amount you will pay here depends on how many days elapse between the close of your escrow and your first payment. If needed, you can request a "short" first payment date (a "short-pay"), which can help minimize your cash requirements at closing. Most lenders will allow no less than a two-week window for this optional first payment date.

If you elect this option, make sure you know the exact amount of the first payment, your precise loan number, and the address where the payment is to be mailed. Hopefully, your loan servicer will have had enough time to set up your account and get into their system before your first payments arrives.

Line 902 – Mortgage Insurance Premium For …

If your loan exceeded 80.00% loan-to-value, you will probably be paying a mortgage insurance premium. If so, the monthly amount of the premium, and the number of required months to be impounded, will appear on this line. Mortgage insurance premiums can be pricy, and loan officers rarely quote them correctly or have the ability to explain them. If you were not adequately informed about this payment, contact your loan officer right away.

Line 903 – Hazard Insurance Premium For …

This line reflects the impound amount for your homeowner's insurance payment. Most lenders will require that your policy is *paid in full* for the entire first year following the inception of your mortgage. Double-check the amount. If there is a discrepancy between the amount listed here and the actual amount, fax a copy of the annual payment statement to your loan officer. They should be able to correct the mistake without affecting your closing documents.

Section 1000 – Reserves Deposited With Lender

If you have elected to have the payments for your property taxes and homeowner's insurance included in your mortgage payment (a PITI payment), your lender will impound a certain number of monthly payments according to their own guidelines. You are not required to use an impound account, although you may be charged a fee in the event that you decline it. The fee is typically 0.250% of your loan balance, and it will be listed on a section 800 line as an "Impound Waiver Fee," when applicable.

The funds will be placed in your impound account to assure the lender that there will be adequate funds available to make the payments as they become due. This section will itemize the amounts that will be required at closing.

If the amount of your taxes and/or insurance changes, you will need to increase or decrease the amount held in your escrow account to compensate for the difference. It should be noted that lenders are prevented by federal law from earning any interest on the funds that you have deposited with them for this purpose. They are also required to mail you an annual accounting of your impound account.

Line 1001 – Hazard Insurance

In this particular case, the lender required that four months of homeowner's insurance was to be impounded. The amount required will vary from lender to lender, but it is usually three or four months worth. Although many people will object to the making advance payments for their homeowner's insurance into an impound account, they should understand that mortgage lenders are very experienced in handling this aspect of a mortgage. As a borrower, if you keep a large enough buffer in the account, and carefully examine your annual account statement when you receive it, you will probably appreciate having it.

Lines 1002-1005 – Mortgage Insurance and Miscellaneous Fees

These lines will be used to itemize any reserve funds that may be required by your lender. Although they do not represent a loan cost, you should confirm the accuracy of any that are listed here.

Line 1008 – Aggregate Adjustment

The "aggregate escrow adjustment" (or aggregate accounting adjustment), is a change or a credit to the borrower's mortgage impound account, and increases or decreases the total amount of money for all escrow amounts (e.g., taxes, hazard insurance or private mortgage insurance) that must impounded at your loan settlement.

The adjustment ensures that the impound account, when reaching its lowest level during the year, will not contain more or less than the allowable "cushion" selected by the lender (usually two months). On this line of our sample HUD, the adjustment amount is minus $69.96, which indicates that the borrower had a surplus of funds, which necessitated a small refund.

Section 1100 – Title Charges

These fees will be collected by your escrow company and paid to the appropriate parties at the close of escrow.

Line 1101 – Escrow Fees

The fees that you will be charged, by the escrow company in connection with their services for your transaction will be listed on this line.

Line 1102 – Sales Tax on Escrow Fees

Depending on the state you live in, you may need to pay a tax on the total cost of your escrow services. If there is no tax, what country do you live in?

Line 1103 – Title Examination

If you use a lawyer instead of an escrow company, you may be charged for this. Most escrow companies include this fee in their escrow service charge.

Line 1104 – Title Insurance Binder

This term is the same as a title insurance commitment, which means that the escrow company has examined the public records for encumbrances and are prepared to issue a title insurance policy on your property. The fee, if required, will be listed here.

Line 1105 – Document Preparation

This fee would be charged for a special service involving the preparation of a legal document. A normal escrow service does not charge extra for this service.

Line 1106 – Notary Fees

Most escrow services include notarizing documents at no extra charge. If a charge is listed on this line, you should investigate it.

Line 1107 – Attorney's Fees

If you are unlucky enough to require an attorney's help, their fee goes here. Most states that use the services of an escrow company do not require a lawyer.

Line 1108 - 1111 – Title Insurance

Have your escrow officer explain these charges to you in vivid detail. The Owner's Coverage protects you from any hidden liens against the property for as long as you own the policy. The Lender's Coverage protects the lender in case you default. The payment for these policies is based on local custom. Consult your escrow officer, as well as the terms of your real estate purchase contract, if applicable, for the payment responsibilities.

Sections 1200 and 1300

The section 1200 Government Recording and Transfer Charges, and the section 1300 Additional Settlement Charges are seldom the source of predatory lending. However, if there are any charges listed here, you should request an explanation from your escrow officer and confirm who is responsible for the payments. Some of the charges may be split between the buyer and seller.

Examine Page Three of the HUD

During 2008, The HUD was rewritten in order to provide extra information to consumers about their settlement costs. Although the HUD used above was an actual settlement statement in a pre-2008 format, which did not include a page three, pages one and two are the same. The new page 3 of the HUD appears on the next page.

Comparison of Good Faith Estimate (GFE) and HUD-1 Charges		Good Faith Estimate	HUD-1
Charges That Cannot Increase	**HUD-1 Line Number**		
Our origination charge	# 801		
Your credit or charge (points) for the specific interest rate chosen	# 802		
Your adjusted origination charges	# 803		
Transfer taxes	#1203		

Charges That in Total Cannot Increase More Than 10%		Good Faith Estimate	HUD-1
Government recording charges	# 1201		
	#		
	#		
	#		
	#		
	#		
	#		
	#		
	Total		
	Increase between GFE and HUD-1 Charges	$ or %	

Charges That Can Change		Good Faith Estimate	HUD-1
Initial deposit for your escrow account	#1001		
Daily interest charges	# 901 $ /day		
Homeowner's insurance	# 903		
	#		
	#		
	#		

Loan Terms

Your initial loan amount is	$
Your loan term is	years
Your initial interest rate is	%
Your initial monthly amount owed for principal, interest, and and any mortgage insurance is	$ includes ☐ Principal ☐ Interest ☐ Mortgage Insurance
Can your interest rate rise?	☐ No ☐ Yes, it can rise to a maximum of %. The first change will be on and can change again every after . Every change date, your interest rate can increase or decrease by %. Over the life of the loan, your interest rate is guaranteed to never be **lower** than % or **higher** than %.
Even if you make payments on time, can your loan balance rise?	☐ No ☐ Yes, it can rise to a maximum of $.
Even if you make payments on time, can your monthly amount owed for principal, interest, and mortgage insurance rise?	☐ No ☐ Yes, the first increase can be on and the monthly amount owed can rise to $. The maximum it can ever rise to is $.
Does your loan have a prepayment penalty?	☐ No ☐ Yes, your maximum prepayment penalty is $.
Does your loan have a balloon payment?	☐ No ☐ Yes, you have a balloon payment of $ due in years on .
Total monthly amount owed including escrow account payments	☐ You do not have a monthly escrow payment for items, such as property taxes and homeowner's insurance. You must pay these items directly yourself. ☐ You have an additional monthly escrow payment of $ that results in a total initial monthly amount owed of $. This includes principal, interest, any mortgage insurance and any items checked below: ☐ Property taxes ☐ Homeowner's insurance ☐ Flood insurance ☐ ☐ ☐

Note: If you have any questions about the Settlement Charges and Loan Terms listed on this form, please contact your lender.

Previous editions are obsolete Page 3 of 3 HUD-1

The preceding page three of the new HUD will help you evaluate the terms of your mortgage. It can be used in connection with the other evaluation tools presented in this book, and will add clarity to your loan selection.

For more information on your HUD, try these links:

http://realestate.about.com/od/thetransactionprocess/a/hud_1_instruct.htm

http://www.rld.state.nm.us/FID/PDFs/HUD-1%20Settlement%20Statement%20Guide.pdf

Your Final Truth in Lending Disclosure – The "TIL"

When you applied for your loan, you should have received a Truth in Lending Disclosure (TIL) from your lender. It is the form that discloses your APR, finance charge, amount financed, and the total of your payments, should you keep the loan for the entire term, which of course you will never do.

At the settlement of your transaction, RESPA requires all lenders to disclose that information one final time, so that you can make certain that you are still getting the loan you agreed to. Here's what the important part looks like:

Initial Truth in Lending Disclosure – Fixed Rate

ANNUAL PERCENTAGE RATE	FINANCE CHARGE	AMOUNT FINANCED	TOTAL OF PAYMENTS
The cost of your credit as a yearly rate	The dollar amount the credit will cost you	The amount of credit provided to you or on your behalf	The amount you will have paid after making all payments as scheduled
* 6.182 %	$ * 239,192.82	$ * 198,287.58	$ * 437,480.40

☐ REQUIRED DEPOSIT: The annual percentage rate does not take into account your required deposit

PAYMENTS: Your payment schedule will be:

Number of Payments	Amount of Payments **	When Payments Are Due	Number of Payments	Amount of Payments **	When Payments Are Due	Number of Payments	Amount of Payments **	When Payments Are Due
		Monthly Beginning:			Monthly Beginning:			Monthly Beginning:
359	1,215.22	12/01/2007						
1	1,216.42	11/01/2037						

The exhibit on the previous page is a segment from a preliminary TIL – the one you receive when you apply for your loan. If the terms of your loan have not changed since you received this original disclosure, your final TIL will reflect the exact same information. If your loan terms, such as the interest rate, points, or other fees, have increased by more than $100.00 since you applied, you should have received a revised TIL. In either case, you will want to compare it to the final TIL you will receive with your loan closing documents.

Final Truth in Lending Disclosure – Fixed Rate

ANNUAL PERCENTAGE RATE The cost of your credit as a yearly rate.	FINANCE CHARGE The dollar amount the credit will cost you.	Amount Financed The amount of credit provided to you or on your behalf.	Total of Payments The amount you will have paid after you have made all payments as scheduled.
e 5.978 %	$ 228,137.30e	$ 197,767.01e	$ 425,904.31e

PAYMENT SCHEDULE:

NUMBER OF PAYMENTS	AMOUNT OF PAYMENTS	MONTHLY PAYMENTS ARE DUE BEGINNING	NUMBER OF PAYMENTS	AMOUNT OF PAYMENTS	MONTHLY PAYMENTS ARE DUE BEGINNING
359	$ 1,183.08	01/01/08			
1	$ 1,178.59	12/01/37			

When you compare your final TIL to your preliminary or revised TIL, are the APRs the same? If they are different, what has changed? Is the amount of your monthly payment the same? If the APR listed on your final TIL is higher than the preliminary version, all of the information on the final TIL will increase. If so, do the higher numbers meet with your approval, or are you surprised – or even shocked, at the increase?

If the numbers presented on your final TIL have you confused, do not sign your loan document package until you get a satisfactory explanation. A discrepancy on your final TIL may have a reasonable explanation, or it might be a red flag waving over a predatory lending rip-off. Do not automatically presume the former – it is better to be safe than sorry.

Loan officers rarely attend their loan closings, but they are still responsible to you for the accuracy and honesty of everything in your closing documents.

Truth in Lending Disclosure – Adjustable Rate

Top of the Page

ANNUAL PERCENTAGE RATE The cost of your credit as a yearly rate.	FINANCE CHARGE The dollar amount the credit will cost you.	Amount Financed The amount of credit provided to you or on your behalf.	Total of Payments The amount you will have paid after you have made all payments as scheduled.
e 5.564 %	$ 617,804.66e	$ 606,273.24e	$ 1,224,077.90e

PAYMENT SCHEDULE:

NUMBER OF PAYMENTS	AMOUNT OF PAYMENTS	MONTHLY PAYMENTS ARE DUE BEGINNING	NUMBER OF PAYMENTS	AMOUNT OF PAYMENTS	MONTHLY PAYMENTS ARE DUE BEGINNING
36	$ 4,108.25	06/01/08			
12	$ 3,362.97	06/01/11			
311	$ 3,319.97	06/01/12			
1	$ 3,314.59	05/01/38			

The information contained in an adjustable rate mortgage TIL will be different from one for a fixed rate. As you will notice above, the payment schedule begins with 36 monthly payments of $4,108.25, followed by 12 payments of $3,362.97. These payments indicate that the borrower's payment was fixed for the first 36 months, and then converted to a 12-month adjustable rate. This loan is a Three-Year ARM.

Truth in Lending Disclosure – Adjustable Rate

Bottom of the Page

DEMAND FEATURE: [X] This loan does not have a Demand Feature. [ ] This loan has a Demand Feature as follows:

VARIABLE RATE FEATURE:
[X] This Loan has a Variable Rate Feature. Variable Rate Disclosures have been provided to you earlier.

SECURITY: You are giving a security interest in the property located at:

ASSUMPTION: Someone buying this property [ ] cannot assume the remaining balance due under original mortgage terms.
[X] may assume, subject to lender's conditions, the remaining balance due under original mortgage terms.

PROPERTY INSURANCE: You may obtain hazard and flood insurance from any company you choose that is acceptable to the lender.

LATE CHARGES: If your payment is more than 15 days late, you will be charged a late charge of 5.000 % of the overdue payment.

PREPAYMENT: If you pay off your loan early, you
[ ] may [X] will not have to pay a penalty.
[ ] may [X] will not be entitled to a refund of part of the finance charge.

See your contract documents for any additional information regarding non-payment, default, required repayment in full before scheduled date, and prepayment refunds and penalties.

e means estimate

The bottom half of your TIL, shown on the previous page, includes important information that should not be overlooked. Review this section carefully because it identifies certain mortgage features that may affect your loan.

A. **Demand Feature.** The demand feature gives your lender the right to "demand" a full repayment of your loan "for any reason." If your mortgage includes a demand feature, you need to contact your loan officer immediately and find out why. In some cases, the lender may promise not to exercise it – just to keep it in place. Don't believe it! If they promise not to exercise it, tell them to get rid of it or you won't close. Only written binding agreements can be enforced.

A demand feature is more restrictive than a **due on sale clause,** or **acceleration clause,** because it also allows the lender to increase your interest rate without notice. If you refuse to accept a higher interest rate, they may tell you that they will "call" the loan, even if you are not in the process of selling the property. Some lenders employ the demand feature when a borrower has a loan with an interest rate much lower than that which is currently available, and they want to get a higher return on their money.

B. **Variable Rate Feature.** Did you think you were getting a fixed rate and that your monthly payment would never change? If this box has an "X" in it, it may just be an error, or the terms of your loan may have been misrepresented. In either case, if you did not agree to an adjustable rate mortgage, call your loan officer.

C. **Assumption.** Lenders do not generally allow fixed rate loans to be assumed. Only adjustable rate mortgages can be assumed – with qualifying. If you applied for a mortgage in anticipation of allowing someone to assume it, pay attention to this section of your TIL.

D. **Late Charges.** All mortgage companies charge penalties for a late payment. Conventional loans, such as those sold to Fannie Mae and Freddie Mac, charge 5.00% of the payment amount as the penalty for any payment made 15 days late. If your TIL reflects a late charge that is higher than 5.00%, you may have a sub-prime mortgage.

E. **Prepayment.** Most lenders will allow you to make extra unscheduled payments on your loan to reduce the unpaid principal balance. Most will also let you pay off the entire amount early in case you sell or refinance. Some will not. This section provides fair notice of your rights to do so.

If your TIL has the [X] "may" box checked, you need to investigate it further. Some loans offer special low interest rates for the first few years if you accept a prepayment penalty. The amount and duration of these penalties vary greatly, so check with your loan officer to confirm what you have.

The Mortgage Note

The Mortgage Note is the document that creates the legal obligation to repay the loan under the stated terms. There are two general types of Mortgage Notes: one for a fixed rate and another for an adjustable rate. The Adjustable Rate Note provides for the inclusion of an Adjustable Rate Rider, which stipulates how the interest rate and payments can change.

The Mortgage Note is a promissory note (an I.O.U.), as well as the written promise, committed to all borrowers of mortgage money, to repay a designated amount at a certain interest rate within a certain period of time. As a "secured" financing instrument, the borrower must pledge the collateral property that secures the mortgage loan.

Used in conjunction with the Mortgage Note, the Trust Deed, Deed of Trust, or just plain old Mortgage in some states, it is the legal document that actually pledges the property. You will see both documents in your closing package; they will require close examination to ensure that your title passes without problem.

For your reference, we have included sections excerpted from both a Fixed Rate Mortgage Note and an Adjustable Rate Mortgage Note. The type of information contained in the example notes should mirror the types that you will find in yours, regardless of the lender. If you have accepted a subprime or privately funded mortgage loan, the format may be different. However, most escrow companies will utilize a format acceptable to local custom.

Fixed Rate Mortgage Note

1. BORROWER'S PROMISE TO PAY

In return for a loan that I have received, I promise to pay U.S. $ 200,000.00 (this amount is called "Principal"), plus interest, to the order of the Lender. The Lender is
JPMorgan Chase Bank, N.A.
a bank which is organized and existing under the laws of the United States of America .
I will make all payments under this Note in the form of cash, check or money order.

I understand that the Lender may transfer this Note. The Lender or anyone who takes this Note by transfer and who is entitled to receive payments under this Note is called the "Note Holder."

2. INTEREST

Interest will be charged on unpaid principal until the full amount of Principal has been paid. I will pay interest at a yearly rate of 5.875 %.

The interest rate required by this Section 2 is the rate I will pay both before and after any default described in Section 6(B) of this Note.

3. PAYMENTS

(A) Time and Place of Payments

I will pay principal and interest by making a payment every month.

I will make my monthly payment on the First day of each month beginning on January 1st 2008 . I will make these payments every month until I have paid all of the principal and interest and any other charges described below that I may owe under this Note. Each monthly payment will be applied as of its scheduled due date and will be applied to interest before Principal. If, on December 1, 2037 , I still owe amounts under this Note, I will pay those amounts in full on that date, which is called the "Maturity Date."

I will make my monthly payments at JPMorgan Chase Bank, N.A., c/o Chase Home Finance, LLC
3415 Vision Drive, Columbus, OH 43219 or at a different place if required by the Note Holder.

(B) Amount of Monthly Payments

My monthly payment will be in the amount of U.S. $ 1,183.08 .

4. BORROWER'S RIGHT TO PREPAY

I have the right to make payments of Principal at any time before they are due. A payment of Principal only is known as a "Prepayment." When I make a Prepayment, I will tell the Note Holder in writing that I am doing so. I may not designate a payment as a Prepayment if I have not made all the monthly payments due under the Note.

I may make a full Prepayment or partial Prepayments without paying a Prepayment charge. The Note Holder will use my Prepayments to reduce the amount of Principal that I owe under this Note. However, the Note Holder may apply my Prepayment to the accrued and unpaid interest on the Prepayment amount, before applying my Prepayment to reduce the Principal amount of the Note. If I make a partial Prepayment, there will be no changes in the due date or in the amount of my monthly payment unless the Note Holder agrees in writing to those changes.

1063318095
MULTISTATE FIXED RATE NOTE-Single Family-Fannie Mae/Freddie Mac UNIFORM INSTRUMENT

Examine Your Fixed Rate Note Carefully

Your Note is a contract that binds the lender to the terms specified. For that reason, you should use as much time as needed to scrutinize every detail. Confirm that the loan amount under the **Borrower's Promise To Pay** section is correct. Verify that the stated interest rate, in the **Interest** section, is the precise interest rate you agreed to accept. Finally, confirm that the monthly payment shown in part **(B)** of the **Payments** section is also correct.

Confirming these details is a critical aspect during the settlement of your mortgage. Even if you only "think" that your interest rate was supposed to be lower, you owe it to yourself and your family to verify that it is 100% correct in the Note.

The Adjustable Rate Note
Page One

ADJUSTABLE RATE NOTE

(LIBOR One-Year Index (As Published In *The Wall Street Journal*) - Rate Caps)

THIS NOTE CONTAINS PROVISIONS ALLOWING FOR CHANGES IN MY INTEREST RATE AND MY MONTHLY PAYMENT. THIS NOTE LIMITS THE AMOUNT MY INTEREST RATE CAN CHANGE AT ANY ONE TIME AND THE MAXIMUM RATE I MUST PAY.

April 15, 2008 [Date] Eastsound [City] WA [State]

[Property Address]

1. BORROWER'S PROMISE TO PAY

In return for a loan that I have received, I promise to pay U.S. $ 617,500.00 (this amount is called "Principal"), plus interest, to the order of the Lender. The Lender is JPMorgan Chase Bank, N.A. a bank which is organized and existing under the laws of the United States of America. I will make all payments under this Note in the form of cash, check or money order.

I understand that the Lender may transfer this Note. The Lender or anyone who takes this Note by transfer and who is entitled to receive payments under this Note is called the "Note Holder."

2. INTEREST

Interest will be charged on unpaid principal until the full amount of Principal has been paid. I will pay interest at a yearly rate of 7.000 %. The interest rate I will pay will change in accordance with Section 4 of this Note.

The interest rate required by this Section 2 and Section 4 of this Note is the rate I will pay both before and after any default described in Section 7(B) of this Note.

3. PAYMENTS

(A) Time and Place of Payments

I will pay principal and interest by making a payment every month.

I will make my monthly payment on the first day of each month beginning on June 1st, 2008. I will make these payments every month until I have paid all of the principal and interest and any other charges described below that I may owe under this Note. Each monthly payment will be applied as of its scheduled due date and will be applied to interest before Principal. If, on May 1, 2038, I still owe amounts under this Note, I will pay those amounts in full on that date, which is called the "Maturity Date."

I will make my monthly payments at JPMorgan Chase Bank, N.A., c/o Chase Home Finance, LLC 3415 Vision Drive, Columbus, OH 43219 or at a different place if required by the Note Holder.

(B) Amount of My Initial Monthly Payments

Each of my initial monthly payments will be in the amount of U.S. $ 4,108.25. This amount may change.

(C) Monthly Payment Changes

Changes in my monthly payment will reflect changes in the unpaid principal of my loan and in the interest rate that I must pay. The Note Holder will determine my new interest rate and the changed amount of my monthly payment in accordance with Section 4 of this Note.

1063408427

MULTISTATE ADJUSTABLE RATE NOTE - WSJ One-Year LIBOR - Single Family - Fannie Mae UNIFORM INSTRUMENT Form 3526 6/01

Examine Your Adjustable Rate Note Carefully

If you accepted an adjustable rate mortgage, you will have several additional components, not present with a fixed rate, which need to be examined. The concepts are easy to understand, but only if you take the time to study them. The following steps will help you figure it all out.

A. Confirm your loan amount specified under **Borrower's Promise To Pay**.

B. The interest rate listed in the **Interest** section is your **Start Rate**. If your loan is a One-Year ARM, that rate will only last for the first year. If your loan was a Three-Year ARM, as exhibited in the above Note, that rate would remain in effect for the first 36 months of your loan. On the first day of the 37th month, the payment would adjust, and you would receive a new payment amount, which would be stipulated by the terms of the Adjustable Rate Rider.

Were You Expecting A Fixed Rate?

Did you think that your interest rate was supposed to stay the same for as long as you had the mortgage? Did your shyster loan officer lead you to believe that your payment would never change? Have you been "set up," just like millions of other unsuspecting borrowers? If so, it may be time to start screaming bloody murder. Check everything out and, if necessary, sit down with your loan officer and go through every document line-by-line.

Although this type or mortgage fraud is most common among senior citizens and many undereducated borrowers, it can happen to almost anyone. Just turn on your TV and you will see programs that detail how Americans are losing their homes through foreclosure because their mortgage payments had recently skyrocketed.

C. Under part **(B)** of the **Amount of My Initial Monthly Payments** section, verify that the payment amount listed is the one you agreed to. Pay particular attention to the "This amount may change" text. If you have a fixed-rate loan, your payment amount cannot change under any circumstance.

The Adjustable Rate Note
Page Two

4. INTEREST RATE AND MONTHLY PAYMENT CHANGES

(A) Change Dates

The interest rate I will pay may change on the first day of May, 2011 , and on that day every 12th month thereafter. Each date on which my interest rate could change is called a "Change Date."

(B) The Index

Beginning with the first Change Date, my interest rate will be based on an Index. The "Index" is the average of interbank offered rates for one-year U.S. dollar-denominated deposits in the London market ("LIBOR"), as published in *The Wall Street Journal*. The most recent Index figure available as of the date 45 days before each Change Date is called the "Current Index."

If the Index is no longer available, the Note Holder will choose a new index which is based upon comparable information. The Note Holder will give me notice of this choice.

(C) Calculation of Changes

Before each Change Date, the Note Holder will calculate my new interest rate by adding Two and one-quarter percentage points (2.250 %) to the Current Index. The Note Holder will then round the result of this addition to the nearest one-eighth of one percentage point (0.125%). Subject to the limits stated in Section 4(D) below, this rounded amount will be my new interest rate until the next Change Date.

The Note Holder will then determine the amount of the monthly payment that would be sufficient to repay the unpaid principal that I am expected to owe at the Change Date in full on the Maturity Date at my new interest rate in substantially equal payments. The result of this calculation will be the new amount of my monthly payment.

(D) Limits on Interest Rate Changes

The interest rate I am required to pay at the first Change Date will not be greater than 9.000 % or less than 5.000 %. Thereafter, my interest rate will never be increased or decreased on any single Change Date by more than two percentage points from the rate of interest I have been paying for the preceding 12 months. My interest rate will never be greater than 13.000 %.

(E) Effective Date of Changes

My new interest rate will become effective on each Change Date. I will pay the amount of my new monthly payment beginning on the first monthly payment date after the Change Date until the amount of my monthly payment changes again.

(F) Notice of Changes

The Note Holder will deliver or mail to me a notice of any changes in my interest rate and the amount of my monthly payment before the effective date of any change. The notice will include information required by law to be given to me and also the title and telephone number of a person who will answer any question I may have regarding the notice.

5. BORROWER'S RIGHT TO PREPAY

I have the right to make payments of Principal at any time before they are due. A payment of Principal only is known as a "Prepayment." When I make a Prepayment, I will tell the Note Holder in writing that I am doing so. I may not designate a payment as a Prepayment if I have not made all the monthly payments due under the Note.

I may make a full Prepayment or partial Prepayments without paying a Prepayment charge. The Note Holder will use my Prepayments to reduce the amount of Principal that I owe under this Note. However, the Note Holder may apply my Prepayment to the accrued and unpaid interest on the Prepayment amount, before applying my Prepayment to reduce the Principal amount of the Note. If I make a partial Prepayment, there will be no changes in the due dates of my monthly payment unless the Note Holder agrees in writing to those changes. My partial Prepayment may reduce the amount of my monthly payments after the first Change Date following my partial Prepayment. However, any reduction due to my partial Prepayment may be offset by an interest rate increase.

D. Review the **Interest Rate And Monthly Payment Changes** section on page two carefully. Do not forget to check the date listed under part **(A)** because it is very important. It confirms the date that your interest rate and monthly payment will be adjusted for the first time. You certainly won't want to miss that fun event.

If you don't like surprises, particularly the ones that cost you money, monitor **The Index** listed in part **(B)** occasionally. Get familiar with it and understand how and when it changes, because it will affect your pocketbook when it adjusts.

E. (C) Calculation of Changes. This section explains the variables that will come into play each time your payment adjusts. As previously discussed in this book, the formula used for the payment change calculation is:

INDEX + MARGIN = INTEREST RATE %

In the Note excerpt on the previous page, the LIBOR index was used, and the (profit) Margin was 2.250%. If this were your loan, 45 days before the payment was scheduled to adjust, the lender would determine what your current index is. You can find the same number by checking online exactly 45 days before your scheduled loan payment **Change Date**.

To make the index readily available, you can save the following link:

http://www.bankrate.com/brm/ratewatch/1yr-libor.asp

The day we checked the LIBOR index, it was 3.17%. The calculation to determine the new interest rate, according to the above formula for the above Note example, would be:

3.17% + 2.25% = 5.42%

With the knowledge that your loan payment would be based on a 5.42% interest rate when it adjusts, you use your HP 12C calculator, or find an online calculator, to figure your new payment. If your new payment will create a financial hardship, dump the loan. If you can still qualify for a mortgage, get on the phone and get it refinanced, and this time think: Fixed Rate!

F. **(D) Limits on Interest Rate Changes.** This section of the Note gives you the bad news regarding your payment adjustments. It is also the section that your loan officer may pretend doesn't exist, and your escrow officer will completely ignore. You will not, however, have that luxury.

In the previous Adjustable Rate Note excerpt, the borrower's interest rate can shoot up to 9.00% at their very first adjustment, presuming that the LIBOR index skyrockets. However, since George Bush is no longer in office, that possibility is now fairly remote.

The other key element in this section pertains to the **Lifetime Rate Cap**, which tells you what your maximum interest rate can be. In this excerpt, that rate can ultimately climb to 13.00%. When you examine your own Adjustable Rate Note, make sure that your Lifetime Cap is acceptable.

In this case, while the borrower's initial (teaser) rate was 7.00%, which produced a $4,108.25 monthly payment, it could eventually climb to $6,830.78, subject to the, then current, unpaid principal balance.

G. **Borrower's Right To Prepay.** Make sure your Note contains this clause. It gives you the right to make early loan payments (prepayments) without being penalized. If you do not find it, call your loan officer immediately and ask them where the #?*! it is, or where they would like to be buried.

The Deed of Trust

The Deed of Trust is the document wherein a Trustee, who holds the Trust Deed as security for the loan, controls a specific financial interest in the title to the real property. When the loan is *paid in full*, the Trust Deed requires that the monetary claim on the title be returned to the borrower by means of a Deed of Reconveyance. If the borrower defaults on the loan, the Trustee has the right to foreclose on the Trust Deed, and transfer title to the lender, or sell the property to pay the lender from the proceeds. In that event, a borrower will retain an *equitable right of redemption*, which will allow them to redeem their property if they can pay off the mortgage before the foreclosure sale.

Not all states use Trust Deeds – some use "Mortgages." It depends on whether your state is a "lien theory" state or a "title theory" state. Regardless of the type of legal document used, you need to confirm that it includes the correct vesting language. To that extent, consider the following questions:

A. Is the spelling of each vested party on title correct?

B. Is the manner in which you are taking title correct? Are you taking title jointly, as tenants in common, community property, or as your sole property? These are all elements that need to be verified as correct with your escrow officer.

C. Does the Deed of Trust reflect the correct legal description and county assessor's tax parcel or account number? And does it have the correct loan amount that agrees with the amount reflected on the Note?

Additional Closing Issues

In addition to signing all the documents provided by your lender, you should discuss the following issues with your escrow and loan officers:

A. Ask that the documents listed on page 242, part C, are sent to you as soon as your escrow officer receives them. Closing documents have an expiration date and therefore require prompt attention.

B. Have your escrow officer confirm, in writing, the expiration date of your closing documents. Beyond that date, the docs will have to be redrawn and a charge will be imposed by the lender.

C. Ask you escrow officer to confirm, in writing, the latest date possible for them to receive all of your personal funds to close, without going past the expiration date of the documents. Whatever the date, you should plan to have all of your closing funds in at least one day earlier. The best idea is to have all of your funds available on the day that you sign your documents.

D. Ask your loan officer to confirm, in writing, when your rate-lock will expire.

You can put the expiration date confirmation on your refrigerator door, or glue it to your nose, but in either case, do not forget it. It's absolutely imperative that your closing documents are recorded at least a day, or two, before your rate-lock is scheduled to expire. You don't want to play out the "Show Me The Money" scenario that was spelled out back on page 239.

E. When your loan is neatly closed, and you still have most of your sanity, send your loan officer an email to let them know that you will expect a gift certificate for two, for dinner at the restaurant of your choice.

The Loan Officer Performance Evaluation

Did your loan officer do an outstanding job for you, or would you consider their job performance only mediocre, at best? Did they give you all the information that you requested, such as the details on their wholesale pricing? Well, now it's your time to show them what you think of them – either good or bad.

First… Call the company that originated your loan and ask for the name and address of the Regional Manager who runs the mortgage show in your territory. Don't call your loan officer, or even their branch – and don't call your loan officer's sales manager, either – they're probably good buddies and the letter that you're going to write will undoubtedly fall on deaf ears. Call the company's corporate headquarters, wherever they are, for the information.

Second… Once you have the Regional Manager's address, write them a letter and evaluate your loan officer's performance. If their performance was superlative, the Regional should know about it for possible advancement. If the loan officer was a jerk, and screwed up your loan at every corner, give them the complete details and advise them that you'll never let their company do another loan for you.

Last… Spread the word! If that company did a good job for you, let you friends know about it. If they did a lousy job, tell your enemies they were wonderful, and then submit a story about them to *Ripoff Report*.

You know what they say: payback's a bitch!

Chapter Sixteen

Predatory Mortgage Lending

Secrets, Schemes, and Anti-Consumer Behavior

Predatory mortgage lending has many faces, but there is no single generally accepted definition, used by the various state and federal statutes, to define the practice. It might be that predatory lending practices are so varied and elusive, that it's difficult to quantify and label them. This chapter will provide you with a working knowledge of the subject.

Everyone agrees on one fact: predatory lending involves engaging in little white lies, convenient memories, intentional deception, taking advantage of certain ethnic and age groups, manipulating borrowers using aggressive sales tactics, initiating illegal conspiracies, and committing outright fraud and criminal abuse.

The most egregious examples of predatory lending have occurred involving many borrowers in the subprime mortgage market because they have limited access to the banks and other mortgage companies offering the best interest rates and terms. However, if you are not aware of the subtle nature of predatory lending practices, any mortgage lender, regardless of the type of loan obtained, can turn you into a victim.

We believe that there are three basic types of predatory mortgage lending practices: minor, significant, and egregious abuses. We have provided realistic examples below of each, so that you might better recognize the symptoms if they occur when you apply for a loan. They will also familiarize you with the more common types of deceptions that are prevalent in mortgage lending, so that you can do whatever you can to avoid them.

Remember that it is not just the law that decides what constitutes a lending abuse – it is your common sense. It is your right to decide what you consider a lending abuse, even if the law doesn't define it as such. If you believe that you have been the victim of some type of lending abuse during your loan application process, no matter how severe, you have the absolute right to challenge it using every legal means available.

Predatory Loan Officers

An incompetent, lazy, or uncaring loan officer can cause just as much havoc with your loan as a crooked one. Predatory loan officers are just as capable of causing a minor, substantial, or egregious lending abuse out of stupidity, as there are out of contempt for the law. Do not presume that they will do an honest job for you just because they work for a bank or big-name mortgage company. Ask tough questions, stay in the loop, and demand excellence. It is your right! Remember: you are paying them a commission to work on your loan – and that makes you their boss.

Minor Predatory Lending Abuses

Minor lending abuses, such as the following three examples, may not qualify as a violation of the law, but when they create a negative effect on your financial security, you have the right to feel abused.

A. When the par interest rate on your loan is "jacked-up" by the lender, by a small amount – perhaps just 0.125%, in order to generate a Yield Spread Premium, which increases their commission on your loan, as well as your monthly payment, you were financially abused by their actions.

B. The loan officer omits a small debt, which does not show up on the borrower's credit report, from the liability section of their loan application. Though subtle, this action constitutes a minor form of fraud on the part of the borrower, who is solely responsible for it under the law.

C. The borrower requests a zero-point loan, so instead of collecting a 1.00% loan origination fee from them at closing, the lender receives a 1.250% YSP rebate from the wholesale lender after closing, thus increasing their commission, and the borrower's costs, by 0.250%.

Significant Predatory Lending Abuses

These types of abuses have the potential for being classified as an outright predatory lending practice. Only a lawyer would be able to determine if any of them constitute fraud. Absent any definitive legal status, if you are subjected to one of these abuses, the first thing you should do is "scream bloody murder." That should get the lender's attention and possibly lead to an immediate correction of the problem, to your benefit.

A. The lender tells the borrower they charge only a 1.00% loan origination fee for their loan services, no matter which loan program or interest rate is selected. However, when all is said and done, the lender receives a 1.00% loan origination fee from the borrower, plus a 2.00% YSP rebate from the wholesale lender. Because of the 2.00% "back-side" rebate that was paid to the lender, the borrower's interest rate was artificially increased from 5.50% to 6.00%, causing their monthly loan payment to increase significantly.

B. Borrower's FICO credit score is 619, but the minimum credit score for the loan requested is 620. Without requesting an underwriting exception of any kind, the loan officer convinces the borrower that the only loan they can qualify for is a "subprime" loan. Because of the insignificant difference in the borrower's qualifying credit score, and the loan officer's incompetence, their loan's interest rate increases from 5.50% on a 30-year fixed rate, which they would have received with a 620 FICO score, to a 7.50% start rate on a 2/28 adjustable rate mortgage – the poster child loan of the worst subprime loans. They were clearly ripped-off.

C. During a refi-boom, a loan officer has 50 loans on his desk averaging $375,000. A borrower, who lives in an impoverished inner-city neighborhood, wants to refinance her $35,000 home loan. The loan officer accepts her loan package, pulls her credit report, does a five-minute prequalification on her income, but determines that his commission would be only 250 bucks. So he throws her loan package into the ugly pile, and goes back to work on his really big ones.

With that action, he has deprived her of the ethical business practices that she expected, and deserved, when she applied for a mortgage.

Two weeks later, as interest rates have risen, he discovers her loan buried in his Cadillac sales brochures. Since he does not work for peanuts, he charges her five points on the back-side of the loan to give him the commission he believes he deserves. She has no idea what happened, and winds up taking a rate 1.25% higher than the one she would have had, if the loan officer had just thrown her loan into the pretty pile.

Egregious Predatory Lending Abuses

For this example of egregious, in-your-face type of predatory mortgage lending abuse, we present an actual loan settlement statement. As Joe Friday of *Dragnet* fame would say, "Ladies and gentlemen: the story you are about to hear is true. Only the names have been changed to protect the innocent."

We do not know the specific underwriting details or the terms of the loan accepted, but we do know what reasonable and customary loan charges look like, regardless of the loan type. Although we have deleted the names of all of the lender and borrower parties involved in this transaction, the original HUD Settlement Statement, which was found on the Internet after googling "mortgage horror stories," provides an adequate amount of detail for an evaluation – and condemnation – of the loan.

The Case Scenario

A. This loan was a $480,000 "cash-out" refinance; it was originated by a mortgage broker, and the funding was provided by a wholesale mortgage lender. It was considered a cash-out transaction because some of the loan proceeds were used to directly pay off bills that were not secured by the collateral property. In most states, the broker charges and the lender charges are itemized separately on the HUD Settlement Statement, just as they were in this case. That fact allowed us to separate the loan costs and determine "who got what."

B. The mortgage broker originating the home loan was a branch office and their company's main office was located in a different state. Online State Banking Department records indicate that this mortgage brokerage, and all of their branch offices, are now closed. Their mortgage license was revoked in every state they did business. What a surprise!

C. The wholesale lender making this loan was a large national mortgage banking company offering both prime and subprime mortgages. They were one of the largest providers of subprime mortgages, and operated extensively through mortgage brokers across the country.

The company spent millions of dollars over the years employing an army of account executives, whose job it was to "cold-call" mortgage brokers and other lenders to offer their products, and to convince them that their Yield Spread Premiums were, by far, the highest in the industry. Operating exclusively as an "A-Paper" mortgage broker, the author of this book never used any of the products offered by this company, but received their daily shot-gunned rate sheets, regular sales calls, and observed their presence at every trade-show that he ever attended.

The fact that this company was one of the most popular subprime lenders in the country, and utilized every imaginable sales tactic to beat their drum from coast-to-coast, serves as proof that even the largest mortgage lenders can use unethical business practices, while painting a picture of themselves as one of the most honest lenders anywhere, with the highest ethical standards.

Since subprime loans do not need to conform to the more stringent Fannie Mae or Freddie Mac underwriting standards, their underwriters are generally free to rubber stamp just about any loan approval. That ability provides these loan officers with an unrivaled ability to claim that they can guarantee just about any customer's approval. One such lender's motto was "If you can fog a mirror, you are approved for a loan with us." They also used to say that they'd finance an axe murderer if the loan-to-value was right.

The Outrageous Evidence

The two-page HUD Settlement Statement on the next page is authentic. It has not in any way been fabricated or modified, with the exception that all of the names and identifying references were removed for privacy reasons. It bears all the actual and unbelievable loan charges used during their borrower assault. It represents a very extreme, but typical example of predatory lending abuse.

The Settlement Statement – Page One

A. SETTLEMENT STATEMENT — U.S. Department of Housing and Urban Development

B. Type of Loan

1. [ ] FHA 2. [ ] FmHA 3. [ ] Conv. Unins. 4. [ ] VA 5. [ ] Conv. Ins. 6. [ ] Cash	7. File Number	8. Loan number	9. Mortgage Insurance Case Number

C. NOTE: This form is furnished to give you a statement of actual settlement costs. Amounts paid to and by the settlement agent are shown. Items marked "(p.o.c)" were paid outside the closing; they are shown here for information purposes and are not included in the totals.

D. NAME OF BORROWER:
ADDRESS OF BORROWER:

E. NAME OF SELLER: REFINANCE
ADDRESS OF SELLER:

F. NAME OF LENDER:
ADDRESS OF LENDER:

G. PROPERTY LOCATION:

H. SETTLEMENT AGENT:
PLACE OF SETTLEMENT:

I. SETTLEMENT DATE: FINAL

J. SUMMARY OF BORROWER'S TRANSACTION		K. SUMMARY OF SELLER'S TRANSACTION	
100. GROSS AMOUNT DUE FROM BORROWER		400. GROSS AMOUNT DUE TO SELLER	
101. Contract Sales Price		401. Contract Sales Price	
102. Settlement charges (line 1400)	59,243.05	402. Commission Credit	
103. Payoff to	293,577.74	403. Misc. Credit	
104. Payoff to	18,320.20	404. Reserves	
105. Payoff to	29,248.84	405. Seller Deposit	
ADJUSTMENTS FOR ITEMS PAID BY SELLER IN ADVANCE		ADJUSTMENTS FOR ITEMS PAID BY SELLER IN ADVANCE	
106. City/town taxes		406. City/town taxes	
107. County Taxes		407. County Taxes	
108.		408.	
109. Mobile Home		409. Mobile Home	
110. Rents		410. Rents	
111.		411.	
112.		412.	
120. Gross Amount Due from Borrower	400,389.83	420. Gross Amount Due to Seller	
200. AMOUNTS PAID BY OR IN BEHALF OF BORROWER		500. REDUCTION IN AMOUNT DUE TO SELLER	
201. Deposit or Earnest Money		501. Excess Deposit (see instructions)	
202. Principal Amount of new loan(s)	480,000.00	502. Settlement Charges to Seller (line 1400)	
203. Existing Loan(s) taken subject to		503. Existing Loans taken subject to	
204. Deposit to Lender		504. Payoff to	
205. Deposit to Escrow		505. Payoff to	
206.		506. Payoff to	
207. Credit on Commission		507. Payoff	
208.		508.	
209. Additional Financing		509. Additional Financing	
ADJUSTMENTS FOR ITEMS UNPAID BY SELLER		ADJUSTMENTS FOR ITEMS UNPAID BY SELLER	
210. City/Town Taxes		510. City/Town Taxes	
211. County Taxes		511. County Taxes	
212.		512.	
213. Mobile Home		513. Mobile Home	
214. Rents		514. Rents	
215.		515.	
216.		516.	
217.		517.	
218. Credit to Buyer		518.	
219.		519.	
220. Total Paid by/for Borrower	480,000.00	520. Total Reduction in Amount due Seller	
300. CASH AT SETTLEMENT FROM/TO BORROWER		600. CASH AT SETTLEMENT FROM/TO SELLER	
301. Gross Amount due from Borrower (#120)	400,389.83	601. Gross Amount due to Seller (#420)	
302. Less Amts paid by/for Borrower (#220)	(480,000.00)	602. Less reduction in amt due Seller (#520)	( )
303. CASH TO BORROWER	1,860.71	603.	

The Settlement Statement – Page Two

L. SETTLEMENT CHARGES	Paid From Borrower's Funds at Settlement	Paid From Seller's Funds at Settlement
700. TOTAL SALES/BROKER'S COMMISSION		
Division of Commission as follows:		
701. $ to		
702. $ to		
703. $ to		
704. Commission paid at Settlement		
800. ITEMS PAYABLE IN CONNECTION WITH LOAN		
801. Loan Origination Fee % To:	26,400.00	
802. Loan Discount % To:		
803. Appraisal Fee To:		
804. Credit Report To:		
805. Inspection Fee To:		
806. Tax Service Fee To:		
807. Mortgage Broker Fees To:		
808. Document Preparation Fee To:		
809. Underwriter's Fee To:	500.00	
810. Flood Determination Fee To:		
811. PROCESSING FEE To:	350.00	
812. PROCESSING/BROKER To:	400.00	
813. ADMIN FEE To:	275.00	
814. APPLICATION FEE To:	325.00	
815. NOTARY To:	125.00	
816. Other Fees to Lender		
817. Assumption Fee To:		
900. ITEMS REQUIRED BY LENDER TO BE PAID IN ADVANCE		
901. Interest from @$ 134.7900 per day	1,213.11	
902.		
903. Hazard Insurance Premium to:		
904. Assumption Interest from to @$ per day		
905. to:		
1000. RESERVES DEPOSITED WITH LENDER		
1001. Hazard Insurance 2 months @ $ 45.33 per month	90.66	
1002. Mortgage Insurance months @ $ per month		
1003. City Property Taxes months @ $ per month		
1004. County Property Taxes 2 months @ $ 448.39 per month	896.78	
1005. Annual Assessments months @ $ per month		
1006. Flood Insurance months @ $ per month		
1007. Reserves		
1008. Aggregate Accounting Adjustment	.03	
1100. TITLE CHARGES		
1101. Settlment Charges to $450.00 S.Tax $39.60	489.60	
1102. Title Insurance to		
1103. Lender's Coverage $ 480,000.00	679.54	
1104. Owner's Coverage $		
1105.		
1106.		
1107.		
1200. GOVERNMENT RECORDING AND TRANSFER CHARGES		
1201. Recording Fees: Deed $;Mortgage $ 50.00 ;Releases $	50.00	
1202. City/County Tax/Stamps: Deed $; Mortgage $		
1203. State Tax/Stamps: Deed $; Mortgage $		
1204. Real Estate Excise Tax		
1205.		
1300. ADDITIONAL SETTLEMENT CHARGES		
1301. RECONVEYANCE FEE To:	400.00	
1302. COURIER FEE To:	100.00	
1303. WIRE FEE To:	25.00	
1304. CREDIT CARD DEBT PAYOFF To:	90.00	
1305. 2ND 1/2 2002 TAXES To:	2,690.33	
1306. DEBT To:	6,523.00	
1307. DEBT To:	5,033.00	
1308. DEBT To:	5,033.00	
1309. DEBT To:	4,981.00	
1310. DEBT To:	2,573.00	
1400. TOTAL SETTLEMENT CHARGES (enter on Lines 103, Sections J and 502 Section K)	59,243.05	

The Loan Charges – Fair or Fraud?

Because the charges imposed by this mortgage broker, with the full cooperation of the lender, are so flagrant, we have done a line-by-line evaluation and have added our comments. Although we do not have first-hand information regarding all of the material facts involved, the conclusions would be obvious to anyone, with or without experience in the mortgage banking industry.

Line 801 – Loan Origination Fee: This **$26,400.00** fee, charged by the mortgage broker, is an extreme example of how lenders can get away with charging egregious fees for their services. In this case, they didn't even try to hide the abuses by taking a YSP on the back-side of the loan. No part of this fee could have represented a discount fee required to purchase any specific interest rate. If it had, there would have been an entry made on line #802, and whatever the discount fee amount was, it would have shown it as **"To:"** the lender. Line #802 on the original Settlement Statement was blank.

That means that the mortgage broker had the audacity to charge this unsuspecting borrower a 5.50% loan origination fee – OUCH! In all fairness to the mortgage broker, perhaps there was a good reason for the charge, like:

A. The borrower stole the loan officer's wife and three kids the week before.

B. The real loan officer was gagged and tied-up in a closet and the ghost of Jesse James was calling the shots.

C. The borrower was deaf, dumb, and blind and was just begging to be ripped-off.

There is absolutely no justification to charge a borrower five-and-a-half points for a loan origination fee. The typical mortgage requires about ten hours, in total, to process and close. In this case, that would translate into $2,640.00 per hour for the lender. How many occupations pay $2,640.00 per hour? What story could the loan officer have told the borrower to convince them that a **$26,400.00** fee for processing their loan was reasonable? If this loan officer closed 50 loans per year at that rate, his annual income would be $1,320,000 – and that would make him the 460th highest paid "executive" (ha) in the U.S.

Line 809 – Underwriter's Fee: This $500 charge, which was paid to the mortgage broker, is probably fraud and reasonable grounds for a license revocation in many states (I forgot…they already lost theirs). Mortgage brokers have no authority for underwriting responsibilities, and to collect a fee for a service that was never provided, is a clear example of a predatory lending practice.

Line 811 – Processing Fee: This $350.00 fee was paid to the lender, but it was not for processing the borrower's loan. Wholesale lenders do not process mortgage applications. That's the job of the mortgage broker. This junk fee was included simply to jack-up the borrower's costs.

Line 812 – Processing Fee/Broker: This $400.00 charge would make it appear that the mortgage broker's **$26,400.00** loan origination fee was not adequate to cover the costs associated with their loan processing activities. In reality, this is another junk fee included to jack-up the borrower's costs and tell them: we'll charge you as much as we like, and you're not smart enough to do anything to stop us.

Line 813 – Admin Fee: Paid to the mortgage broker, this bogus $275.00 administration fee was another pure junk fee and had no relationship to any "good or service" that was provided. "Lenders" charge loan administration fees to prepare a mortgage for sale to a secondary mortgage market investor, not "mortgage brokers."

Line 814 – Application Fee: This final loan related settlement charge of $325.00 was paid to – guess who? Correct – the mortgage broker and, of course, it has nothing to do with any reasonable service performed for the borrower. It was just another demonstration of their arrogant disregard for the law, and the rights of their customer.

Line 815 – Notary: Escrow companies do not generally charge their customers a separate notary fee, and certainly not $125.00. Notary charges are almost universally included in their "escrow service fee." This charge was an insult!

Since the original Settlement Statement did not list the escrow company as the recipient of this notary fee, as it did for every other escrow charge, it is reasonable to assume that the "individual" listed as the recipient probably works for the mortgage broker. A reasonable notary fee, by the way, is five bucks.

Summary of the Outrageous Loan Charges

The following list summarizes "who got what" in this particularly ugly home loan. Although the "lender" charged only $350.00, that does not exonerate them from their complicity. They allowed the mortgage broker to gouge this poor borrower, and although there is no way to know what terms were included in the loan, they were probably just as terrible as the closing costs.

	Wholesale Lender	Mortgage Broker
	$ 350.00	$ 26,400.00
		500.00
		400.00
		275.00
		325.00
		125.00
Totals:	**$ 350.00**	**$ 28,025.00**

The wholesale lender charged **0.0729%** points ($350.00) on this loan, which was reasonable, but those charged by the mortgage broker for their services equaled:

5.84%

Now – you have seen an extreme example of the predatory lending abuses that occur during the loan origination process, and one that is not just an isolated example. These abuses occur every day and it is widely reported that the numbers are growing. That is why it is so important to gain an understanding of the mortgage process: what lenders do to interest rates to generate excess loan commissions, what are reasonable and unreasonable loan costs, what loan programs are the most hazardous to your financial health, and what you can do to avoid these predatory lending abuses.

Predatory Mortgage Lending Examples

To provide consistency in the examples used in this book, while at the same time creating the heightened sense of consumer awareness that we believe serves as a borrower's "call-to-arms," we do not recognize, as being legitimate, "secondary mortgage market gains" unless the borrower has been adequately informed. The concept of secondary mortgage market gains can legitimize Yield Spread Premium abuses and create licenses to steal.

To err on the side of financial safety for the borrower, for the purposes of this book, we consider these secondary mortgage market "gains" as smoke screens that can drive up a borrower's interest rate and costs when used without their full knowledge and understanding. Their utilization is not standardized from lender-to-lender, from loan officer-to-loan officer, and certainly not from borrower-to-borrower.

We have cut through all of the mortgage lending rhetoric, and the day-to-day lender "best business practices" fantasies, to provide the following examples of our "duck-walk" definition of predatory lending practices. They are presented only to make borrowers aware of some of the types of lending practices that, while possibly legal, can still cause severe financial damage. And even though these practices may be "possibly" legal and used by every lender, it does not mean that you have to accept them – because you don't. Remember: if it walks like a duck and quacks like a duck, it's probably a duck. If your instincts tell you that your loan is unfair, it probably is.

The examples used below are informational "red flags" for a borrower, and should not be used to determine the legal or illegal status of any particular mortgage lending practice. We do not offer legal advice, only educated opinions. If you believe that you have been subjected to any of these practices, consult your attorney or State regulatory agency immediately. If you let them get away with it, they'll just keep doing it.

Jacking Up Interest Rates: When a lender quotes an interest rate and tells the borrower that their only charge for doing the loan will be a 1.00% loan origination fee, then that is all they should charge. It should be safe for the borrower to presume that the interest rate quoted is, therefore, a par (zero discount fee %) interest rate.

Loan officers routinely quote interest rates that are artificially increased in order to generate a free Yield Spread Premium, which you now know is a cash bonus paid by the wholesale lender. As a result, the borrower receives an interest rate that is higher than the minimum rate required to obtain the mortgage, and their monthly payment is increased. Their higher monthly payment adds thousands of dollars in unnecessary interest charges to the loan.

Regardless of the rate that a lender quotes, you should go online and compare it to other lenders' rates. Bankrate.com and MSN Money online are two very good sources for daily interest rate information. If, after comparing apples-to-apples interest rates, your lender is prohibitively high, challenge it. Unless there are credible and verifiable reasons why you should take a higher rate, you should not accept it.

Yield Spread Premiums: If a lender gives a verbal quote over the telephone to a borrower, and that quote includes an interest rate with a Yield Spread Premium rebate, the cash equivalent of the rebate should be used exclusively to benefit the customer, unless the lender discloses that the YSP will cause their interest rate to be increased. Further, they should explain what the impact of the rate increase has on their monthly payment. If we only lived in a perfect world…

A bad loan officer may quote an interest rate with a (0.125%) rebate. A small YSP rebate like that will not break the bank, but the abuse occurs when the loan officer gets greedy, and on the day the borrower's rate is locked-in, the (0.125%) rebate becomes a (1.125%) rebate for the same interest rate, but no decrease in their other loan costs. This is a prime example of legal lending abuse of the worst kind. Borrowers falling into this trap, although it may be legal, are being 100% ripped-off.

By following the advice offered in previous chapters of this book, you will learn to ask certain questions and request the specific information from lenders that will virtually eliminate their ability to take anything extra out of your loan. They will not have the right to take it, unless you give it to them through your inaction.

Bait & Switch: When a lender quotes an interest rate to a borrower that includes a specified loan discount fee, but that rate will not be locked-in immediately, the lender should protect the borrower's downside discount fee (the cost for the rate) risk exposure by preserving the discount fee, although their rate may increase due to market volatility. It's so nice to dream…

Loan officers routinely demonstrate poor memories, and even worse, they often put their ethical behavior on hold. They might quote, for example, a 6.00% interest rate with a 0.500% discount fee on Monday, but when they lock in the rate on Tuesday, even if rates have not changed, the discount fee may suddenly become 0.750% – or whatever they can get away with. To cover up their scheme, they tell the borrower that their rates have increased a little. And, of course, why would the borrower doubt them?

In most states, this *bait and switch* practice is illegal. If you believe that you have been subjected to it, call your State's department that regulates mortgage lenders and request a complaint form. Fill it out and send it in. Lenders using *bait & switch* tactics should not be allowed to conduct business. It is a very difficult thing to prove, and that is why every borrower should keep detailed records of everything that occurs during the processing of their loan.

Rate-Lock Manipulation: When a borrower's loan is sufficiently processed to warrant an approval, and they feel that interest rates might soon increase, it is time to lock in the best rate available, or the one that best satisfies their mortgage financing needs. They instruct the loan officer to lock the rate chosen, immediately, and they presume that it will happen. Once their rate is locked-in, their interest rate stress is lifted and they can get their loan funds together in anticipation of a smooth closing.

The loan officer, being the shrewd market master that he or she is, sees an opportunity to make a few extra bucks. Instead of locking-in the borrower's rate immediately, as promised, they wait for a while to see if the rates improve. If they improve, it means a nice bonus for the loan officer, but nothing for the borrower. If rates increase, it means nothing changes for the loan officer, but a higher interest rate, loan costs, and monthly loan payment for the borrower.

Credit Scores: Credit scores are a mystery, particularly to borrowers. Since the methodology behind credit score calculations is a closely guarded secret, even the loan officers that tout their credit scoring expertise do not know how the numbers are actually generated. To add to this complexity, lenders use credit scores as they choose, and in different ways. While one lender might accept a 640 score for a full documentation fixed rate loan, another might require a 660 score, or even higher. The number of credit score variables utilized in loan qualifying opens the door for abusive lending practices.

Loan officers are in the mortgage business to make money. If one loan pays the loan officer twice what another one does, it becomes a very strong inducement to steer the loan in a different direction. This was one of the problems associated with the mortgage meltdown of 2008. Since loan officers have access to so many similar loans from different lenders, they will usually pick the loan offering the best commission structure.

As an example, a borrower applies for a 30-year fixed rate loan and has a 635 credit score. Although the loan officer has a program offering a market rate that will accept a 635 score, he convinces the borrower that their low score will not qualify them for their best rate. Since the borrower does not know the difference, the loan officer "steers" them into a loan with a higher interest rate, and one that produces a higher commission for the lender.

You should check your credit scores at least annually. Lenders rely mainly on three credit score repositories: Experian, Trans Union, and Equifax. In most cases, lenders use the middle credit score for underwriting purposes. If you obtain a tri-merge credit report, you will see all three of your scores.

Mail Solicitations: Mass-mailing is a legitimate method used by lenders across the country to generate quality mortgage leads. Large and small banks and mortgage lenders use their own mortgage databases, in a perfectly legal manner, to tout their loans, and in most cases, they provide great benefits to consumers by reducing their interest rates and/or improving their loan terms.

Predatory lenders target specific neighborhoods exhibiting certain racial and educational demographics, which the lenders believe can be used to exploit unsuspecting borrowers. They use deceptive marketing materials, such as those that resemble a social security, IRS, or other U.S. Government issued check, in order to coerce the occupant into opening their envelopes. After opening the envelope, many consumers will fall for the "deal too good to be true" scheme and wind up in a financial disaster.

Radio Solicitations: Radio advertising has become fertile territory for mortgage lenders in recent years. While you are driving your car, it is difficult to avoid them, so you become a captive audience – and that's what they are counting on. Usually, mortgage advertising on the radio is no more problematic for a consumer than a spot produced by your local hardware store. The problem with mortgage advertisements lies in their content.

We recently heard one mortgage company advertising their fixed rate loan with "unbeatable low rates." They also claim to be "one of the only lenders that can truly deliver rates this low," which of course is absurd. The speaker goes on, and on, with the fixed rate concept, but when he finishes, another voice, speaking much softer and at the speed of sound, comes on for about three seconds with their qualifier statement: "stated interest rates subject to credit approval and are based on a loan with a 30-year amortization and a seven year term."

Bingo! Now they admit that the loan is not a true fixed rate. It is either a 7/1 ARM (one that is fixed for seven years and subsequently has annual payment adjustments), or a Seven Year Balloon loan (one that is fixed for seven years and then terminates). This, in our opinion, is predatory lending being blasted across the airwaves.

When a consumer hears the concept of a fixed rate repeatedly in a radio commercial, it is logical for them to assume that the loan payments will always be fixed. Wrong! Although the commercial itself gives the listener the clear impression that their interest rate will always be fixed, the qualifier statement tries to slide the truth of the matter by in a way that probably satisfies FTC rules, but cannot be understood by the listener. So, the next time you hear one of these "fantastic" mortgage offers on the radio, listen for the qualifier at the end, and then you can have a good laugh.

Home Improvement Scams: At some time, most homeowners will consider adding a bathroom, family room, or maybe remodeling their kitchen. Young families that can only afford to buy a small home, or condo, may need to expand later in order to accommodate the addition of children. Many young families do not understand how to do a home remodel, or how to finance it.

Predatory lenders conspire with local builders to solicit business. The builder proposes a construction plan to the homeowner, promises fast and high quality work, and will even introduce them to a great lender who will finance 100% of the construction costs. They tell the borrower that they will not have to spend a penny out of their own pocket to get the job done. When the loan closes, the builder will receive a finder's fee from the lender. All too often, the actual construction costs will be grossly over-priced, the quality poor, and the loan financing terms excessive. These predators often target poor, uneducated, and older homeowners for their dastardly deeds.

There are a few ways to distinguish the good deals from the bad ones, and protect yourself from being ripped off. Ask the **Builder** for the following: (1) a copy of their general contractor's license, (2) a copy of their accident/injury business insurance policy (so they will not sue you for an on-the-job injury), and (3) three references, with phone numbers, from the people they have performed work for within the previous twelve months.

In addition, you should always obtain at least three quotes comparing the exact work to be completed, and be skeptical of any quote that does not itemize their labor and material costs separately, or any "lump sum" or "cost-plus" bids. You need to see a detailed break down of all charges to make a safe choice.

For any **Lender** that the builder might refer you to, you should check them out in the same way that you would for any other lender. If the lender pays the builder a "finder's fee" (subject to applicable laws), it may not necessarily be a problem. However, you need to confirm with the lender that the finder's fee amount does not represent an additional cost to be included, hidden or not, as an additional loan cost.

The other issue that pertains to the lender involves the quality of the mortgage you are offered. You should thoroughly evaluate each disclosure to ensure that the loan you get matches your income and credit profile.

Adjustable "Start" Rates: Adjustable rate mortgages typically offer "teaser" rates – interest rates at a reduced level for an initial period of time – in order to generate loan production. These "start" rates can be of great benefit to a consumer in a number of ways, such as: they can create ample cash-flow efficiencies during the early years of homeownership, and sometime allow the borrowers to obtain a higher loan amount, since some loan programs will allow them to qualify based on the start rate, which can be a full percentage point lower than the note rate.

A predatory lender may provide all of the disclosures required, to a borrower, but they will not explain them correctly, if at all. The consumers they target tend to be unknowledgeable in financial matters, and cannot decipher most mortgage disclosures, which can probably be said for many loan officers as well. Instead of explaining how their start rate adjusts periodically, they will tell them: your interest rate is fixed and it will never go up. Later, when their monthly loan payment skyrockets, the lender can simply produce their signed ARM disclosures and deny any misrepresentations by the loan officer.

Avoiding this deception is simple, yet not widely used. When a predatory loan officer quotes your rate, ask them to show you the Truth in Lending Disclosure Statement (TIL), if they have not already done so. You will notice in the sample Adjustable Rate Mortgage TIL below, that there are 12 payments listed at $1,330.60, beginning on 04/01/2008, and then 347 payments at $1,403.82, beginning on 04/01/2009. This shows that your initial interest rate applies only to the first twelve payments, and is therefore a "teaser" or "start rate" for an adjustable rate mortgage.

Adjustable Rate Mortgage TIL

ANNUAL PERCENTAGE RATE	FINANCE CHARGE	AMOUNT FINANCED	TOTAL OF PAYMENTS
The cost of your credit as a yearly rate	The dollar amount the credit will cost you	The amount of credit provided to you or on your behalf	The amount you will have paid after making all payments as scheduled
* 7.739 %	$ * 309,805.00	$ * 194,695.66	$ * 504,500.66

☐ REQUIRED DEPOSIT: The annual percentage rate does not take into account your required deposit
PAYMENTS: Your payment schedule will be:

Number of Payments	Amount of Payments **	When Payments Are Due	Number of Payments	Amount of Payments **	When Payments Are Due	Number of Payments	Amount of Payments **	When Payments Are Due
		Monthly Beginning:			Monthly Beginning:			Monthly Beginning:
12	1,330.60	04/01/2008						
347	1,403.82	04/01/2009						
1	1,407.92	03/01/2038						

If your loan had a fixed rate, the TIL would display 359 payments of the same amount, and one final payment to correct for any odd-penny amounts as follows:

Fixed Rate Mortgage TIL

ANNUAL PERCENTAGE RATE	FINANCE CHARGE	AMOUNT FINANCED	TOTAL OF PAYMENTS
The cost of your credit as a yearly rate	The dollar amount the credit will cost you	The amount of credit provided to you or on your behalf	The amount you will have paid after making all payments as scheduled
* 5.977 %	$ * 228,589.19	$ * 197,315.12	$ * 425,904.31

☐ REQUIRED DEPOSIT: The annual percentage rate does not take into account your required deposit
PAYMENTS: Your payment schedule will be:

Number of Payments	Amount of Payments **	When Payments Are Due	Number of Payments	Amount of Payments **	When Payments Are Due	Number of Payments	Amount of Payments **	When Payments Are Due
		Monthly Beginning:			Monthly Beginning:			Monthly Beginning:
359	1,183.08	12/01/2007						
1	1,178.59	11/01/2037						

If your loan officer had professed your loan to be a fixed rate mortgage, but you discovered otherwise after reviewing your TIL, either they owe you a very good explanation for the misrepresentation, or you should contact his or her sales manager. In either case, someone owes you an apology, and probably better loan terms.

ARM Margins Manipulation: Every adjustable rate mortgage bears a certain profit "margin" which is used to calculate successive monthly payments according to the terms of your Adjustable Rate Rider. The formula used for this calculation is:

INDEX + MARGIN = INTEREST RATE %

Depending on the type of ARM you have accepted, your margin will be in the range of 2.00% to 4.50%, or even higher in the case of a subprime mortgage. The index can be one of many, such as a One-Year Treasury index, which as of the writing, was 2.42%. An example calculation based on this index, plus a 2.50% margin, would be:

2.42% + 2.50% = 4.92% Interest Rate

If your loan had a current unpaid principal balance of, say, $497,381.26 at the time of your adjustment, your new payment would be based on that amount, and calculated using the 4.92% interest rate, or $2,645.78 per month.

If your credit and income were excellent, and you were applying for a conforming adjustable rate mortgage (one to be sold to Fannie Mae or Freddie Mac) your margin would be, as of this writing, 2.25%. While both Fannie Mae and Freddie Mac may impose certain limitations on the maximum margins that a lender can utilize, they do allow for a little bit of "wiggle-room." Most lenders do, however, go strictly according to the Fannie/Freddie guidelines.

A predatory loan officer can "buy-up" the margin from 2.25% and earn a YSP commission bonus. The amount of the YSP would be based on the final margin sold to the borrower. If it was increased from 2.25% to 2.75%, the loan officer might get an additional 1.00% rebate. Regardless of the exact amount of the YSP collected, the fundamental consideration is that they would have increased your effective interest rate at every change date – an expense that was not actually required in order to secure your mortgage.

Balloon Payments: Some mortgages required a limited term in exchange for a reduced interest rate. Balloon mortgages can be obtained with a five, seven, or ten-year term and must then be paid-off. Sophisticated consumers, who can accurately predict their future financing needs, can take advantage of the lower interest rates that are associated with balloon mortgages, but need to be mindful of their consequences, should they be unable to obtain financing when their current loan balloons.

If a borrower cannot qualify for a 30-year fixed rate loan, a predatory lender may covertly slip them into a balloon mortgage because they may be able to qualify more easily for the loan amount needed. As is the case of adjustable "start" rates that are misrepresented as permanent fixed rates, some lenders may neglect to tell the borrower that their loan will need to be *paid in full* in a relatively short period of time. Then, when their loan payment balloons, most borrower will still owe 85%, or more, of the original loan amount, which can result in the loss of their home through a foreclosure, or being forced to refinance using a new loan with undesirable terms.

Negative Amortizations: If a consumer needs home financing for only a short time, they may find a benefit in accepting a loan with a negative amortization feature. Negative amortization occurs when the monthly payment made is not adequate to cover the interest portion charged. When that occurs, the accrued interest is deferred, which causes the principal balance to increase, instead of decrease. As long as the borrower understands their loan, having payments based on a rate as low as 2.00% can create beneficial cash-flows, which can be utilized for other purposes.

Because most borrowers tend not to read their loan disclosures very carefully, if at all, they can be coerced into accepting a "neg-am" loan by a predatory lender who promises them that their 2.00% interest rate, as part of a special program, will not increase over the life of the loan. They will not mention the fact that, at the end of the loan term, the borrower will owe more than the amount originally borrowed, or the fact that the loan may require a balloon payment.

Refinancing Low-Interest Mortgages: When a predatory lender convinces an

unsuspecting consumer that refinancing their current mortgage will put thousands of dollars in their pocket, they will usually insist that their current loan is included in the new financing. It makes no difference to the lender that the borrower's existing loan has a lower interest rate than the one they are proposing – all they care about is the fact that it will increase the size of the new loan, and therefore increase their loan commission.

It is crucial to evaluate any new loan, and particularly the TIL, in order to verify that the new loan will not increase your monthly payment above the current one, unless you want it, and you can afford it. Do not rely on verbal representations made by any loan officer. The only representation that can be relied upon is one that is in writing.

Originating Unaffordable Loans: A common scheme used by predatory lenders

involves the anticipation of future refinance loans. In this case, a lender will convince a homeowner to accept a loan that they know they cannot afford, so that in six months or a year they can refinance the loan and earn another commission. They will use inflated home values, false advertising, and even bogus mortgage disclosures, to confuse the borrower into believing things about the new loan that do not exist – particularly the promise of smaller monthly payments and higher equity proceeds.

Some lenders will tell borrowers that they guarantee a free refinance without having to qualify, but will have a convenient memory when the borrower's home is placed into foreclosure and they call to refinance. In other cases, loan officers representing private "hard money" lenders will coerce a borrower, who owns a home with substantial equity, into accepting a negative amortization loan, as previously discussed, in order to intentionally force them into foreclosure and steal all of their equity, which is blatant fraud.

Falsified Loan Applications: In order to obtain a commission, unscrupulous loan

officers will include whatever false information is required on the borrower's loan application to get their loan approved. Moreover, they will even have the borrowers sign one or more blank loan applications, and fill in the details later as they develop their lies. Without knowing that signing a blank loan application is like signing a blank check, most borrowers will do what their loan officer tells them to do, without being aware of the potentially criminal consequences.

Since most borrowers rarely read their loan application in detail, they are not aware of the serious consequences they face in doing so. All HUD approved residential loan applications include the following acknowledgement. The microscopic print is the primary reason people will not, or cannot, read it to save their sole. At any rate, part (1) states:

IX. Acknowledgement And Agreement

"the information provided in this application is true and correct as of the date set forth opposite my signature and that any intentional or negligent misrepresentation of this information contained in this application may result in civil liability, including monetary damages, to any person who may suffer any loss due to reliance upon any misrepresentation that I have made on this application, **and/or in criminal penalties including, but not limited to, fine or imprisonment or both** under the provisions of Title 18, United States Code…

We have provided the above verbiage to highlight the pertinent language contained in the acknowledgement, which you will agree to when you sign your loan application. Now you will understand that, when you sign your loan application, you'd better be absolutely certain that there are no errors or false statements included. Following is the actual acknowledgement:

IX. ACKNOWLEDGEMENT AND AGREEMENT

Each of the undersigned specifically represents to Lender and to Lender's actual or potential agents, brokers, processors, attorneys, insurers, servicers, successors and assigns and agrees and acknowledges that: (1) the information provided in this application is true and correct as of the date set forth opposite my signature and that any intentional or negligent misrepresentation of this information contained in this application may result in civil liability, including monetary damages, to any person who may suffer any loss due to reliance upon any misrepresentation that I have made on this application, and/or in criminal penalties including, but not limited to, fine or imprisonment or both under the provisions of Title 18, United States Code, Sec. 1001, et seq.; (2) the loan requested pursuant to this application (the "Loan") will be secured by a mortgage or deed of trust on the property described in this application; (3) the property will not be used for any illegal or prohibited purpose or use; (4) all statements made in this application are made for the purpose of obtaining a residential mortgage loan; (5) the property will be occupied as indicated in this application; (6) the Lender, its servicers, successors or assigns may retain the original and/or an electronic record of this application, whether or not the loan is approved; (7) the Lender and its agents, brokers, insurers, servicers, successors and assigns may continuously rely on the information contained in the application, and I am obligated to amend and/or supplement the information provided in this application if any of the material facts that I have represented herein should change prior to closing of the Loan; (8) in the event that my payments on the Loan become delinquent, the Lender, its servicers, successors, or assigns may, in addition to any other rights and remedies that it may have relating to such delinquency, report my name and account information to one or more consumer credit reporting agencies; (9) ownership of the Loan and/or administration of the Loan account may be transferred with such notice as may be required by law; (10) neither Lender nor its agents, brokers, insurers, servicers, successors or assigns has made any representation or warranty, express or implied, to me regarding the property or the condition or value of the property; and (11) my transmission of this application as an "electronic record" containing my "electronic signature," as those terms are defined in applicable federal and/or state laws (excluding audio and video recordings), or my facsimile transmission of this application containing a facsimile of my signature, shall be as effective, enforceable and valid as if a paper version of this application were delivered containing my original written signature.

Acknowledgement. Each of the undersigned hereby acknowledges that any owner of the Loan, its servicers, successors and assigns, may verify or reverify any information contained in this application or obtain any information or data relating to the Loan, for any legitimate purpose through any source, including a source named in this application or a consumer reporting agency.

Right to Receive Copy of Appraisal I/We have the right to a copy of the appraisal report used in connection with this application for credit provided that I/we have paid for the appraisal report. To obtain a copy, I/we must send Creditor a written request at the mailing address Creditor has provided. Creditor must hear from us no later than 90 days after Creditor notifies me/us about the action taken on this application, or I/we withdraw this application.

If you would like a copy of the appraisal report, contact: **Worldwide Mortgage**

Borrower's Signature	Date	Co-Borrower's Signature	Date
X		X	

This section of the loan application, when signed, places the borrower in a legal box, which only the lender can open and use. If any false information is included in the application, the lender can, and probably will, use it against the borrower. You will also notice that the loan officer does not sign, nor acknowledge, any truthfulness statement whatsoever. Only the borrower is on a legal hook for their honesty.

When a loan officer enters incorrect or false information on a loan application or, either intentionally or through neglect, omits any pertinent information, mortgage FRAUD has been committed. It does not matter who typed in the fraudulent loan information – unless the borrower can prove otherwise, it will be assumed that they provided the bogus details.

If their loan goes into default, and the lender discovers fraud, they will be knocking on the borrower's door, not the loan officer's. So, are you still willing to sign a blank loan application and let a perfect stranger fill in the details later?

Unbundling Loan Charges: Consumers will often feel more comfortable with the legitimacy of a list of small individually detailed loan charges, rather than a lump sum charge, even if the combined total is larger. They are less likely to challenge a group of smaller individual charges than a big flat amount.

Predatory loan officers regularly "pad" their loan charges by duplicating costs under different names. If you were presented with the following list of charges on a professionally prepared Good Faith Estimate or settlement statement, how would you know which was authentic, and which were contrived? Unless you had prior knowledge of loan origination fees, you would probably not.

Charge	$ Amount
Loan Processing	450.00
Application Fee	465.00
Administration	490.00
Loan Submission	425.00
Doc Preparation	475.00

Each of the above charges represents the same thing – a generic "junk" fee. There is no law that mandates the types of charges that a lender can impose. They could list, legally, a "market spread differential coefficient factor analysis adjustment" if they chose to do so. It is up to the borrower to challenge the credibility of their loan costs, to avoid being ripped-off. There are no dumb questions!

As a safety and authentication procedure, you should request the loan officer to provide you with a written explanation of each charge. Have them type it, or put it in an email, but make sure you get it. If they have to put their integrity on the line by providing a written explanation, they may be less likely to pad their loan origination charges. If they won't provide it, maybe they don't care if they lose your business.

Prepayment Penalties: Many lenders offer home financing programs with below market interest rates that can be of benefit to many consumers. The statistical model used by these lenders, which allows them to receive a slightly smaller interest rate yield in the early years of the loan, also requires that they receive a slightly higher yield in later years. To ensure that these profitability standards are assured, they need to guarantee that the loan payments are paid for a specific minimum length of time. In order to guarantee that this will happen, lenders impose prepayment penalties.

While some prime loans will include optional prepayment penalties in exchange for a slightly lower interest rate, "subprime" lenders often include them only to force the borrower to keep their loan for as long as possible. They may impose a prepayment penalty equal to six months of payments, for five years or more, in order to make it as difficult as possible to refinance, or even sell the home. This practice is not illegal, but it certainly sucks, particularly if they don't tell you about it.

Silent Seconds: Most prime mortgages allow for "piggy-back" secondary financing alternatives, subject to loan-to-value and debt-to-income ratio guidelines. When used according to the rules established in underwriting guidelines, these 80/20 and 80/10/10 financing methods can help a family buy a home with little, or no money down, and give them the financial flexibility they may need.

With an 80/20 loan, the borrower piggy-backs (combines) an 80% first mortgage with a 20% second mortgage. The second mortgage can be provided by the lender making the first mortgage, or by a lender of the borrower's choosing. With the 80/10/10 loan option, the borrower obtains an 80% first mortgage, a 10% second mortgage, and makes a 10% down payment.

Predatory lenders are willing to violate established lending rules in order to get a commission. They will show a borrower how to obtain and conceal a second mortgage so that they might buy a home with no money down, and not have to include the second loan as a debt, which could affect their ability to obtain a loan approval. When secondary financing is not disclosed to the lender, its existence is rendered "silent." This act constitutes mortgage fraud and, at the very least if discovered, can motivate the lender to reject an in-process loan, or demand that a closed loan be repaid in full.

As a borrower, you should never allow yourself to become involved in this practice. Lenders know how the scheme works and have a variety of methods to detect it. If a loan officer suggests it to you, it is time to find a different lender or suffer the possible consequences.

Occupancy Fraud: This is one of the most common types of predatory lending abuse and mortgage fraud, and one of the easiest for a lender to detect. There are three types of occupancy statuses used by mortgage lenders: (1) ***owner-occupied*** means the owner will occupy the property exclusively as their principal residence, and will not rent it out; (2) a ***second home*** is one that will be used exclusively, but only occasionally, by the owner, and it will not be rented out; or (3) a ***non-owner occupied*** property is one that will be used as a rental property.

When you apply for a mortgage, you must certify to the lender the manner in which you intend to use the property. Because the manner of use is directly associated with the number of incidents of default, it defines the level of risk that the lender must accept. Higher levels of risk require lenders to charge higher interest rates and discount fees. Non-owner occupied property loans carry the highest level of default risk and are the most expensive residential mortgages to obtain. As a result, they are often the source of abuse by the borrower, the lender, or both together.

Because there can be as much as a 1.00% rate increase, as well as, at least, a 1.50% increase to the discount fee, for a non-owner occupied loan, a bad loan officer will often look the other way when a borrower applies for an owner-occupied loan, and tells them it will actually be used as a rental property. Although many first-time rental property buyers do not know the difference, every loan officer knows that this practice constitutes fraud, and many will still allow the borrower to be exposed to civil and/or criminal penalties by lying about it.

Fictitious "Occupying" Co-Borrowers: There are many situations when an applicant applying for a home loan cannot qualify for the payments under standard debt-to-income ratio underwriting guidelines. These guidelines establish a criterion which states that co-borrowers will either occupy, or will not occupy the property being financed. Loan-to-value and other approval conditions will vary according to that criterion.

If a borrower does not have sufficient income to qualify for the loan of their choice, they may be told, by a predatory loan officer, that they need to come up with some more income – by whatever means are necessary. One way that this can be done, is to claim that a relative or close friend will be taking title with the borrower to the property, and that they will reside there as a co-occupant. If they do not physically reside in the property within 30 days of the close of escrow, it may constitute mortgage fraud.

This practice, although not one commonly known to homebuyers, is the type that might be suggested to a borrower by a predatory loan officer, and therefore a form of predatory lending. In this case, it can create serious legal problems for both the borrower and an unsuspecting co-borrower.

The other side of this coin involves your equity as a borrower. When you take title to the property with someone who will not actually live there, and may not contribute to the down payment or monthly mortgage payments, they will acquire a half-interest, if not otherwise specified, in your new home.

If it turns out that you cannot afford the payments, the lender may require that you transfer full ownership to the co-borrower if they can demonstrate an ability to make the payments, or face foreclosure. The net result of playing this game is that you can lose everything you invested in the house – and the co-borrower may get it all. Are you willing to take that gamble?

Racial and Age Related Predatory Lending: This is one of the most egregious of all forms of predatory lending abuses. When a lender targets a minority, or senior citizen, because of their perceived lack of judgment in financial matters, that lender deserves a derogatory appearance on NBC's *Dateline,* or a visit by the FBI.

Predatory lenders take advantage of the fact that certain people will not understand the elements contained in a mortgage transaction, or the legally binding loan documents that they will sign. As a result, the lender is able to coerce them into accepting a loan with potentially devastating terms, and even the loss of their equity through foreclosure.

These lenders will examine County records, looking for properties located in targeted areas, with substantial equity. Then they will cold-call the owners and offer them a pocketful of cash, and even smaller monthly payments, to put a choke hold on their equity. When the borrower realizes they cannot afford the actual payments, the lender will offer to refinance them again, or take the property and their equity.

What Happens to Poorly Managed Mortgage Companies?

They go belly-up, of course! Here is a list of some that have been blown away:

Belly-Up Mortgage Lenders

2007-12-18 : 1st Choice Mortgage
2007-06-27 : ACT Mortgage
2007-11-05 : AMC Lending
2007-09-27 : Aapex Mortgage (Apex Financial Group)
2008-06-04 : Accredited Home Lenders, Home Funds Direct
2008-08-22 : Accredited Home Lenders, Wholesale
2008-10-24 : Ace Mortgage Funding, LLC
2006-04-14 : Acoustic Home Loans
2008-05-22 : Advantage - Morgan Stanley
2007-08-06 : Aegis
2007-07-23 : Alera Financial (Wholesale)
2007-09-07 : All Fund Mortgage
2007-07-13 : Alliance Bancorp
2007-06-26 : Alliance Mortgage Banking Corp (AMBC)
2008-01-25 : Allied Lending Corp. (Wholesale)
2008-01-29 : Allpointe Mortgage (Broker Program)
2007-08-28 : Allstate Home Loans / Allstate Funding
2007-04-10 : Alterna Mortgage
2007-08-06 : Alternative Financing Corp (AFC) Wholesale
2007-06-27 : Altivus Financial
2008-04-10 : AmeriBanc Corp.
2008-04-11 : American Bank Mortgage Group - Wholesale
2007-1-30 : American Freedom Mortgage, Inc.
2007-08-02 : American Home Mortgage / Brokers Conduit
2008-11-02 : American Sterling Bank - Wholesale
2007-03-16 : Ameriquest, ACC Wholesale
2007-03-05 : Ameritrust Mortgage Company (Wholesale)
2008-11-26 : Amlak Finance PJSC
2007-08-22 : Amstar Mortgage Corp
2008-05-28 : Assured Lending Corp. - Wholesale
2006-11-21 : Axis Mortgage & Investments
2008-01-25 : BF Saul Wholesale Lending
2007-08-22 : BNC Mortgage (Lehman)
2007-12-19 : BSM Financial
2008-10-28 : Banco Popular North America - Wholesale
2007-10-25 : Bank of America (Wholesale)
2008-12-11 : BankUnited - Wholesale
2007-12-4 : BayRock Mortgage
2008-03-16 : Bear Stearns Residential Mortgage
2008-02-01 : Beazer Mortgage Corp.
2008-10-15 : Bradford and Bingley plc
2007-06-27 : Bridge Capital Corporation
2007-10-18 : BrooksAmerica Mortgage Corp.
2007-06-01 : Bryco (Wholesale)
2007-09-11 : C & G Financial
2008-11-10 : CBRE Realty Finance
2007-09-10 : CFIC Home Mortgage
2007-08-28 : CIT Home Lending
2008-08-29 : CSB Mortgage
2008-10-31 : CTX Mortgage Co. - Retail
2007-08-16 : Calusa Investments
2007-08-23 : Capital Six Funding
2008-08-26 : Carteret Mortgage Corporation
2008-05-07 : Casa Blanca Mortgage/Shearson - Wholesale

2007-08-31 : Castle Point Mortgage
2008-03-31 : Centennial Mortgage and Funding, Inc.
2008-04-02 : Century Bank, F.S.B. - Wholesale
2007-11-27 : Charter One (Wholesale)
2008-05-15 : Chase Home Equity - Wholesale
2008-05-15 : Chase Subprime - Wholesale
2008-10-03 : Chevy Chase Bank - Wholesale
2007-08-20 : Chevy Chase Bank Correspondent
2007-07-12 : Choice Capital Funding
2008-04-25 : Citi Residential Lending
2008-03-17 : CitiMortgage - Home Equity Wholesale
2007-12-03 : Citigroup - FCS Warehouse
2007-11-05 : Citimortgage Correspondent (2nds)
2007-01-08 : Clear Choice Financial/Bay Capital
2007-12-12 : Coast Financial Holdings/Coast Bank
2007-02-16 : Coastal Capital
10-20-2008 : Coldstream Financial Svcs.
2007-05-17 : Columbia Home Loans, LLC
2008-10-03 : ComCor Mortgage - Wholesale
2007-12-6 : ComUnity Lending
2008-01-18 : Community Resource Mortgage
2007-06-26 : Concord Mortgage Wholesale
2007-01-31 : Concorde Acceptance
2007-03-17 : CoreStar Financial Group
2008-01-11 : Countrywide Financial Corp.
2007-11-14 : Countrywide Specialty Lending
2007-04-30 : Dana Capital Group
2007-09-21 : Decision One (HSBC)
2007-01-31 : DeepGreen Financial
2007-12-6 : Delta Financial Corp
2007-08-09 : Deutsche Bank Correspondent Lending Group
2007-10-24 : Diablo Funding Group Inc.
2008-04-03 : Diversified Mortgage, Inc.
2007-7-13 : Dollar Mortgage Corporation
2007-03-02 : DomesticBank (Wholesale Lending Division)
2008-10-16 : Downey Savings and Loan - Wholesale
2008-04-22 : E*Trade Wholesale Lending
2008-10-22 : E-Loan
2007-02-12 : ECC Capital/Encore Credit
2007-02-25 : Eagle First Mortgage
2008-03-14 : East West Mortgage Co. of VA
2007-11-07 : Edgewater Lending Group
2007-12-4 : Empire Bancorp
2007-07-25 : Entrust Mortgage
2007-01-19 : EquiBanc
2007-04-02 : EquiFirst
2008-08-05 : Equipoint Financial Network, Inc.
2007-07-31 : Equity Funding Group
2008-10-29 : Equity One Commercial
2008-05-09 : Evergreen Investment & Carnation Banc
2007-10-31 : Exchange Financial (Wholesale)
2007-09-12 : Expanded Mortgage Credit Wholesale
2007-08-13 : Express Capital Lending
2007-03-09 : FMF Capital LLC

Belly-Up Mortgage Lenders

2007-12-20 : Family First Mortgage Corp.
2008-09-08 : Fannie Mae
2008-03-28 : Fidelity Home Mortgage Corp.
2007-11-19 : Fieldstone Mortgage Company
2008-01-04 : First American Bank (Wholesale)
2008-10-16 : First Call Mortgage Co.
2007-04-02 : First Consolidated (Subprime Wholesale)
2007-12-19 : First Fidelity Financial
2008-02-28 : First Franklin - Merrill Lynch
2007-04-11 : First Horizon Subprime, Equity Lending
2007-08-15 : First Indiana Wholesale
2007-12-11 : First Madison Mortgage
2007-08-16 : First Magnus
2007-10-12 : First Mariner Wholesale
2008-01-11 : First NLC Financial Services
2007-08-21 : First National Bank of Arizona
2008-02-25 : First National Mortgage Sources
2007-04-09 : First Source Funding Group (FSFG)
2007-06-18 : First Street Financial
2007-10-26 : FirstBank Mortgage
2007-07-07 : FlexPoint Funding (Wholesale & Retail)
2007-07-20 : Flick Mortgage/Mortgage Simple
2008-11-24 : Fortes Financial - Wholesale
2007-10-02 : Foxtons, Inc.
2008-11-07 : Franklin Bank, SSB
2008-07-11 : Freddie Mac
2007-07-02 : Freestand Financial
2007-03-02 : Fremont General Corporation
2008-12-23 : Frontier Investment Co.
2007-01-19 : FundingAmerica
2008-05-22 : Future Mortgages - Citigroup
2008-10-28 : GE Money, Wizard Home Loans
2007-08-15 : GEM Loans / Pacific American Mortgage
2008-10-17 : Gateway Bank, F.S.B. - Wholesale
2008-03-06 : Global Mortgage, Inc.
2007-08-20 : GreenPoint Mortgage - Capital One Wholesale
2007-08-30 : Group One Lending
2008-05-01 : Guaranty Bank - Correspondent
2007-03-29 : H&R Block Mortgage
2008-09-17 : HBOS
2008-12-08 : HCL Finance Inc. - Wholesale
2008-11-05 : HMS Capital, Inc.
2008-11-18 : HSBC Mortgage Corp. - Wholesale
2007-03-22 : HSBC Mortgage Services (correspondent div.)
2006-12-20 : Harbourton Mortgage Investment Corporation
2007-12-26 : Heartland Wholesale Funding
2007-06-26 : Heartwell Mortgage
2007-06-04 : Heritage Plaza Mortgage
2007-04-13 : Home 123 Mortgage
2007-04-16 : Home Capital, Inc.
2007-04-20 : Home Equity of America
2007-08-28 : Home Loan Specialists (HLS)
2007-08-07 : HomeBanc Mortgage Corporation
2008-09-03 : Homecomings Financial, LLC

2007-04-12 : Homefield Financial
2007-12-21 : Homefront Mortgage Inc.
2007-05-03 : Homeland Capital Group
2008-09-21 : Hometown Commercial Capital
2008-03-11 : Homewide Lending Corporation
2007-10-23 : Honor State Bank
2007-06-04 : Horizon Bank Wholesale Lending Group
2008-10-04 : Hypo Real Estate Bank
2008-07-29 : Ideal Mortgage Bankers, Ltd. - Wholesale
2007-09-20 : Impac Lending Group
2008-07-07 : IndyMac Bancorp
2007-04-19 : Innovative Mortgage Capital
2007-03-15 : Investaid Corp.
2008-07-25 : Irwin Union Bank & Trust Co. - Wholesale
2007-02-26 : Ivanhoe Mortgage/Central Pacific Mortgage
2008-02-21 : KH Financial
2007-03-22 : Kellner Mortgage Investments
2008-09-17 : Kemper Mortgage, Inc.
2007-08-13 : Kirkwood Financial Corporation
2008-12-05 : LIME Financial Svcs. - Wholesale
2008-03-27 : LMI Funding, Inc.
2007-06-04 : Lancaster Mortgage Bank (LMB)
2008-07-07 : Lehman Brothers SBF
2008-01-17 : Lehman/Aurora Loan Services
2007-02-08 : Lender's Direct Capital Corp (wholesale)
2007-08-13 : Lexington Lending
2007-11-1 : Liberty American Mortgage
2008-08-06 : Liberty Home Lending
2008-09-12 : Liberty Mortgage Funding Co.
2007-03-20 : LoanCity
2007-09-14 : Long Beach (WaMu Warehouse)
2007-04-04 : LowerMyPayment.com
2007-09-05 : LownHome Financial
2008-02-21 : Lydian Mortgage
2007-04-20 : MILA
2006-12-29 : MLN
2007-08-08 : MLSG
2008-03-10 : Macquarie Mortgages USA Inc.
2007-03-31 : Madison Equity Loans
2007-01-24 : Mandalay Mortgage
2007-03-10 : Maribella Mortgage
2007-11-15 : Marlin Mortgage Company
2007-03-14 : Master Financial
2008-01-15 : Maverick Residential Mortgage
2007-08-16 : Mercantile Mortgage
2006-05-06 : Merit Financial
2006-11-08: Meritage Mortgage
2008-09-18 : Mid Atlantic Capital LLC
2007-01-25 : Millenium Bankshares (Mortgage Subsids)
2007-04-27 : Millenium Funding Group
2008-03-25 : Millennium Mortgage - Wholesale
2008-04-24 : Montgomery Mortgage Capital Company
2007-08-23 : Mortgage Investors Group (MIG) - Wholesale
2008-11-07 : Mortgage Lion, Inc. - Wholesale

Belly-Up Mortgage Lenders

2008-12-01 : Mortgage Network Inc. - Wholesale
2007-03-16 : Mortgage Tree Lending
2008-12-11 : MortgageIT
2007-11-12 : MortgageIT-DB (Retail)
2008-06-25 : Mortgages Ltd.
2007-08-07 : Mylor Financial
2007-05-02 : Nation One Mortgage
2007-12-31 : National City Corp. (Wholesale)
2008-03-31 : National Wholesale Funding
2007-07-28 : Nations Home Lending
2007-09-24 : Nationstar Mortgage
2007-05-21 : NetBank Funding, Market Street Mortgage
2007-03-08 : New Century Financial Corp.
2007-10-12 : New State Mortgage Company
2008-03-12 : New Vision Residential Lending
2007-06-01 : No Red Tape Mortgage
2007-08-17 : NovaStar, Homeview Lending
2008-02-20 : OMG Wholesale Lending
2007-06-08 : Oak Street Mortgage
2007-04-19 : Opteum (Wholesale, Conduit)
2007-08-01 : Optima Funding
2007-12-04 : Option One - H&R Block
2008-03-13 : Origen Financial, Inc. (Correspondent)
2007-01-08 : Origen Wholesale Lending
2006-12-07 : OwnIt Mortgage
2007-12-21 : PNC Bank H.E.
2008-09-04 : Pacific Community Mortgage, Inc.
2007-10-12 : Paragon Home Lending
2007-11-26 : Paul Financial, LLC
2007-03-14 : People's Choice Financial Corp.
2007-04-05 : People's Mortgage
2007-04-11 : Platinum Capital Group (Wholesale)
2007-01-09 : Popular Financial Holdings
2008-01-28 : Popular Warehouse Lending
2007-01-03 : Preferred Advantage
2007-07-11 : Premier Mortgage Funding
2007-08-30 : Premium Funding Corp
2007-10-22 : Priority Funding Mortgage Bankers
2007-05-25 : Pro 30 Funding
2008-10-15 : Prospect's Metrocities Mortgage - Wholesale
2007-08-22 : Quality Home Loans
2007-08-16 : Quick Loan Funding
2007-11-05 : ResMAE Mortgage Corp.
2008-01-16 : Residential Mortgage Capital
2008-02-22 : Resource Mortgage (Wholesale)
2007-06-07 : Right-Away Mortgage
2007-01-23 : Rose Mortgage
2007-09-28 : SCME Mortage Bankers
2008-02-13 : Saxon Mortgage (Wholesale)
2007-08-31 : Sea Breeze Financial Services
2006-12-06 : Sebring Capital Partners
2007-12-7 : Secured Bankers Mortgage Company (SBMC)
2007-01-05 : SecuredFunding
2008-04-21 : Shearson Financial Network, Inc.
2008-07-01 : Silver State Bank - Wholesale
2007-02-14 : Silver State Mortgage
2008-12-11 : Solstice Capital Group - HSBC
2007-04-09 : Solutions Funding
2008-01-03 : Soma Financial
2007-04-02 : SouthStar Funding
2007-12-10 : Southern Star Mortgage
2006-12-15 : Sovereign Bancorp (Wholesale Ops)
2007-08-15 : Spectrum Financial Group
2007-07-06 : Starpointe Mortgage
2007-06-29 : Steward Financial
2007-07-07 : Stone Creek Funding
2007-01-25 : Summit Mortgage
2007-10-12 : Summit Mortgage Company
2008-07-24 : SunTrust Bank Equity Wholesale
2007-03-22 : Sunset Direct Lending
2007-07-31 : Sunset Mortgage
2008-11-26 : Tamweel PJSC
2007-10-12 : The Lending Connection
2007-05-25 : The Lending Group (TLG)
2008-08-14 : The Mortgage Business plc
2007-09-12 : The Mortgage Store Financial
2007-06-18 : The Mortgage Warehouse
2008-09-03 : Thornburg Mortgage
2007-12-07 : TransLand Financial
2007-08-28 : Transnational Finance Wholesale
2007-11-16 : Tribeca Lending Corp. (Wholesale)
2007-03-05 : Trojan Lending (Wholesale)
2007-08-08 : Trump Mortgage
2007-11-14 : UBS Home Finance
2008-02-29 : Unique Mortgage Solutions (UMS, LLC)
2007-07-02 : Unlimited Loan Resources (ULR)
2007-10-18 : Valley Vista Mortgage
2008-05-22 : Vanguard Mortgage & Title, Inc.
2007-11-16 : WAMU Comm. Correspondent
2007-10-12 : WMC
2007-12-12 : WaMu (Subprime)
2007-03-06 : Wachovia Mortgage (Correspondent div.)
2008-07-21 : Wachovia Mortgage, FSB - Wholesale
2007-03-30 : Warehouse USA
2008-10-01 : Washington Mutual - Retail and Warehouse
2008-04-07 : Washington Mutual - Wholesale
2008-03-10 : Washington Savings Bank, F.S.B. - Wholesale
2007-11-20 : Webster Bank (Wholesale)
2007-09-27 : Wells Fargo (various Correspondent divisions)
2007-11-26 : Wells Fargo - Home Equity
2007-12-12 : Wescom Credit Union
2008-08-13 : Western Residential Mortgage
2008-06-17 : Wilmington Finance - Wholesale
2007-08-02 : Winstar Mortgage
2007-04-04 : Zone Funding

INDEX

Index

Index

Where To Buy This Book

Individuals, corporations, and educators can purchase this great book everywhere in the United States, Canada, or the UK from your favorite bookstore, or through any of these fine book distributors:

CPSIA information can be obtained at www.ICGtesting.com
Printed in the USA
BVOW080318310512

291355BV00004B/14/P

9 780615 279473